Week 01

Speaking
스피킹 기본 원리: 발음과 강세

| 오늘의 학습 목표 |

우리말과 다른 영어 발음과 강세에 대한 이해

▲ 강의 보기

발음(pronunciation)

1. 무성음과 유성음 발음

- 무성음(unvoiced sounds)은 성대가 울리지 않는 발음
- 유성음(voiced sounds)은 성대가 울리는 발음

▲ 음원 듣기

무성음(unvoiced sounds)		유성음(voiced sounds)	
/p/	pleasure 즐거움 April 4월	/b/	bread 빵 abroad 해외로
/f/	false 거짓의 half 절반	/v/	vacation 방학 have 갖다, 먹다
/θ/	three 셋 athlete 운동선수	/ð/	rhythm 리듬 breathe 숨쉬다
/t/	training 훈련 educate 교육하다	/d/	dessert 디저트 read 읽다
/s/	student 학생 conversation 대화	/z/	zoo 동물원 lazy 게으른
/ʃ/	fashion 패션 dish 접시, 요리	/ʒ/	genre 장르 visual 시각의
/tʃ/	children 아이들 church 교회	/dʒ/	general 일반적 judge 판사, 판단하다
/k/	kiosk 매점, 가판대 skip 건너뛰다	/g/	great 대단한 ignore 무시하다

2. -ed(-d) 발음: 과거형 발음

- 무성음으로 끝나는 단어가 과거형이 되면 /t/로 발음
- 유성음으로 끝나는 단어가 과거형이 되면 /d/로 발음
- t나 d로 끝나는 단어가 과거형이 되면 /id/로 발음

▲ 음원 듣기

무성음 + -ed(-d)		유성음 + -ed(-d)		-t, -d + -ed
/t/	developed 개발했다 finished 끝났다 worked 일했다	/d/	solved 해결했다 changed 변경했다 trained 훈련시켰다	/id/	accepted 받아들였다 included 포함했다

3. -es(-s) 발음: 복수명사, 단수동사 발음

- 무성음으로 끝나는 단어가 복수명사나 단수동사가 되면 /s/로 발음
- 유성음으로 끝나는 단어가 복수명사나 단수동사가 되면 /z/로 발음
- /s/, /z/, /ʃ/, /tʃ/, /ʒ/, /dʒ/로 단어가 복수명사나 단수동사가 되면 /iz/로 발음

▲ 음원 듣기

무성음 + -es(-s)		유성음 + -es(-s)		/s/, /z/, /ʃ/, /tʃ/, /ʒ/, /dʒ/ + -es(-s)
/s/	gifts 선물 develops 개발하다 works 일하다	/z/	words 단어 solves 해결하다 trains 훈련시키다	/iz/	classes 수업 watches 보다 changes 변경하다

 **강세/강조(stress)**

1. 단어의 강세

- 각각의 영단어마다 강세가 있기에 정확한 강세로 말해야 그 단어를 원어민이 알아들을 수 있음
- 예를 들어, banana의 강세는 두 번째 음절(/버**나**나/)에 있는데, 이것을 /**버**나나/ 혹은 /버나**나**/라고 말한다면 원어민은 알아듣기 어려움
- 한 단어를 발음해도, 잘못된 강세를 주거나 우리말을 읽는 것처럼 모든 음을 또박또박 읽게 되면 원어민은 그 단어를 알아듣기 어려움

예제 1 강세(별색)에 유의하면서 영국 원어민의 음성을 듣고 소리 내어 읽어보세요.

▲ 음원 듣기

assignment 과제

consideration 사려, 숙고

concentrate 집중하다

theory 이론

distraction 주의 산만, 방해물

educational 교육의, 교육적인

genetically 유전적으로

natural 자연의, 천연의

environment 환경

dissertation 논문

thesis 논문

economist 경제학자

vulnerable 취약한

renew 갱신하다

residence 거주, 주거, 주택

admission 입장

identification 신분증

deposit 보증금

facility 시설

destination 목적지

souvenir 기념품

priority 우선순위

2. 강세에 따라 뜻이 달라지는 단어

• 같은 단어라도 강세에 따라 명사, 동사 구분이 되는 경우가 있는데, 이때 보통 동사는 뒤, 명사는 앞에 강세가 옴

▲ 음원 듣기

예제 2 강세에 유의하면서 영국 원어민의 음성을 듣고 소리 내어 읽어보세요.

동사 ➡ 뒤 음절에 강세	명사 ➡ 앞 음절에 강세
re**cord** 기록하다	**re**cord 기록
con**flict** 충돌하다	**con**flict 충돌
per**mit** 허가하다	**per**mit 허가증
ad**dress** 연설하다, 다루다	**ad**dress 주소
in**crease** 증가하다	**in**crease 증가
ex**port** 수출하다	**ex**port 수출
trans**port** 수송하다	**trans**port 수송, 이동, 교통수단 ◀

Tip
미국/캐나다에서는 교통수단을 말할 때 주로 transportation이라고 합니다.

3. 내용어 강조

• IELTS Speaking 시험의 시험관처럼 내 말을 듣는 사람들에게 효율적으로 의사 표현하기 위해서는 자신이 말하고 자 하는, 핵심이 되는 내용을 천천히, 강하게 말해야 함
• 말에서 핵심이 되는 내용은 주로 명사, 동사, 형용사, 부사에 해당함
• 말할 내용이 거의 담겨 있지 않은 조동사, be동사, 전치사, 관사 등은 약하게 말함

강하게

핵심 내용
(명사, 동사, 형용사, 부사)

약하게

나머지 내용
(조동사, be동사, 전치사, 관사)

예제 3 다음 문장에서 화자가 강조하려는 내용어에 표시하세요.

I am a student in business studies.

My little brother never learnt how to use the chopsticks.

I think the government should discourage any kind of gambling.

아래와 같이 파악되었다면, 이제 영국 원어민의 음성을 듣고 따라 읽어보세요.

▲ 음원 듣기

I am a **student** in **business studies**.

저는 경영학과 학생입니다.

My **little brother never learnt** how to **use** the **chopsticks**.

제 남동생은 젓가락질하는 법을 배우지 못했습니다.

I **think** the **government** should **discourage any** kind of **gambling**.

저는 정부가 어떠한 종류의 도박도 막아야 한다고 생각합니다.

4. 끊어 말하기

- 문장을 쉬지 않고 말하면 상대방은 아무리 원어민이라도 알아듣기 어렵기에 의미 단위로 끊어서 말해야 함
- 마침표와 쉼표 뒤에, 접속사(절)과 전치사구 앞에서 잠시 끊어 말함
- 짧은 접속사(절)과 전치사구 앞에서는 끊지 않음

예제 4 다음 문장들을 의미 단위로 끊어보세요.

I love to play the piano whenever I'm stressed out because it helps me feel relaxed. When I was younger, I always wanted my own piano, and my father finally gave me one on my 20th birthday. I was so happy that day, but I also felt sorry because it must have been very expensive. I still cherish my piano to this day.

아래와 같이 파악되었다면, 이제 영국 원어민의 음성을 듣고 따라 읽어보세요.

▲ 음원 듣기

I love to play the piano / whenever I'm stressed out / because it helps me feel relaxed. / When I was younger, / I always wanted my own piano, / and my father finally gave me one on my 20th birthday. / I was so happy that day, / but I also felt sorry / because it must have been very expensive. / I still cherish my piano to this day.

저는 피아노를 치는 것을 좋아하는데, 언제든지 스트레스를 받을 때 긴장을 풀어주기 때문입니다. 어렸을 때, 저는 항상 저만의 피아노를 갖고 싶었는데, 아버지가 드디어 스무 살 생일에 하나를 주셨습니다. 그날 저는 매우 기뻤지만, 그것이 너무 비쌌을 것 같아서 죄송한 마음이 들었습니다. 지금까지도 피아노를 소중히 간직하고 있습니다.

Practice

1. 다음 단어의 강세가 있는 부분에 표시하세요.

    assignment

    consideration

    concentrate

    theory

    distraction

    educational

    genetically

    natural

2. 다음 문장에서 화자가 강조하려는 내용어에 표시하세요.

    I am working at an advertising company.

    It is one of the most meaningful experiences in my life.

    I think that students should participate in club activities.

3. 다음 문장들을 의미 단위로 끊어보세요.

    I love to play the piano whenever I'm stressed out because it helps me feel relaxed.

    When I was younger, I always wanted my own piano, and my father finally gave me one on my 20th birthday.

    I was so happy that day, but I also felt sorry because it must have been very expensive.

1.
concentrate 집중하다
distraction 주의 산만, 방해물
educational 교육의, 교육적인
environment 환경
vulnerable 취약한
renew 갱신하다
identification 신분증
facility 시설
destination 목적지
priority 우선순위

2.
I am working at an advertising company.
저는 광고 회사에서 일하고 있습니다.

It is one of the most meaningful experiences in my life.
그것은 제 인생에서 가장 의미 있는 경험 중 하나입니다.

I think that students should participate in club activities.
저는 학생들이 동아리 활동에 참여해야 한다고 생각합니다.

3.
I love to play the piano / whenever I'm stressed out / because it helps me feel relaxed.
저는 피아노를 치는 것을 좋아하는데, 언제든지 스트레스를 받을 때 긴장을 풀어주기 때문입니다.

When I was younger, / I always wanted my own piano, / and my father finally gave me one on my 20th birthday.
어렸을 때, 저는 항상 저만의 피아노를 갖고 싶었는데, 아버지가 드디어 스무 살 생일에 하나를 주셨습니다.

I was so happy that day, / but I also felt sorry / because it must have been very expensive.
그날 저는 매우 기뻤지만, 그것이 너무 비쌌을 것 같아서 죄송한 마음이 들었습니다.

영작 기본 문법: 동사, to부정사, 동명사

━━ 오늘의 학습 목표 ━━

영작을 위한 기본 문법(동사, to부정사, 동명사) 익히기

▲ 강의 보기

 동사

- 영어는 동사 위주의 언어로, 동사에 따라 문장 형태가 정해짐
- 모든 동사는 자동사와 타동사로 구별됨
- 동사를 외울 때는 동사의 뜻과 함께 자동사인지 타동사인지도 함께 알아야 올바른 영작을 할 수 있음

■ 자동사

1. 자동사란

자동사는 뒤에 목적어를 필요로 하지 않는 동사로, 다음 2가지 문장 형식으로 구분함

> - 1형식: 주어 + 동사
>
>   **We** work. 우리는 일한다.
>
> - 2형식: 주어 + 동사 + 보어(형용사/명사)
>
>   **The graph** is stable. 그래프는 안정적이다.

> **TIP** 아이엘츠 Writing에서는 [주어 + 동사]로 문장을 간단히 끝내지 않고, 수식어구(부사, 전치사구 등)를 덧붙여서 전하고자 하는 바를 더욱 구체화시켜야 함
>
> We / work.
> → We / work / at a hotel.
>   우리는 호텔에서 일한다.
>
> → We / work / at a hotel twice a week.
>   우리는 일주일에 두 번 호텔에서 일한다.
>
> The price of petrol / was / stable.
> → The price of petrol / was / stable / from 2010 to 2017.
>   휘발유 가격이 2010년에서 2017년까지 안정적이었다.
>
> → The price of petrol / in Australia / was / stable / from 2010 to 2017.
>   호주에서 휘발유 가격이 2010년에서 2017년까지 안정적이었습니다.

2. 아이엘츠 Writing에서 자주 사용하는 자동사

[주어 + 동사] 형태를 갖는 자동사 (1형식 동사)

increase/rise 증가하다, 상승하다	decrease/fall/drop 감소하다, 떨어지다	happen 일어나다	enquire 문의하다

The population of the country increased to around 40 million people.
그 나라의 인구가 약 4천만명까지 증가했다.

The population of the area has decreased dramatically.
그 지역의 인구가 급격히 감소해왔다.

It happens all the time.
그것은 항상 일어난다. (=항상 있는 일입니다.)

I am writing to enquire about your job vacancies.
저는 귀사의 일자리에 관해 문의하기 위해서 쓰고 있습니다.

> **TIP** enquire about(~에 대해 문의하다)처럼 전치사를 자동사 뒤에 붙여서 마치 하나의 동사처럼 사용되는 경우가 있는데, 아이엘츠 Writing에서 자주 사용할 수 있는 [자동사 + 전치사] 구문은 다음과 같음
>
> | belong to ~에 속하다 | agree with ~에 동의하다 | conform to ~에 순응하다 |
> |---|---|---|
> | account for ~를 설명하다 | consist of ~로 구성되다 | graduate from ~를 졸업하다 |
> | participate in ~에 참여하다 | result in ~를 초래하다 | wait for ~를 기다리다 |

[주어 + 동사 + 보어] 형태의 자동사 (2형식 동사)

be/become 이다, 되다	remain (여전히) 남아있다, 유지되다	look/appear/seem 보이다

The whole class can become distracted.
학급 전체가 산만해지게 될 수 있습니다.

The imports in Australia remained stable.
호주에서의 수입은 안정적인 상태를 유지하였습니다.

This trend seems to be getting popular.
이러한 추세가 일반적으로 되는 것처럼 보입니다.

■ 타동사

1. 타동사란

타동사는 뒤에 목적어를 필요로 하는 동사로, 다음 3가지 문장 형식으로 구분함

> - 3형식: 주어 + 동사 + 목적어
>   She has a degree. 그녀는 학위를 갖고 있다.
>
> - 4형식: 주어 + 동사 + 목적어1+ 목적어2
>   He gave her flowers. 그는 그녀에게 꽃을 주었다.
>
> - 5형식: 주어 + 동사 + 목적어 + 목적보어(형용사/to부정사/동사원형)
>   She made him happy. 그녀는 그를 행복하게 만들었다.

2. 타동사 목적어의 종류

타동사의 목적어 자리에는 명사, 동명사, to부정사, 그리고 that절이 나옴

Fathers / support / their families. 목적어: 명사
아버지들은 가족을 부양합니다.

I / am considering / buying more books. 목적어: 동명사
나는 더 많은 책을 구매하는 것을 고려 중입니다.

Some people / refused / to buy products from CT Mart. 목적어: to부정사
몇몇 사람들은 CT 마트로부터 제품을 구매하는 것을 거부했습니다.

I / believe / that there should be better and more effective solutions. 목적어: that절
저는 더 좋고 더 효과적인 해결책들이 있어야 한다고 믿습니다.

3. 아이엘츠 Writing에서 자주 사용하는 타동사

[주어 + 동사 + 목적어] 형태의 타동사 (3형식 동사)

show 보여주다	spend 보내다, 소비하다	provide 제공하다	impact 영향을 미치다	cause 야기하다, 불러일으키다	solve 해결하다

The graph below shows population figures for Indonesia.
아래의 그래프는 인도네시아에 대한 인구 수치를 보여줍니다.

Some students spend too much time chatting on messenger apps.
어떤 학생들은 메신저 앱으로 채팅하는 데 너무 많은 시간을 소비합니다.

Governments provide convenient public transport to their citizens.
정부는 시민들에게 편리한 대중 교통을 제공합니다.

Technological advancements will impact employment rates.
기술적 발전은 고용율에 영향을 미칠 것입니다.

Smartphones can cause a distraction.
스마트폰은 산만함을 불러일으킬 수 있습니다.

We have to solve the problem.
우리는 그 문제를 해결해야 한다.

[주어 + 동사 + 목적어1 + 목적어2] 형태의 타동사 (4형식 동사)

give 주다	offer 제공해주다, 제공하다	teach 가르쳐주다, 가르치다

Smartphones give modern children some advantages.
스마트폰은 현대의 아이들에게 여러 이점을 줍니다.

The website offers me some useful information.
그 웹사이트는 내게 유용한 정보를 제공해 줍니다.

Books teach us valuable lessons.
책은 우리에게 귀중한 교훈을 가르쳐 줍니다.

[주어 + 동사 + 목적어 + 목적보어] 형태의 타동사 (5형식 동사)

형용사 목적보어를 갖는 동사	make 만들다 find 여기다, 느끼다
to부정사 목적보어를 갖는 동사	require 요구하다 encourage 장려하다 allow 하도록 하다
동사원형 목적보어를 갖는 동사	let 하도록 (내버려) 두다, help 돕다 (help는 to부정사 목적보어도 됨)

The internet is making the world smaller.
인터넷이 세상을 더 작게 만들고 있습니다.

Some people find the book difficult.
어떤 사람들은 그 책이 어렵다고 여깁니다.

The solution requires countries to invest in environmentally friendly energy.
그 해결책은 국가들이 친환경적인 에너지에 투자하는 것을 요구합니다.

Trains might be able to encourage people to avoid driving cars.
기차는 사람들이 운전을 하지 않도록(피하도록) 장려할 수 있습니다.

Training programs will allow workers to upgrade their skills.
연수 프로그램은 근로자들이 그들의 기술을 업그레이드하도록 할 것입니다.

The company let its employees leave early.
그 회사는 직원들이 일찍 떠나도록 두었다.

She helped me find(=to find) a job.
그녀는 내가 직업을 찾는 것을 도와줬습니다.

 **to부정사**

1. to부정사란

to부정사는 [to + 동사]의 형태를 가진 구(말 덩어리)를 말함

2. to부정사의 역할

명사, 형용사, 부사 역할을 함

[명사 역할] ~하는 것, ~하기

I want to improve my writing skills.
나는 내 작문 실력을 향상시키기를 원한다.

[형용사 역할] ~하는, ~할

I have the right to choose my subject.
나는 내 과목을 선택할 권리가 있다.

[부사 역할] ~하기 위해

I went to a supermarket to buy milk.
저는 우유를 사기 위해 슈퍼에 갔습니다.

3. to부정사를 써야 하는 경우

[to부정사 목적어를 갖는 동사]

would like to do	plan to do	decide to do	refuse to do
~하기를 원하다	~할 계획이다	~하기를 결심(결정)하다	~하기를 거부(거절)하다

[to부정사 수식을 받는 명사]

plan to do	ability to do	chance to do	effort to do	decision to do
~할/하는 계획	~할/하는 능력	~할/하는 기회	~할/하는 노력	~할/하는 결정

[be + 형용사 + to부정사]의 형태를 갖는 형용사

be willing to do	be ready to do	be eligible to do	be reluctant to do	be eager to do	be likely to do
기꺼이 ~하다	~할 준비가 되다	~할 자격이 있다	~하는 것을 꺼리다	~하는 데 열심이다	~할 것 같다

 **동명사**

1. 동명사란

동명사는 [동사 + -ing] 형태의 명사로, 동사에서 파생된 만큼 자동사/타동사의 성질을 갖고 있음

Renovating is necessary. (X) 수리하는 것이 필요하다.
Renovating the building is necessary. (O) 그 건물을 수리하는 것이 필요하다.
→ renovate처럼 타동사를 동명사로 쓰면, 동명사의 목적어가 필요함

2. 동명사의 의미

명사 역할을 하므로, '~하는 것'의 의미를 지님

Another problem is having too much sugar.
또 다른 문제는 당분을 너무 많이 먹는 것입니다.

3. 반드시 동명사를 써야 하는 경우

[동명사 목적어를 갖는 동사]

consider -ing	suggest -ing	recommend -ing	avoid -ing
~하는 것을 고려하다	~하는 것을 제안하다	~하는 것을 권하다	~하는 것을 피하다

[동명사 관용 표현]

be committed to -ing = be dedicated to -ing = be devoted to -ing ~하는 것에 헌신하다 (여기서 to는 to부정사의 to가 아니라 전치사 to이므로 to 뒤에 명사 또는 동명사를 써야됨)	have difficulties (in) -ing ~하는 것에 어려움이 있다 be busy (in) -ing ~하는 것에/~하느라 바쁘다	spend time -ing ~하는 것에 시간을 쓰다 spend money -ing ~하는 것에 돈을 쓰다

Practice

문법과 의미를 고려하여 빈칸을 채우세요.

1. 그 지역의 인구가 급격히 감소해왔습니다.

The population of the area has _____ dramatically.

2. 학급 전체가 산만해지게 될 수 있습니다.

The whole class can _____ distracted.

3. 이러한 추세가 일반적으로 되는 것처럼 보입니다.

This trend _____ to be getting popular.

4. 그 웹사이트는 내게 유용한 정보를 제공해 줍니다.

The website _____ me some useful information.

5. 어떤 학생들은 메신저 앱으로 채팅하는 데 너무 많은 시간을 소비합니다.

Some students _____ too much time chatting on messenger apps.

6. 연수 프로그램은 근로자들이 그들의 기술을 업그레이드하도록 할 것입니다.

Training programs will allow workers _____ their skills.

7. 관계 당국은 라디오를 들을 것을 권했습니다.

Authorities recommended _____ to the radio.

Answers

1. decreased **2.** become(=be) **3.** seems(=appears, looks) **4.** offers(=gives) / provides는 오답 **5.** spend
6. to upgrade **7.** listening

Listening

아이엘츠 리스닝 기초 발음

오늘의 학습 목표

우리말과 다른 영어 발음과 아이엘츠 리스닝의 영국식 발음 기초 학습

▲ 강의 보기

우리말과 다른 영어 발음

- 영어에는 우리말에 전혀 없거나, 영어 발음간 구분이 명확하지 않고 유사하게 들리는 발음들이 많음
- 단어를 외울 때에는 개별 단어의 발음을 직접 발음해 보면서 발음도 함께 외워야 함

▲ 음원 듣기

1. 반드시 구분해야 하는 자음

[b] 입술을 붙였다가 터트리는 발음으로 우리말 'ㅂ' 소리 유사		bend [벤드] 구부리다	bent [벤트] 구부러진	ban [밴] 금하다	boat [보우트] 보트, 배	globe [글로우브] 지구본, 세계	kerb [커어(r)브] 도로 경계석
[v] 윗니를 아랫입술에 붙이고 내는, 우리말에 없는 유성음		vend [v엔드] 팔다	vent [v엔트] 통풍구	van [v앤] 승합차	vote [v오우트] 투표(하다)	glove [글러v으] 장갑	curve [커어(r)v으] 곡선

▲ 음원 듣기

[p] 입술을 붙였다가 터트리는 발음으로 우리말 'ㅍ' 소리 유사		pile [파일] 쌓다, 더미	pull [풀] 끌다	pat [팻] 쓰다듬다	pair [패어(r)] 쌍	pace [패이스] 속도	pour [포어(r)] 붓다
[f] 윗니를 아랫입술에 붙이고 공기를 밖으로 내보내면서 내는, 우리말에 없는 무성음		file [fㅏ일] 파일, 서류철	full [f울] 가득 찬	fat [f앳] 지방	fair [fㅐ어(r)] 박람회, 공정한	face [fㅐ이스] 얼굴	four [f오어(r)] 4

▲ 음원 듣기

[l] 혀끝을 윗잇몸에 붙여 내는 발음으로 우리말 'ㄹ' 소리 유사		lead [리이드] 이끌다	light [라이트] 빛	low [로우] 낮은	flute [f을루트] 플롯	glass [글라스] 유리잔	play [플레이] 놀다
[r] 혀끝을 들어올려 입 뒤쪽으로 구부려 말 듯이 내는, 우리말에 없는 유성음		read [rㅣ이드] 읽다	right [rㅏ이트] 오른쪽	raw [r오] 날것의	fruit [f으r우트] 과일	grass [그rㅏ스] 풀, 잔디	pray [프rㅔ이] 기도하다

▲ 음원 듣기

[s] 윗니와 아랫니를 가볍게 맞대고 강하게 숨이 새어 나오는 발음으로 우리말 'ㅅ' 소리 유사한 무성음		sink [싱크] 가라앉다	sing [싱] 노래하다	sick [식] 아픈	sought [소오트] 구했다	mouse [마우스] 쥐	pass [파아스] 지나가다
[θ] 혀끝을 가볍게 물고 숨을 내보내는 발음으로 우리말에 없는 둔탁한 소리의 무성음		think [θ잉크] 생각하다	thing [θ잉] 것, 사물	thick [θ익] 두꺼운	thought [θ오옷트] 생각했다	mouth [마우θ으] 입	path [파아θ으] 길

2. 반드시 구분해야 하는 모음

▲ 음원 듣기

[ɔ:] 입을 둥글게 모아 '오'를 길게 발음한 소리		lawn [로온] 잔디	law [로오] 법	caught [코오트] 잡았다	call [코올] 전화하다	ball [보올] 공	bald [보올드] 대머리의
[ou] 입을 둥글게 모아 '오'로 시작하였다가 가볍게 끝에 '우'와 가까운 소리		loan [로운] 대출	row [r오우] 열, 줄	coat [코우트] 외투	cold [코울드] 감기	bowl [보울] 사발	bold [보울드] 용감한

▲ 음원 듣기

[i] 가볍게 입을 벌려 짧게 '이'를 발음한 소리		fill [f일] 채우다	live [리v으] 살다	sip [십] 홀짝이다	list [리스트] 목록	hill [힐] 언덕	pill [필] 알약
[i:] 입술은 좌우로 당겨 길게 '이'를 발음한 소리		feel [f이일] 느끼다	leave [리이v으] 떠나다	seep [시입] 스미다	least [리이스트] 가장 적은	heel [히일] 발뒤꿈치	peel [피일] 껍질을 벗기다

🔖 우리가 잘못 알고 있는 영어 단어 발음

- 한국에서만 쓰이는 잘못된 영어 발음 및 표현, 즉 콩글리쉬를 바로잡아야 아이엘츠 리스닝 방송을 제대로 들을 수 있음

1. 우리가 생각하는 것과 다른 영어 발음

▲ 음원 듣기

film	필름	[필음]
marathon	마라톤	[마러θ언]
label	라벨	[레이블]
chaos	카오스	[케이오스]
ultra	울트라	[얼트러]
buffet	뷔페	[버f웨이]
margarine	마가린	[마저린]
Eiffel Tower	에펠탑	[아이f을 타우어]

2. 한국 수험생들이 잘못 읽기 쉬운 아이엘츠 리스닝 빈출 단어

▲ 음원 듣기

recipe	요리법	[레서피]
cuisine	요리(법)	[쿠이지인]
iron	철	[아이언]
aisle	복도, 통로	[아일]
island	섬	[아일랜드]
tuition	수업, 교습	[튜이션]
thesis	논문	[θ이시스]
itinerary	여행 일정표	[아이티너러리]

3. 한국 수험생들이 잘못 알고 있는 영어 단어

▲ 음원 듣기

핸드폰	→	mobile phone [(영) 모바일f온], cell phone [(미) 셀f온]
세일	→	discount [디스카운트]
아파트 또는 빌라	→	flat [(영) f을랫], apartment house [(미) 어파트먼트 하우스]
매스컴	→	mass media [매스 미디어], mass communication [매스 커뮤니케이션]
헬스클럽	→	gym [짐], fitness centre [fㅣ트니스 센터]
CF (방송광고)	→	TV advertisement [(영) 어드vㅓ티스먼트], [(미) 애드vㅓ타이즈먼트]

 **영국식 발음 특징**

- IELTS Listening 시험에 등장하는 발음은 영국, 호주, 뉴질랜드, 미국, 캐나다 등으로 이를 크게 영국식 발음과 미국식 발음으로 나눌 수 있음
- IELTS 시험은 영국식 발음의 비중이 높은데, 영국식은 미국식 보다 음절 하나하나를 살리는 반면, 미국식은 버터를 바른 것처럼 부드럽게 굴리는 발음임

1. r 발음 차이

- 미국식 발음: /r/의 위치와 상관없이 항상 물 흐르듯이 부드럽게 들림
- 영국식 발음: /r/이 첫소리로 올 때와 모음(a, e, i, o, u) 앞에 위치할 때를 제외하고 대부분 발음하지 않으므로 들리지 않음

[끝자음 r]

▲ 음원 듣기

어휘	뜻	미국식 발음	영국식 발음
lawyer	변호사	[로여r]	[로여]
later	후에, 나중에	[레이러r]	[레이터]
were	있었다 (are 과거형)	[워r]	[워]
door	문	[도어r]	[도어]
mayor	시장	[메여r]	[메여]

[r + 자음]

▲ 음원 듣기

어휘	뜻	미국식 발음	영국식 발음
purse	여성용 핸드백, 지갑	[퍼r스]	[퍼스]
award	상, 수여하다	[어워r드]	[어워드]
turn	차례, 돌다, 돌리다	[터r은]	[턴]
circle	원, 동그라미	[써r클]	[써클]
bored	지루한	[보r드]	[보드]

2. 모음 사이의 t와 d 발음 차이

- 미국식 발음: 모음 사이 소리 /t/와 /d/를 부드럽게 발음하여 'ㄹ[r]'처럼 들림
- 영국식 발음: 철자 /t/와 /d/를 원래 음대로 파열시켜 발음하므로 /t/와 /d/가 그대로 들림

▲ 음원 듣기

어휘	뜻	미국식 발음	영국식 발음
bottom	맨 아래	[바럼] ·	[보텀]
potted	화분에 심은	[파리드]	[포티드]
chatting	채팅, 수다	[채링]	[채팅]
model	모델	[마를]	[모들]
loading	짐 싣기, 올리기	[로링]	[로딩]

3. a 발음 차이

- 미국식 발음: /a/에 강세가 있는 경우, 짧은 '애[æ]'로 들림
- 영국식 발음: 입을 크게 벌려 '아[ɑ]'로 들림

▲ 음원 듣기

어휘	뜻	미국식 발음	영국식 발음
sample	샘플, 견본	[샘플]	[삼플]
half	반, 절반	[해f으]	[하f으]
ask	묻다	[애스크]	[아스크]
answer	답하다	[앤써r]	[안써]
advance	진전, 발전	[어드밴스]	[어드반스]

4. o 발음 차이

- 미국식 발음: /o/에 강세가 있는 경우, '아'로 들림
- 영국식 발음: '오'로 들림

▲ 음원 듣기

어휘	뜻	미국식 발음	영국식 발음
copy	복사(본)	[카피]	[코피]
possible	가능한	[파서블]	[포서블]
got	얻었다(get 과거형)	[같]	[곹]
shop	가게, 상점	[샾]	[숖]
dollar	달러	[달러r]	[돌러]

5. i 발음 차이

- 미국식 발음: 주로 '이'로 발음
- 영국식 발음: '아이'로 발음하기도 함

▲ 음원 듣기

어휘	뜻	미국식 발음	영국식 발음
either	어느 하나	[이더r]	[아이더]
neither	둘 다 아닌	[니더r]	[나이더]
director	관리자, 감독	[디렉터r]	[다이렉터]
dimension	크기, 치수	[디맨션]	[다이맨션]
organisation *	조직, 단체, 기구	[오r거니제이션]	[오거나이제이션]

* 미국식 철자는 organization

Practice

1. 들려주는 문장에서 나온 단어를 선택하세요.

   ① globe   glove   ② pull   full

   ③ light   right   ④ pass   path

▲ 음원 듣기

2. 단어를 듣고 받아 적으세요.

   ① _____   ② _____   ③ _____

   ④ _____   ⑤ _____   ⑥ _____

▲ 음원 듣기

3. 성우가 발음하는 단어를 선택하세요.

   ① half   have   ② shop   soap

   ③ bold   bored   ④ copy   coffee

▲ 음원 듣기

Answers

1. ① Population across the globe is increasing.   전세계적으로 인구가 증가하고 있다.
   ② His schedule is always full on weekends.   그의 일정은 항상 주말에 꽉 차있다.
   ③ Light is necessary for living.   빛은 생활을 위해 꼭 필요하다.
   ④ She followed the path along the shore.   그녀는 해안을 따라 길을 쫓았다.

2. ① mayor ② purse ③ model ④ ask ⑤ staff ⑥ neither

3. ① have ② shop ③ bored ④ copy

Day
04

Reading
키워드 및 패러프레이징 이해

오늘의 학습 목표

키워드 및 패러프레이징 이해를 통해 아이엘츠 리딩을 보다 쉽게 접근

▲ 강의 보기

키워드 파악하기

- 키워드(keyword)는 문장에서 특정한 내용의 정보를 찾게 도와주는 단어임
- 대문자(사람 이름, 지명 등의 고유명사), 숫자(연도, 시기) 등으로 누구나 찾기 쉬운 키워드를 통해 문제와 지문 내용을 보다 용이하게 파악
- 키워드 표시는 컴퓨터 시험에서는 마우스 우클릭으로 하이라이팅, 종이 시험은 연필로 밑줄이 가능함

예제 1 다음 글의 키워드(대문자, 숫자)를 파악한 후 질문에 답하세요.

In 1895, when Mark Twain arrived in Ballarat, he personally witnessed the significant effects of the Australian gold rushes. These rushes had started in 1851, sparking a second worldwide frenzy as people raced to find the valuable gold resource.

[Question] When did the Australian gold rushes start?

예제 2 다음 글의 키워드(대문자, 숫자)를 파악한 후 질문에 답하세요.

Around 1040, the Chinese artisan and inventor Bi Sheng invented the earliest known moveable type printing system, which used baked clay characters cut as thin as the edge of a coin. The first metal moveable type printing system wasn't developed until two hundred years later during the Goryeo Dynasty in Korea. This invention resulted in the printing the earliest moveable metal type printed book, Jikji, an anthology of teachings by Buddhist priests. However, due to the considerable amount of labour required to produce the full Chinese character set, neither of the moveable type systems was widely used, and block printing remained the most widely used printing method.

[Question] Who developed the first moveable type printing system in about 1040?

예제 1

[키워드 파악]

In 1895, when Mark Twain arrived in Ballarat, he personally witnessed the significant effects of the Australian gold rushes. These rushes had started in 1851, sparking a second worldwide frenzy as people raced to find the valuable gold resource.

1895년 마크 트웨인이 발라랏에 도착했을 때, 그는 호주 골드 러시의 엄청난 효과를 직접 목격했습니다. 1851년에 시작된 이 러시는 사람들이 귀중한 금 자원을 찾기 위해 경쟁하면서 전 세계적으로 두 번째 열풍을 촉발시켰습니다.

→ 키워드: 1895(마크 트웨인 도착 연도), Mark Twain(사람 이름), Ballarat(지명), Australian gold rushes(지명이 붙은 사건), 1851(호주 골드 러시 시작 연도)

[Question]

언제 호주 골드 러시가 시작했습니까? 1851

→ Australian gold rushes를 먼저 찾고 그 후 started 시작된 시점을 찾아주는 키워드 파악하기로 쉽게 풀 수 있는 문제

예제 2

[키워드 파악]

Around 1040, the Chinese artisan and inventor Bi Sheng invented the earliest known moveable type printing system, which used baked clay characters cut as thin as the edge of a coin. The first metal moveable type printing system wasn't developed until two hundred years later during the Goryeo Dynasty in Korea. This invention resulted in the printing the earliest moveable metal type printed book, Jikji, a collection of teachings by Buddhist priests. However, due to the considerable amount of labour required to produce the full Chinese character set, neither of the moveable type systems was widely used, and block printing remained the most widely used printing method.

1040년경 중국의 장인이자 발명가인 필승(비성)은 동전 가장자리만큼 얇게 자른 구운 점토 문자를 사용하는, 최초로 알려진 이동식 활자 인쇄 시스템을 발명했습니다. 최초의 이동식 금속 활자 인쇄 시스템은 200년 후인 고려 시대에 이르러서야 한국에서 개발되었습니다. 이 발명으로 불교 사제들의 가르침 모음집인 직지가 최초의 이동식 금속활자 인쇄본으로 인쇄될 수 있었습니다. 그러나 전체 한자 세트를 제작하는 데 상당한 노동력이 필요했기 때문에 두 가지 이동식 활자 시스템 모두 널리 사용되지 않았고, 목판(블록) 인쇄가 가장 널리 사용되는 인쇄 방법으로 남아있었습니다.

→ 키워드: 1040(필승이 초기 활자 인쇄 시스템 발명 연도), Chinese artisan and inventor Bi Sheng(국적, 직업, 사람 이름), two hundred years later(최초 이동식 금속 활자 개발 시기), Goryeo Dynasty in Korea(국가), Jikji(고유명사), Buddhist priests(종교인), Chinese character set(한자 세트)

[Question]

누가 1040년경에 최초의 이동식 활자 인쇄 시스템을 발달시켰습니까? Bi Sheng

→ 1040년을 먼저 찾고 그때 일어난 일과 관련된 사람을 찾아서 풀 수 있는 키워드 파악하기 문제

패러프레이징 이해하기

- 패러프레이징(paraphrasing)은 바꿔 말하기로, 아이엘츠 시험에서 문제의 질문과 보기는 지문에 그대로 나오는 것이 아니라 바꿔서 표현되어 있음
- 해석이 완벽하게 같지 않아도 의미가 통하면 패러프레이징이 된 것임

1. 명사 바꾸기

명사는 사물의 이름을 나타내며 문장에서 주어나 목적어로 사용되는 품사임

Customers use Instagram.
손님들이 인스타그램을 사용한다.

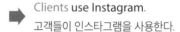 Clients use Instagram.
고객들이 인스타그램을 사용한다.

→ customers(손님들)이 clients (고객들)로 패러프레이징 될 수 있음

2. 동사 바꾸기

동사는 문장 구성 요소에서 가장 중요하며 사물의 동작이나 작용을 나타내는 품사임

Customers use Instagram.
손님들이 인스타그램을 사용한다.

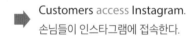 Customers access Instagram.
손님들이 인스타그램에 접속한다.

→ use(사용하다)가 access (접속하다)로 패러프레이징 될 수 있음

3. 부사 바꾸기

부사는 동사 혹은 문장 전체의 의미를 강조하거나 구체화시켜주는 수식어임

Customers primarily use Instagram.
손님들이 주로 인스타그램을 사용한다.

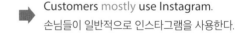 Customers mostly use Instagram.
손님들이 일반적으로 인스타그램을 사용한다.

→ use를 보충 설명하는 부사 primarily(주로)를 mostly(일반적으로)로 패러프레이징 될 수 있음

4. 형용사 바꾸기

형용사는 사물의 성질이나 상태를 나타내는 품사임

Young customers primarily use Instagram.
젊은 손님들이 주로 인스타그램을 사용한다.

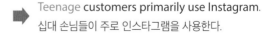 Teenage customers primarily use Instagram.
십대 손님들이 주로 인스타그램을 사용한다.

→ young(젊은,어린)이 teenage(십대의)로 패러프레이징 될 수 있음

5. 작은 개념에서 큰 개념으로 바꾸기

아이엘츠 문제에서 작은 개념을 큰 개념으로 바꿔 표현함

Young customers primarily use Instagram.
젊은 손님들이 주로 인스타그램을 사용한다.

➡️

Young customers primarily use social media.
젊은 손님들이 주로 소셜 미디어를 사용한다.

예제 3 다음 문장의 패러프레이징 부분을 표시해 보세요.

The Museum of Ice Cream in the US is considered one of the most Instagrammed exhibitions, with over 125,000 hashtagged posts.

The Museum of Ice Cream in the US is regarded as one of the most Instagrammed exhibitions, with more than 125,000 hashtagged posts.

예제 4 다음 문장의 패러프레이징 부분을 표시해 보세요.

Supermarket shelves are still empty despite the big thaw clearing most of the snow from Britain's roads.

Supermarket shelves are still empty despite the big thaw taking away most of the snow from roads in Britain.

예제 5 다음 문장의 패러프레이징 부분을 표시해 보세요.

While more roads may solve congestion locally, more traffic on the road network may result in more congestion elsewhere.

While more roads may solve congestion locally, more traffic on the road network may result in more traffic jams elsewhere.

예제 6 다음 문장의 패러프레이징 부분을 표시해 보세요.

Our diets have such a large environmental impact.

Our eating habits have such a huge environmental impact.

예제 7 다음 문장의 패러프레이징 부분을 표시해 보세요.

People living in flats are much more likely to experience secondhand smoke.

People who live in flats are much more likely to be exposed to secondhand smoke.

예제 8 다음 문장의 패러프레이징 부분을 표시해 보세요.

Smoking and high alcohol consumption during pregnancy increase the risk of low birth weight and pre-term birth.

Smoking and high alcohol consumption during pregnancy magnify the risk of low birth weight and pre-term birth.

예제 9 다음 문장의 패러프레이징 부분을 표시해 보세요.

People affected by smoke in apartments have to prove it is a legal nuisance or hazard.

People affected by smoke in apartments are required to prove it is a legal nuisance or hazard.

예제 10 다음 문장의 패러프레이징 부분을 표시해 보세요.

Clothing is seldom recycled effectively and often results in more waste.

Clothing is rarely recycled efficiently and frequently results in more waste.

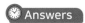

예제 3

The Museum of Ice Cream in the US is considered one of the most Instagrammed exhibitions, with over 125,000 hashtagged posts.

미국에 있는 아이스크림 박물관은 인스타그램에서 가장 많이 올려지는 전시들 중 하나로 여겨지는데, 125,000번 넘게 해시태그 된 게시물이 있습니다.

The Museum of Ice Cream in the US is regarded as one of the most Instagrammed exhibitions, with more than 125,000 hashtagged posts.

→ be considered = be regarded as ~로 여겨지다, 간주되다
  over = more than 넘게, 초과하여

예제 4

Supermarket shelves are still empty despite the big thaw clearing most of the snow from Britain's roads.

영국의 도로에 대부분의 눈을 치우는 대대적인 해빙에도 불구하고 슈퍼마켓 진열대는 오늘도 여전히 비었습니다.

Supermarket shelves are still empty despite the big thaw taking away most of the snow from roads in Britain.

→ clearing = taking away 치우다
  Britain's roads = roads in Britain 영국의 도로

예제 5

While more roads may solve congestion locally, more traffic on the road network may result in more congestion elsewhere.

국지적으로 더 많은 도로가 교통 체증을 해결할지라도, 도로망에 더 많은 교통량은 그 밖에 다른 곳에 더 많은 교통 체증을 초래할지 모릅니다.

While more roads may solve congestion locally, more traffic on the road network may result in more traffic jams elsewhere.

→ congestion = traffic jam 교통 체증

예제 6

Our diets have such a large environmental impact.

우리의 식습관이 환경에 그렇게 큰 영향을 갖습니다.

Our eating habits have such a huge environmental impact.

→ diet 식단, 식습관, 식사 ≒ eating habit 식습관
  large = huge 큰

예제 7

People living in flats are much more likely to experience secondhand smoke.

아파트에 사는 사람들은 간접흡연을 더욱 많이 경험할 가능성이 있습니다.

People who live in flats are much more likely to be exposed to secondhand smoke.

→ living in = who live in ~에 사는
  experience 경험하다 ≒ be exposed to ~에 노출되다

예제 8

Smoking and high alcohol consumption during pregnancy increase the risk of low birth weight and pre-term birth.

임신 중 흡연과 높은 알코올 섭취는 저체중 출산과 조산의 위험을 증가시킵니다.

Smoking and high alcohol consumption during pregnancy magnify the risk of low birth weight and pre-term birth.

→ increase 증가시키다 ≒ magnify 확대하다

예제 9

People affected by smoke in apartments have to prove it is a legal nuisance or hazard.

아파트에서 흡연에 의해 피해를 받은 사람들은 그것이 법적인 방해 또는 위험임을 증명해야 합니다.

People affected by smoke in apartments are required to prove it is a legal nuisance or hazard.

→ have to ~해야 한다 ≒ be required to ~하도록 요구되다

예제 10

Clothing is seldom recycled effectively and often results in more waste.

의류는 거의 효율적으로 재활용되지 않고 자주 쓰레기가 발생합니다.

Clothing is rarely recycled efficiently and frequently results in more waste.

→ seldom = rarely 거의 ~않는
  effectively = efficiently 효율적으로
  often = frequently 자주

오늘의 리딩 필수 어휘

01	**spark**	촉발시키다
02	**frenzy**	열풍, 광란
03	**artisan**	장인
04	**invention**	발명
05	**result in**	~을 초래하다
06	**collection**	모음(집)
07	**a considerable amount of**	상당한 양의
08	**labour**	노동(cf. 미국식 labor)
09	**be required to**	~하는 것이 요구되다
10	**remain**	남아있다
11	**method**	방법
12	**exhibition**	전시
13	**post**	게시물
14	**thaw**	해빙, 녹다
15	**clear**	치우다
16	**congestion(=traffic jam)**	교통 체증
17	**locally**	국지적으로, 지역적으로
18	**diet**	식단, 식습관, 식사
19	**secondhand smoke**	간접흡연
20	**be exposed to**	~에 노출되다
21	**consumption**	섭취
22	**pregnancy**	임신
23	**birth**	출산
24	**nuisance**	(불법) 방해
25	**hazard**	위험

Weekly Review

Speaking

1. 다음 단어의 강세가 있는 부분에 표시하세요.

   assignment
   consideration
   concentrate
   theory
   distraction
   educational
   genetically
   natural

2. 다음 문장에서 화자가 강조하려는 내용어에 표시하세요.

   I am a student in computer science.

   It is one of the most meaningful experiences in my life.

   I think that students should participate in club activities.

3. 다음 문장들을 의미 단위로 끊어보세요.

   I love to play the piano whenever I'm stressed out because it helps me feel relaxed.

   When I was younger, I always wanted my own piano, and my father finally gave me one on my 20th birthday.

   I was so happy that day, but I also felt sorry because it must have been very expensive.

Writing

문법과 의미를 고려하여 빈칸을 채우세요.

1. Some people find the book _____.
   어떤 사람들은 그 책이 어렵다고 여깁니다.

2. The local government has a plan _____ a new football stadium.
   지방 정부는 새로운 축구 경지장을 지을 계획이 있습니다.

3. The locals would welcome the decision _____ public transport.
   지역 주민들은 대중 교통을 향상시키는 결정을 환영할 것입니다.

4. They _____ apply for Australian citizenship.
   그들은 호주 시민권에 지원할 지격이 있습니다.

5. The solution requires countries _____ in environmentally friendly energy.
   그 해결책은 국가들이 신환경적인 에너지에 투사하는 것을 요구합니다.

6. Governments are committed _____ unemployment.
   정부는 실업을 줄이는 데 전념합니다.

7. Governments have difficulties _____ unemployment.
   정부는 실업을 줄이는 데 어려움이 있습니다.

Listening

1. 문장을 듣고 빈칸을 채우세요.

▲ 음원 듣기

　① Some children are seated in a _____.

　② There is a cafeteria next _____.

　③ Her name was at the _____ of the list.

　④ Mary and Michael are _____ next to the _____.

2. 다음 우리말의 영국식 단어를 적으세요.

▲ 음원 듣기

　① 핸드폰　　　　　_____

　② 세일　　　　　　_____

　③ 아파트 또는 빌라　_____

　④ 헬스클럽　　　　_____

3. 단어를 듣고 받아 적으세요.

▲ 음원 듣기

　①　_____　②　_____　③　_____

　④　_____　⑤　_____　⑥　_____

Reading

다음 글의 키워드(대문자, 숫자)를 파악한 후 질문에 답하세요.

Understanding Our Changing Earth

An early explanation of continental drift was proposed by American geologist Frank Bursley Taylor. He suggested in 1908 and published in 1910 that the continents were moved into their present positions by a process of 'continental creep'. Though Taylor's theory was incorrect, British geologist Arthur Holmes, among others, continued trying to explain the motion of the continents. In 1931, Holmes proposed that the Earth's mantle contained convection cells that released radioactive heat and moved the Earth's crust. His *Principles of Physical Geology*, ending with a chapter on continental drift, was published in 1944.

[Question]
When did Arthur Holmes publish his theory?

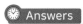

Speaking

1. assignment 과제   consideration 사려, 숙고   concentrate 집중하다   theory 이론   distraction 주의 산만, 방해물   educational 교육의, 교육적인   genetically 유전적으로   natural 자연의, 천연의

2. I am a student in computer science.
It is one of the most meaningful experiences in my life.
I think that students should participate in club activities.

3. I love to play the piano / whenever I'm stressed out / because it helps me feel relaxed.
When I was younger, / I always wanted my own piano, / and my father finally gave me one on my 20th birthday.
I was so happy that day, / but I also felt sorry / because it must have been very expensive.

Writing

1. difficult   **2.** to build(=to construct)   **3.** to improve   **4.** are eligible to   **5.** to invest
6. to reducing(=decreasing)   **7.** reducing(=decreasing)

Listening

1. ① Some children are seated in a circle. 몇몇 아이들이 둥글게 앉아 있다.
② There is a cafeteria next door. 옆 건물에 구내식당이 있다.
③ Her name was at the bottom of the list. 그녀의 이름은 리스트의 맨 아래에 있었다.
④ Mary and Michael are chatting next to the potted plants. 매리와 마이클은 화분 옆에서 이야기 중이다.
2. ① mobile phone ② discount ③ flat ④ gym(=fitness centre)
3. ① vote ② pat ③ copy ④ grass ⑤ sought ⑥ caught

Reading

Understanding Our Changing Earth

An early explanation of continental drift was proposed by American geologist Frank Bursley Taylor. He suggested in 1908 and published in 1910 that the continents were moved into their present positions by a process of 'continental creep'. Though Taylor's theory was incorrect, British geologist Arthur Holmes, among others, continued trying to explain the motion of the continents. In 1931, Holmes proposed that the Earth's mantle contained convection cells that released radioactive heat and moved the Earth's crust. His *Principles of Physical Geology*, ending with a chapter on continental drift, was published in 1944.

정답: 1944년

우리의 변화하는 지구 이해

초기의 대륙이동설에 대한 설명은 미국의 지리학자 프랭크 버슬리 테일러에 의해 제안되었다. 그는 지금 현재 대륙들의 위치는 '대륙의 작은 이동' 과정에 의해 현재의 위치로 이동되었다고 1908년에 제안했고, 1910년에 발표했다. 비록 테일러의 이론은 사실이 아니었지만, 영국의 지질학자 아서 홈즈는 다른 것들 중에서도 대륙의 움직임에 대해 설명하기 위해 계속해서 노력했다. 1931년, 홈즈는 지구의 맨틀이 지구의 지각층을 움직이게 하는 방사능을 내뿜는 대류환을 지니고 있다고 제안했다. 대륙이동설에 관한 내용으로 끝나는 그의 '자연지질학 원리' 책은 1944년에 출판되었다.

언제 아서 홈즈가 그의 이론을 출간하였습니까?

early 초기의 continental drift 대륙 이동설 propose 제시하다 geologist 지질학자 suggest 제안하다 publish 출판하다 continent 대륙 be moved into ~로 이동되다 present 현재의 process 과정 creep 느리고 일정한 움직임 though ~임에도 불구하고 theory 이론 incorrect 부정확한 among ~사이에 continue 계속하다 try to do ~하려고 노력하다 explain 설명하다 the motion of ~의 움직임 mantle (지구의) 맨틀 contain (용기나 장소가) 포함하다, 함유하다 convection (기체나 액체에 의한 열의) 대류 cell 세포, 칸 release 방출하다 radioactive 방사선의 crust 껍질, 표면 principle 원리, 원칙 physical 물리학의 ending with ~로 끝나는

ielts.siwonschool.com

Practice Test
Answer keys

실전 모의고사
정답 및 해설

▲ 강의 보기

1. 3	11. Restaurant	21. C	31. well-being
2. 6 months	12. Realtor	22. B	32. (significant) factors
3. May 21st	13. Bank	23. A	33. information
4. garden	14. Town Hall	24. inaccurate	34. confidentiality
5. office	15. Gift Store	25. surveys	35. decision
6. bathrooms	16. B	26. time	36. resources
7. 675	17. A	27. conclusive	37. churches
8. quiet	18. B	28. (a) project schedule	38. younger generation
9&10. A, B	19. C	29. age(s)	39. civic engagement
	20. A	30. March 29(th) / 29(th) (of) March	40. networks

파트 1 [문제 1-10]

You will hear an estate agent talking to a customer who wants to rent a house. First, you have some time to look at questions 1 to 8.

여러분은 부동산 중개인이 집을 렌트하고 싶어하는 고객과 이야기하는 것을 듣게 될 것입니다. 먼저, 질문 1번부터 8번까지 살펴볼 시간이 주어질 것입니다.

Now we shall begin. You should answer the questions as you listen because you will not hear the recording a second time. Listen carefully and answer your questions 1 to 8.

이제 시작하겠습니다. 음원을 두 번 들을 수 없으니, 여러분은 들으면서 질문에 답해야 됩니다. 주의 깊게 듣고 1-8번 문제에 답하세요.

ESTATE AGENT: Hello. What can I do for you today?

안녕하세요. 오늘은 무엇을 도와드릴까요?

CUSTOMER: Hi. I'd like to rent a house in the city, and your agency was recommended to me.

안녕하세요. 시내에 집을 하나 렌트하고 싶은데, 이 부동산을 추천 받아서요.

ESTATE AGENT: Great! First, would you mind telling me your name?

좋아요! 먼저, 성함을 말씀해 주시겠어요?

CUSTOMER: Sure. It's Charlotte Sanders.

네, 샬롯 샌더스예요.

ESTATE AGENT: Thanks, Charlotte. How many bedrooms will you need?

감사합니다, 샬롯. 침실이 몇 개 필요하신가요?

CUSTOMER: [1]I'd prefer four, but we'll definitely need at least three.

저는 4개를 선호하지만, 우리는 적어도 3개가 필요할거예요.

ESTATE AGENT: That won't be a problem. How long would you like to rent the house for? Most of our landlords expect renters to sign a one-year lease.

별 문제없을 거예요. 집을 얼마 동안 빌리고 싶으세요? 대부분의 집주인들은 세입자들이 1년 임대 계약을 할 것으로 예상하고 있어요.

CUSTOMER: Well, [2]my temporary work assignment is only for six months, and we'd like to move back to our hometown right after that.

글쎄요, 임시 근무가 6개월 동안만이라, 이후 바로 고향에 돌아가고 싶어요.

ESTATE AGENT: Hmm… I'll need to discuss that with the landlord, but I'm sure it'll be okay. When would you like to move in?

흠, 집주인과 의논해 봐야겠지만, 괜찮을 겁니다. 언제 이사하실 건가요?

CUSTOMER: [3]My work contract begins on May 28th, but we'd like to move in a week early and get settled in the area. So, May 21st would be ideal for us.

5월 28일부터 근무계약이 시작되는데, 일주일 일찍 이사를 해서 그 지역에 자리를 잡고 싶어요. 그래서, 5월 21일이 우리에게 좋을 것 같아요.

ESTATE AGENT: Got it. And, where in the city would you like to live?

알겠습니다. 그리고, 시내 어디에서 살고 싶으세요?

CUSTOMER: The company I'll be working for is based in the business district, so I'd like to live there.

제가 일하게 될 회사는 상업 지구에 위치해 있어서, 거기에서 살고 싶어요.

ESTATE AGENT: Oh, most of our properties there have already been taken, but we still have a few available. Okay, let's take a look at our listings… You can take a look at some pictures of the properties here on the wall. [4]We have this one on Jasper Street. It's only 600 per month, and it has a living room, dining room and small kitchen. It also has a large garden with lots of space for your children to play.

오, 거기 있는 우리 집 대부분이 이미 다 팔렸는데, 아직 몇 군데 남아 있어요. 그럼, 목록을 살펴봅시다… 벽에 걸린 집들 사진을 몇 장 보세요. 제스퍼 스트릿에 여기 한 곳이 있어요. 한 달에 600파운드 밖에 안 하고, 거실, 다이닝룸, 작은 부엌이 있어요. 아이들이 놀 수 있는 넓은 공간을 갖춘 큰 정원도 가지고 있어요.

CUSTOMER: It looks nice, although the rooms look a little small. Are there any bigger places?

방이 좀 작아 보이긴 하지만, 좋아 보이네요. 더 큰 장소는 없나요?

ESTATE AGENT: Sure, [5]how about this one on Grove Crescent? It has a very spacious combined kitchen and dining room just off from the living room. It also has a small office.

있어요, 그로브 크레센트에 위치한 이건 어때요? 거실에서 조금 떨어진 곳에 매우 널찍한 주방 겸 다이닝 룸이 있어요. 작은 사무 실도 있어요.

CUSTOMER: How much is the rent for that one?

그건 집세가 얼마인가요?

ESTATE AGENT: It's 650. [6]The other good thing is that it has two bathrooms.

650파운드예요. 또 다른 좋은 점은 이 집에 두 개의 욕실이 있다는 것입니다.

CUSTOMER: That would definitely be convenient. I'll keep it in mind. Oh, can you tell me more about this one?

그럼 정말 편리하겠네요. 기억해 둘게요. 오, 이곳에 대해 더 말해 주실 수 있나요?

ESTATE AGENT: Yes, that house is located on Allenby Road. It has a very spacious living room, dining room and kitchen, and it even has a nice patio where you can enjoy meals together when the weather is nice. If you need more storage space, it also has a big basement. [7]675 per month is quite reasonable for a place of this size.

네, 그 집은 앨런비 로드에 위치해 있어요. 매우 널찍한 거실, 다이닝 룸, 그리고 부엌이 있고, 날씨가 좋을 때 함께 식사할 수 있는 멋진 테라스도 있어요. 만일 더 많은 저장 공간이 필요하다면, 큰 지하실도 있습니다. 한 달에 675는 이 정도 크기의 장소에서 꽤 합리적이에요.

CUSTOMER: Hmm… I like that one a lot. But, are there any others that I should consider?

흠… 저는 그곳이 가장 마음에 들어요. 하지만, 고려해야 할 다른 곳들도 있나요?

ESTATE AGENT: The only other one we have is this one on Torrance Avenue. Aside from a living room and dining room, the kitchen there has just been renovated. [8]And it's located in a quiet neighbourhood. That one is 625 per month, but it's the only one without a garden.

마지막으로 남아있는 다른 곳은 토랜스 애비뉴에 위치해있는 곳입니다. 거실과 다이닝룸을 제외하고는 부엌이 얼마 전에 개조되었습니다. 그리고 그곳은 조용한 동네에 위치해 있습니다. 한 달에 625인데, 정원이 없는 건 그게 유일해요.

CUSTOMER: Okay, thanks. I think I'll go for the one on Allenby Road.

네, 감사합니다. 앨런비 로드에 위치한 곳으로 해야겠네요.

ESTATE AGENT: That's a good choice. I think it would really be ideal for you and your family, and it's in a neighbourhood that is becoming increasingly popular.

좋은 선택이에요. 저는 그곳이 정말로 고객님과 가족에게 이상적이라고 생각해요. 그리고 그곳은 점점 더 유명해지고 있는 동네에 위치해 있어요.

CUSTOMER: Oh, that sounds nice.

오, 그거 좋네요.

Before you hear the rest of the conversation, you will have some time to look at questions 9 and 10.

여러분은 대화의 나머지 부분을 듣기 전에, 9번과 10번 질문을 살펴볼 시간이 주어질 것입니다.

Now listen and answer questions 9 and 10.

이제 주의 깊게 듣고 9번과 10번 질문에 답하세요.

CUSTOMER: So, can you tell me why the neighbourhood of Allenby Road is getting more popular?

그렇다면, 왜 앨런비 로드 인근이 더 유명해지고 있는지 말해주실 수 있나요?

ESTATE AGENT: The city council are making a big effort to make this an attractive area for young families and workers. It seems like there are new facilities opening every month.

시의회는 이 지역을 젊은 가족과 노동자들에게 매력적인 장소로 만들기 위해 큰 노력을 기울이고 있어요. 매달 새로운 시설이 문을 여는 것 같아요.

CUSTOMER: Really? Like what?

정말요? 어떠한 것들이요?

ESTATE AGENT: [9]Well, for a start, there will be several modern fitness centres in the area soon, so if you like to exercise, you'll have no trouble finding a gym. There's also a well-maintained park in the middle of the neighbourhood. It's a very popular picnic spot.

음, 우선, 곧 그 지역에 몇몇 현대식 휘트니스 센터가 생길 거예요. 그래서 운동을 좋아하신다면, 체육관을 찾는 데 전혀 문제가 없을 것입니다. 동네 한가운데에는 잘 관리된 공원도 있어요. 그곳은 아주 인기 있는 소풍 장소입니다.

CUSTOMER: That sounds great. And, how about shopping? Are there some nice shops in the area?

그거 멋지네요. 그리고 쇼핑은 어떤가요? 그 지역에 괜찮은 가게들이 있나요?

ESTATE AGENT: There are a few, and a brand-new shopping centre called Gilbert Plaza is still under construction. That is expected to be open early next year.

몇 곳이 있습니다. 그리고 길버트 플라자라고 불리는 새로운 쇼핑 센터는 아직 공사 중에 있어요. 내년 초에 개장할 것으로 예상됩 니다.

CUSTOMER: Great! And are there any cultural places in the area, such as museums or theatres?

좋아요! 그리고 박물관이나 극장 같은, 문화적인 장소가 이 지역에 있나요?

ESTATE AGENT: Yes, there are a couple of popular theatres that show regular plays and musicals, and [10]the old history museum is currently being converted into a modern art gallery.

네, 일반 연극과 뮤지컬을 보여주는 몇 개의 유명한 극장이 있고, 옛 역사 박물관은 현재 현대 미술관으로 바뀌고 있어요.

CUSTOMER: Oh, will it be open soon? That sounds like my kind of thing.
오, 곧 열리나요? 그것은 제 취향 같네요.

ESTATE AGENT: Yes, I think the first exhibition opens next week.
네, 다음 주에 첫 전시회가 있을 거예요.

CUSTOMER: I'll definitely check it out once I move in. So, can I take a look at the house?
이사 오면 꼭 확인해 볼게요. 그러면, 제가 집을 좀 봐도 될까요?

ESTATE AGENT: Certainly. If you're free right now, I have some time to show you around.
물론입니다. 지금 시간 있으시면, 제가 안내해 드릴 시간이 좀 있어요.

CUSTOMER: Sounds good to me! Thanks.
좋아요! 감사합니다.

You now have half a minute to check your answers.
여러분은 이제 자신의 답을 체크할 30초의 시간을 갖습니다

Questions 1-3

Complete the form. Write **ONE WORD AND/OR A NUMBER** in each gap.
양식을 완성하세요. 각 빈칸에 **한 단어 / 한 단어와 숫자 하나 / 숫자 하나**를 쓰세요.

Properties Available to Rent: Client's Preferences
임차 가능한 부동산들: 고객 선호 사항

Client's name 고객 이름: Charlotte Sanders 샬롯 샌더스
Minimum number of bedrooms 최소 침실 수: | 1 |
Length of rental period 임차 기간: | 2 |
Rental start date 임차 시작 날짜. | 3 |
Preferred area 선호 지역: In the city's business district 도시 상업 지구 내

Questions 4-8

Complete the table. Write **ONE WORD AND/OR A NUMBER** in each gap.
표를 완성하세요. 각 빈칸에 **한 단어 / 한 단어와 숫자 하나 / 숫자 하나**를 쓰세요.

Address 주소	Rooms 방	Monthly Rent 월세	Notable Feature 주목할 특징
Jasper Street 제스퍼 스트릿	living room, dining room and small kitchen 거실, 다이닝룸, 작은 부엌	£600	spacious | 4 | 널찍한 ~
Grove Crescent 그로브 크레센트	living room, large kitchen, dining room and a small | 5 | 거실, 큰 부엌, 다이닝룸, 작은 ~	£650	two | 6 | 두 개의 ~

Allenby Road 앨런비 로드	living room, dining room, kitchen and patio 거실, 다이닝룸, 부엌, 테라스	£ [7]	large basement 커다란 지하실
Torrance Avenue 토랜스 애비뉴	living room, dining room and newly renovated kitchen 거실, 다이닝룸, 새로 개조된 부엌	£625	neighbourhood is [8] 동네가 ~하다

Questions 9-10

Choose **TWO** correct answers.
두 개의 정답을 고르세요.

Which **TWO** new facilities will be opening soon in the neighbourhood of Allenby Road?
어떤 **두 개**의 새로운 시설들이 앨런비 도로 인근에 곧 문을 여나요?

A fitness centre 피트니스 센터
B art gallery 미술관
C public park 공원
D shopping centre 쇼핑 센터
E history museum 역사 박물관

Vocabulary

property 부동산 available 이용할 수 있는 client 고객 preference 선호 rent 임대료 business district 상업 지역 notable 주목할 만한, 눈에 띄는 spacious 널찍한 patio 테라스 newlyrenovated 새로이 개조된 neighbourhood 동네(cf. 미국식 neighborhood) estate agent 부동산 중개인 occasion 경우, 기회 landlord 임대인 renter 임차인, 세입자 lease 임대차 계약 temporary 일시적인, 임시의 assignment 임무, 배정, 배치 settle 정착하다 ideal 이상적인 be based in ~에 기반을 두다 off from ~에서 분리된 reasonable 합리적인, 타당한, 가격이 비싸지 않은 attractive 매력적인, 이목을 끄는 well-maintained 잘 가꾸어진 under construction 공사 중 be converted into ~으로 전환되다 exhibition 전시(회)

파트 2 [문제 11-20]

You will hear a visitor centre employee explaining local kayak routes to visitors. First, you have some time to look at Questions 11 to 15.

여러분은 방문객 센터 직원이 현지 카약 경로에 대해 설명하는 것을 듣게 될 것입니다. 먼저, 질문 11부터 15까지 살펴볼 시간이 주어집니다.

Now listen carefully and answer questions 11 to 15.

이제 주의 깊게 들으며 11에서 15번 문제에 답하세요.

It's my pleasure to welcome you all to Laketown. I'm sure you'll all enjoy your stay here in our beautiful town.

레이크 타운에 오신 것을 환영합니다. 여러분 모두 이곳 아름다운 마을에서 즐겁게 지내실 겁니다.

I know that most of you are here to go kayaking on our local lakes and rivers.

저는 여러분 대부분이 우리 지역 호수와 강에서 카약을 타기 위해 이곳에 오신 것을 알아요.

I'll tell you more about the kayak routes in a moment.

잠시 후 카약 루트에 대해 더 말씀 드리겠습니다.

First, I'll briefly describe how to get around town, and where to find some local amenities you might need.

우선, 시내를 돌아다니는 방법과, 여러분이 필요로 하는 지역적인 즐거움을 어디서 찾을 수 있는지에 대해 간략히 설명하겠습니다.

So, we're currently in the visitor centre, and when you leave the centre, you'll be on Ash Street, and you'll see the public park in front of you.

그래서, 우리는 현재 방문객 센터에 있고, 그 센터를 나서면 여러분은 애쉬 가에 계신 거예요. 그리고 여러분 앞에 공원이 보일 겁니다.

¹¹If you're hungry after your long trip, you should turn right on Ash Street and follow the street until it reaches Lakefront Road.

긴 여행을 마친 후에 배가 고프면, 애쉬 가에서 우회전해서 레이크프론트 도로에 도달할 때까지 길을 따라 가세요.

You'll see a restaurant right across the street, and it has a wonderful outdoor dining area that overlooks Willow Lake.

바로 길 건너 편에 식당이 하나 보일 거예요, 그곳에는 윌로우 호수가 내려다 보이는 멋진 야외 식사 장소가 있습니다.

I know that some of you mentioned that you're interested in buying or renting property in this scenic region.

이 경치 좋은 지역에서 집을 사거나 빌리는 데 관심이 있다고 언급한 사람이 있음을 알고 있습니다.

¹²If you'd like to check out some of the vacant cottages we have here, you can visit the realtor on Lakefront Road.

만약 여러분이 우리가 보유하고 있는 여기 빈 집들 중 일부를 확인하고 싶으시다면, 레이크프론트 도로에 있는 부동산 중개업자를 방문하시면 됩니다.

When you reach the park from the visitor centre, take a left and follow the road to the end. You'll see the realtor's office just across the road, in front of the lake.

방문객 센터에서 공원에 도착하면, 왼쪽으로 가서 마지막까지 길을 따라가세요. 바로 길 건너, 호수 앞에 부동산 중개업자 사무실이 보일 겁니다.

¹³Some of you might need to visit the bank and use the ATM before you head to the kayak rental station.

여러분 중 일부는 카약 대여소로 향하기 전에 은행을 방문하여 ATM을 이용해야 할 수도 있습니다.

To get there, take a right on Ash Street and go up onto Lakefront Road.

그곳에 가려면, 애쉬 가에서 오른쪽으로 가서 레이크프론트 도로로 올라 가세요.

Take another right, and then walk along Lakefront Road.

다시 우회전해서, 레이크프론트 도로를 따라 걸어가세요.

7

Go past the supermarket and you'll see the bank on your right-hand side, directly opposite the kayak rental station.

슈퍼 마켓을 지나면 여러분 오른쪽에 은행이 보일 거예요, 카약 대여소 바로 맞은 편입니다.

[14]While you're here in town, you might also want to visit some of the historic buildings, such as the town hall, which was built in 1825.

마을에 있는 동안, 1825 년에 지어진, 시청과 같은, 몇몇 역사적인 건물들을 방문하고 싶을 수도 있습니다.

If you continue along Lakefront Road past the kayak rental, the road will curve around to the right.

카약 대여소를 지나 레이크프론트 도로를 따라 계속 가면, 길이 오른쪽으로 구부러져 있을 것입니다.

If you go a little further, you'll eventually reach the town hall building, which is on the corner of Reed Avenue, directly across the road from the town's post office.

조금 더 가면, 여러분은 결국 시청 건물에 도달하게 하게 되는데, 리드 가의 모퉁이에 위치한, 마을 우체국에서 바로 길 건너입니다.

[15]Lastly, if you're planning to visit the supermarket to stock up on supplies for a packed lunch, take a look in the gift store behind the supermarket, on Reed Avenue.

마지막으로, 만약 여러분이 도시락을 싸기 위해 슈퍼 마켓을 방문할 계획이라면, 리드 가에 위치한, 슈퍼 마켓 뒤에 있는 기념품 점을 둘러보세요.

You can purchase many souvenirs here, most of which are handcrafted by local artisans.

이곳에서 많은 기념품을 살 수 있는데, 그것들의 대부분은 현지 장인들에 의해 수공예로 만들어진 것입니다.

Before you hear the rest of the talk, you have some time to look at questions 16 to 20.

여러분은 나머지 이야기를 듣기 전에, 질문 16번부터 20번까지 살펴볼 시간이 주어집니다.

Now listen and answer questions 16 to 20.

이제 주의 깊게 듣고 16번부터 20번까지 질문에 답하세요.

OK, now let me give you some advice about the most popular kayak routes in our area.

자, 이제 우리 지역에서 가장 인기 있는 카약 노선에 대해 몇 가지 조언을 해드리겠습니다.

No matter which route you plan to take, you'll start from the kayak rental station and paddle out onto Willow Lake.

어느 길을 택하든, 카약 대여소에서 출발해 윌로우 호수로 노를 저어 갈 거예요.

From the lake, there are several routes you can take.

호수에서, 여러분이 갈 수 있는 몇 가지 경로가 있어요.

Let's first start with the route that takes you along Perch River.

먼저 퍼치 강을 따라 가는 길부터 시작하겠습니다.

This is a very easy route that is recommended to people of all skill levels.

이곳은 모든 기술 수준의 사람들에게 추천되는 매우 쉬운 경로입니다.

The river is very calm and passes through a very scenic forest.

그 강은 매우 고요하고 경치가 좋은 숲을 통과합니다.

[16]You have a good chance of seeing some deer, foxes and squirrels along this route, so make sure that you keep an eye open so that you can see any animals on the riverbanks.

여러분은 이 길을 따라 몇 마리의 사슴, 여우, 다람쥐를 볼 수 있는 좋은 기회가 있으니, 강둑에 있는 동물들을 볼 수 있도록 눈을 뜨고 있어야 합니다.

Another option is the route that takes you through Eden Valley.

또 다른 선택은 이든 계곡을 통과하는 길입니다.

[20]You should only go this way if you have experience in kayaking, as the water can be quite rough, with some strong currents and rapids in a few sections.

카약을 타본 경험이 있는 경우에만 이 길로 가는 것이 좋습니다, 왜냐하면 몇 개의 구간에서 강한 조류와 급류를 타고 꽤 거칠 수 있기 때문입니다.

Near the entrance to the Eden Valley route, you'll see another route called Windy Stream.

이든 계곡 경로의 입구 근처에서, 여러분은 윈디 개울이라고 불리는 다른 길을 보게 될 거예요.

Despite its name, this is actually a very easy route that is popular with families that include young children.

이름에도 불구하고, 이 길은 실제로 어린 자녀들이 있는 가정에서 인기 있는 매우 쉬운 길입니다.

The water is fairly shallow, and [18]it is home to several species of fish and ducks.

물은 상당히 얕으며, 여러 종류의 물고기와 오리가 서식합니다.

You'll also maybe notice some birds of prey along this route, such as golden eagles and buzzards.

검독수리나 대머리수리 같은, 맹금류를 이 길을 따라 볼 수 있을 거예요.

Next, another easy option is to paddle to the far side of Willow Lake, and then carry your kayaks over land for 100 metres through the woods until you reach Crane Lake.

다음으로, 또 다른 쉬운 선택은 윌로우 호수 저쪽 편으로 노를 저어 간 다음, 크레인 호수에 도달할 때까지 숲을 통해 100미터를 육지위로 카약을 나르는 것이다.

The route around Crane Lake is popular with those who want to spend a long day kayaking, [19]as there are several small cafés and stores along the shore, where you can stop to enjoy an ice cream or a cold drink.

크레인 호수 주변의 길은 카약을 하면서 긴 하루를 보내기를 원하는 사람들에게 인기가 있는데, 해안가를 따라 여러 개의 작은 카페와 상점들이 있어, 아이스크림이나 차가운 음료를 즐기기 위해 들를 수 있기 때문입니다.

Last but not least, is the route that takes you along Heron River.

마지막이지만 중요한 곳은, 헤론 강을 따라 가는 경로입니다.

To get there, you should set off from the kayak rental station and paddle east.

그곳에 가려면, 카약 대여소를 출발해 동쪽으로 노를 저어야 합니다.

However, this fast-flowing river is very dangerous at this time of year, [20]and if this is your first time kayaking, then I strongly encourage you not to go along that route.

하지만, 이 빠르게 흐르는 강은 이 시기에 매우 위험합니다, 그리고 만약 여러분이 카약을 타는 것이 처음이라면, 저는 여러분이 그 길을 따라 가지 말라고 강력히 권하고 싶어요.

I would suggest speaking with the kayak instructors down at the rental station.

저는 대여소의 아래층에서 카약 강사들과 이야기하는 것을 제안하고 싶습니다.

They can help you plan the most suitable route for your group, and they'll provide a map that shows all the different lakes and rivers in the area…

그들은 여러분이 그룹에 가장 적합한 경로를 계획하도록 도와드릴 수 있어요, 그리고 지역의 모든 다양한 호수와 강을 보여주는 지도를 제공할 거예요…

You now have half a minute to check your answers.

여러분은 이제 자신의 답을 체크할 30초의 시간을 갖습니다.

Questions 11-15

The map has five gaps. Choose the correct answer and move it into the gap.

지도에는 5개의 빈칸이 있습니다. 정답을 선택하여 빈칸에 옮기세요.

List 목록

Realtor 부동산 중개인
Gift Store 기념품 가게
Bank 은행
Town Hall 시청
Cottage 작은 집
Restaurant 식당

Questions 16-20

What comment does the speaker make about each of the following kayak routes? Choose the correct answer and move it to the gap.

화자는 다음 카약 노선에 대해 각각 어떠한 코멘트를 합니까? 정답을 선택하여 빈칸에 옮기세요.

Route 노선

Perch River 퍼치 강
Eden Valley 이든 계곡
Windy Stream 윈디 천
Crane Lake 크레인 호수
Heron River 헤론 강

Comments 코멘트(평, 설명)

A It is not suitable for beginners. 초보자에게 적합하지 않습니다.
B It is a good place to spot wildlife. 야생 동물을 발견하기에 좋은 장소입니다.
C It has places to stop for refreshments. 다과를 위해 들르는 장소들이 있습니다.

Vocabulary

realtor 부동산업자, 부동산 중개인 town hall 시청 suitable 적합한, 알맞은 spot 장소, 자리, 발견하다, 찾다 wildlife 야생 동물 refreshment 다과 visitor centre 관광 안내소(cf. 미국식 center) amenity 생활 편의 시설 overlook 내려다보다 scenic 경치가 좋은 vacant 비어 있는, 사람이 없는 cottage 작은 집 stock up on ~을 비축하다 supply 보급 souvenir 기념품 handcrafted 수공예의 artisan 장인, 세공인 paddle 노를 젓다 riverbank 강둑, 강기슭 current 해류, 기류 rapids 강의 급류 stream 개울, 시내 shallow 얕은 birds of prey 맹금류 golden eagle 검독수리 buzzard 유럽산 독수리 shore 해안 가, 물가 set off 출발하다 fast-flowing 물살이 빠른 encourage 권장하다, 장려하다 instructor 강사

파트 3 [문제 21-30]

You will hear a business student called Rachel discussing her market research project with her professor. First, you have some time to look at questions 21 to 23.

여러분은 경영 학생인 레이첼이 시장조사 프로젝트 관련하여 교수와 상의하는 것을 듣게 될 것입니다. 먼저, 질문 21번부터 23번까지 살펴볼 시간이 주어질 것입니다.

Now listen carefully, and answer questions 21 to 23.

이제 주의 깊게 듣고 21번부터 23번까지 질문에 답하세요.

PROFESSOR: Hi, Rachel, thanks for stopping by. Please, take a seat.

안녕, 레이첼, 들러줘서 고맙구나. 자리에 앉으렴.

RACHEL: Thanks, Professor Holden.

감사합니다, 홀든 교수님.

PROFESSOR: So, how is the planning going for your master's project?

자, 석사 프로젝트는 어떻게 되어 가고 있니?

RACHEL: Well, I'm still not exactly sure how to perform my market research for the project.

음, 그 프로젝트에 대한 시장 조사를 어떻게 해야 할지 아직 정확히 모르겠어요.

PROFESSOR: Don't worry about it. That's why I meet with students to help them plan their project strategy. Did you choose a topic to focus on?

걱정하지마. 그래서 학생들이 프로젝트 전략을 세우는 걸 돕기 위해 만나는 거니까. 어떤 주제에 초점을 맞출지 정했니?

RACHEL: ²¹Yes, I'm going to research the cosmetics industry.

네, 저는 화장품산업에 대해 조사할 계획입니다.

PROFESSOR: I think that's a good choice. Now, what advantages do you think you have when it comes to researching this topic?

좋은 선택이구나. 그럼, 이 주제로 조사를 할 때 네가 가지고 있는 이점들은 무엇이라 생각하니?

RACHEL: ²²Well, I buy a lot of make-up and read a lot of lifestyle and fashion magazines, so I think I know a lot about current trends.

음, 화장품을 많이 사고 생활잡지와 패션잡지를 많이 읽어서, 요즘 트렌드에 대해 많이 아는 것 같아요.

PROFESSOR: That will certainly help. Anything else?

그거 정말 도움이 되겠구나. 그 밖에는?

RACHEL: I live very close to a large commercial area, so I can easily go there to speak with consumers.

저는 큰 상업 지역과 매우 가까운 곳에 살고 있어요. 그래서 소비자들과 이야기를 나눌 수 있도록 그곳에 쉽게 갈 수 있어요.

PROFESSOR: That will be quite handy for your research. Are there any problems you anticipate?

그건 조사에 아주 유용할 거야. 네가 예상하는 어떤 문제점들이 있니?

RACHEL: ²³I'm worried about the costs involved, as I don't have much money to use for my research.

저는 수반되는 비용들이 걱정돼요. 왜냐면 제 조사에 쓰일 돈이 많지 않거든요.

PROFESSOR: Well, I'm sure we can think of ways to keep your expenses low. Do you plan to speak to local consumers yourself?

음, 우리는 확실히 비용을 줄일 수 있는 방법을 고안해 낼 수 있을 거야. 직접 현지소비자와 대화를 나눌 계획이니?

RACHEL: Yes, and that's another problem. I'm not very skilled when it comes to communicating with the general public.

네, 그것도 또 다른 문제예요. 저는 일반 대중과의 의사 소통에 관해서라면 그다지 능숙하지 않아요.

PROFESSOR: I think, as long as you prepare well in advance, you'll manage to talk to people just fine.

내 생각에는, 미리 준비하기만 하면 사람들과 이야기를 나눌 수 있을 것 같구나.

RACHEL: I hope so. What methods do you think I should use?

그러길 바래요. 제가 어떤 방법을 이용해야 할까요?

Before you hear the rest of the conversation, you have some time to look at questions 24 to 30.

여러분은 대화의 나머지 부분을 듣기 전에, 24번부터 30번까지 문제를 살펴볼 시간이 주어집니다.

Now listen and answer questions 24 to 30.

이제 주의 깊게 듣고 24번부터 30번까지 질문에 답하세요.

PROFESSOR: Well, let's take a look at some potential research methods now.

음, 이제 몇 가지 잠재적인 조사방법을 살펴보자구나.

RACHEL: I'd appreciate that.

감사합니다.

PROFESSOR: First, one option is to just use secondary research for your project. This means simply using existing data from previous studies.

첫 번째로, 한가지 방법은 2차 자료를 너의 프로젝트에 사용하는 거야. 이는 이전 연구들의 기존 데이터만 사용한다는 의미란다.

RACHEL: Oh, I didn't know I could do that.

오, 그렇게 할 수 있을지 몰랐어요.

PROFESSOR: Sure. The best thing is that it's free. You won't need to spend any money.

그래. 가장 좋은 점은 공짜라는 거야. 너는 돈을 쓸 필요가 없을 거야.

RACHEL: That certainly helps.

확실히 도움이 되네요.

PROFESSOR: [24]However, the problem is that some of the data you gather may be inaccurate. You have no way to verify whether it is still accurate or not.

하지만, 문제는 수집하는 데이터 중 일부가 부정확할 수 있다는 점이야. 여전히 정확한지 아닌지 확인할 방법이 없단다.

RACHEL: Oh, I can see how that could happen.

오, 무슨 말씀인지 알겠습니다.

PROFESSOR: [25]I suggest It'd be better to use a method of primary research, such as conducting surveys. This is the best method to use when you want to collect a large number of responses.

설문조사 수행과 같은, 1차 조사방법을 사용하는 것이 좋을 것 같구나. 이 방법이 많은 응답을 수집하길 원할 때 사용할 수 있는 가장 좋은 방법이야.

RACHEL: Sounds good.

좋아요.

PROFESSOR: Yes, [26]but unfortunately, the downside of this method is that it typically requires a great deal of time.

그래, 하지만 불행히도, 이런 방법의 단점은 시간이 많이 걸린다는 거야.

RACHEL: Yes, I think I'd need to work on the weekends and in the evenings.

네, 주말과 저녁에 작업을 해야 할 것 같아요.

PROFESSOR: You're probably right. And then there's the other popular primary research method: focus groups.

네 말이 맞아. 그리고 또 다른 인기 있는 1차 조사방법이 있단다: 포커스 그룹.

RACHEL: Oh, I hadn't really thought about that.

오, 한번도 그것에 관해 생각해 본적이 없어요.

PROFESSOR: [27]These are useful for obtaining more detailed responses to questions, but your outcomes will be less conclusive because you'll be using a smaller sample size.

이러한 방법은 질문에 대한 보다 자세한 답변을 얻는 데 유용하지만, 샘플 크기를 더 작게 사용하기 때문에, 결과는 덜 확실할 거란다.

RACHEL: Hmm… yes. I think it'd be better to get more responses.

흠, 네. 많은 응답을 받도록 하는 게 좋겠군요.

PROFESSOR: [28]Whichever method you choose to use, I would advise you to create a project schedule in advance and stick to it.

어떤 방법을 선택하든, 미리 프로젝트 일정을 짜서 충실이 지키길 권하는구나.

RACHEL: Oh, I'll definitely do that.

오, 확실히 그렇게 할게요.

PROFESSOR: [29]Also, when you speak with participants during your research, make sure that you keep a record of their ages. It'll be useful when analysing your data and forming conclusions.

또한, 조사 중에 참가자들과 이야기를 나눌 때, 그들의 나이를 반드시 기록하도록 해. 데이터를 분석하고 결론을 내릴 때 유용하단다.

RACHEL: Oh, thanks. That's a great tip. I think I have some good ideas now.

오, 감사합니다. 좋은 팁이군요. 이제 좋은 아이디어가 좀 생긴 것 같아요.

PROFESSOR: Great, and I'll see you again for another project meeting two weeks from now.

잘 됐구나, 그럼 2주 후에 다른 프로젝트 미팅에 또 보자 구나.

RACHEL: Okay, what date will that be? I'll put it in my diary.

좋아요, 날짜는 언제죠? 다이어리에 적어 놓을게요.

PROFESSOR: Well, I'll be out of town for a seminar on March 27th and 28th, so let's make it the day after that.

글쎄, 3월 27, 28일에 세미나 때문에 시외에 나갈 테니까, 그 다음날로 하자.

RACHEL: [30]Got it. So, I'll see you again on the 29th then.

알겠습니다. 그럼, 29일에 다시 뵙겠습니다.

PROFESSOR: You bet. And good luck with your research.

그래. 그리고 너의 조사에 행운을 빌게.

RACHEL: Thanks a lot.

정말 감사합니다.

You now have half a minute to check your answers.

여러분은 이제 자신의 답을 체크할 30초의 시간을 갖습니다.

Choose the correct answer. 정답을 선택하세요.

21 The topic of Rachel's project is 레이첼 프로젝트의 주제는 …입니다
A the magazine industry. 잡지 산업
B the fashion industry. 의류 산업
C the cosmetics industry. 화장품 산업

22 Rachel believes that one of her strengths is 레이첼은 그녀의 장점 중 하나는 …이라고 믿습니다.
A her strong communication skills. 그녀의 뛰어난 의사 소통 기술
B her knowledge of current trends. 현재 트랜드에 대한 그녀의 지식
C her time management capabilities. 그녀의 시간 관리 능력

23 Rachel is concerned about 레이첼은 …에 대해 걱정합니다.
A the cost of her research. 그녀의 연구비
B the location of a shopping centre. 쇼핑 센터의 위치
C the deadline for her assignment. 그녀의 과제 제출 기한

Questions 24-27

Complete the sentences. Write **ONE WORD ONLY** in each gap.
문장들을 완성하세요. 각 빈칸에 **한 단어만** 쓰세요.

The professor warns Rachel that some secondary data may be [24].
교수는 레이첼에게 2차 자료가 ……………… 할 수 있다고 경고합니다.

The professor advises Rachel to conduct [25] if she wishes to gather a large number of responses.
교수는 레이첼에게 만약 그녀가 많은 응답을 받기를 원한다면 ………………를 하라고 조언합니다.

One disadvantage that the professor mentions about primary research is that it requires a lot of
[26].
교수가 1차 연구에 대해 언급한 한가지 단점은 많은 ………………이 걸린다는 것입니다.

The professor says that the results from focus groups are less [27].
그 교수는 포커스 그룹의 결과가 덜 ………………고 말했습니다.

Questions 28-30

Answer the questions. Write **NO MORE THAN THREE WORDS AND/OR A NUMBER** in each gap.
질문에 답하세요. 각 빈칸에 **한 단어 / 두 단어 / 세 단어 / 한 단어와 숫자 하나 / 두 단어와 숫자 하나 / 세 단어와 숫자 하나 / 숫자 하나**로 쓰세요.

What does the professor encourage Rachel to make in advance? [28]
교수가 레이첼에게 미리 무엇을 만들어 두라고 장려하나요?

What detail of each research participant does the professor remind Rachel to note down?

| 29 |

교수가 레이첼에게 메모하라고 상기시켜준 각 연구 참가자들의 세부 사항은 무엇인가요?

In what month and on what date will the professor and Rachel meet next? | 30 |

교수와 레이첼은 몇 월 몇 일에 만나게 되나요?

Vocabulary

industry 산업 cosmetics 화장품 strength 강점 time management 시간 관리 capability 능력, 역량 deadline 기한 assignment 과제, 임무 secondary data 2차 자료(이미 다른 목적을 위해 수집된 자료) advise 권고하다 conduct (특정 활동을) 하다, 수행하다 primary research 1차 조사(직접 설문지를 만들어 조사하고 결론을 도출하는 조사) participant 참가자 remind 상기시키다 note down 적어 두다, 메모하다 strategy 계획, 전략 commercial 상업의 handy 편리한 anticipate 예상하다 skilled 숙련된, 노련한 general public 일반 대중 method 방법, 방식 previous 이전의 verify 확인하다 downside 불리한 면 focus group 포커스 그룹(시장 조사를 위해 각 계층을 대표하는 소수의 사람들로 이뤄진 그룹) obtain 얻다, 획득하다 outcome 결과 conclusive 결정적인 stick to (방침을) 고수하다 analyse 분석하다(cf. 미국식 analyze) be out of town (출장 등으로) 도시를 떠나 있다

You will hear part of a lecture for social studies students about leadership in rural communities. First, you have some time to look at questions 31 to 40.

여러분은 시골 지역 사회의 리더십에 대해 사회학을 공부하는 학생들을 위한 강의의 일부를 듣게 될 것입니다. 먼저, 질문 31부터 40까지 살펴볼 시간이 주어질 것입니다.

Now listen carefully and answer questions 31 to 40.

이제 주의 깊게 듣고 31번부터 40번까지 질문에 답하세요.

Leadership is important in many different settings, and this is especially true when it comes to community leadership within rural areas.

리더십은 여러 다른 환경에서 중요합니다, 이것은 특히 시골 지역 내에서 지역 사회의 리더십에 있어서는 더욱 그렇습니다.

[31]Strong leadership is necessary in order to enact successful community action and enhance the social well-being of those who belong to the community.

지역 사회의 성공적인 활동을 실현하고 지역 사회에 속한 사람들의 사회적 행복을 향상시키기 위해서는 강력한 리더십이 필요합니다.

[32]Researchers have identified four significant factors that determine the overall effectiveness of leadership in rural communities: effective communication, collaboration across and within communities, community engagement and development of social capital.

연구원들은 시골 지역 사회에서 리더십의 전반적인 효과를 결정하는 네 가지 중요한 요인을 밝혀 냈습니다: 효과적인 의사소통, 지역 사회 전체 및 내부 간 협력, 지역 사회 참여, 그리고 사회적 자본의 개발입니다.

Effective communication is regarded as the most essential factor for any functional community.

효과적인 의사 소통은 모든 기능적 지역 사회에 가장 필수적인 요인으로 간주됩니다.

Within many rural townships, communication can sometimes veer between two extremes.

많은 시골 지역에서는, 의사 소통은 때때로 두 극단 사이에서 왔다 갔다 할 수 있습니다.

[33]It may be too open, with confidential information being leaked inappropriately, or too closed, with information being withheld as a way of wielding power.

기밀 정보가 부적절하게 유출되어 너무 개방될 수 있거나, 권력을 휘두르는 수단으로 정보가 숨겨져 너무 폐쇄적 일 수 있습니다.

[34]Within such communities, leaders must be open and honest with their constituents, but also maintain confidentiality when required.

그러한 지역 사회 내에서, 지도자들은 그들의 주민들에게 개방적이고 정직해야 하지만, 필요할 때는 기밀을 유지해야 합니다.

Communication channels can be improved by circulating a newsletter and having regular community meetings.

의사소통 경로는 소식지를 배포하고 정기적인 지역 사회 회의를 개최함으로써 개선될 수 있습니다.

Another effective way to keep communication channels open is for the leader to adopt an 'open door policy' with his or her constituents.

의사소통 경로를 계속 열어 두는 또 다른 효과적인 방법은 지도자가 그의 또는 그녀의 구성원들과 함께 '열린 문 정책'을 채택하는 것입니다.

This ease of access helps to build trust and credibility between leaders and their constituents.

이러한 접근 용이성은 지도자와 그 구성원들 사이의 신뢰와 신용을 구축하는 데 도움이 됩니다.

A successful leader will communicate directly with constituents and provide access to appropriate information.

성공직인 지도자는 구성원들과 직접 의사소통하고 적절한 정보에 대한 접근 권한을 제공할 것입니다.

[35]Information is integral to good decision making and problem solving.

정보는 올바른 의사 결정과 문제 해결에 필수적입니다.

When community members are provided with information and encouraged to help in the decision-making process, they are much more likely to work productively within the community.

지역 사회 구성원에게 정보가 제공되고 의사 결정 과정에서 도움을 주도록 권장되면, 지역 사회 내에서 생산적으로 일할 가능성이 훨씬 커집니다.

Break for 5 Seconds

Collaboration is another essential factor required for successful leadership in rural communities.

협력은 시골 지역 사회에서 성공적인 리더십을 위해 필요한 또 하나의 필수 요소입니다.

[36]By cooperating across communities, resources and information can be shared, and a mutually beneficial relationship can be established between different groups of people.

지역 사회 전체에 걸쳐 협력함으로써, 자원과 정보를 공유할 수 있으며, 서로 다른 그룹의 사람들 간 상호 이익이 되는 관계를 형성할 수 있습니다.

[37]For example, chambers of commerce, community groups and churches in different towns can all benefit through collaboration and by working together to promote community action.

예를 들어, 서로 다른 소도시에 있는 상공 회의소, 지역 사회 그룹 및 교회는 모두 협력을 통해 그리고 지역 사회 활동을 촉진하기 위해 공동 작업하여 이익을 얻을 수 있습니다.

In general, leaders today focus mostly on their own individual fields of interest, but for a leader to be truly effective, he or she must collaborate with other leaders in various fields.

일반적으로, 오늘날 지도자들은 주로 그들만의 개인적 관심 분야에 초점을 맞추지만, 진정으로 효과적인 지도자가 되기 위해서는, 그들은 다양한 분야의 다른 지도자들과 협력해야 합니다.

As leaders learn to interact in various fields of interest, they are more likely to develop these cross-community ties.

지도자들이 다양한 관심 분야에서 상호 작용하는 법을 배우게 되면서, 그들은 이러한 지역 사회 간의 유대 관계를 발전시킬 가능성이 더 높습니다.

Community engagement is the third factor.

지역 사회 참여가 세 번째 요소입니다.

[38]In order for rural communities to sustain themselves, the younger generation must be included in community processes.

시골 지역 사회가 스스로 유지하기 위해서는, 젊은 세대들이 지역 사회 과정에 포함되어야 합니다.

These future leaders need to learn about fundamental leadership principles and how to effectively tackle unique problems found in rural communities.

이러한 미래 지도자들은 근본적인 리더십 원칙과 시골 지역에서 발견되는 고유한 문제들을 효과적으로 해결하는 방법을 배워야 합니다.

This can be accomplished by encouraging potential leaders to engage in important community activities and participate in decision-making processes.

이것은 잠재적 지도자들이 중요한 지역 사회 활동에 참여하고 의사 결정 과정에 참여하도록 장려함으로써 달성될 수 있습니다.

[39]This builds a sense of civic engagement in young leaders that will benefit them in their future roles in the community.

이것은 미래에 지역 사회에서 그들의 역할에 도움이 될 젊은 지도자들에 대한 시민 참여 의식을 형성합니다.

Lastly, developing social capital within a community is another very important factor required for successful community leadership.

마지막으로, 한 지역 사회 내에서 사회적 자본을 개발하는 것은 성공적인 지역 사회 리더십에 필요한 또 다른 중요한 요소입니다.

[40]Social capital refers to the networks within a community that enable individuals to contribute to society.

사회적 자본은 개인이 사회에 기여할 수 있도록 해주는 지역 사회 내의 네트워크를 의미합니다.

An effective leader will build a strong sense of social capital within his or her community, and always be looking for opportunities to build more.

효과적인 지도자는 지역 사회 내에서 강한 사회적 자본 의식을 형성할 것이며, 항상 더 많은 것을 이룰 기회를 찾고 있을 것입니다.

Social capital within rural communities enhances trust between leaders and community members, and this in turn results in positive community change.

시골 지역 내의 사회적 자본은 지도자와 지역 사회 구성원에 대한 신뢰를 높이고, 이는 결국 지역 사회의 긍정적인 변화를 낳습니다.

In order to build strong social capital, the following three factors are required: effective communication, access to information and encouragement of young leader participation.

강력한 사회적 자본을 구축하기 위해서는 다음 세 가지 요소가 필요합니다: 효과적인 의사 소통, 정보에 대한 접근, 젊은 지도자의 참여 독려입니다.

When all of these factors are present, community leadership in rural settings is highly likely to prove effective and successful.

이러한 모든 요소가 존재할 때, 시골 환경의 지역 사회 리더십은 효과적이고 성공적인 것으로 입증될 가능성이 매우 높습니다.

You now have half a minute to check your answers.

여러분은 이제 자신의 답을 체크할 30초의 시간을 갖습니다.

Questions 31-40

Complete the notes. Write **NO MORE THAN TWO WORDS** in each gap.

노트를 완성하세요. 각 빈칸에 **두 단어 이하**로 쓰세요.

Successful Leadership Within Rural Communities 시골 지역 사회에서의 성공적인 리더십

- Strong leadership helps to improve the social [**31**] of community members.

  강력한 리더십은 지역 주민들의 사회적 ·················· 를 개선하는 데 도움을 준다.

- Four [**32**] that affect leadership effectiveness have been identified by researchers.

  리더십의 효과에 영향을 미치는 네 가지 ················· 가 연구원들에 의해 확인되었다.

Effective Communication 효과적인 의사 소통

- When communication is too open, confidential information is leaked.

  의사소통이 너무 개방적일 경우, 기밀 정보가 누출된다.

- When communication is too closed, [**33**] is withheld as a way of maintaining power.

  의사소통이 너무 폐쇄적일 경우, ·················는 힘을 유지하기 위한 수단으로 숨겨진다.

- Leaders should be open and honest although [**34**] is sometimes required.

  때로는 ·················이 요구되기도 하지만, 지도자는 개방적이고 정직해야 한다.

- Open door policy is another effective way to open communication channels.

  열린 문 정책은 의사소통 경로를 여는 또 다른 효과적인 방법이다.

- Access to information is necessary in order to make a good [**35**] and to solve problems.

  정보에 접근하는 것은 좋은 ·················을 내리고 문제를 해결하기 위해 필요하다.

Collaboration Across and Within Communities 지역 사회 전체 및 내부 간 협력

- Collaboration between communities allows for the sharing of information and [**36**].

  지역 사회 간의 협력을 통해 정보와 ·················을 공유할 수 있다.

- Groups in different communities that can benefit from collaboration include chambers of commerce, community groups and [37   ].

  협력을 통해 이익을 얻을 수 있는 다른 지역 사회의 단체들은 상공 회의 소, 지역 사회 그룹, ················을 포함한다.

Community Engagement 지역 사회 참여

- In order to continue functioning effectively, rural communities need to include the [38   ] in community processes.

  효과적인 기능을 지속하기 위해서는, 시골 지역 사회는 ················를 지역 사회 과정에 포함시켜야 한다.

- By engaging in community activities, a sense of [39   ] will be created.

  지역 사회 활동에 참여함으로써, ················ 의식이 형성될 것이다.

Developing Social Capital 사회적 자본 개발

- The [40   ] within a community that allow members to contribute to society are referred to as social capital.

  구성원들이 사회에 기여할 수 있게 해주는 지역 사회 내의 ················를 사회적 자본이라고 한다.

- Strong social capital can be achieved with the other three factors present within a community.

  한 지역 사회 안에 다른 세 요소가 존재할 때 강력한 사회적 자본이 달성될 수 있다.

Vocabulary

rural 시골의, 지방의 effectiveness 효율, 효율성 withhold 억제하다, 주지 않다 distribute 나누어 주다, 배포하다 collaboration 공동 작업, 협동 benefit 혜택, 이득을 보다 chamber of commerce 상공 회의소 engagement 참여 function 기능, 기능하다 process 과정, 절차 social capital 사회적 자본 contribute 기여하다 setting 환경, 장소 enact (법을) 제정하다, 실현하다 enhance 강화시키다, 향상시키다 essential 필수적인, 극히 중요한 functional 기능적인, 실용적인 veer 바꾸다, 달라지다 extreme 극단, 극도 confidential 비밀의, 기밀의 leak 새다, 누설하다 inappropriately 부적절하게, 부적합하게 wield 행사하다, 휘두르다 constituent 주민, 유권자 circulate 순환시키다, 배포하다 newsletter 소식지 adopt 채택하다, 받아들이다 ease 용이함, 편의성 credibility 신뢰성, 신용 integral 필수적인 productively 생산적으로 mutually 서로, 상호간에 establish 수립하다, 확립하다 promote 촉진하다 ties 유대 관계 sustain 지탱하다, 유지하다 fundamental 근본적인 principle 원칙 tackle (힘든 문제를) 다루다 accomplish 성취하다, 달성하다

1. Europe	11. NOT GIVEN	21. NOT GIVEN	31. TRUE
2. Spain	12. TRUE	22. shorthand	32. C
3. weavers	13. TRUE	23. broadcasters	33. E
4. fairs	14. B	24. Barcelona	34. G
5. dyeing	15. C	25. satisfaction	35. D
6. silk	16. D	26. robot	36. heart
7. hand	17. NO	27. TRUE	37. breathing
8. England	18. NO	28. TRUE	38. energy
9. nobles	19. YES	29. NOT GIVEN	39. Urea
10. FALSE	20. YES	30. FALSE	40. dehydration

파트 1 [문제 1-13]

양모의 역사

최초로 기록된 양모의 사용은 석기 시대의 아나톨리아에서 기원하는데, 그곳은(아나톨리아는) 대략 오늘날의 터키가 위치하는 곳이다. 메소포타미아 평원에 거주하던 네안데르탈인은 양으로 기본적인 의식주를 해결했다. 수년 후, 인간은 양털을 뽑고 짜서 모직 의복을 만드는 법을 익혔다. 모직 의복이 제공하는 보온성과 양의 이동성 덕분에 이 초기 인류는 메소포타미아의 따뜻한 기후 밖을 탐험할 수 있었고 그들의 문화권을 확장할 수 있었다. [1]약 기원전 3000년부터 지속적으로 페르시아인, 그리스인 및 로마인들은 유럽 전역에 다양한 나라로 그 동물(양)과 양털을 싣고 다니며 다양한 품종의 양을 개발하고 개량하였다. 특히 로마인들은 양을 중요한 상품으로 취급하여 로마 제국이 영국 제도와 스페인 그리고 북아프리카로 확장되었을 때 많은 수의 양을 수송하였다. 대략 기원후 50년에 로마인들은 현재 윈체스터 마을이 자리하고 있는 잉글랜드 지역에 양모 공장을 세웠다. [2]이후 8세기 초 무렵, 아라비아 사막 전역에 거주했던 유목민들인 사라센들은 스페인과의 군사 전쟁에서 승리한 이후 북아프 리카 및 그리스와 양모 수출 무역 조약을 맺었다.

12세기에, 그리스의 노르만 정복은 플로렌스와 베니스 같은 이탈리아 도시에서 직조업의 활성화를 간접적으로 이끌었다. [3]수많은 그리스 직공들이 노예로 이탈리아에 보내졌고 이탈리아 직공들은 그리스 직공들이 보여준 직조 기술에 바로 깊은 인상을 받았다. [4]중세 시대에 프랑스의 샹파뉴와 브리 지역에서 매년 개최된 박람회는 프로방스처럼 작은 지방 마을에서 제작된 모직 의복의 생산과 판매가 주를 이루었다. 이 연간 박람회를 통해 생긴 무역망으로 스페인과 콘스탄티노플의 상인들은 프로방스 지역의 모직 의복을 구매하여 현지에서 유통할 수 있었다. 그 모직 무역망은 유럽의 많은 지역에서 상당한 수익을 창출하면서 급속도로 이윤이 좋은 사업이 되었다. [5]모직의 질과 가치를 결정하는 두 가지 요건은 직물의 염색과 마감도였다.

13세기에 모직 무역은 네덜란드, 벨기에 그리고 중부 이탈리아 경제의 원동력이었다. [6]14세기 말 무렵, 이탈리아는 유럽에서 주요 모직 생산국으로서 선두 주자가 되었으나 이탈리아 제조업체들의 관심은 그 다음 세기 동안 점차 실크 생산으로 옮겨갔다. 모직 산업은 영국에서 수출된 원모에 크게 의존했기에 영국 왕실의 주요 수입원이었고, 영국 왕실은 1275년부터 모직의 수출세로 상당한 양의 돈을 받고 있었다. 스페인에서 모직 무역을 통해 축적된 재정은 크리스토퍼 콜롬부스와 콘키스타도레스가 수행한 탐험의 자금을 지원하는데 사용 되었다. 스페인은 모직 무역과 양에 엄격한 규제를 가했는데, 양을 수출하다 적발된 사람은 재판 없이 사형 선고를 받았다.

영국 섬유 무역은 14세기 동안 번성하였으나 정부는 모직 수출을 봉쇄하는 것을 심각하게 고려하였다. [7]손을 자르는 것과 같은 엄격한 처벌에도 불구하고 종종 밤부엉이짓이라고 일컫는 영국 밖으로 양모를 밀반출하는 것은 매우 흔한 일이 되었다. 왕정 복고 후에는 영국에서 생산된 양질의 모직물이 국제 시장에서 실크만큼이나 동일하게 가치가 있었는데 부분적으로 [8]영국 왕실이 자국 식민지인 미국이 영국을 제외한 어떤 국가하고도 양모 무역을 하는 것을 금지했기 때문이다. 1377년에 시민들이 때로는 '왕실 양

20

모 상인'이라고 부르던 영국의 왕 에드워드 3세는 모직 상품의 수입을 무효화하고 외국 양모를 이용하여 영국 내에서 직조하는 것을 금했다. 그는 스페인 침략 동안 자국에서 피신한 네덜란드와 벨기에 직공들을 초대하여 영국에서 다시 정착하고 영국의 양모 산업을 발전시킬 수 있도록 했다. [10]1509~1547년 헨리 8세의 통치 기간 동안 영국의 '양모 제국'은 생산성과 이윤성 면에서 절정기를 맞았으며, 1600년도 중반 즈음에 모직물 수출이 영국의 외국 무역 수익의 거의 70%를 차지하였다. [9]헨리 8세는 트라피스트회 수도승들의 소유인 양떼를 빼앗아 왕실의 총애를 받는 귀족들에게 다시 분배하라고 명령하였다. 그 결과 일자리를 잃은 양치기들이 빚을 갚을 수 없어서 투옥되었는데, 이는 시민들이 미국으로 이민가도록 조장하였던 헨리 8세가 행한 몇몇 불공평한 조치 중 하나였다.

[11]비록 영국은 북미에서 양모 산업이 출범하는 것을 방해하려고 오랫동안 노력했으나, 비교적 작은 수의 성공적으로 밀반출된 양이 1665년까지 대략 십만 마리의 무리를 이루게 되었다. 성장하는 미국 양모 산업은 많은 전통과 문화적 특성을 만들었다. 예를 들자면, 실을 뽑는 일을 집안의 미혼 장녀가 맡아서 했기 때문에 '노처녀(spinster)'라는 용어가 사용되었고 심지어 오늘날 까지 여전히 사용되고 있다. [12]1700년대 중반에 영국의 왕 조지 3세는 영국 식민지에서의 양모 무역을 처벌할 수 있는 불법 행위로 지정했다. 이와 같은 결정은 논란이 많은 세금 문제와 마찬가지로 독립 전쟁의 시작을 이끌었다. 전쟁과 양모 산업을 엄격하게 규제하려는 조지 3세의 최선의 노력에도 불구하고, 미국에서의 양모 산업은 점차 강력해졌다. 미국 대통령 조지 워싱턴과 토마스 제퍼슨은 양떼를 유지하였고 양질의 모직 양복을 재임 기간 동안 입었다.

수력 베틀, 소모기, 다축 방적기와 같은 기술적 발전은 양모 산업이 세계적인 규모로 급속히 확장되게 했다. 18세기에 접어들어 개척자들이 호주와 뉴질랜드로 소규모의 양떼를 들여왔는데, 이 두 국가는 현재 양모를 가장 많이 생산하는 나라이다. 하지만 합성 섬유의 대중성이 높아지자 양모 수요가 줄어들었고 생산은 지난 100년간 크게 감소하였다. [13]1966년에 모직물 가격이 40%만큼 폭락하여 그때부터 점차 계속 감소하고 있다. 이것은 생산을 더욱 감소시켰고 양을 키우는 많은 이들이 생계를 위해 양털 대신 고기에 관심을 돌리게 되었다.

Questions 1-9

노트를 완성하세요. 각 빈칸에 한 단어만 지문에서 선택하세요.

양모의 역사

양모의 초창기 사용

양과 양모는 [__1__] 전역에 유통되었다.

샤라센인은 양모 무역을 성립시키기 위해 [__2__] 을 물리쳤다.

낳은 그리스 출신 [__3__] 이 이탈리아에 노예로 일하기 위해 차출되었다.

샹파뉴와 브리 지방에서 매년 개최된 [__4__] 는 양모 무역망을 구축했다.

모직은 [__5__] 의 질과 마감에 따라 가치가 매겨졌다.

이탈리안 양모 제조업자들은 결국 [__6__] 생산에 더 많은 중점을 두었다.

영국과 미국에 양모

영국 왕실은 양모를 밀반출한 사람이 누구든지 [__7__] 을 제거할 것을 명했다.

미국 식민지에서는 양모 무역을 오직 [__8__] 와만 하도록 허용되었다.

양은 수도승으로부터 빼앗겨져 높이 평가받는 [__9__] 에게 주어졌다.

Questions 10-13

진술이 본문에 제공된 정보와 일치하면 TRUE를 선택하고, 진술이 정보와 모순되면 FALSE를 선택하며, 이에 대한 정보가 없으면 NOT GIVEN을 선택합니다.

10 영국의 양모 산업은 에드워드 3세의 통치 기간 동안 전성기를 맞았다.
11 영국은 열심히 남미의 양모 산업을 방해했다.
12 양모에 관련된 논쟁은 미국에서 군사 분쟁을 이끌었다.
13 20세기 내내 양모 생산이 줄어들었다.

Vocabulary

wool 양털, 털실 originate from ~에서 비롯되다 roughly 대략, 거의 lie 위치해 있다 Stone Age 석기 시대 Neanderthal 네안데르탈인의 reside 거주하다 plain 평원, 평지 sheep 양 fulfil 채우다, 만족시키다(cf. 미국식 fulfill) food, shelter and clothing 의식주 spin (실을) 잣다, 뽑다 weave 짜다, 엮다 fleece 양털 woolen 양모의, 모직의(cf. 미국식 woollen) garment 옷, 의복 warmth 온기, 따뜻함 mobility 기동성, 유동성 venture (모험하듯) 가다, 탐험하다 climate 기후 expand 확장시키다 civilization 문명, 문명화 from ~ onwards (특정 시간부터) 계속 breed 종, 품종 ship 수송하다, 운송하다 throughout 도처에 vital 필수적인 commodity 상품 transport 수송하다 isle 섬 nomads 유목민 desert 사막 export 수출하다, 수출 trade agreement 무역 협정 military victory 군사적 승리 conquest 정복 indirectly 간접적으로, 부차적으로 boom (사업, 경제의) 붐, 호황 weaver 방직공 slave 노예 be impressed with ~에 감동받다 exhibit 전시하다 counterpart 상대 medieval time 중세 시대 annual 연례 fair 품평회, 박람회 trade network 거래망 merchant 상인, 무역상 distribute 나누어 주다, 분배하다 evolve 발달하다 lucrative business 수익이 있는 장사 generate 발생시키다 revenue 수익 factor 요인 dyeing 염색 finishing 끝손질, 마감 material 직물, 천 power 동력을 공급하다 forefront 맨 앞, 선두 dominant 우세한, 지배적인 producer 생산자, 생산 국가 manufacturer 제조자, 생산 회사 turn attention 관심을 돌리다 raw 원자재의, 가공되지 않은 crucial 중대한, 결정적인 source 원천, 근원 monarchy 왕가, 군주제 sizable 상당한 크기의 sum 총합 accumulated 축적된, 누적된 fund 자금을 대다 expedition 탐험, 원정 undertake (책임을 맡아서) 착수하다 conquistador 정복자 impose 도입하다 strict 엄격한 sentence 선고하다 execution 사형 trial 재판 textile 직물, 옷감 blossom (형편이) 좋아지다, 꽃을 피우다 consideration 사려, 숙고 block 막다, 차단하다 smuggling 밀수, 밀반입 be referred to as ~로 불리다 harsh 가혹한 punishment 벌, 처벌 removal 제거 the Restoration (영국의) 왕정복고 desirable 바람직한, 가치 있는 ban 금지하다 colony 식민지 citizen 시민 forbid 금지하다 domestic 국내의 invasion 침략 resettle 재정착하다 reign 통치, 통치 기간 productivity 생산성 profitability 수익성, 이윤률 contribute 기여하다 flock 떼 monk 수도승 redistribute 재분배하다 noble 귀족 result in ~을 야기하다 unemployed 실직한 shepherd 양치기 imprison 투옥하다, 감금하다 debt 빚 encourage 조장하다 immigrate 이주해오다 obstruct 막다, 방해하다 turn into ~이 되다 burgeoning 급증하는, 급성장하는 assign (일, 책임 등을) 맡기다, 배정하다 spinster 노처녀, 독신녀 come into usage 쓰이게 되다, 관례가 되다 punishable 처벌할 수 있는, 형에 처해질 수 있는 controversial 논란이 많은 taxation 과세제도 Revolutionary War 독립 전쟁 inauguration 취임 loom 베틀 spinning jenny 다축 방적기 global scale 세계 규모 pioneer 개척자 synthetic 합성한, 인조의 fibre 섬유(cf. 미국식 fiber) demand 수요 make a living 생계를 꾸리다 defeat 패배시키다 put emphasis on ~을 강조하다 permit 허용하다 peak 정점, 최고조 dispute 분쟁, 논쟁

원거리 교육

원거리 교육 혹은 원거리 학습은, **22**1840년대에 아이작 피트만 경이 영국 전역에서 속기를 가르칠 때 속기 샘플을 우편으로 발송하고 난 후 그의 학생들이 교정을 위해 다시 보낸 필사본을 채점하면서 근대적 의미로 처음 등장했다. 도움이 되는 의견을 학생들에게 제공하는 것은 피트만의 시스템에서 필수 불가결한 획기적인 부분이었다. 피트만의 속기 강좌가 엄청난 성공을 거두었다는 것이 분명해지자 **14**엽서와 검사할 과제물의 늘어난 분량을 대처하기 위해 속기 통신 협회가 창설되었다. 이 기관은 그 뒤 몇 년에 걸쳐 확장되었고 결국은 영국 전역에 아이작 피트만 경의 통신 대학의 발족을 이끌었다.

그 이후 100년 간, 원거리 교육의 인기는 기하급수적으로 늘어났으나 영국에서 방송통신대학이 설립되어서야 대규모로 모든 학부과정을 갖춘 원거리 교육이 사실상 누구에게나 가능하게 되었음을 우리는 알 수 있다. 교육부 장관 제니 리는 1965년 방송통신대학을 위한 계획을 세웠다. 그녀는 방송통신대학을 가장 높은 수준의 고등 교육과정을 제공하며 폭넓게 다가가기 쉬운 교육 기관으로 삼는 사업 모델을 제안했으며 **23**방송인들 뿐만 아니라 경험 많은 교육자들로 구성된 기획 위원회를 세웠다. **15&16**1970년에 에드워드 히스의 지도력 아래 새로운 보수당 정부가 주도권을 갖자, 이언 맥클라우드 재무부 장관은 상당한 예산 삭감을 방송통신대학에게 집행하였는데 그는 공공연하게 방송 통신 대학의 개념을 조롱하였다. 이런 재정적 난관에도 불구하고 방송 통신 대학은 1971년 25,000명의 첫 신입생을 받았는데, 이는 부분적으로 파격적인 전원 입학 방침 때문이었다. 그 당시, 영국에서 전형적인 대학에 다니고 있는 전체 학생 수는 대략 130,000명이었다.

1970부터 2015년까지 원거리 교육 과정의 등록생 수는 선진국과 개발도상국 둘 다에서 꾸준히 증가했다. 인터넷과 컴퓨터의 광범위한 사용은 오늘날 가상 교육 기관이 전 과정을 온라인으로 제공할 수 있게 하면서 원거리 학습을 더욱 간편하고 빠르게 만들었다. **17**음성, 영상과 텍스트를 지원하면서 인터넷은 초기 원거리 교육의 도구였던 전화기, 화상회의, 라디오, 텔레비전을 원거리 교육 분야에서 사실상 더 이상 쓸모없게 만들었다. **18&24**최초로 완전히 웹사이트에 기반을 둔 대학원 학위 과정은 1985년에 커넥티드 에듀케이션에서 제공되었고 완전히 온라인에서 진행되는 최초의 대학은 카탈로니아 방송 통신 대학으로 1994년 설립되었으며 바르셀로나에 본부를 두고 있었다.

19원거리 학습에는 전통적인 현장 교육을 능가하는 장점이 몇 가지 있다. 가장 명백한 장점은 다양한 사람들에게 교육을 접할 수 있게 한다는 것인데 원거리 교육의 유연한 일정 구조가 육아나, 상근직과 같은 우리의 개별적 책임에서 생기는 많은 시간적 제약을 없애기 때문이다. 게다가, **20**우리는 다양한 학습 분야의 더 많은 전문가들을 접할 수 있으며 광범위한 지리적, 사회적, 문화적, 그리고 경제적 배경에서 온 동료 학생들과 의사 소통할 수 있는 기회도 누릴 수 있다는 것이다. 사실 원거리 학습에서 활용되는 많은 기술적인 발전과 도구 덕분에, 학생과 교수 그리고 또래 간에 의사소통은 더욱 가치가 있고 생산적이라고 여겨진다.

21전통적인 고등교육은 일반적으로 비용이 높아서, 원거리 교육은 보통 대학 과정에 입학할 형편이 안 되는 학생들에게 대안이 될 수 있을 것이다. 원거리 교육은 대단히 비용 효율적인 교육 형태로서 증명되어 왔는데, 교통비와 비싼 교과서 비용을 없앰으로써 우리가 재정적으로 상당한 비용을 절약하는데 도움을 준다. **21**원거리 교육에서 이용되는 대부분의 교과서는 전자 교과서로 이용할 수 있으며, 전통적인 교과서와 비교하면 보통 더 낮은 가격에 판매된다.

25연구들은 교육 전달과 학습 환경이 최고의 상태에 있을 때 원거리 교육은 학생들에게 그들의 학습 경험에 관해 더 높은 만족감을 제공할 수 있다고 보여준다. 그런 높은 수준의 만족감은 효과적인 학습 증가와 연관성이 있다. 이것은 특히 의료 보건과 같은 분야에서 온라인 과정을 수강하고 있는 이들에게 사실인데, 왜냐하면 인터넷을 기반으로 하는 과정의 성격상 학생들이 환자에 관한 문제를 그 수업 담당 강사와 더 쉽게 토론할 수 있고 거의 즉각적인 조언을 얻을 수 있기 때문이다. 이는 학생들이 도움받는 감정을 더 크게 느낄 수 있도록 하는데, 학생들은 거의 언제든지 그들의 동급생뿐만 아니라 강사와도 토론을 할 수 있기 때문이다.

원거리 학습의 또 다른 장점은 **26**몸이 불편하거나 아파서 직접 수업에 참여할 수 없는 학생들도, 모든 학생이 받을 권리가 있는 정규 교육을 받을 수 있게 한다는 것이다. 최근 과학 기술의 진보는 혁신적인 시청각 장치를 갖춘 로봇을 사용하여 학생이 실제 교실에 '참석'할 수 있도록 하고 있다. 이는 학생이 완전히 몰입하는 교실 체험을 할 수 있도록 돕고 그들이 집이나 병원에서는 참여할 수 없는 사회적 상호 관계를 누릴 수 있게 한다. 원거리 교육은 또한 학생의 재정적 위치, 거주환경, 성별, 인종 또는 연령과 무관하게 공평한 교육의 기회를 제공한다. 보편적인 설계 전략이 계속해서 개발되고 원거리 학습 과정에 적용되고 있는 중이며 이는 모든 학생들이 그런 과정들에 접근이 가능하도록 하기 위해서이다.

Questions 14-16

정답을 선택하세요.

14 속기 통신 협회는 창설되었다
A 아이작 피트만 경의 대학과 경쟁하기 위해
B 원거리 교육에 대한 새로운 수요를 충족시키기 위해
C 원거리 교육을 위한 새로운 전략을 개발하기 위해
D 방송 통신 대학에 신입생을 유치하기 위해

15 방송 통신 대학이 초기에 직면한 어려움은 ~이었다.
A 장래 학생들로부터 관심의 부족
B 제대로 된 수업 자료의 부족
C 정부 지원의 부족
D 이용할 수 있는 학습과정의 부족

16 저자는 영국의 재무부 장관이 ~라고 시사한다
A 방송 통신 대학의 기획위원회에 임명되었다
B 방송 통신 대학 입학 방침을 정하는데 일조하였다
C 방송 통신 대학의 잠재된 수익성을 알아봤다
D 방송 통신 대학의 계획을 확신하지 못했다

Questions 17-21

진술이 본문에 저자의 주장과 일치하면 YES를 선택하고, 진술이 저자의 주장과 모순되면 NO를 선택하며, 저자가 이에 대해 어떻게 생각하는지 확인이 불가능하면 NOT GIVEN을 선택합니다.

17 전화는 현대의 원거리 교육에서 일반적으로 사용된다.
18 최초의 인터넷을 기반으로 하는 대학은 1985년에 설립되었다.
19 원거리 교육은 학생들 간의 의사소통 수준을 향상시켰다.
20 원거리 교육은 전반적으로 전통적인 현장 교육보다 비용이 덜 든다.
21 온라인에서 배운 학생들은 현장(오프라인) 학생들보다 성적이 더 좋다.

Questions 22-26

요약문을 완성하세요. 각 빈칸에 **한 단어만** 지문에서 선택하세요.

아이작 피트만 경이 학생들의 [22] 필사본을 점수 매기고 첨삭하는 것을 제공하면서, 원거리 교육의 개념이 1840년도에 최초로 생겼다.

1965년 영국에서 방송 통신 대학을 위한 계획이 세워졌다. 위원회는 교육자와 [23]을 포함하였다. 원거리 학습은 수년에 걸쳐 인기가 높아졌고 인터넷과 컴퓨터 덕분에 더욱 쉽게 접근할 수 있게 되었다.

최초의 온라인 대학은 결국에 설립되었고 [24]에 기반을 두었다.

연구들은 양질의 원거리 학습 과정에 등록한 학생들이 높은 수준의 [25]을 보여주고 있다.

직접 수업에 참여할 수 없는 아픈 학생들은 실제 교실의 사회적 소통을 경험하기 위해 [26]을 사용할 수 있다.

Vocabulary

distance education 원거리 교육 arise 생기다, 발생되다 in the modern sense 현대적인 의미에서 shorthand 속기(음성 언어를 빠르게 문자 언어로 기록하는 것) by post 우편으로 transcription 필사본, 글로 옮긴 것 post A back to B A를 B에게 우편으로 되돌려 보내다 correction 교정, 정정 provision 제공 integral 필수적인 innovation 혁신 prove 입증하다, 드러나다 extremely 대단히, 매우 establish 설립하다 over the ensuing years 이후 몇 년 동안 eventually 결국, 마침내 lead to ~로 이어지다 founding 설립, 창립 throughout 전역에 걸쳐 popularity 인기 exponentially 기하급수적으로 large-scale 대규모의 full-degree 충분한, 완전한 draft a plan 계획을 마련하다 position A as B A를 B에 위치시키다 widely accessible 널리 이용 가능한 institution 기관, 단체 higher education 고등 교육 set up 설치하다, 세우다 planning committee 기획 위원회 comprised of ~로 구성된 broadcaster 방송인 come into power 권력을 장악하다 substantial 상당한 budget cut 예산 삭감 enforce 집행하다, 시행하다 publicly 공공연히 mock 조롱하다 financial 재정의 hurdle 장애물 revolutionary 혁신적인 conventional 관습적인, 종래의 approximately 약, 대략 enrolment in ~에의 등록(cf. 미국식 enrollment in) developed country 선진국 developing country 개발 도상국 alike 똑같이 widespread 광범위한, 널리 퍼진 academic institute 교육 기관 videoconferencing 화상 회의 practically 사실상, 거의 obsolete 구식의, 쓸모 없는 field 분야 graduate credit 졸업 학점 found 설립하다 headquartered in ~에 본교가 있는, 본사를 둔 benefit 이점, 혜택 over (비교) ~에 비해 traditional 전통적인 on-site 현장의 obvious 분명한 a wide range of 아주 다양한 flexible 유연한, 탄력적인 eliminate 제거하다 time constraint 시간 제약, 시간적 압박 impose (의무 등) 부과하다, 지우다 responsibility 책임 care for ~을 돌보다 expert 전문가 fellow 동료(의), 같은 처지(의) wide-ranging 광범위한, 폭넓은 geographical 지리적인 advancement 진보, 발전 utilise 활용하다(cf. 미국식 utilize) rewarding 보람 있는 productive 생산적인 peer 또래 typically 일반적으로 alternative 대안 afford to do ~할 여유가 있다 enrol in ~에 등록하다(cf. 미국식 enrolled in) highly 매우, 대단히 cost-effective 비용 효율적인 considerable 상당한 amount 액수 financially 재정적으로 remove 없애다, 제거하다 transport 교통(편) teaching delivery 강의 전달(력) with regard to ~와 관련해 correlate with ~와 관련 있다 effective 효과적인 nature 특성 engage in ~에 관여되다 patient 환자 instantaneous 즉각적인 foster 조성하다 disabled 장애가 있는 in person 직접, 만나서 deserve 받을 자격이 있다 equipped with ~가 갖춰진, 장착된 innovative 혁신적인 visual/audio device 시청각 장치 immersive 몰입하는 social interaction 사회적 상호 작용 regardless of ~에 상관 없이 financial standing 재정 상태 gender 성별 race 인종 universal 보편적인 strategy 전략 continuously 지속적으로 be applied to ~에 적용되다 ensure 보장하다 accessibility 이용 가능성, 접근 가능성 compete with ~와 겨루다, 경쟁하다 meet 충족하다 demand for ~에 대한 수요 lack of ~의 부족 suitable 적합한 material 자료, 재료 be appointed to ~에 임명되다 profitability 수익성 be unconvinced by ~에 대해 확신이 들지 않다 commonly 흔히 grade 학점, 등급 come about 생기다, 일어나다 grading 채점, 등급 매기기 exhibit 발휘하다, 드러내 보이다

동면

동물의 세계에서 가장 뛰어난 생존 전략 중 하나는 동면(겨울잠)이다. 특히 추운 겨울 기간 동안, 일부 동물들은 에너지를 보존하기 위해 혼수상태와 유사한 상태에 들어갈 수 있다. 그 동물들의 심박수와 호흡수는 느려지고 신체 온도는 상당히 떨어진다. 그 동물들은 먹는 것을 멈추고 심지어 신체 밖으로 노폐물을 배출하는 것도 중단한다. 동면을 하느냐 더 따뜻한 곳으로 이동하느냐의 선택에 직면하면, 동물은 어느 정도는 그들의 자연적 진화에 따라 선택을 내린다. **27작은 동물들의 경우, 이주를 하려면 그들의 신체가 할애할 수 있는 것 이상의 에너지가 필요할 수 있어서 그런 경우에는 동면이 더 안전한 선택이 된다.** 반대로 덩치가 큰 동물은 동면을 취할 수 없을 수도 있는데 왜냐하면 그들은 몇 달 동안 신체를 따뜻하게 유지할 충분한 여분의 에너지를 만들어 낼 수 없기 때문이다. 역사적으로 동면은 동물의 신체 온도와 신진대사가 크게 낮아지는 장기적 상태로 정의되고 있다. 이 정의를 기반으로, 신체 온도가 거의 변하지 않기 때문에 곰은 동면하지 않는다. **28오늘날까지도 과학계에서는 동면의 정확한 정의를 두고 일부 의견 충돌이 있다.**

동면 중인 동물이 단순히 잠을 자는 것이 아니라는 것을 이해하는 것은 중요하다. 사실 동물들은 대단히 극단적일 수 있는 생리학적 변화를 겪는다. 동면 중인 동물들의 신체 온도는 섭씨 17도까지 떨어질 수 있다. 반면에 수면은 일반적으로 두뇌 활동의 큰 변화만을 포함하고 심장 박동이나 호흡률, 체온의 신체적인 변화는 상대적으로 적다. 잠에서 깨는 것은 또한 매우 쉬운 일이지만 **29&32동면에서 깨어나는 동물은 수면 부족의 많은 증상을 보여주며 회복을 위한 제대로 된 수면을 며칠 동안 취해야 한다.** **30이는 동면 중인 동물의 뇌파가 비록 그 동물이 잠을 자는 것처럼 보여도 잠에서 깬 뇌파의 형태와 거의 동일하기 때문이다.**

31각 동물 종은 일 년 중 조금씩 다른 시기에 동면을 하고, 언제 동면을 시작할지 결정하는 데에도 다른 방법을 가지고 있다. 대다수의 동물에게 있어서 동면의 시기는 온도의 변화로 가장 밀접하게 좌우된다. 그 결과, 정확한 동면 시기는 해당 연도의 기후에 따라 달라질 수 있다. 일부 종은 그들의 먹이 공급량을 동면의 적기를 나타내는 지표로 본다. 비축된 식량이 적어지면 그 동물은 겨울이 근처에 가까이 다가왔으며 동면할 시기가 왔다는 것을 선천적으로 안다. 다른 동물 종에게 있어서, 광주기, 혹은 낮 동안 빛이 비추는 시간의 수가 동면을 유발하는 역할을 한다. 통제된 실험에서 일부 동물들은 비록 외부 온도, 식량 공급의 정도, 낮 시간의 길이를 알지 못하더라도 매년 같은 시기쯤에 여전히 동면기에 들어갈 것이라는 것을 보여주기도 한다. 그런 종들은 내부 생체 시계의 자극에 반응하여 자동적으로 특정 시기에 동면에 들어갈 것이다.

동물이 동면기에 들어가면, 몇몇 놀라운 일들이 일어난다. **36심장 박동수는 일반 수치의 2%나 적은 수치로 떨어진다.** 예를 들어, 얼룩 다람쥐 일부 종에서 그 다람쥐의 심장 박동수는 분당 200에서 5로 떨어진다. **37유사하게 동물의 호흡률은 적어도 50%만큼 떨어지며 일부 파충류의 경우에는 호흡이 완전히 멎을 수도 있다.** **38동물들은 신체 지방 안에 비축한 에너지를 사용하기 때문에 이런 최소 수준의 신체 기능을 행사할 수 있다.** 북극 얼룩 다람쥐는 순전히 그들의 신체에 비축된 지방으로 최대 9개월 동안 생존할 수 있다. **33동면기에 비록 에너지를 소비하기 위해 동물은 신체의 지방을 태우고 있음에도 불구하고, 어떠한 고체의 배설물도 생산되지 않는데 왜냐하면 어떠한 물리적 음식물도 소화기관 및 내장으로 통과되지 않기 때문이다.** **39동면기에 비록 에너지를 소비하기 위해 동물은 신체의 지방을 태우고 있음에도 불구하고, 어떠한 고체의 배설물도 생산되지 않는데 왜냐하면 어떠한 물리적 음식물도 소화기관 및 내장으로 통과되지 않기 때문이다.** **40동면기에 비록 에너지를 소비하기 위해 동물은 신체의 지방을 태우고 있음에도 불구하고, 어떠한 고체의 배설물도 생산되지 않는데 왜냐하면 어떠한 물리적 음식물도 소화기관 및 내장으로 통과되지 않기 때문이다.**

하면과 기면이라는 두 가지 생리학적인 상태가 있는데 기존의 동면과 많은 부분에서 공통점이 있다. **34따뜻한 여름 동안 동물이 동면과 같은 상태에 들어가면 그 행동을 하면이라 일컫는다.** 이것은 열대 기후나 사막과 같이 건조한 지역에 사는 동물에게 꽤 흔하게 보인다. 일부 동물들이 생존하기에 온도가 너무 높이 올라가면, 하면을 취하는 동물들은 보통 비교적 시원한 땅속에 굴을 파고 신진 대사를 동면과 유사한 상태로 낮출 것이다. 일부 어종은 하면을 하는 것으로 알려져 있다. 폐어는 그들의 고유 서식지인 물 밖에서 최대 3년간 살 수 있다. 건기 동안 폐어가 사는 강물이 말라버리면, 폐어는 진흙 속에 구멍을 파고 들어간 다음 스스로 배설한 점액으로 주머니를 만든다. 그 주머니가 내부로 습기를 유지해서 주머니 속에 있는 구멍을 통해 숨을 쉬는 동안 폐어는 축축하게 있을 수 있다. **35기면은 보통 24시간 미만 지속되는 짧은 동면의 한 형태라고 볼 수 있다.** 매일 기면을 하는 동물들에는 새, 쥐, 그리고 박쥐가 포함된다. 그런 동물의 신진대사율은 에너지를 보존할 수 있도록 매일 밤 떨어진다. 해가 뜨면, 그 동물들의 신진대사율도 올라가며 그 동물들은 낮의 일과를 시작할 준비를 하는 것이다.

Questions 27-31

진술이 본문에 제공된 정보와 일치하면 **TRUE**를 선택하고, 진술이 정보와 모순되면 **FALSE**를 선택하며, 이에 대한 정보가 없으면 **NOT GIVEN**을 선택합니다.

27 몸집이 더 작은 동물은 이동보다 동면을 하는 경향이 있다.

28 일부 과학자들은 동면에 관한 다른 정의를 한다.

29 동면을 하는 동물은 일단 동면 상태에서 깨어나면, 많이 먹어야만 한다.

30 동면 중인 동물들의 뇌파는 잠을 자는 동물의 뇌파와 유사하다.

31 여러 동물이 다른 시기에 동면을 시작하도록 자극하는 여러 유발 인자가 있다.

Questions 32-35

올바른 마무리 부분을 선택하세요.

32 동면 후, 동물들은 ~할 것 같다

33 동면기에 동물들은 ~하지 않을 것 같다

34 하면은 ~에 동면하는 동물들에게 생긴다

35 기면은 ~에 동면하는 동물에게 생긴다

A 적어도 9개월 동안
B 신체 지방에서 에너지를 사용한다
C 수면 부족을 경험한다
D 짧은 기간 동안
E 노폐물을 배설한다
F 매일을 시작할 때
G 따뜻한 기간 동안

Questions 36-40

요약문을 완성하세요. 각 빈칸에 **한 단어만** 지문에서 선택하세요.

동면의 생리학직인 변화

동물의 [36] 수가 상당히 떨어질 것이며 [37] 수는 절반이 될 것이다. 동물은 오직 최소한의 생리학적 기능만으로 생존할 수 있는데 이는 동물의 신체 지방이 [38]로 전환되기 때문이다. 동면을 취하는 동안 [39]은 여전히 생산되지만 재활용되어 아미노산으로 재사용된다. 동물은 [40]을 경험하지 않는데 이는 자신의 신체 지방으로부터 수분을 추출하기 때문이다.

Vocabulary

hibernation 동면 extraordinary 놀라운, 기이한 survival strategy 생존 전략 capable of ~할 수 있는 coma-like state 혼수상태와 같은 상태 conserve 아끼다, 보존하다 pulse 맥박 breathing rate 호흡률 temperature 온도, 기온 considerably 상당히, 많이 excrete 배출하다 waste 쓰레기, 폐기물 migrate 이동하다, 이주하다 be determined 결정되다, 정해지다 natural evolution 자연적 진화 spare 내주다, 할애하다 generate 발생시키다 metabolic rate 신진대사율 definition 정의 barely 거의 ~아닌 disagreement 의견 충돌, 다툼 undergo (변화 등을) 겪다 physiological 생리적인, 생리학상의 deprivation 부족, 결핍 brain wave 뇌파 identical 동일한 wakeful 잠이 안 든, 깨어있는 method 방법 judge 판단하다 govern 통제하다, 통치하다 indicator 지표 stock 비축물 innately 선천적으로 draw near 다가오다, 접근하다 photoperiod 광주기(하루에 햇빛을 받는 시간) trigger 계기, 방아쇠 impulse 충동 internal

내부의 fascinating 대단히 흥미로운 take place 일어나다, 개최되다 chipmunk 얼룩 다람쥐 reptile 파충류 completely 완전히, 전적으로 perform 행하다 minimum 최소한의 body function 신체 기능 fat 지방 arctic 북극의 squirrel 다람쥐 purely 순전히, 전적으로 consume 소모하다 solid 단단한, 고형의 matter 물질 physical 물질적인 digestive tract 소화관 intestine 장, 창자 urea 요소(오줌 속에 들어 있는 화합물) component 요소, 부품 urine 소변 recycle 재활용하다 break down into ~로 분해하다 usable 사용 가능한 amino acids 아미노산 dehydration 탈수 extract 추출하다 volume 용량 aestivation 하면(cf. 미국식 estivation) torpor 기면 tropical climate 열대성 기후 climb 올라가다, 상승하다 burrow into 파고들다 manner 방식 lungfish 폐어(공기를 마실 수 있는 물고기 종) habitat 서식지 dry up 바싹 마르다, 말라붙다 mud 진흙 sack 주머니 mucus 점액 moisture 수분, 습기 hole 구멍 routine 일상 halve 반으로 줄이다 convert into ~로 바꾸다, 전환하다

1. G	11. FALSE	21. calls	31. NO
2. C	12. NOT GIVEN	22. administrators	32. NO
3. C	13. NOT GIVEN	23. books	33. YES
4. F	14. TRUE	24. $390	34. YES
5. E	15. results	25. awarded	35. NOT GIVEN
6. A	16. coupon	26. account	36. shorthand
7. D	17. peak	27. transcripts	37. broadcasters
8. TRUE	18. funds	28. B	38. Barcelona
9. TRUE	19. survey	29. C	39. satisfaction
10. FALSE	20. customers	30. D	40. robot

파트 1 [문제 1-14]

도쿄 스타 투어

A 클래식 도쿄 투어

6시간 동안 진행되는 이 투어에서 도쿄에서 가장 유명한 관광 명소 3곳을 방문하세요: 도쿄 타워, 황궁 광장 및 센소지. [6]중국어, 영어, 태국어가 유창한 숙련된 운전기사가 동반됩니다.

B 다도 체험 투어

4시간 동안 진행되는 이 다도 체험 투어에서 차를 만들고 마시는 전통적인 방법을 배워보세요. 버스를 타고 도쿄의 니혼바시 지구에 있는 목가적인 다실로 이동합니다. 영어를 구사하는 강사로부터 다도의 역사와 기술에 대해 배워보세요.

C 불교 요리 투어

기차를 타고 장엄한 다카오산으로 가서 1,300년 전에 세워진 유서 깊은 사원 야쿠오인에서 합리적인 가격의 불교 채식 요리를 맛보세요. [2]영어 오디오 헤드셋과 온천에서 사용할 수 있는 타월 바우처가 포함되어 있습니다. ([3]온천 입장은 별도 요금이 필요합니다.) 종일 투어.

D 토너먼트 투어

스모 팬이기도 한 영어를 구사하는 운전기사와 함께 일본 전통 스모를 관람하세요. [7]경기 관람 후에는 스모 선수들의 전통 음식인 창코나베를 추가 비용 없이 즐길 수 있습니다. 투어는 최소 5시간 이상 소요됩니다.

E 오모테도리 투어

[5]현지 가이드가 3시간 동안 오모테도리 거리의 번화한 쇼핑 지역을 걸으며 참가자들을 안내합니다. 또한 인기 이자카야 바에 들러 저렴한 스낵과 현지 음료를 즐길 수 있습니다.

F 기모노 투어

즐거운 기모노 입기 체험을 통해 일본 전통 문화에 대해 배워보세요. [4]90분간 진행되는 이 투어에서는 다양한 기모노 중에서 선택하실 수 있습니다. 기모노로 갈아입은 후에는 영어를 구사하는 가이드와 함께 말이 끄는 카트를 타고 아사쿠사 거리를 관광합니다.

G 도쿄 베이 투어

[1]베이 지역의 크루즈를 타고 도시의 멋진 스카이라인을 즐겨보세요. 도쿄 베이 크루즈와 현지 예술 공예품 시장 방문이 포함된 9시간 관광 투어입니다.

Questions 1-7

일곱 개의 투어, **A–G**를 보십시오. 다음 중 어느 투어에 대한 설명이 참입니까?

1 참가자는 배 위에서 시간을 보냅니다.
2 오디오 장치가 제공됩니다.
3 액티비티에는 추가 요금이 필요합니다.
4 투어 시간은 두 시간 미만입니다.
5 모든 관광 장소는 도보로 이동합니다.
6 다국어 지원이 제공됩니다.
7 참가자에게는 무료 식사가 제공됩니다.

Vocabulary

sightseeing spot 관광 명소 be accompanied by ~이 동반되다 experienced 숙련된 fluent 유창한 tea ceremony 다도 idyllic 목가적인 district 지구, 지역 instructor 강사 spectacular 멋진, 장엄한 affordably priced 합리적인 가격의 vegetarian 채식주의자 cuisine 요리 temple 절 found 설립하다 voucher 바우처, 쿠폰, 상품권 charge 요금 hot spring 온천 admission 입장 meal 식사, 음식 hot pot 전골, 나베, 샤브샤브, 훠궈 drop by 들르다 beverage 음료 board 탑승하다 horse-drawn 말이 끄는 cart 카트, 수레 arts and crafts 예술 공예(품)

응급처치 자격증을 취득하세요. 마크의 의료 서비스!

세인트 마크의 의료 서비스는 부상자 및 응급 상황에 적절히 대처할 수 있도록 개인이 잘 준비되도록 하는 것을 목표로 합니다. 숙련된 전문가가 고안하고 관리하는 세인트 마크의 응급처치 자격증 과정은 저렴하고 현행 정부 규정을 준수합니다.

세인트 마크의 의료 서비스에서 응급처치 교육을 받으면 위기 상황에서 다른 사람을 도울 수 있는 충분한 준비를 갖추게 됩니다. 각각 단 몇 시간 동안 진행되는 응급처치 클래스는 누군가 건강상의 어려움을 겪고 있다는 신호를 알아차리고 그에 따라 신속하고 적절하게 대처하는 데 도움이 될 수 있습니다. [8]응급처치 자격증 프로그램과 기존 자격증 소지자를 위한 재인증 과정은 누구나 참여할 수 있습니다. 또한 구급대원, 간호사, 교사 및 기타 여러 분야의 사람들을 위한 평생 교육 학점도 제공합니다. 저희 강사는 심폐소생술/응급처치, 야생 응급처치, [9]해변/수영장 인명구조 등 다양한 건강 및 안전 분야에 대한 평생 교육 학점을 부여할 수 있도록 승인받았습니다. 이를 통해 최신 기술에 대한 최신 정보를 습득하여 쉽게 기술을 유지하고 자격을 강화할 수 있습니다.

[10]세인트 마크의 의료 서비스는 학습에 대한 사람들의 일정과 선호도가 다르다는 점을 인정하여 다양한 방법으로 응급처치 수업을 들을 수 있도록 하고 있습니다.

오프라인 과정은 강의와 실습 워크숍으로 구성되어 있습니다. 이 접근 방식은 전통적인 강의실 환경에서 학습하는 것을 선호하는 개인에게 가장 적합합니다. 수강생에게는 질문하고 기술 시연을 볼 수 있는 충분한 시간이 주어집니다.

[11]가상 코스를 통해 온라인 전용 응급처치 수업을 선택할 수 있습니다. 공인 강사에게 자신의 숙련도를 보여줄 수 있는 기회가 없다는 점에 유의하세요. 따라서 온라인 교육은 직장 내 안전에 대한 고용주의 요구 사항을 충족하지 못할 수 있습니다.

[12]하이브리드 학습 과정은 웹사이트를 통한 가상 교육과 대면 실습 워크숍을 결합한 것입니다. 하이브리드 학습 과정을 통해 인증된 강사에게 숙련도를 입증하기 전에 자신의 일정에 따라 필요한 기술을 학습할 수 있습니다.

¹³수업을 이수하고 증명서를 받으면 언제 어디서나 증명서에 액세스할 수 있습니다. 취득한 모든 세인트 마크 증명서는 세인트 마크 계정을 사용하여 웹사이트에 로그인하기만 하면 온라인으로 확인, 인쇄 또는 공유할 수 있습니다. ¹⁴각 증명서는 고유 코드를 갖고 있어 고용주가 증명서의 유효성을 쉽게 확인할 수 있습니다. 인증서 보유자와 고용주는 www.stmarks.com/certificatecheck 을 방문하여 디지털 증명서에 있는 고유 코드를 입력하면 증명서 사본과 함께 첨부된 문서에 액세스할 수 있습니다.

Questions 8-14

진술이 본문에 제공된 정보와 일치하면 **TRUE**를 선택하고, 진술이 정보와 모순되면 **FALSE**를 선택하며, 이에 대한 정보가 없으면 **NOT GIVEN**을 선택합니다.

8 일반인도 응급처치 코스에 등록할 수 있습니다.
9 일부 수업은 수상 안전에 관한 내용을 다룹니다.
10 세인트 마크는 모든 등록자에게 특정 수업에 직접 참석할 것을 요구합니다.
11 가상 코스 수강생은 강사에게 자신의 실기 능력을 보여 주어야 합니다.
12 대부분의 고용주들은 하이브리드 학습 수업을 선호합니다.
13 수료증은 과정 완료 시 수강생에게 우편으로 발송됩니다.
14 고용주는 온라인으로 인증서의 유효성을 확인할 수 있습니다.

Vocabulary

get certified 자격증을 취득하다 first aid 응급처치 deal with ~을 대처하다, 다루다 injured 다친 emergency 비상 properly 적절히 certification 자격증 affordable 저렴한 compliant with ~에 부합한, ~을 준수하는 regulation 규정 be equipped 갖추다 crisis 위기 swiftly 신속하게 accordingly 적절하게 paramedic 긴급 의료원 enhance 강화하다 acknowledge 인정하다 credit 학점 credentials 자격 preference 선호 in-person 오프라인, 대면 be comprised of ~로 구성되다 hands-on 직접 해 보는 be suited to ~에 적합하다 demonstration 시연 note 유의하다 virtual 가상의 proficiency 숙련(도) hybrid 하이브리드, 혼합 certificate 증명서, 자격증 validity 유효성 bear 지니다, 가지다 a copy of ~의 사본 onrol in ~에 등록히다(cf. 미국식 enroll in) enrollee 등록사

소도시 비즈니스 광고 시 피해야 할 사항

비교적 작은 마을에서 비즈니스를 설립하고 운영하는 것은 어려운 일이 될 수 있으며, 경험이 부족한 많은 비즈니스 소유자는 비효율적인 광고에 빠질 수 있는 잠재적인 함정을 인식하지 못하고 있습니다. 이러한 어려움과 함께 몇 가지 꽤 간단한 해결책을 살펴보겠습니다.

15소규모 비즈니스 소유자가 저지르는 가장 흔한 실수 중 하나는 캠페인의 결과를 추적하지 않고 무분별하게 광고를 게재하는 방식입니다. **16**즉, 광고가 효과적인지 여부를 알 수 있는 방법이 없다는 것입니다. 이 문제를 해결하는 쉬운 방법 중 하나는 광고에 쿠폰을 포함하는 것입니다. 그런 다음 많은 고객이 이 쿠폰을 스토어에 가져오는 것을 확인하면 광고가 효과가 있다고 확신할 수 있습니다.

비즈니스를 광고할 시기를 파악하는 것도 중요합니다. 많은 소규모 비즈니스 소유자는 연중 내내 광고를 고르게 분산하여 매월 동일한 금액을 지출하고 잉여 예산을 남기지 않습니다. 그러다 가장 큰 경쟁자가 대규모 프로모션을 시작하면 경쟁할 자금이 없습니다. **17**항상 연중 피크 시기에만 광고를 하고 **18**긴급하게 필요할 때를 대비해 여분의 자금을 남겨 두어야 합니다.

비즈니스 소유자가 잘못된 장소와 잘못된 매체를 통해 광고하는 것은 흔한 일입니다. 인터넷 광고를 클릭한다고 해서 타겟 시장도 똑같이 클릭하는 것은 아닙니다. 시간을 내어 타겟 소비자를 최대한 많이 파악하세요. **19**설문조사를 작성하여 그들이 어떤 출판물을 읽고 어떤 라디오 방송을 듣는지 알아보세요. 이렇게 하면 광고를 통해 그들에게 도달하는 방법을 알 수 있습니다.

마지막으로, 그리고 아마도 가장 중요한 것은: **20**창업 초기에 비즈니스를 후원해준 고객들과 창업 이후에도 충성도를 유지해준 이들을 잊지 마세요. 일부 비즈니스는 신규 고객 유치에 너무 많은 시간과 비용, 노력을 투자하다 보니 애초에 성공에 도움을 준 이들을 잊어버리는 경우가 있습니다. 고객에 대한 포괄적인 목록과 계정을 유지하세요. **21**한동안 연락을 받지 못한 고객이 있다면 전화를 걸어 더 나은 서비스를 제공할 수 있는 방법을 찾아보세요. 결국, 신규 고객을 유치하는 것보다 기존 고객을 유지하는 것이 훨씬 더 적은 노력이 필요합니다.

Questions 15-21

문장을 완성하세요. 각 빈칸에 **한 단어만** 지문에서 선택하세요.

[**15**] 를 추적할 수 없다면 광고를 게재하는 것은 무의미합니다.		

광고에 [**16**] 을 포함하면 광고의 효과를 모니터링할 수 있습니다.

일년 중 [**17**] 시간대에만 광고하세요.

긴급 상황에 대비하여 [**18**] 중 일부를 보류해야 합니다.

[**19**] 를 만들어 고객이 광고를 볼 가능성이 높은 위치를 파악하세요.

비즈니스 성공에 도움을 준 [**20**] 을 기억하세요.

충성도가 높은 고객이 최근에 비즈니스를 방문하지 않았다면 [**21**] 를 걸어보세요.

Vocabulary

establish 설립하다 daunting 어려운 inexperienced 경험이 부족한 peak 피크, 성수기 trap 함정 fairly 꽤, 상당히 mindlessly 무분별하게 place advertisements 광고를 내다 track 추적하다 surplus 여분의 budget 예산 funds 자금 compete 경쟁하다 leave 두다, 남기다 urgently 긴급하게 patronise 후원하다(cf. 미국식 patronize) infancy 초창기 loyal 충성스러운 founding 설립 comprehensive 포괄적인 retain 간직하다, 보유하다 existing 기존의

제5회 특수 교육 컨퍼런스(SEC)

전문성 개발 워크숍

올해 SEC에는 특수 아동 교육 분야의 최고 전문가들이 이끄는 전문성 개발 워크숍이 포함되어 있습니다.

[22]이 워크숍은 관리자를 위해 설계되었으며 장애 학생을 식별하는 방법, 자극적인 교실 환경 조성, 특수 교육이 필요한 학생의 부모와 효과적으로 소통하는 방법 등 몇 가지 중요한 주제를 다룹니다. 관리자가 더 잘 준비되어 있을수록 장애 학생에게 더 나은 서비스를 제공할 수 있습니다. [23]워크숍에서 다루는 많은 주제는 '교육에 대한 특별한 접근법'과 '주요 학습'의 내용을 기반으로 하며, 세션이 끝나면 참석자에게 각 책 한 권씩을 드립니다.

이 워크숍은 11월 9일에 개최되며 표준 컨벤션 등록에 포함되지 않습니다. 워크숍에 참가하려면 비회원은 $500, 회원은 $390의 추가 비용이 필요합니다.

[25]모든 강의, 워크샵, 패널 및 회의를 포함한 SEC 세션에 참석하면 최대 16시간의 전문 개발 시간(PDH)을 획득할 수 있습니다. 이 중 정확히 절반은 11월 9일에 열리는 전문성 개발 워크숍 참석을 인정하여 수여됩니다. [26]PDH를 받기 위한 유일한 요건은 신청자가 오후 1시부터 오후 6시까지 워크숍 전체에 참석해야 하며, 컨벤션 웹사이트에서 사용자 계정을 생성해야 한다는 것입니다.

컨벤션 참석자는 웹사이트에 로그인하여 위에서 언급한 워크숍을 포함하여 자신이 참석한 각 컨벤션 세션에 입장할 수 있습니다. 자세한 지침은 컨퍼런스 종료 하루 후 웹사이트에 게시될 예정입니다. 참석한 각 세션을 메모해 두는 것이 좋습니다. PDH를 처리하고 검증하는 데 며칠이 소요되며, [27]이후 공식 증명서가 컨퍼런스 등록 시 입력한 이메일 주소로 발송됩니다.

Questions 22-27

노트를 완성하세요. 각 빈칸에 **한 단어 / 한 단어와 숫자 하나 / 숫자 하나**를 지문에서 선택하세요.

참석자 및 주제
- _____**22**_____ 을 대상으로 함
- '교육에 대한 특별한 접근법' 및 '주요 학습'을 기반으로 한 주제
  - 마지막에 참가자들에게 _____**23**_____ 이 주어짐

날짜 및 등록비
- 11월 9일 개최
- 추가 비용
  - 비회원: $500
  - 회원: _____**24**_____

전문 개발 시간(PDHs)
- SEC 세션을 통해 최대 16개의 PDH를 받을 수 있음
- 8개의 PDH가 SEC 참석하는 경우 _____**25**_____
- PDH를 받기 위한 요건
  - 청구인은 전체 워크샵에 참석해야 함
  - 웹사이트에 _____**26**_____ 생성

PDHs 검증

- 자세한 내용은 이벤트 종료 하루 뒤에 제공
- 공식 [27]가 이메일로 발송

Vocabulary

conference 학회 knowledgeable 정통한, 아는 것이 많은 administrator 관리자 encompass 아우르다, 망라하다 impaired 장애가 있는 stimulating 자극이 되는, 활기를 주는 equipped 갖춘 disability 장애 attendee 참석자 be held 개최되다 refer to ~을 참고하다 table 표 precisely 정확히 in recognition of ~을 인정하여 attendance 참석 requirement 요건 claimant 청구인 convention 컨벤션, 집회, 총회 abovementioned 위에서 언급한, 상기한 detailed 자세한 instruction 지침 process 처리하다 validate 검증하다 transcript 증명서

34

원거리 교육

원거리 교육 혹은 원거리 학습은, <u>[36]1840년대에 아이작 피트만 경이 영국 전역에서 속기를 가르칠 때 속기 샘플을 우편으로 발송하고 난 후 그의 학생들이 교정을 위해 다시 보낸 필사본을 채점하면서 근대적 의미로 처음 등장했다.</u> 도움이 되는 의견을 학생들에게 제공하는 것은 피트만의 시스템에서 필수 불가결한 획기적인 부분이었다. 피트만의 속기 강좌가 엄청난 성공을 거두었다는 것이 분명해지자 [28]엽서와 검사할 과제물의 늘어난 분량을 대처하기 위해 속기 통신 협회가 창설되었다. 이 기관은 그 뒤 몇 년에 걸쳐 확장되었고 결국은 영국 전역에 아이작 피트만 경의 통신 대학의 발족을 이끌었다.

그 이후 100년 간, 원거리 교육의 인기는 기하급수적으로 늘어났으나 영국에서 방송통신대학이 설립되어서야 대규모로 모든 학부과정을 갖춘 원거리 교육이 사실상 누구에게나 가능하게 되었음을 우리는 알 수 있다. 교육부 장관 제니 리는 1965년 방송통신대학을 위한 계획을 세웠다. 그녀는 방송통신대학을 가장 높은 수준의 고등 교육과정을 제공하며 폭넓게 다가가기 쉬운 교육 기관으로 삼는 사업 모델을 제안했으며 [37]방송인들 뿐만 아니라 경험 많은 교육자들로 구성된 기획 위원회를 세웠다. [29&30]1970년에 에드워드 히스의 지도력 아래 새로운 보수당 정부가 주도권을 갖자, 이언 맥클라우드 재무부 장관은 상당한 예산 삭감을 방송통신대학에게 집행하였는데 그는 공공연하게 방송 통신 대학의 개념을 조롱하였다. 이런 재정적 난관에도 불구하고 방송 통신 대학은 1971년 25,000명의 첫 신입생을 받았는데, 이는 부분적으로 파격적인 전원 입학 방침 때문이었다. 그 당시, 영국에서 전형적인 대학에 다니고 있는 전체 학생 수는 대략 130,000명이었다.

1970부터 2015년까지 원거리 교육 과정의 등록생 수는 선진국과 개발도상국 둘 다에서 꾸준히 증가했다. 인터넷과 컴퓨터의 광범위한 사용은 오늘날 가상 교육 기관들이 전 과정을 온라인으로 제공할 수 있게 하면서 원거리 학습을 더욱 간편하고 빠르게 만들었다. <u>[31]음성, 영상과 텍스트를 지원하면서 인터넷은 초기 원거리 교육의 도구였던 전화기, 화상회의, 라디오, 텔레비전을 원거리 교육 분야에서 사실상 더 이상 쓸모없게 만들었다.</u> <u>[32&38]최초로 완전히 웹사이트에 기반을 둔 대학원 학위 과정은 1985년에 커넥티드 에듀케이션에서 제공되었고 완전히 온라인에서 진행되는 최초의 대학은 카탈로니아 방송 통신 대학으로 1994년 설립되었으며 바르셀로나에 본부를 두고 있었다.</u>

<u>[33]원거리 학습에는 전통적인 현장 교육을 능가하는 장점이 몇 가지 있다.</u> 가장 명백한 장점은 다양한 사람들에게 교육을 접할 수 있게 한다는 것인데 원거리 교육의 유연한 일정 구조가 육아, 상근직과 같은 우리의 개별적 책임에서 생기는 많은 시간적 제약을 없애기 때문이다. 게다가, [33]우리는 다양한 학습 분야의 더 많은 전문가들을 접할 수 있으며 광범위한 지리적, 사회적, 문화적, 그리고 경제적 배경에서 온 동료 학생들과 의사 소통할 수 있는 기회도 누릴 수 있다는 것이다. 사실 원거리 학습에서 활용되는 많은 기술적인 발전과 도구 덕분에, 학생과 교수 그리고 또래 간에 의사소통은 더욱 가치가 있고 생산적이라고 여겨진다.

<u>[34]진동직인 고등교육은 일반석으로 비용이 높아서, 원거리 교육은 보통 대학 과정에 입학할 형편이 안 되는 학생들에게 대안이 될수 있을 것이다.</u> 원거리 교육은 대단히 비용 효율적인 교육 형태로서 증명되어 왔는데, 교통비와 비싼 교과서 비용을 없앰으로써 재정적으로 상당한 비용을 절약하는데 도움을 준다. <u>[34]원거리 교육에서 이용되는 대부분의 교과서는 전자 교과서로 이용할 수 있으며, 전통적인 교과서와 비교하면 보통 더 낮은 가격에 판매된다.</u>

<u>[39]연구들은 교육 전달과 학습 환경이 최고의 상태에 있을 때 원거리 교육은 학생들에게 그들의 학습 경험에 관해 더 높은 만족감을 제공할 수 있다고 보여준다.그런 높은 수준의 만족감은 효과적인 학습 증가와 연관성이 있다.</u> 이것은 특히 의료 보건과 같은 분야에서 온라인 과정을 수강하고 있는 학생들에게 사실인데, 왜냐하면 인터넷을 기반으로 하는 과정의 성격상 학생들이 환자에 관한 문제를 그 수업 담당 강사와 더 쉽게 토론할 수 있고 거의 즉각적인 조언을 얻을 수 있기 때문이다. 이는 학생들이 도움 받는 감정을 더 크게 느낄 수 있도록 하는데, 학생들은 거의 언제든지 그들의 동급생뿐만 아니라 강사와도 토론을 할 수 있기 때문이다.

원거리 학습의 또 다른 장점은 <u>[40]몸이 불편하거나 아파서 직접 수업에 참여할 수 없는 학생들도, 모든 학생이 받을 권리가 있는 정규 교육을 받을 수 있게 한다는 것이다.</u> 최근 과학 기술의 진보는 혁신적인 시청각 장치를 갖춘 로봇을 사용하여 학생이 실제 교실에 '참석'할 수 있도록 하고 있다. 이는 학생이 완전히 몰입하는 교실 체험을 할 수 있도록 돕고 그들이 집이나 병원에서는

참여할 수 없는 사회적 상호 관계를 누릴 수 있게 한다. 원거리 교육은 또한 학생의 재정적 위치, 거주환경, 성별, 인종 또는 연령과 무관하게 공평한 교육의 기회를 제공한다. 보편적인 설계 전략이 계속해서 개발되고 원거리 학습 과정에 적용되고 있는 중이며 이는 모든 학생들이 그런 과정들에 접근이 가능하도록 하기 위해서이다.

Questions 28-30

정답을 선택하세요.

28 속기 통신 협회는 창설되었다
A 아이작 피트만 경의 대학과 경쟁하기 위해
B 원거리 교육에 대한 새로운 수요를 충족시키기 위해
C 원거리 교육을 위한 새로운 전략을 개발하기 위해
D 방송 통신 대학에 신입생을 유치하기 위해

29 방송 통신 대학이 초기에 직면한 어려움은 ~이었다.
A 장래 학생들로부터 관심의 부족
B 제대로 된 수업 자료의 부족
C 정부 지원의 부족
D 이용할 수 있는 학습과정의 부족

30 저자는 영국의 재무부 장관이 ~라고 시사한다
A 방송 통신 대학의 기획위원회에 임명되었다
B 방송 통신 대학 입학 방침을 정하는데 일조하였다
C 방송 통신 대학의 잠재된 수익성을 알아봤다
D 방송 통신 대학의 계획을 확신하지 못했다

Questions 31-35

진술이 본문에 저자의 주장과 일치하면 **YES**를 선택하고, 진술이 저자의 주장과 모순되면 **NO**를 선택하며, 저자가 이에 대해 어떻게 생각하는지 확인이 불가능하면 **NOT GIVEN**을 선택합니다.

31 전화는 현대의 원거리 교육에서 일반적으로 사용된다.
32 최초의 인터넷을 기반으로 하는 대학은 1985년에 설립되었다.
33 원거리 교육은 학생들 간의 의사소통 수준을 향상시켰다.
34 원거리 교육은 전반적으로 전통적인 현장 교육보다 비용이 덜 든다.
35 온라인에서 배운 학생들은 현장(오프라인) 학생들보다 성적이 더 좋다.

Questions 36-40

요약문을 완성하세요. 각 빈칸에 **한 단어만** 지문에서 선택하세요.

아이작 피트만 경이 학생들의 [36] 필사본을 점수 매기고 첨삭하는 것을 제공하면서, 원거리 교육의 개념이 1840년도에 최초로 생겼다.

1965년 영국에서 방송 통신 대학을 위한 계획이 세워졌다. 위원회는 교육자와 [37]을 포함하였다. 원거리 학습은 수년에 걸쳐 인기가 높아졌고 인터넷과 컴퓨터 덕분에 더욱 쉽게 접근할 수 있게 되었다.

최초의 온라인 대학은 결국에 설립되었고 [38]에 기반을 두었다.

연구들은 양질의 원거리 학습 과정에 등록한 학생들이 높은 수준의 [**39**] 을 보여주고 있다.

직접 수업에 참여할 수 없는 아픈 학생들은 실제 교실의 사회적 소통을 경험하기 위해 [**40**] 을 사용할 수 있다.

Vocabulary

distance education 원거리 교육 arise 생기다, 발생되다 in the modern sense 현대적인 의미에서 shorthand 속기(음성 언어를 빠르게 문자 언어로 기록하는 것) by post 우편으로 transcription 필사본, 글로 옮긴 것 post A back to B A를 B에게 우편으로 되돌려 보내다 correction 교정, 정정 provision 제공 integral 필수적인 innovation 혁신 prove 입증하다, 드러나다 extremely 대단히, 매우 establish 설립하다 over the ensuing years 이후 몇 년 동안 eventually 결국, 마침내 lead to ~로 이어지다 founding 설립, 창립 throughout 전역에 걸쳐 popularity 인기 exponentially 기하급수적으로 large-scale 대규모의 full-degree 충분한, 완전한 draft a plan 계획을 마련하다 position A as B A를 B에 위치시키다 widely accessible 널리 이용 가능한 institution 기관, 단체 higher education 고등 교육 set up 설치하다, 세우다 planning committee 기획 위원회 comprised of ~로 구성된 broadcaster 방송인 come into power 권력을 장악하다 substantial 상당한 budget cut 예산 삭감 enforce 집행하다, 시행하다 publicly 공공연히 mock 조롱하다 financial 재정의 hurdle 장애물 revolutionary 혁신적인 conventional 관습적인, 종래의 approximately 약, 대략 enrolment in ~에의 등록(cf. 미국식 enrollment in) developed country 선진국 developing country 개발 도상국 alike 똑같이 widespread 광범위한, 널리 퍼진 academic institute 교육 기관 videoconferencing 화상 회의 practically 사실상, 거의 obsolete 구식의, 쓸모 없는 field 분야 graduate credit 졸업 학점 found 설립하다 headquartered in ~에 본교가 있는, 본사를 둔 benefit 이점, 혜택 over (비교) ~에 비해 traditional 전통적인 on-site 현장의 obvious 분명한 a wide range of 아주 다양한 flexible 유연한, 탄력적인 eliminate 제거하다 time constraint 시간 제약, 시간적 압박 impose (의무 등) 부과하다, 지우다 responsibility 책임 care for ~을 돌보다 expert 전문가 fellow 동료(의), 같은 처지(의) wide-ranging 광범위한, 폭넓은 geographical 지리적인 advancement 진보, 발전 utilise 활용하다(cf. 미국식 utilize) rewarding 보람 있는 productive 생산적인 peer 또래 typically 일반적으로 alternative 대안 afford to do ~할 여유가 있다 enrol in ~에 등록하다(cf. 미국식 enroll in) highly 매우, 대단히 cost-effective 비용 효율적인 considerable 상당한 amount 액수 financially 재정적으로 remove 없애다, 제거하다 transport 교통(편) teaching delivery 강의 전달(력) with regard to ~와 관련해 correlate with ~와 관련 있다 effective 효과적인 nature 특성 engage in ~에 관여되다 patient 환자 instantaneous 즉각적인 foster 조성하다 disabled 장애가 있는 in person 직접, 만나서 deserve 받을 자격이 있다 equipped with ~가 갖춰진, 장착된 innovative 혁신적인 visual/audio device 시청각 장치 immersive 몰입하는 social interaction 사회적 상호 작용 regardless of ~에 상관 없이 financial standing 재정 상태 gender 성별 race 인종 universal 보편적인 strategy 전략 continuously 지속적으로 be applied to ~에 적용되다 ensure 보장하다 accessibility 이용 가능성, 접근 가능성 compete with ~와 겨루다, 경쟁하다 meet 충족하다 demand for ~에 대한 수요 lack of ~의 부족 suitable 적합한 material 자료, 재료 be appointed to ~에 임명되다 profitability 수익성 be unconvinced by ~에 대해 확신이 들지 않다 commonly 흔히 grade 학점, 등급 come about 생기다, 일어나다 grading 채점, 등급 매기기 exhibit 발휘하다, 드러내 보이다

파트 1

차트들은 1967년과 2017년에 하트포드에 사는 사람들의 행복 수준에 대해 간략하게 보여줍니다.

주요 특징들을 선별하여 기술함으로써 정보를 요약하고 관련 있는 사항들을 비교하세요.

The bar graphs provide an analysis of happiness levels among the town residents of Hartford in 1967 and 2017, according to five age groups. In general, when comparing the two years, it is apparent that there was a significant decrease in the overall happiness of the people of Hartford.

In 1967, across all age groups, at least 75% of people were evaluated as happy or very happy. The youngest age group (18-30) and the oldest age group (61 and over) had the happiest individuals, with about 95% and 90%, respectively. On the other hand, the age group with the largest number of unhappy and very unhappy people was the 41-50-year-old group, at approximately 25%.

In contrast, in 2017, unhappiness was more prevalent in most age groups. The most drastic change was seen in those aged 61 years and older, at 80%, making them the largest percentage of unhappy people, while only the youngest age group maintained a similar level of happiness as it did in 1967. Individuals from other age groups (31-40, 41-50, 51-60) were unhappy or very unhappy, ranging from 50% to 55%.

이 막대 그래프들은 1967년과 2017년 하트포드 마을 주민의 행복지수를 5개 연령대에 따라 분석한 것입니다. 일반적으로, 두 해를 비교하면 하트포드 주민들의 전반적인 행복지수가 크게 감소한 것을 알 수 있습니다.

1967년에는 모든 연령대에서 75% 이상의 사람들이 행복하거나 매우 행복하다고 평가했습니다. 가장 젊은 연령대(18~30세)와 가장 나이가 많은 연령대(61세 이상)의 행복도가 각각 약 95%와 90%로 가장 높았습니다. 반면, 불행하거나 매우 불행하다고 응답한 사람이 가장 많은 연령대는 41~50세 그룹으로 약 25%였습니다.

대조적으로, 2017년에는 대부분의 연령대에서 불행하다는 응답이 더 일반적이었습니다. 가장 급격한 변화는 61세 이상에서 보였는데, 80%로 불행한 사람들의 비율이 가장 높았고, 가장 어린 연령대만이 1967년과 비슷한 수준의 행복도를 유지했습니다. 다른 연령대(31~40세, 41~50세, 51~60세)의 경우 불행하거나 매우 불행하다고 응답한 비율이 50%에서 55% 사이였습니다.

단어 수: 184

Vocabulary

resident 주민, 거주자 evaluate 평가하다 approximately 대략 prevalent 만연한, 널리 퍼져 있는, 일반적인 ranging 범위가 ~에 이르는

다음의 주제에 대해 쓰세요:

몇몇 사람들은 미래에 많은 직장인들이 그들의 일을 할 수 있는 로봇에 의해 대체될 것이라고 말합니다. 그들은 이것이 많은 사람들을 실업으로 이끌 것이라고 믿습니다.

당신은 이러한 진술이 얼마나 사실이라고 생각합니까?

사람들이 이러한 문제를 갖는 것을 막기 위해 어떠한 행동이 취해질 수 있을까요?

자신의 답변에 대한 이유를 제시하고 이와 관련된 자신만의 지식 또는 경험을 통한 예들을 포함시키세요.

People are becoming increasingly concerned about technological advancements that will impact employment rates. Many people fear that robots will replace existing workers and that these employees will no longer be able to support their families. Even though it seems true, I strongly believe that robots cannot completely substitute humans and that there are ways to create new opportunities for affected workers.

Due to advanced technology, people are indeed losing their jobs in certain fields, but since human expertise is irreplaceable, there is a limit to this phenomenon. Automated technology is becoming increasingly common only for service and manual labour jobs. For example, many supermarket checkouts are now self-service, and in factories, robots can construct items that humans used to build. While these machines may increase efficiency, they cannot replace human creativity, empathy, interactions and judgement.

Providing training programmes and creating more jobs in this new era of technology are some solutions. The use of automated machinery can create many opportunities for unique roles that did not exist before. For example, new types of machinery will require human intervention to monitor, maintain and repair them, so many companies will have to recruit and train people to fill these roles. This helps those in the manual labour and service sector secure employment, while it also helps meet the needs of companies everywhere.

Although robots might be able to substitute human workers, I believe this replacement is limited because machines cannot perfectly replicate human capabilities. When it comes to unemployment due to automation, the issue can be best addressed by training employees to obtain new practical skills and developing more innovative roles that cater to the modern marketplace.

사람들은 고용률에 영향을 미칠 기술 발전에 대해 점점 더 우려하고 있습니다. 많은 사람들이 로봇이 기존 근로자를 대체하고 이러한 고용인이 더 이상 가족을 부양할 수 없게 될 것이라고 우려합니다. 이것이 사실처럼 보이지만, 저는 로봇이 인간을 완전히 대체할 수 없으며, 영향을 받는 근로자들에게 새로운 기회를 만들 수 있는 방법이 있다고 굳게 믿습니다.

첨단 기술로 인해, 사람들이 특정 분야에서 일자리를 잃고 있는 것은 사실이지만, 인간의 전문성은 대체할 수 없기 때문에, 이러한 현상은 한계가 있습니다. 서비스 및 육체노동 직종에 한해서만 자동화 기술이 점점 더 보편화되고 있습니다. 예를 들어, 많은 슈퍼마켓 계산대가 지금 셀프 서비스로 운영되고 있으며, 공장에서는 사람이 만들던 물건을 로봇이 제작할 수 있습니다. 이러한 기계는 효율성을 높일 수는 있지만, 인간의 창의성, 공감, 상호작용 그리고 판단력을 대체할 수 없습니다.

이 새로운 기술 시대에 교육 프로그램을 제공하고 더 많은 일자리를 창출하는 것은 몇 가지 해결책입니다. 자동화된 기계의 사용은 이전에는 존재하지 않았던 고유한 역할에 대한 많은 기회를 만들 수 있습니다. 예를 들어, 새로운 유형의 기계는 감시, 유지 그리고 수리를 위해 사람의 개입이 필요하므로, 많은 기업에서 이러한 역할을 수행할 사람을 채용하고 교육해야 할 것입니다. 이는 육체노동 및 서비스 부문에 있는 사람들의 고용 안정에 도움이 되는 동시에, 모든 기업의 요구를 충족하는 데에도 도움이 됩니다.

로봇이 인간 노동자를 대체할 수는 있겠지만, 기계가 인간의 능력을 완벽하게 복제할 수 없기 때문에 이러한 대체는 제한적이라고 생각합니다. 자동화로 인한 실업 문제는, 직원들이 새로운 실무 기술을 습득하도록 교육하고 현대 시장에 맞는 보다 혁신적인 직무를 개발함으로써 가장 잘 해결할 수 있습니다.

단어 수: 275

Vocabulary

be concerned about ~에 대해 우려하다 advancement 발전 substitute 대체하다 affected 영향을 받은 expertise 전문성
irreplaceable 대체할 수 없는 phenomenon 현상 automated 자동화된 manual 손으로 하는 manual labour 육체노동 checkout
계산대 construct 만들다 efficiency 효율성 creativity 창의성 empathy 공감 interaction 상호작용 judgement 판단(력) era 시
대 intervention 개입, 간섭 monitor 감시하다, 관찰하다 recruit 채용하다 train 교육하다, 훈련시키다 secure 안전하게 하다, 확보하다
replicate 복제하다 capability 능력 obtain 습득하다 practical skill 실무 기술 innovative 혁신적인

40

WRITING [General Training]

파트 1

다음의 주제에 대해 쓰세요:

당신은 최근에 새로운 헬스클럽에 가입했습니다. 유감스럽게도, 당신은 이제 당신의 회원권을 취소해야 됩니다.

당신은 헬스클럽에 편지를 쓰기로 결정합니다. 당신의 편지에서

· 당신이 어떤 회원권을 갖고 있는지 설명하고

· 왜 당신이 회원권을 취소해야 되는지 기술하고

· 다음에 어떤 일이 일어나기를 원하는지 말합니다.

어떠한 주소도 쓰지 마세요.

당신의 편지를 다음으로 시작하세요:

관계자분께,

Dear Sir or Madam,

I first joined your gym two weeks ago. Your sales assistant Susan was very helpful and helped me pick out a membership scheme to suit my needs. I opted for the Silver pass, as this let me spread my payments out over the course of the year.

Unfortunately, I now need to cancel my membership. This is because I felt a sharp pain in my leg when I was running last week. My doctor recommended I rest my leg and avoid any exercise for a period of two months.

I checked the terms and conditions of my gym membership. The contract says that all memberships can only be cancelled by writing a letter. Now that I have done that, I would like you to call me to confirm that I will no longer be charged. After my rest period, I hope to return to your gym and resume my exercise routine.

Thank you in advance for your help.

Yours faithfully,

Daniel Won

관계자분께,

저는 2주 전에 당신의 헬스클럽에 가입했습니다. 당신의 판매사원인 수잔이 상당히 도움이 되었으며 제 필요에 맞춘 계획을 고르는데 도움을 주었습니다. 저는 실버 패스를 선택했는데, 이것은 제가 일년 동안 돈을 나눠서 낼 수 있게 해주기 때문입니다.

안타깝게도 지금은 회원권을 취소해야 할 것 같습니다. 제가 저번 주에 뛰다가 다리에 격렬한 통증을 느꼈기 때문입니다. 제 의사 선생님이 제게 다리를 쉬게 하고 두 달 동안 어떤 운동도 피하라고 권고하였습니다.

저는 헬스클럽의 회원가입 약관을 검토해보았습니다. 계약서는 모든 회원권은 편지를 씀으로만 취소될 수 있다고 써져 있습니다. 제가 지금 이 부분을 수행하였으므로, 저는 당신이 제게 전화해 주셔서 더 이상 비용이 부과되지 않을 것임을 확인해 주시기를 바랍니다. 휴지기 이후에, 저는 다시 헬스클럽에 나가서 운동 일과를 다시 시작하기를 바랍니다.

당신의 도움에 미리 감사의 말씀드립니다.

다니엘 원 올림

단어 수: 166

Vocabulary

sales assistant 판매사원 scheme 계획, 설계 suit ~에 잘 맞다 opt for ~를 선택하다 spread one's payments 돈을 분할해서 지급하다
sharp pain 격렬한 통증 terms and conditions 약관, 계약 조건 say ~에 써져 있다 now that ~하니까, 하므로 charge 요금을 부과하다
resume 재개하다, 다시 시작하다 in advance 미리

파트 2

다음의 주제에 대해 쓰세요:

몇몇 사람들은 미래에 많은 직장인들이 그들의 일을 할 수 있는 로봇에 의해 대체될 것이라고 말합니다. 그들은 이것이 많은 사람들을 실업으로 이끌 것이라고 믿습니다.

당신은 이러한 진술이 얼마나 사실이라고 생각합니까?

사람들이 이러한 문제를 갖는 것을 막기 위해 어떠한 행동이 취해질 수 있을까요?

자신의 답변에 대한 이유를 제시하고 이와 관련된 자신만의 지식 또는 경험을 통한 예들을 포함시키세요.

People are becoming increasingly concerned about technological advancements that will impact employment rates. Many people fear that robots will replace existing workers and that these employees will no longer be able to support their families. Even though it seems true, I strongly believe that robots cannot completely substitute humans and that there are ways to create new opportunities for affected workers.

Due to advanced technology, people are indeed losing their jobs in certain fields, but since human expertise is irreplaceable, there is a limit to this phenomenon. Automated technology is becoming increasingly common only for service and manual labour jobs. For example, many supermarket checkouts are now self-service, and in factories, robots can construct items that humans used to build. While these machines may increase efficiency, they cannot replace human creativity, empathy, interactions and judgement.

Providing training programmes and creating more jobs in this new era of technology are some solutions. The use of automated machinery can create many opportunities for unique roles that did not exist before. For example, new types of machinery will require human intervention to monitor, maintain and repair them, so many companies will have to recruit and train people to fill these roles. This helps those in the manual labour and service sector secure employment, while it also helps meet the needs of companies everywhere.

Although robots might be able to substitute human workers, I believe this replacement is limited because machines cannot perfectly replicate human capabilities. When it comes to unemployment due to automation, the issue can be best addressed by training employees to obtain new practical skills and developing more innovative roles that cater to the modern marketplace.

사람들은 고용률에 영향을 미칠 기술 발전에 대해 점점 더 우려하고 있습니다. 많은 사람들이 로봇이 기존 근로자를 대체하고 이러한 고용인이 더 이상 가족을 부양할 수 없게 될 것이라고 우려합니다. 이것이 사실처럼 보이지만, 저는 로봇이 인간을 완전히 대체할 수 없으며, 영향을 받는 근로자들에게 새로운 기회를 만들 수 있는 방법이 있다고 굳게 믿습니다.

첨단 기술로 인해, 사람들이 특정 분야에서 일자리를 잃고 있는 것은 사실이지만, 인간의 전문성은 대체할 수 없기 때문에, 이러한 현상은 한계가 있습니다. 서비스 및 육체노동 직종에 한해서만 자동화 기술이 점점 더 보편화되고 있습니다. 예를 들어, 많은 슈퍼마켓 계산대가 지금 셀프 서비스로 운영되고 있으며, 공장에서는 사람이 만들던 물건을 로봇이 제작할 수 있습니다. 이러한 기계는 효율성을 높일 수는 있지만, 인간의 창의성, 공감, 상호작용 그리고 판단력을 대체할 수 없습니다.

이 새로운 기술 시대에 교육 프로그램을 제공하고 더 많은 일자리를 창출하는 것은 몇 가지 해결책입니다. 자동화된 기계의 사용은 이전에는 존재하지 않았던 고유한 역할에 대한 많은 기회를 만들 수 있습니다. 예를 들어, 새로운 유형의 기계는 감시, 유지 그리고 수리를 위해 사람의 개입이 필요하므로, 많은 기업에서 이러한 역할을 수행할 사람을 채용하고 교육해야 할 것입니다. 이는 육체노동 및 서비스 부문에 있는 사람들의 고용 안정에 도움이 되는 동시에, 모든 기업의 요구를 충족하는 데에도 도움이 됩니다.

로봇이 인간 노동자를 대체할 수는 있지만, 기계가 인간의 능력을 완벽하게 복제할 수 없기 때문에 이러한 대체는 제한적이라고 생각합니다. 자동화로 인한 실업 문제는, 직원들이 새로운 실무 기술을 습득하도록 교육하고 현대 시장에 맞는 보다 혁신적인 직무를 개발함으로써 가장 잘 해결할 수 있습니다.

단어 수: 275

Vocabulary

be concerned about ~에 대해 우려하다 advancement 발전 substitute 대체하다 affected 영향을 받은 expertise 전문성
irreplaceable 대체할 수 없는 phenomenon 현상 automated 자동화된 manual 손으로 하는 manual labour 육체노동 checkout
계산대 construct 만들다 efficiency 효율성 creativity 창의성 empathy 공감 interaction 상호작용 judgement 판단(력) era 시
대 intervention 개입, 간섭 monitor 감시하다, 관찰하다 recruit 채용하다 train 교육하다, 훈련시키다 secure 안전하게 하다, 확보하다
replicate 복제하다 capability 능력 obtain 습득하다 practical skill 실무 기술 innovative 혁신적인

파트 1

[Q] 누가 당신의 이름을 지어줬나요?

[A] My parents gave me my name. I heard my mother spent months deciding on my name. Finally, she decided to name me Suyoung, and my father respected my mother's choice.

부모님이 저에게 제 이름을 주셨습니다. 제 어머니가 제 이름을 정하는데 몇 달을 보냈다고 들었습니다. 결국, 저를 수영으로 짓기로 결정하셨고, 제 아버지는 어머니의 선택을 존중하셨습니다.

[Q] 당신의 이름에는 어떤 특별한 의미가 있나요?

[A] In my country, Suyoung means 'very smart'. I guess my parents wanted me to become a wise and knowledgeable person.

우리나라에서는, 수영은 매우 영리하다는 의미입니다. 제 부모님께서 제가 지혜롭고 아는 것이 많은 사람이 되기를 원하신 것이라고 추측합니다.

[Q] 당신의 이름에 대해서 어떻게 생각하나요? 이름이 마음에 드나요?

[A] My name is relatively common in my country, so I used to dislike it. However, I like my name now because I understand that it's a gift from my parents.

제 이름은 우리나라에서 비교적 흔하기 때문에, 예전에는 싫어했었습니다. 하지만, 지금은 부모님이 주신 선물이라는 것을 알기 때문에 제 이름이 마음에 듭니다.

[Q] 당신은 어떤 별명이 있나요?

[A] When I was a child, my friends called me a giraffe since I was the tallest student in my class. Nowadays, people call me Sue, which is short for Suyoung.

제가 어릴 적에, 제가 반에서 가장 키가 컸기 때문에 제 친구들이 저를 기린이라고 불렀습니다. 요즘에는, 사람들은 저를 수영의 줄임말인 '수'라고 부릅니다.

[Q] 당신이 읽었던 가장 좋아하는 책에 대해서 묘사하세요.

말해야 할 것은:

어떤 종류의 책인지

언제 읽었는지

무엇에 관한 내용인지

그리고 왜 그것을 좋아하는지 설명하세요.

[A] I'd like to talk about my favourite book, The Little Prince. Although many people think that it's a children's book, it is actually a novel for all ages, from children to adults.

I first read this book when I was very young. I read it again when I was in secondary school, and I have read it several more times ever since.

The book is a beautiful story about a little prince who leaves his planet and his rose behind to travel to different planets. He eventually lands on Earth and becomes friends with a pilot who is stuck in the desert. They talk about life and love. Eventually, he goes back to his home planet to return to his rose.

Although the story itself is simple, I love it because it talks about loneliness, friendship, love and loss. It helped me understand these emotions and deal with personal things that were going on in my life.

제가 가장 좋아하는 책인 어린 왕자에 대해 이야기하고 싶습니다. 많은 사람들이 아동도서라고 생각하지만, 사실 어린아이부터 어른까지 모든 연령대를 위한 소설입니다.

아주 어렸을 때 이 책을 처음 읽었습니다. 중고등학교에 있을 때 다시 읽었고, 그 후로도 여러 번 더 읽었습니다.

그 책은 어린 왕자가 자신의 행성과 장미를 남겨두고 다른 행성으로 여행하는 아름다운 이야기입니다. 그는 결국 지구에 도착하여 사막에 갇힌 비행기 조종사와 친구가 됩니다. 그들은 삶과 사랑에 대해 이야기합니다. 결국, 그는 장미에게 돌아가기 위해 고향 행성으로 다시 돌아갑니다.

이야기 자체는 단순하지만, 외로움, 우정, 사랑 그리고 상실에 대해 이야기하기 때문에 좋아합니다. 이러한 감정을 이해하고 제 삶에서 일어나고 있었던 개인적인 일들을 다루는데 저에게 도움을 주었습니다.

* Follow-up(=Rounding-off) questions

[Q] 얼마나 자주 책을 읽나요?

[A] I do not have much time to read books because I'm busy studying for IELTS, but I try to read during the weekends.

저는 아이엘츠를 공부하느라 바쁘기 때문에 책 읽을 시간이 많지 않지만, 주말에 읽으려고 노력합니다.

[Q] 어디에서 책을 구입하나요?

[A] I usually go to the large bookstore in the city centre to choose which books to buy, and then order them online. This way, I don't have to carry heavy books back home.

저는 보통 도심에 있는 큰 서점에 가서 어떤 책을 구매할지 고른 다음, 온라인으로 주문합니다. 이렇게 하여, 무거운 책을 집으로 들고 갈 필요가 없습니다.

[Q] 책을 쓰고 싶다는 생각을 해본 적이 있나요?

[A] I have, but I don't think I could write a book since I am not very good at writing.

있지만, 저는 글쓰기를 잘 못하기 때문에 책을 쓸 수 있을 거라고 생각하지 않습니다.

파트 3

[Q] 당신 나라의 사람들은 어떤 종류의 책을 읽는 것을 좋아하나요?

[A] Many best-selling books in Korea are about investing money and the economy. They contain useful information about current economic trends and how to invest in stocks, insurance and real estate. These books are probably popular because they are practical. Comic books and graphic novels are also steady sellers.

한국의 많은 베스트셀러 책들이 돈을 투자하고 경제에 대한 것입니다. 그것들은 현재 경제 동향과 주식, 보험 그리고 부동산에 투자하는 방법에 대한 유용한 정보를 담고 있습니다. 이 책들이 인기가 있는 이유는 실용적이기 때문일 것입니다. 만화책과 그래픽 소설도 스테디셀러입니다.

[Q] 독서의 장점은 무엇이라고 생각하나요?

[A] I think you can get useful information by reading books, and there are no limits or boundaries to what you can learn. It also improves linguistic skills and the ability to focus. Plus, reading is enjoyable. You can explore new worlds with different characters and gain various second-hand experiences.

책을 읽으면서 유용한 정보를 얻을 수 있다고 생각하고, 배울 수 있는 것에는 한계나 경계가 없습니다. 그것은 또한 언어능력과 집중력을 길러줍니다. 또한, 독서는 즐겁습니다. 다양한 등장인물과 함께 새로운 세계를 탐험하고 다양한 간접 경험을 얻을 수 있습니다.

[Q] 재미를 위해 독서하는 것과 교육을 위해 독서하는 것에 대한 당신의 의견은 무엇인가요?

[A] I think both are very important purposes for reading. It is important to read for education to gain knowledge and skills, but reading for fun is equally valuable. It is a great way to relieve stress and relax after a tough day at school or work.

저는 두 가지 모두 독서의 매우 중요한 목적이라고 생각합니다. 지식과 기술을 습득하기 위한 교육을 위한 독서도 중요하지만, 재미를 위한 독서도 똑같이 가치가 있습니다. 학교나 직장에서 힘든 하루를 보낸 후 스트레스를 해소하고 긴장을 풀 수 있는 좋은 방법입니다.

[Q] 전자책에 대해서 어떻게 생각하나요?

[A] Personally, I prefer paper books to e-books, because I like the smell of paper and the feel of turning pages. However, I understand the convenience of e-books and even own one. E-books can contain hundreds of books in a small, lightweight device. I think they are handy for storing heavy textbooks and dictionaries.

개인적으로, 저는 전자책보다 종이책을 더 선호하는데, 저는 종이책의 냄새가 좋고 페이지를 넘기는 느낌이 좋기 때문입니다. 하지만, 전자책의 편리함을 이해하고 심지어 하나 소유하고 있습니다. 전자책은 작고 가벼운 기기에 수백 권의 책을 포함할 수 있습니다. 무거운 교과서나 사전을 보관할 때 편리하다고 생각합니다.

[Q] 도서관의 역할이 무엇이라고 생각하나요?

[A] I think libraries play an important role in education. Libraries provide access to books and other resources for free or at a low cost. Also, libraries provide many educational programmes for the public. For example, my school's library recently held free writing workshops for résumés and cover letters.

도서관은 교육에 중요한 역할을 한다고 생각합니다. 도서관은 무료 또는 저렴한 비용으로 책과 기타 자료를 이용할 수 있는 서비스를 제공합니다. 또한, 도서관에 대중들을 위한 많은 교육 프로그램들을 제공합니다. 예를 덜어, 최근 제 학교 도서관에서 이력서 및 자기소개서 작성을 위한 무료 워크숍을 진행했습니다.

[Q] 소설과 영화 중 어떤 것이 더 장점이 많다고 생각하세요?

[A] In my opinion, books are better than movies. With novels, we can imagine the settings and characters' appearances. Also, we can understand the plot better, because novels describe the characters' thoughts, feelings and intentions. Films, on the other hand, have difficulty showing these things through only the actors' lines and reactions.

제 생각에는, 책이 영화보다 낫습니다. 소설을 통해, 우리는 배경과 등장인물의 모습을 상상할 수 있습니다. 또한, 소설은 등장인물의 생각, 감정 그리고 의도를 묘사하기 때문에 줄거리를 더 잘 이해할 수 있습니다. 반면 영화는, 배우의 대사와 반응만으로 이러한 것들을 보여주기 어렵습니다.

Vocabulary

knowledgeable 아는 것이 많은, 지식이 많은 relatively 비교적, 상대적으로 common 흔한 short for ~의 줄임말인 secondary school 중고등학교 planet 행성 stuck 갇힌 desert 사막 loneliness 외로움 loss 상실 emotion 감정 stock 주식 insurance 보험 real estate 부동산 practical 실용적인 novel 소설 boundary 경계 linguistic 언어적 explore 탐험하다 second-hand 간접의 relieve stress 스트레스를 풀다 prefer A to B A를 B보다 더 좋아하다 lightweight 가벼운 handy 편리한 textbook 교과서 dictionary 사전 hold 열다, 개최하다 résumé 이력서 cover letter 자기소개서 setting 배경 appearance 모습 plot 줄거리 intention 의도 line 대사

Practice Test

실전 모의고사

- 본 모의고사 세트는 컴퓨터용(Computer-delivered) 시험을 그대로 지면에 옮긴 것으로, Listening - Reading - Writing - Speaking 순으로 테스트 진행

- Listening과 Speaking 시험은 Academic과 General Training 모듈 공통이고, Reading과 Writing은 자신이 응시하는 모듈의 문제를 풀 것

- 아래 QR 코드를 스캔하면 Listening 시험을 실제 시험처럼 파트 1~4를 연속해서 들을 수 있음

▲ 음원 듣기

PART 1

Listen and answer questions **1-10**.

Questions 1-3

Complete the form. Write **ONE WORD AND/OR A NUMBER** in each gap.

Properties Available to Rent: Client's Preferences

Client's name:	Charlotte Sanders
Minimum number of bedrooms:	1
Length of rental period:	2
Rental start date:	3
Preferred area:	In the city's business district

Questions 9-10

Choose **TWO** correct answers.

Which **TWO** new facilities will be opening soon in the neighbourhood of Allenby Road?

A ○ fitness centre
B ○ art gallery
C ○ public park
D ○ shopping centre
E ○ history museum

Questions 4-8

Complete the table. **Write ONE WORD AND/OR A NUMBER** in each gap.

Address	Rooms	Monthly Rent	Notable Feature
Jasper Street	living room, dining room and small kitchen	£600	spacious __4__
Grove Crescent	living room, large kitchen, dining room and a small __5__	£650	two __6__
Allenby Road	living room, dining room, kitchen and patio	£ __7__	large basement
Torrance Avenue	living room, dining room and newly renovated kitchen	£625	neighbourhood is __8__

3

PART 2

Listen and answer questions **11-20**.

Questions 11-15

The map has five gaps. Choose the correct answer and move it into the gap.

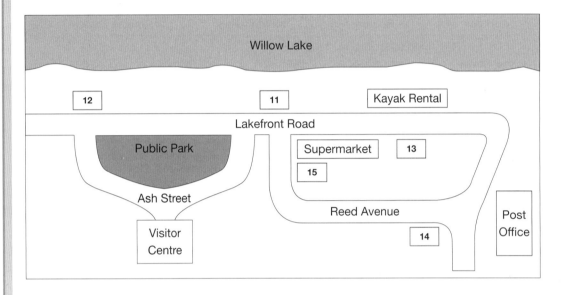

Questions 16-20

What comment does the speaker make about each of the following kayak routes? Choose the correct answer and move it to each gap.

Route

Perch River	16
Eden Valley	17
Windy Stream	18
Crane Lake	19
Heron River	20

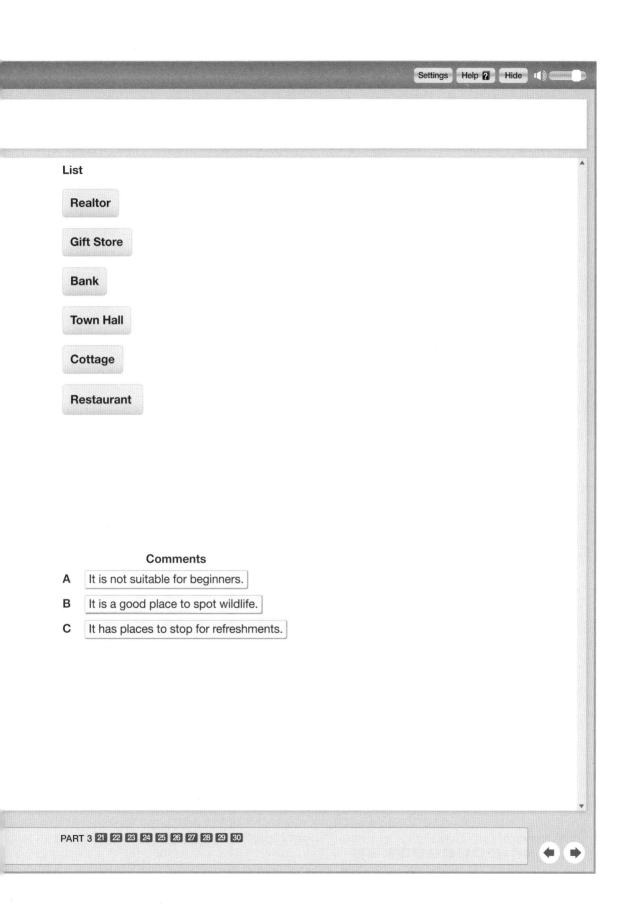

List

Realtor

Gift Store

Bank

Town Hall

Cottage

Restaurant

Comments

A   It is not suitable for beginners.

B   It is a good place to spot wildlife.

C   It has places to stop for refreshments.

PART 3

Listen and answer questions **21-30**.

Questions 21-23

Choose the correct answer.

21 The topic of Rachel's project is
A ○ the magazine industry.
B ○ the fashion industry.
C ○ the cosmetics industry.

23 Rachel is concerned about
A ○ the cost of her research.
B ○ the location of a shopping centre.
C ○ the deadline for her assignment.

Questions 24-27

Complete the sentences. Write **ONE WORD ONLY** in each gap.

The professor warns Rachel that some secondary data may be [**24**   ].

The professor advises Rachel to conduct [**25**   ] if she wishes to gather a large number of responses.

One disadvantage that the professor mentions about primary research is that it requires a lot of [**26**   ].

The professor says that the results from focus groups are less [**27**   ].

Questions 28-30

Answer the questions. Write **NO MORE THAN THREE WORDS AND/OR A NUMBER** in each gap.

What does the professor encourage Rachel to make in advance? [**28**   ]

What detail of each research participant does the professor remind Rachel to note down?
[**29**   ]

In what month and on what date will the professor and Rachel meet next? [**30**   ]

22 Rachel believes that one of her strengths is

A ○ her strong communication skills.

B ○ her knowledge of current trends.

C ○ her time management capabilities.

PART 4

Listen and answer questions **31-40**.

Complete the notes. Write **NO MORE THAN TWO WORDS** in each gap.

Successful Leadership Within Rural Communities

- Strong leadership helps to improve the social [**31**] of community members.
- Four [**32**] that affect leadership effectiveness have been identified by researchers.

Effective Communication

- When communication is too open, confidential information is leaked.
- When communication is too closed, [**33**] is withheld as a way of maintaining power.
- Leaders should be open and honest although [**34**] is sometimes required.
- Open door policy is another effective way to open communication channels.
- Access to information is necessary in order to make a good [**35**] and to solve problems.

Collaboration Across and Within Communities

- Collaboration between communities allows for the sharing of information and [**36**].
- Groups in different communities that can benefit from collaboration include chambers of commerce, community groups and [**37**].

Community Engagement

- In order to continue functioning effectively, rural communities need to include the [**38**] in community processes.
- By engaging in community activities, a sense of [**39**] will be created.

Developing Social Capital

- The [**40**] within a community that allow members to contribute to society are referred to as social capital.
- Strong social capital can be achieved with the other three factors present within a community.

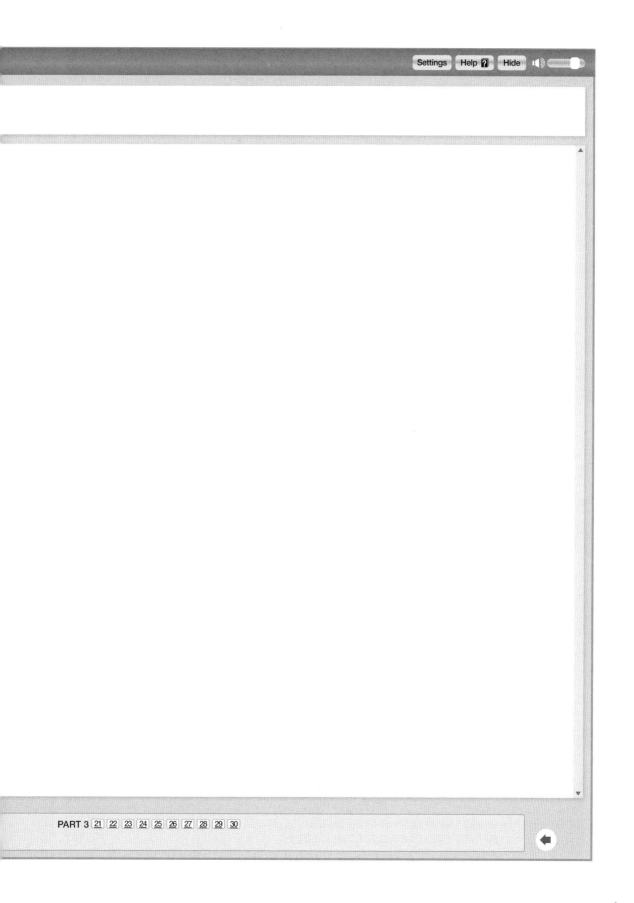

PART 1

Read the text below and answer questions **1-13**.

The History of Wool

The first recorded uses of wool originate from Anatolia, which is roughly where modern-day Turkey lies, during the Stone Age. Neanderthals residing on the Mesopotamian Plain used sheep to fulfil their basic needs of food, shelter and clothing. Many years later, humans learnt how to spin and weave the fleece of sheep into woollen garments. The warmth provided by wool clothing and the mobility of sheep allowed these early humans to venture outside the warm climate of Mesopotamia and expand their civilisation. From around 3000 BC onwards, the Persians, Greeks and Romans developed and improved various breeds of sheep, shipping the animals and wool to various countries throughout Europe. In particular, the Romans viewed sheep as a vital commodity, transporting large numbers of them as the Roman Empire expanded into the British Isles, Spain and North Africa. In approximately 50 AD, the Romans had established a wool plant in the region of England that the town of Winchester now occupies. Later, around the beginning of the 8th century, the Saracens, nomads who lived throughout the Arabian deserts, established a wool export trade agreement with North Africa and Greece after their military victory over Spain.

In the 12th century, the Norman conquest of Greece indirectly led to a weaving boom in the Italian cities of Florence and Venice. Hundreds of Greek weavers were sent to Italy as slaves, and Italian weavers were immediately impressed with the weaving skill exhibited by their Greek counterparts. In medieval times, the annual fairs of the Champagne and Brie regions of France largely focused on the production and sale of wool cloth from small local towns such as Provins. The trade network created by the annual fairs allowed merchants from Spain and Constantinople to purchase the wool cloth of Provins and distribute it locally. The wool trade quickly evolved into a lucrative business, generating significant revenue throughout much of Europe. The two factors that determined the quality and value of wool were the dyeing and finishing of the woven material.

In the 13th century, the wool trade powered the economies of the Netherlands, Belgium and central Italy. By the end of the 14th century, Italy had come to the forefront as the dominant wool producer in Europe, but Italian manufacturers would gradually turn their attention to silk production over the next century. The wool industry largely relied on exported raw wool from England and was a crucial source of revenue for the English monarchy, which had been receiving sizable sums of money in export taxes on wool since 1275. In Spain, finances accumulated through the trading of wool were utilised to fund expeditions undertaken by Christopher

Questions 1-9

Complete the notes. Choose **ONE WORD ONY** from the text in each gap.

The History of Wool

Early uses of wool

- Sheep and wool were distributed throughout [1].
- The Saracens defeated [2] to establish a wool trade.
- Many [3] from Greece were sent to work in Italy as slaves.
- The annual [4] in Champagne and Brie created a wool trade network.
- Wool cloth was valued according to the quality of its [5] and finishing.
- Italian wool manufacturers eventually put more emphasis on [6] production.

Wool in England and America

- The English monarchy ordered that a [7] be removed from anyone smuggling wool.
- American colonies were only permitted to trade wool with [8].
- Sheep were taken from monks and given to highly regarded [9].

Columbus and the Conquistadores. Spain imposed strict regulations on its wool trade and sheep, and anyone caught exporting sheep was sentenced to execution without trial.

The English textile trade blossomed during the 14th century, but the government gave serious consideration to blocking the export of wool. The smuggling of wool out of the country, often referred to as owling, had become increasingly common despite harsh punishments such as hand removal. After the Restoration, high-quality woollens manufactured in England became as equally desirable as silk in the international market, partly due to the fact the English crown had banned its American colonies from trading wool with any country other than England. In 1377, England's King Edward III, who citizens sometimes referred to as 'the royal wool merchant', cancelled the import of woven goods and forbade the domestic weaving of foreign wools. He invited Dutch and Belgian weavers, who had fled their home countries during the Spanish invasion, to resettle in England and work to improve the wool industry. During the 1509-1547 reign of King Henry VIII, England's 'wool empire' reached its highest levels of productivity and profitability, and by the mid-1600s, wool textile exports contributed to almost 70 per cent of England's foreign trade revenue. The king ordered that flocks of sheep belonging to Trappist monks be taken and redistributed among nobles favoured by the monarchy. This resulted in unemployed shepherds being imprisoned when they were unable to repay their debts, and was one of several unfair actions taken by the king that encouraged citizens to immigrate to America.

Even though England had long tried to obstruct the establishment of a wool industry in North America, a relatively small number of successfully smuggled sheep had turned into a flock of approximately 100,000 by 1665. The burgeoning American wool industry gave rise to many traditions and cultural characteristics. For example, since spinning was a task assigned to the eldest unmarried daughter in the family, the term 'spinster' came into usage, and is still used even to this day. In the mid-1700s, King George III of England made wool trading in England's colonies a punishable offence. Decisions like this, as well as controversial taxation issues, contributed to the beginning of the Revolutionary War. Despite the war and the king's best efforts to highly regulate wool commerce, the wool industry in America went from strength to strength. American presidents George Washington and Thomas Jefferson maintained flocks of sheep and wore high-quality wool suits during their inaugurations.

Technological developments such as water-powered looms, combing machines and the spinning jenny led to a rapid expansion of the wool industry on a global scale. At the turn of the 18th century, pioneers brought small flocks of sheep to Australia and New Zealand, which are two of the largest producers of wool in the present day. However, the rise in popularity of synthetic fibres led to a decrease in demand for wool, so production has seen a sharp decrease over the past 100 years. In 1966, the price of wool fell by a massive 40 per cent and has continued to fall gradually ever since. This has led to further decreases in production, with many sheep growers turning their attention towards meat rather than wool in order to make a living.

Questions 10-13

Choose **TRUE** if the statement agrees with the information given in the text, choose **FALSE** if the statement contradicts the information, or choose **NOT GIVEN** if there is no information on this.

10 England's wool industry peaked during the reign of King Edward III.

- ○ TRUE
- ○ FALSE
- ○ NOT GIVEN

11 England tried hard to disturb the wool industry in South America.

- ○ TRUE
- ○ FALSE
- ○ NOT GIVEN

12 Disputes related to wool led to military conflict in America.

- ○ TRUE
- ○ FALSE
- ○ NOT GIVEN

13 Wool production slowed down throughout the 20th century.

- ○ TRUE
- ○ FALSE
- ○ NOT GIVEN

PART 2

Read the text below and answer questions **14-26**.

Distance Education

Distance education, or distance learning, first arose in the modern sense in the 1840s, when Sir Isaac Pitman taught shorthand to students around England by sending shorthand samples by post and then marking the transcriptions that his students would post back to him for correction. The provision of helpful feedback to students was an integral innovation of Pitman's system. When Pitman's shorthand courses proved to be extremely successful, the Phonographic Correspondence Society was established in order to handle the increased volume of postcards and marking. This organisation expanded over the ensuing years and eventually led to the founding of Sir Isaac Pitman Correspondence Colleges throughout the country.

Over the next 100 years, we can see that distance education increased exponentially in popularity, but it was not until the founding of the Open University (OU) in the United Kingdom that large-scale, full-degree distance learning was truly made available to all. The Minister of State for Education, Jennie Lee, drafted plans for the OU in 1965. She proposed a business model that positioned the OU as a widely accessible institution offering the highest standards of higher education and set up a planning committee comprised of experienced educators as well as broadcasters. In 1970, when the new Conservative government came into power under the leadership of Edward Heath, substantial budget cuts for the OU were enforced by the Chancellor of the Exchequer, Iain Macleod, who had publicly mocked the idea of an Open University. Despite this financial hurdle, the OU accepted its first 25,000 students in 1971, partly due to its revolutionary open admissions policy. At the time, the total number of students attending conventional universities in the United Kingdom was approximately 130,000.

Between 1970 and 2015, enrolment in distance education courses continued to increase in developed and developing countries alike. The widespread use of the internet and computers have made distance learning simpler and faster for us, enabling today's virtual academic institutes to deliver entire courses online. By supporting voice, video and text, the internet has made earlier tools of distance teaching – telephone, videoconferencing, radio and television – practically obsolete in the distance education field. The first fully web-based courses for graduate credit were offered by Connected Education in 1985, and the first fully online university was founded in 1994 as the Open University of Catalonia and headquartered in Barcelona.

Questions 14-16

Choose the correct answer.

14 The Phonographic Correspondence Society was created
A ○ to compete with Sir Isaac Pittman's colleges.
B ○ to meet the new demand for distance education.
C ○ to develop new strategies for distance learning.
D ○ to attract new students to the Open University.

15 An early difficulty faced by the Open University was
A ○ a lack of interest from potential students.
B ○ a lack of suitable teaching materials.
C ○ a lack of financial support from the government.
D ○ a lack of available academic courses.

16 The writer suggests that the United Kingdom's Chancellor of the Exchequer
A ○ was appointed to the OU's planning committee.
B ○ helped to create the OU's admissions policy.
C ○ recognised the OU's potential profitability.
D ○ was unconvinced by the plans for the OU.

Distance learning offers several benefits over traditional on-site learning. The most obvious advantage is that it provides access to education to a wide range of people, since its flexible scheduling structure eliminates many of the time constraints imposed by our personal responsibilities, such as caring for a child or working full-time. In addition, we can enjoy increased access to a greater number of experts in diverse fields of studies and the chance to communicate with fellow students from wide-ranging geographical, social, cultural and economic backgrounds. In fact, thanks to the many technological advancements and tools utilised in distance learning, communication is thought to be more rewarding and productive between students and their professors and peers.

Conventional higher education typically comes at a high price, and distance education may be an alternative for those of us who would not normally be able to afford to enrol in a university course. Distance education has been proven to be a highly cost-effective form of learning, helping us save a considerable amount financially by removing the cost of transport and expensive course textbooks. The majority of textbooks used in distance education are available as electronic textbooks, which are usually sold at a lower price in comparison to traditional textbooks.

Studies have shown that when the teaching delivery and the learning environment are at their peak conditions, distance education can give students a higher sense of satisfaction with regard to their learning experiences. Such high levels of satisfaction correlate with an increase in effective learning. This is particularly true for students taking online courses in fields such as healthcare, as the web-based nature of the course allows students to easily engage in discussions of patient issues with the course instructor and receive almost instantaneous advice. This fosters a greater feeling of support in students, since they can hold discussions with their instructors as well as their classmates at almost any time.

Another advantage of distance learning is that it allows disabled or ill students, who are unable to attend classes in person, to get the standard of education that all students deserve. Recent technological advances have been made that enable students to 'attend' an actual classroom using a robot equipped with innovative audiovisual devices. This helps the student to have a full immersive classroom experience and enjoy the social interaction that they are unable to engage in at home or in a hospital. Distance education also provides equal access to education regardless of a student's financial standing, home neighbourhood, gender, race or age. Universal design strategies are continuously being developed and applied to distance learning courses in order to ensure accessibility of such courses to all students.

Questions 17-21

Choose **YES** if the statement agrees with the claims of the writer of the text, choose **NO** if the statement contradicts the claims of the writer, or choose **NOT GIVEN** if it is impossible to say what the writer thinks about this.

17 The telephone is commonly used in modern-day distance education.

- ○ YES
- ○ NO
- ○ NOT GIVEN

18 The first ever internet-based university was established in 1985.

- ○ YES
- ○ NO
- ○ NOT GIVEN

19 Distance education increases the level of communication among students.

- ○ YES
- ○ NO
- ○ NOT GIVEN

20 Distance education is less costly overall than traditional on-site education.

- ○ YES
- ○ NO
- ○ NOT GIVEN

21 Students who learn online achieve higher grades than on-site students.

- ○ YES
- ○ NO
- ○ NOT GIVEN

Questions 22-26

Complete the summary. Write **ONE WORD ONLY** from the text in each gap.

The concept of distance education first came about in the 1840s, when Sir Isaac Pitman provided grading and feedback on students' transcriptions of [_____22_____].

In 1965, plans for the Open University (OU) were drafted in the United Kingdom. The committee included educators and [_____23_____]. Distance learning increased in popularity over the years and became more accessible thanks to the internet and computers.

The first online university was eventually founded and based in [_____24_____].

Studies have indicated that students enroled in high-quality distance learning courses exhibit a high level of [_____25_____].

Sick students who are unable to attend classes in person can use a [_____26_____] to experience the social interaction of a real classroom.

PART 3

Read the text below and answer questions **27-40**.

Hibernation

One of the most extraordinary survival strategies in the animal world is hibernation. Some animals, particularly during the cold winter months, are capable of entering a coma-like state in order to conserve energy. Their pulse and breathing rates both slow down and their body temperature drops considerably. They stop eating, and most animals even stop excreting waste from their bodies. When faced with a choice of hibernating or migrating to a warmer region, an animal's choice is determined in part by its natural evolution. In the case of smaller animals, migration might require more energy than their bodies can spare, so hibernation is the safer option. In contrast, larger animals may be unable to hibernate because they cannot generate enough additional energy in order to keep their bodies warm for several months. Hibernation has historically been defined as a long-term state in which an animal's body temperature and metabolic rate are significantly lowered. Based on this definition, bears do not hibernate, as their body temperature barely changes. Even today, there is some disagreement within the scientific community as to the precise definition of hibernation.

It is important to understand that hibernating animals are not simply sleeping. In fact, they are undergoing physiological changes that can be very extreme. A hibernating animal's body temperature can drop by as much as 17 degrees Celsius. Sleep, on the other hand, generally only involves significant changes to one's brain activity, as physiological changes to heart rate, breathing rate and body temperature are relatively small. It is also very easy to wake up from sleep, whereas animals waking up from hibernation exhibit many signs of sleep deprivation and need several days of proper sleep to recover. This is because the brain waves of hibernating animals are almost identical to their wakeful brain wave patterns, even though the animal appears to be asleep.

Each species of animal hibernates at a slightly different time of year, and they have different methods for judging when to start hibernating. For the majority of species, hibernation periods are most closely governed by changes in temperature. As a result, exact hibernation periods can differ depending on the climate of a given year. Some species look to their food supplies as an indicator of the best time to hibernate. When food stocks become low, the animal innately understands that winter is drawing near and the time to hibernate has arrived. In other species, photoperiod, or the number of hours of sunlight in the day, acts as the trigger for hibernation. Controlled experiments have shown that some animals will still enter a hibernation state around

Questions 27-31

Choose **TRUE** if the statement agrees with the information given in the text, choose **FALSE** if the statement contradicts the information, or choose **NOT GIVEN** if there is no information on this.

27 Smaller animals tend to hibernate rather than migrate.

○ TRUE
○ FALSE
○ NOT GIVEN

28 Some scientists have differing definitions of hibernation.

○ TRUE
○ FALSE
○ NOT GIVEN

29 Animals that hibernate must feed extensively once they come out of their hibernation state.

○ TRUE
○ FALSE
○ NOT GIVEN

30 Brain waves of hibernating animals are similar to those of sleeping animals.

○ TRUE
○ FALSE
○ NOT GIVEN

31 Several triggers exist that motivate different animals to begin hibernating at different times.

○ TRUE
○ FALSE
○ NOT GIVEN

the same time each year, even if the outside temperature, the level of food supplies and the length of daylight hours are unknown to the animal. Such species will automatically enter hibernation at a specific time, acting on the impulses of an internal biological clock.

When an animal enters into a state of hibernation, several fascinating things take place. Its heart rate drops to as little as 2 per cent of its normal rate. For example, in some species of chipmunks, the animal's heart rate decreases from two hundred beats per minute to five. Similarly, an animal's breathing rate drops by at least 50 per cent, and in the case of some reptiles, breathing may stop completely. Animals are able to perform these minimum levels of body functions because they utilise energy stored within their body fat. Arctic ground squirrels can survive for up to nine months purely by living off the energy of their stored body fat. During hibernation, even though an animal is burning body fat to consume energy, no solid waste matter is produced because no physical food is passing through the digestive tract and intestines. However, the body is always producing urea, which is the main component of urine. Hibernating animals are able to recycle the urea by breaking it down into usable amino acids. Also, even though they do not drink any water while hibernating, they avoid dehydration by extracting a sufficient volume of water from their own body fat.

There are two physiological states, aestivation and torpor, that have much in common with traditional hibernation. When an animal enters a hibernation-like state during the warm summer months, the action is referred to as aestivation. This is seen quite commonly in animals that live in tropical climates or dry regions such as deserts. When the temperature climbs too high for some animals to survive, those that practise aestivation will typically burrow into the relatively cool ground and reduce their metabolic activity in a similar manner to hibernation. Some species of fish are known to estivate. Lungfish are capable of living outside their natural water habitats for up to three years. When a lungfish's lake dries up during hot periods, the fish burrows into the mud and then creates a sack made from mucus that it self-excretes. This sack holds moisture in, allowing the fish to stay moist while breathing through a hole in the sack. Torpor can be considered a form of short-term hibernation, typically lasting less than 24 hours. Animals that undergo daily torpor include birds, mice and bats. The metabolic rates of such animals drop every night in order to allow them to conserve energy. When the sun comes up, so too do their metabolic rates, and the animals are ready to begin their daytime routines.

Choose the correct ending.

32	After hibernation, animals are likely to	**A**	for at least nine months.
33	During hibernation, animals are unlikely to	**B**	utilise energy from body fat.
34	Aestivation occurs in animals that hibernate	**C**	suffer from sleep deprivation.
35	Torpor occurs in animals that hibernate	**D**	for short periods of time.
		E	excrete waste products.
		F	at the beginning of each day.
		G	during warm periods.

Questions 36-40

Complete the summary. Write **ONE WORD ONLY** from the text in each gap.

The physiological changes of hibernation

Many amazing things happen to an animal's physiology during hibernation. An animal's
[36   ] rate will drop considerably and its rate of [37   ] may be halved.
The animal can survive with only minimal physiological function because it converts its body fat
into [38   ]. [39   ] is still produced during hibernation, but it is recycled
and reused as amino acids. The animal does not suffer from [40   ] because it
extracts water from its own body fat.

PART 1

Read the text below and answer questions **1-7**.

Tokyo Star Tours

A Classic Tokyo Tour

Visit three of Tokyo's most well-known sightseeing spots on this 6-hour tour: Tokyo Tower, the Imperial Palace Plaza and Senso-ji Temple. Participants will be accompanied by an experienced driver who is fluent in Chinese, English and Thai.

B Tea Ceremony Experience Tour

Learn the traditional methods of making and drinking tea during this 4-hour tea ceremony experience tour. Take a bus to an idyllic tea room in Tokyo's Nihonbashi district. Learn about the history and techniques of the tea ceremony from an English-speaking instructor.

C Buddhist Cuisine Tour

Take a train to spectacular Mt. Takao and eat affordably priced Buddhist vegetarian cuisine at Yakuo-in, a historical temple founded 1,300 years ago. Includes an English-language audio headset and a voucher for a towel that can be used at the hot spring. (Separate charge required for hot spring admission.) All-day tour.

D Tournament Tour

Watch traditional Japanese sumo wrestling accompanied by an English-speaking driver who is also a sumo fan. After watching the contest, enjoy the traditional meal of sumo wrestlers, Chanko hot pot, for no extra charge. Tour lasts at least five hours.

E Omote-dori Tour

A local guide will spend three hours taking participants walking through the busy shopping areas on Omote-dori street. You'll also drop by a popular izakaya bar for cheap snacks and local beverages.

F Kimono Tour

Learn about traditional Japanese culture through this enjoyable kimono dress-up experience. Choose from a wide variety of kimonos for this enjoyable 90-minute tour. After changing into a kimono, you'll board a horse-drawn cart for sightseeing on the streets of Asakusa with an English-speaking guide.

G Tokyo Bay Tour

Enjoy the city's spectacular skyline by going on a cruise of the bay area. This is a 9-hour sightseeing tour which includes a Tokyo Bay Cruise and a visit to a local arts and crafts market.

Questions 1-7

Look at the seven tours, **A-G**. For which tour are following statements true?

	A	B	C	D	E	F	G
1 Participants will spend time aboard a ship.							
2 An audio device will be provided.							
3 An activity requires an additional fee.							
4 The tour lasts for less than two hours.							
5 All sightseeing locations will be visited on foot.							
6 Support for multiple languages is offered.							
7 Participants will be given free food.							

PART 1

Read the text below and answer questions **8-14**.

Get certified in first aid with St. Mark's Medical Services!

At St. Mark's Medical Services, our goal is to make sure that individuals are well-prepared to deal with injured persons and emergency situations properly. Devised and administered by trained professionals, St. Mark's first aid certification courses are affordable and compliant with current government regulations.

After taking a first aid class from St. Mark's Medical Services, you'll be fully equipped to help others in times of crisis. Lasting just a few hours each, our first aid classes can help you recognise the signs that someone is experiencing health difficulties and then act swiftly and accordingly. Our first aid certification programme, as well as our recertification courses for current certificate holders, are open to absolutely everyone. We also offer continuing education credits for paramedics, nurses, teachers and those in many other fields. Our instructors are approved to award continuing education credits for various areas of health and safety, including CPR/First Aid, wilderness first aid, beach/pool lifeguarding and more. This allows you to easily maintain your skills and enhance your credentials by staying up to date on current techniques.

Because we acknowledge that people have different schedules and preferences when it comes to learning, we allow them to take first aid classes in a variety of ways.

Our in-person courses are comprised of lectures and hands-on practical workshops. This approach is best suited to individuals who prefer to learn in a traditional classroom setting. Class members are given ample time to ask questions and watch demonstrations of techniques.

Our virtual courses allow you to choose an online-only first aid class. Please note that you will not have the opportunity to demonstrate your skill proficiency to a certified instructor. As a result, online training may not meet your employer's requirements for workplace safety.

Our hybrid learning courses combine virtual instruction through our website with in-person practical workshops. Hybrid learning courses allow you to learn required skills on your own schedule before demonstrating your proficiency to a certified instructor.

Once you obtain a certificate for completing a class, you can access it wherever and whenever you like. Any St. Mark's certificates you earn can be viewed, printed or shared online, simply by logging on to our website using your St. Mark's account. Each certificate bears a unique code, which allows employers to easily confirm the validity of your certificate. Certificate holders and employers can visit www.stmarks.com/certificatecheck and enter the unique code found on the digital certificate to access a copy of the certificate plus accompanying documentation.

PART 1 1 2 3 4 5 6 7 **8** **9** **10** **11** **12** **13** **14**
Review PART 3 **28** **29** **30** **31** **32** **33** **34** **35** **36** **37** **38** **39** **40**

26

Questions 8-14

Choose **TRUE** if the statement agrees with the information given in the text, choose **FALSE** if the statement contradicts the information, or choose **NOT GIVEN** if there is no information on this.

8 Members of the general public may enrol in a first aid course.

○ TRUE
○ FALSE
○ NOT GIVEN

9 Some classes will deal with aspects of water safety.

○ TRUE
○ FALSE
○ NOT GIVEN

10 St. Mark's requires all enrollees to attend certain classes in person.

○ TRUE
○ FALSE
○ NOT GIVEN

11 Virtual course students must demonstrate their practical skills to an instructor.

○ TRUE
○ FALSE
○ NOT GIVEN

12 Hybrid learning classes are preferred by the majority of employers.

○ TRUE
○ FALSE
○ NOT GIVEN

13 Certificates are mailed to students upon completion of a course.

○ TRUE
○ FALSE
○ NOT GIVEN

14 Employers can confirm a certificate's validity online.

○ TRUE
○ FALSE
○ NOT GIVEN

PART 2

Read the text below and answer questions **15-21**.

Things to avoid when advertising your small-town business

Establishing and running a business in a relatively small town can be a daunting task, and many inexperienced business owners are unaware of the potential traps they can fall into when it comes to ineffective advertising. Let's take a look at some of these difficulties along with some fairly simple solutions.

One of the most common mistakes made by small business owners is the approach of mindlessly placing advertisements without tracking the results of the campaign. In other words, they have no way of knowing if the advertisements are effective or not. One easy way to solve this is to include a coupon in your ads. If you then notice a large number of customers bringing in these coupons to your store, you can be sure that your advertising is working.

It is also important to understand when to advertise your business. Many small business owners spread their advertising evenly throughout the year, spending identical amounts each month, and leaving no surplus budget in reserve. Then, when their biggest competitor launches a huge promotion, they don't have the funds to compete. Always make sure you advertise only during peak periods of the year, leaving yourself extra funds for times when you may urgently need it.

It is common for business owners to advertise in the wrong places and through the wrong mediums. Just because you click on internet advertisements, it doesn't mean your target market does the same thing. Take the time to get to know your target consumers as much as possible. Create a survey to find out which publications they read and which radio stations they listen to. That way, you will know how to reach them through advertising.

Lastly, and perhaps most importantly: never forget the customers who patronised your business in its infancy and those that have remained loyal since its founding. Some businesses spend so much time, money and effort on attracting new customers that they forget about those who helped them to succeed in the first place. Keep comprehensive lists and accounts for your customers. If you haven't heard from some in a while, make some calls to find out how you can better serve them. After all, it takes a lot less effort to retain existing customers than to attract new ones.

Questions 15-21

Complete the sentences. Choose **ONE WORD ONY** from the text in each gap.

Placing advertisements is pointless if you are unable to track the [15].

By including a [16] in your ads, you can monitor the effectiveness of your advertising.

Advertise only during [17] times of the year.

You should hold back some of your [18] in case of emergency.

Create a [19] to determine where your customers are likely to see your advertisements.

Remember the [20] who helped make your business a success.

If a loyal customer has not visited your business recently, give them a few [21].

PART 2

Read the text below and answer questions **22-27**.

The 5th Special Education Conference (SEC)

Professional development workshop

This year's SEC includes a professional development workshop led by some of the most knowledgeable individuals in the field of education for special needs children.

The workshop is designed for administrators and encompasses several important topics, such as learning how to identify impaired students, creating a stimulating classroom environment and communicating effectively with parents of special needs students. The better equipped an administrator is, the better the services they can provide for students with disabilities are. Many topics covered in the workshop are based on the contents of the books, 'Special Approaches to Education' and 'Principal Learning', and attendees will receive a copy of each once the session has concluded.

This workshop will be held on November 9 and is not included with the standard convention registration. If you wish to participate in the workshop, an extra fee of $500 for non-members and $390 for members is required.

You can earn a maximum of 16 Professional Development Hours (PDHs) by attending SEC sessions, including all lectures, workshops, panels and meetings. Precisely half of these PDHs will be awarded in recognition of attendance at the professional development workshop on November 9. The requirements to receive these PDHs are that the claimant must attend the FULL workshop, from 1 p.m. to 6 p.m. and create a user account on the convention website.

Convention attendees will be able to log in to the website and enter each convention session they attended, including the abovementioned workshop. Detailed instructions will be published on our website one day after the conference ends. It is recommended that you take note of each of the sessions you attend. Processing and validating of your PDHs will take a few days, and then official transcripts will be sent to the e-mail address you entered when registering for the conference.

Questions 22-27

Complete the notes. Choose **ONE WORD ONLY AND/OR A NUMBER** from the text in each gap.

Attendees and topics

• intended for those who are [22]

• topics based on 'Special Approaches to Education', and 'Principal Learning'
  - participants will be given [23] at the end

Dates and registration fees

• held on November 9

• additional fees
  - for non-members: $500
  - for members: [24]

Professional Development Hours (PDHs)

• can receive maximum of 16 PDHs through SEC sessions

• 8 PDHs will be [25] for attending SEC

• requirements to receive PDHs
  - claimant must attend the full workshop
  - create an [26] on the website

Validating PDHs

• details will be given a day after the end of the event

• official [27] will be sent by e-mail

PART 3

Read the text below and answer questions **28-40**.

Distance Education

Distance education, or distance learning, first arose in the modern sense in the 1840s, when Sir Isaac Pitman taught shorthand to students around England by sending shorthand samples by post and then marking the transcriptions that his students would post back to him for correction. The provision of helpful feedback to students was an integral innovation of Pitman's system. When Pitman's shorthand courses proved to be extremely successful, the Phonographic Correspondence Society was established in order to handle the increased volume of postcards and marking. This organisation expanded over the ensuing years and eventually led to the founding of Sir Isaac Pitman Correspondence Colleges throughout the country.

Over the next 100 years, we can see that distance education increased exponentially in popularity, but it was not until the founding of the Open University (OU) in the United Kingdom that large-scale, full-degree distance learning was truly made available to all. The Minister of State for Education, Jennie Lee, drafted plans for the OU in 1965. She proposed a business model that positioned the OU as a widely accessible institution offering the highest standards of higher education and set up a planning committee comprised of experienced educators as well as broadcasters. In 1970, when the new Conservative government came into power under the leadership of Edward Heath, substantial budget cuts for the OU were enforced by the Chancellor of the Exchequer, Iain Macleod, who had publicly mocked the idea of an Open University. Despite this financial hurdle, the OU accepted its first 25,000 students in 1971, partly due to its revolutionary open admissions policy. At the time, the total number of students attending conventional universities in the United Kingdom was approximately 130,000.

Between 1970 and 2015, enrolment in distance education courses continued to increase in developed and developing countries alike. The widespread use of the internet and computers have made distance learning simpler and faster for us, enabling today's virtual academic institutes to deliver entire courses online. By supporting voice, video and text, the internet has made earlier tools of distance teaching – telephone, videoconferencing, radio and television – practically obsolete in the distance education field. The first fully web-based courses for graduate credit were offered by Connected Education in 1985, and the first fully online university was founded in 1994 as the Open University of Catalonia and headquartered in Barcelona.

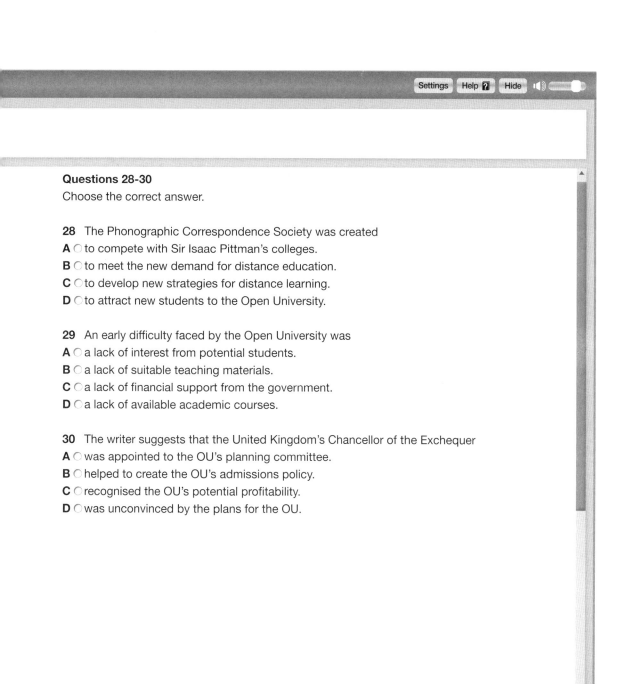

Questions 28-30

Choose the correct answer.

28 The Phonographic Correspondence Society was created
A ○ to compete with Sir Isaac Pittman's colleges.
B ○ to meet the new demand for distance education.
C ○ to develop new strategies for distance learning.
D ○ to attract new students to the Open University.

29 An early difficulty faced by the Open University was
A ○ a lack of interest from potential students.
B ○ a lack of suitable teaching materials.
C ○ a lack of financial support from the government.
D ○ a lack of available academic courses.

30 The writer suggests that the United Kingdom's Chancellor of the Exchequer
A ○ was appointed to the OU's planning committee.
B ○ helped to create the OU's admissions policy.
C ○ recognised the OU's potential profitability.
D ○ was unconvinced by the plans for the OU.

Distance learning offers several benefits over traditional on-site learning. The most obvious advantage is that it provides access to education to a wide range of people, since its flexible scheduling structure eliminates many of the time constraints imposed by our personal responsibilities, such as caring for a child or working full-time. In addition, we can enjoy increased access to a greater number of experts in diverse fields of studies and the chance to communicate with fellow students from wide-ranging geographical, social, cultural and economic backgrounds. In fact, thanks to the many technological advancements and tools utilised in distance learning, communication is thought to be more rewarding and productive between students and their professors and peers.

Conventional higher education typically comes at a high price, and distance education may be an alternative for those of us who would not normally be able to afford to enrol in a university course. Distance education has been proven to be a highly cost-effective form of learning, helping us save a considerable amount financially by removing the cost of transport and expensive course textbooks. The majority of textbooks used in distance education are available as electronic textbooks, which are usually sold at a lower price in comparison to traditional textbooks.

Studies have shown that when the teaching delivery and the learning environment are at their peak conditions, distance education can give students a higher sense of satisfaction with regard to their learning experiences. Such high levels of satisfaction correlate with an increase in effective learning. This is particularly true for students taking online courses in fields such as healthcare, as the web-based nature of the course allows students to easily engage in discussions of patient issues with the course instructor and receive almost instantaneous advice. This fosters a greater feeling of support in students, since they can hold discussions with their instructors as well as their classmates at almost any time.

Another advantage of distance learning is that it allows disabled or ill students, who are unable to attend classes in person, to get the standard of education that all students deserve. Recent technological advances have been made that enable students to 'attend' an actual classroom using a robot equipped with innovative audiovisual devices. This helps the student to have a full immersive classroom experience and enjoy the social interaction that they are unable to engage in at home or in a hospital. Distance education also provides equal access to education regardless of a student's financial standing, home neighborhood, gender, race or age. Universal design strategies are continuously being developed and applied to distance learning courses in order to ensure accessibility of such courses to all students.

Questions 31-35

Choose **YES** if the statement agrees with the claims of the writer of the text, choose **NO** if the statement contradicts the claims of the writer, or choose **NOT GIVEN** if it is impossible to say what the writer thinks about this.

31 The telephone is commonly used in modern-day distance education.

- ○ YES
- ○ NO
- ○ NOT GIVEN

32 The first ever internet-based university was established in 1985.

- ○ YES
- ○ NO
- ○ NOT GIVEN

33 Distance education increases the level of communication among students.

- ○ YES
- ○ NO
- ○ NOT GIVEN

34 Distance education is less costly overall than traditional on-site education.

- ○ YES
- ○ NO
- ○ NOT GIVEN

35 Students who learn online achieve higher grades than on-site students.

- ○ YES
- ○ NO
- ○ NOT GIVEN

PART 1 1 2 3 4 5 6 7 8 9 10 11 12 13 14
PART 3 28 29 30 31 32 33 34 35 36 37 38 39 40
Review

Questions 36-40

Complete the summary. Write **ONE WORD ONLY** from the text in each gap.

The concept of distance education first came about in the 1840s, when Sir Isaac Pitman provided grading and feedback on students' transcriptions of [____36____].

In 1965, plans for the Open University (OU) were drafted in the United Kingdom. The committee included educators and [____37____]. Distance learning increased in popularity over the years and became more accessible thanks to the internet and computers.

The first online university was eventually founded and based in [____38____].

Studies have indicated that students enrolled in high-quality distance learning courses exhibit a high level of [____39____].

Sick students who are unable to attend classes in person can use a [____40____] to experience the social interaction of a real classroom.

PART 1

You should spend about 20 minutes on this task. Write at least 150 words.

The charts summarise the happiness level of people living in Hartford in 1967 and 2017.

Summarise the information by selecting and reporting the main features, and make comparisons where relevant.

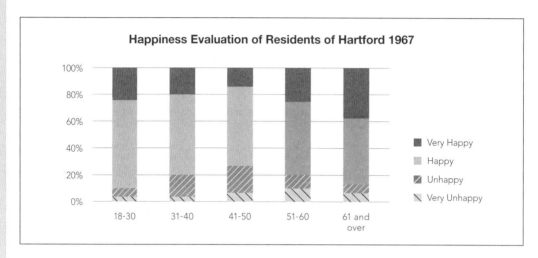

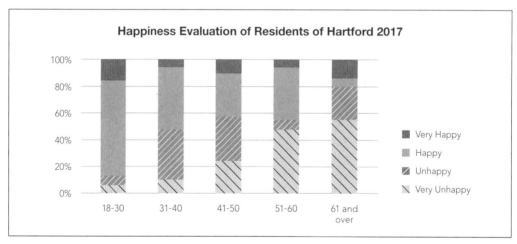

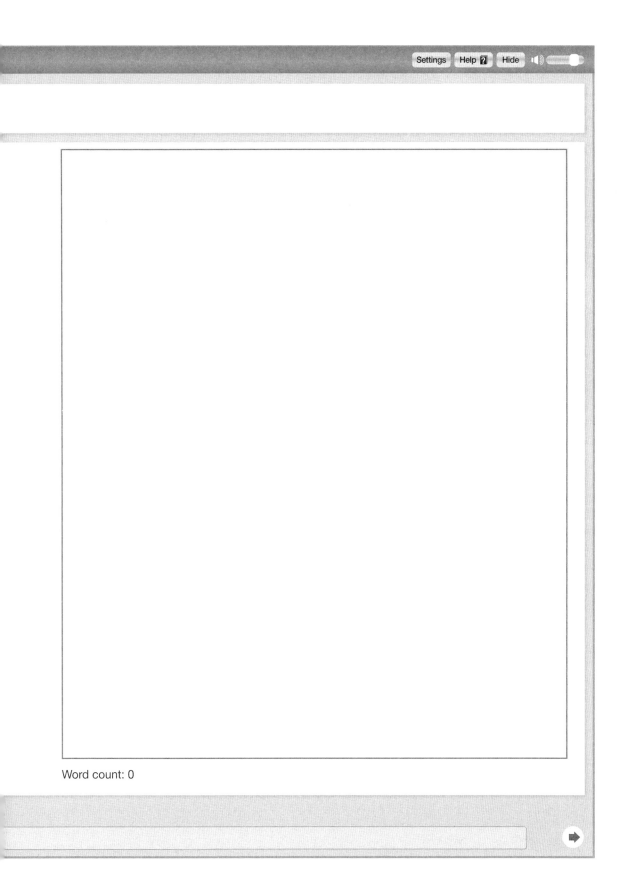

Word count: 0

PART 2

You should spend about 40 minutes on this task. Write at least 250 words.

Write about the following topic:

Some people say that in the future, many workers will be replaced by robots able to do their jobs. They believe this will lead to many people becoming unemployed.

How true do you think this statement is?

What action can be taken to prevent people from having this problem?

Give reasons for your answer and include any relevant examples from your own knowledge or experience.

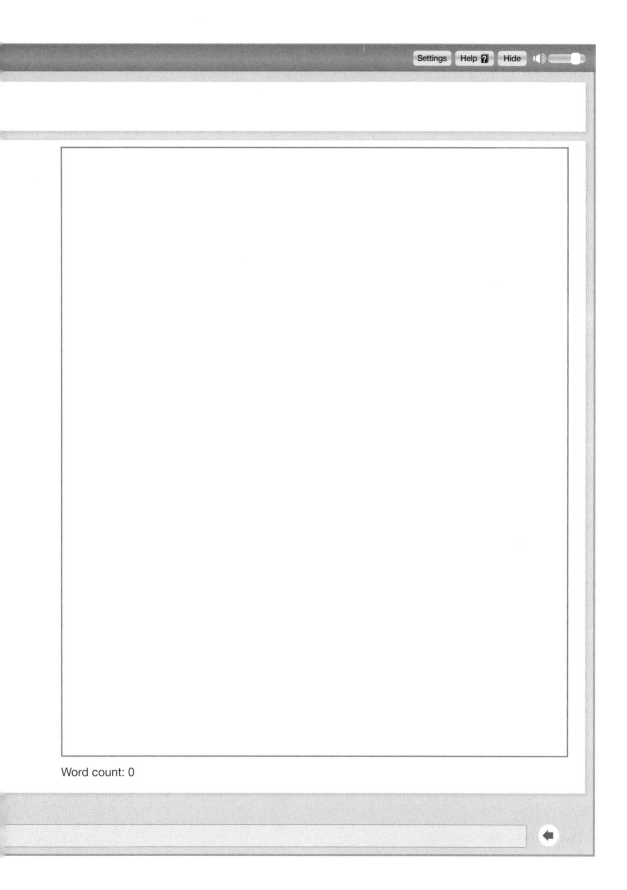

Word count: 0

PART 1

You should spend about 20 minutes on this task. Write at least 150 words.

You have recently joined a new gym. Unfortunately, you now need to cancel your membership.

You decide to write a letter to the gym. In your letter
- **explain what membership you have**
- **describe why you need to cancel your membership**
- **state what you would like to happen next**

You do **NOT** need to write any addresses.

Begin your letter as follows:

Dear Sir or Madam,

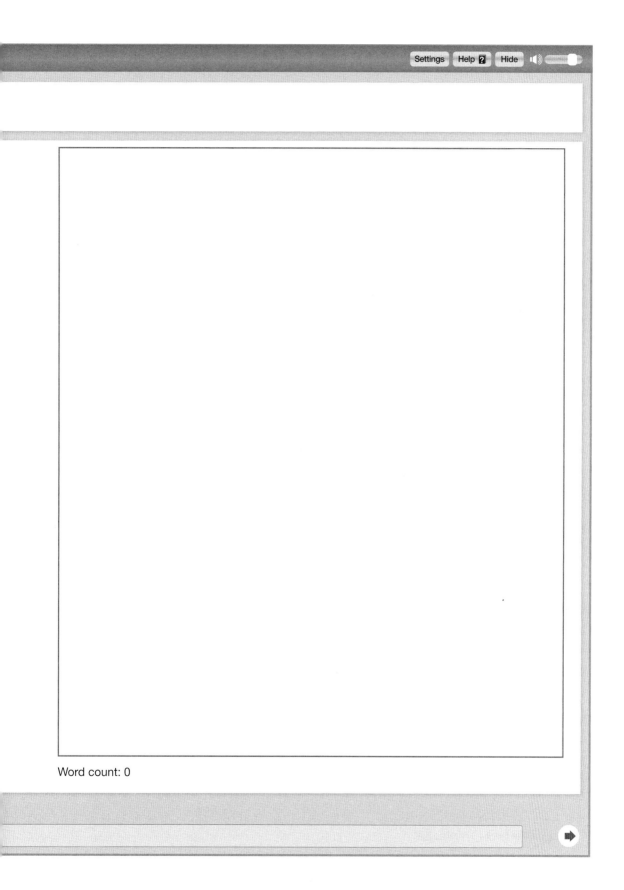

Word count: 0

PART 2

You should spend about 40 minutes on this task. Write at least 250 words.

Write about the following topic:

Some people say that in the future, many workers will be replaced by robots able to do their jobs. They believe this will lead to many people becoming unemployed.

How true do you think this statement is?

What action can be taken to prevent people from having this problem?

Give reasons for your answer and include any relevant examples from your own knowledge or experience.

Word count: 0

PART 1

Who gave you your name?

Does your name have any special meaning?

What do you think about your name? Do you like it?

Do you have any nicknames?

PART 2

> Describe your favourite book you have read.
> You should say:
>> what kind of book it is
>> when you read it
>> what it is about
> and explain why you like it.

*Follow-up(=Rounding-off) questions

How often do you read books?

Where do you usually buy books?

Have you ever thought about writing a book?

PART 3

What kind of books do people in your country like to read?

What do you think are the benefits of reading?

What are your opinions on reading for fun and reading for education?

What do you think about e-books?

What do you think is the role of libraries?

Which do you think have more advantages, novels or films?

Week 02

Speaking

길게 말하기 방법과 스피킹 필수 시제

오늘의 학습 목표

아이엘츠 스피킹 시험에서 길게 말하기 위한 방법과 필수 시제 학습

▲ 강의 보기

📖 길게 말하기 방법

1. 기본 공식 1: 주어 + 동사

- 한국어로 말할 때, 행위의 주체가 되는 주어가 생략된 채로 말하는 경우가 있지만, 영어에는 반드시 주어, 그리고 주어가 하는 행위인 동사가 있어야 함

She participated in the project last year.
그녀는 작년에 그 프로젝트에 참여했습니다.

2. 기본 공식 2: 조동사 사용

- can, could, will, would, may, might, have to, should, need to 등의 조동사를 활용하여 더욱 자연스러운 뉘앙스로 영어를 말할 수 있음
- would, could, might는 직접적이거나 강한 어감 대신에 완곡하거나 겸손한 느낌을 주는 표현들로 실제 회화에서 자주 사용함

I would like you to visit my hometown.
저는 당신이 제 고향을 방문하길 원합니다.

3. 기본 공식 3: 동명사 사용

- 주어나 목적어 부분이 단순히 명사 한 단어가 아니고 구(말 덩어리)로 표현되는 경우가 많은데 이럴 때는 동사 + -ing 형태(동명사)를 사용

Protecting the environment is our duty.
환경을 보호하는 것은 우리의 의무입니다.

I **avoid** eating salty food.
저는 짠 음식을 먹는 것을 피합니다.

4. 기본 공식 4: 진주어-가주어 사용

- 영어에서 주어는 항상 동사 앞에 나오는데, 주어가 너무 길면 듣는 사람이 그 뒤에 나오는 동사가 무엇인지 파악하기 어렵기에, 주어가 길어지는 경우에는 가짜 주어(가주어) it을 쓰고 진짜 주어(진주어)는 동사 뒤로 보냄
- 뒤로 보내진 진주어는 주로 to부정사나 that절(주어+동사) 형태로, to부정사와 that절은 앞에서 배운 동명사(~하는 것)처럼 해석함

It **is important** to spend time with your family.
가족과 함께 시간을 보내는 것은 중요합니다.

5. 기본 공식 5: 수식어(전명구와 부사) 사용

- 유창하게 말하기는 시험에서 중요한 채점 기준 중의 하나로, 주어와 동사로 짧게 말하는 것보다 뒤에 전치사와 명사로 이루어진 전명구와 부사 등의 수식어를 추가하여 더 길게, 구체적으로 표현

Jogging is good.
조깅을 하는 것은 좋습니다.

→ **Jogging is good** for your health.
  조깅을 하는 것은 당신의 건강에 좋습니다.

→ **Jogging** in the morning **is good** for your health.
  아침에 조깅을 하는 것은 당신의 건강에 좋습니다.

→ **Jogging** in the morning **is** quite **good** for your health.
  아침에 조깅을 하는 것은 당신의 건강에 꽤 좋습니다.

6. 기본 공식 6: 수식어로 to부정사 사용

- to부정사는 명사(~하는 것)처럼 사용되기도 하지만, 아이엘츠 스피킹 시험에서는 부연 설명을 하는 수식어구로 아주 유용하게 활용할 수 있음
- 형용사처럼 앞에 있는 명사를 수식하거나(~할), 부사처럼 문장 전체를 수식할 때(~하기 위해) 사용

I have some work.
저는 일이 있습니다.

→ **I have some work** to do.
  저는 할 일이 있습니다. (to부정사의 형용사적 용법)

Governments need to do more.

정부는 더 많은 일을 해야 합니다.

→ **Governments need to do more** to protect the environment.

환경을 보호하기 위해 정부는 더 많은 일을 해야 합니다. (**to**부정사의 부사적 용법)

7. 기본 공식 7: 관계대명사 사용

- 관계대명사(which, who, that)를 사용하여, 마지막에 끝나려는 단어를 다시 한번 길게 부연 설명함

I live in Seoul.

저는 서울에 삽니다.

→ **I live in Seoul**, which is located in the northwestern part of South Korea.

저는 서울에 사는데, 그곳은 남한의 북서쪽 부분에 위치해 있습니다.

He is an outgoing person.

그는 외향적인 사람입니다.

→ **He is an outgoing person** who likes to meet new people.

그는 새로운 사람을 만나는 것을 좋아하는 외향적인 사람입니다.

I read books.

저는 책을 읽습니다.

→ **I read books** that are based on real events.

저는 실제 일어난 일에 기반한 책을 읽습니다.

■ 혼동하기 쉬운 현재와 현재진행

1. 일반적인 사실이나 생각을 말할 때: 현재

- 일상적인 행동: 평소에 규칙적으로 벌어지는 일, 습관
  They eat lunch at 2 o'clock.
  그들은 두 시에 점심을 먹습니다.

- 사실인 일
  I live in Seoul.
  저는 서울에 삽니다.

- 과학적 사실 또는 일반적 진실
  The moon goes around the Earth.
  달은 지구의 주위를 돕니다.

- 감정이나 생각: agree, need, think, believe, like, love, hate, have, look, mean
  I think we should tell her the truth.
  저는 우리가 그녀에게 사실을 말해야 된다고 생각합니다.

- 책이나 영화, 연극의 줄거리
  In the film, Mary and Jack first meet in Seattle, and they fall in love.
  영화에서, 매리와 잭은 시애틀에서 처음 만나서 사랑에 빠집니다.

2. 순간에 대한 것을 말할 때: 현재진행

- 말하는 도중에 벌어지고 있는 일
  I'm doing my homework.
  저는 숙제를 하는 중입니다.

- 요즘 잠시 동안만 벌어지고 있는 일
  I'm living in Seoul at the moment.   (비교) I live in Seoul.
  저는 현재 서울에 살고 있습니다.   ➡ 잠시 동안 머무는 것이 아닌, 거주지가 서울임을 의미

- 변화하는 상황
  The price of petrol is increasing dramatically.
  휘발유 가격이 급격하게 상승하고 있습니다.

■ 혼동하기 쉬운 과거와 과거진행

1. 과거에 있었던 일을 말할 때: 과거

- 과거에 일회적으로 끝난 일

  I went to the airport to see my friend yesterday.
  저는 어제 친구를 만나러 공항에 갔습니다.

- 과거에 순차적으로 벌어진 일

  They came to London and stayed with us.
  그들은 런던에 오고 나서 우리와 함께 머물렀습니다.

- 과거 시간을 언급하면, 과거 시제

  Last year, I worked at the library.
  작년에, 저는 도서관에서 일했습니다.

- 과거에만 사실이었던 일

  I was sick yesterday, but now I'm well.
  저는 어제 아팠지만, 지금은 괜찮습니다.

2. 순간에 대한 것을 말할 때: 과거진행

- 과거에 잠시 있었던 일

  The shop was operating with three employees in 2009.
  2009년에 그 가게는 3명의 직원으로 운영되었습니다.

- 과거의 배경을 설명할 때

  We were watching the news at that time.
  우리는 그 때 그 뉴스를 보고 있었습니다.

- 과거에 동시에 벌어진 일을 언급할 때

  I was listening to music and working on my computer.
  저는 음악을 들으며 컴퓨터 작업을 하고 있었습니다.

  (비교) I listened to music and worked on my computer.
  저는 음악을 듣고 나서 컴퓨터 작업을 했습니다.

  ➡ 과거시제가 and로 연결될 때, 순차적인 관계로도 해석할 수 있으며, 동시 동작일 때는 과거진행 시제를 이용

■ 시험에서 자주 사용하는 현재완료

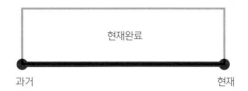

현재완료

과거   현재

- 계속: 과거에 벌어진 일이 현재 시점까지 계속 되는 상황
  He has worked as a manager for 5 years.
  그는 5년동안 관리인으로 일하고 있습니다.

  I have studied English since I was 10.
  저는 10살부터 영어를 공부하고 있습니다.

- 완료: 과거에 발생한 일이 현재 시점에서 완료되었는지 여부
  I have already finished my project.
  저는 이미 프로젝트를 끝냈습니다.

  I have just got up.
  저는 막 일어났습니다.

  Have you done the assignment yet?
  당신은 숙제를 완료했나요?

- 경험: ~ 한 적이 있다/없다의 경험을 나타낼 때 사용
  I have been to Paris.
  저는 파리에 가본적이 있습니다.

  I haven't seen him before.
  저는 전에 그를 만나본 적이 없습니다.

- 결과: 과거의 일이 현재 시점까지 유효한 일
  I have lost my bag.
  저는 가방을 잃어버렸습니다.　➡ 말하는 지금도 가방이 없음을 의미

  She has gone to Japan.
  그녀는 일본에 갔습니다.　➡ 그녀가 지금 여기에는 없음을 의미

Practice

1. 주어진 단어를 활용하여 다음을 영어로 말해보세요.

    저는 계획이 있습니다. (plan)

    저는 공부할 계획이 있습니다. (to ~)

    저는 아이엘츠를 공부할 계획이 있습니다. (for IELTS)

    저는 혼자서 아이엘츠를 공부할 계획이 있습니다. (alone)

    저는 도서관에서 혼자서 아이엘츠를 공부할 계획이 있습니다. (the library)

    저는 저의 집 근처 도서관에서 혼자서 아이엘츠를 공부할 계획이 있습니다. (near)

    저는 저의 집 근처 도서관에서 이번 주말에 혼자서 아이엘츠를 공부할 계획이 있습니다. (this ~)

2. 다음 문장의 동사를 시제에 맞게 고치세요.

    그 당시에 탐험가들은 지구가 평평하다고 믿었습니다.

    Explorers at that time (believe) that the Earth (be) flat.

    인터넷은 쇼핑을 더 쉽게 만들어왔습니다.

    The internet (make) shopping easier.

    저는 그 시험에 대한 유용한 정보를 가지고 있습니다.

    I (have) useful information about the test.

    한국의 방문객 수가 감소하고 있습니다.

    The number of visitors to Korea (decrease).

    그는 제가 만난 학생 중 가장 똑똑한 학생입니다.

    He (be) the smartest student that I ever (meet).

    저는 TV를 보며 저녁을 먹고 있었습니다.

    I (watch) TV and (have) my dinner.

    저는 서울에서 태어나고 자랐습니다.

    I (be) born and (raise) in Seoul.

1.

I have a plan.

I have a plan to study.

I have a plan to study for IELTS.

I have a plan to study IELTS alone.

I have a plan to study IELTS alone in the library.

I have a plan to study IELTS alone in the library near my house.

I have a plan to study IELTS alone in the library near my house this weekend.

2.

Explorers at that time believed that the Earth was flat.

The internet has made shopping easier.

I have useful information about the test.

The number of visitors to Korea is decreasing.

He is the smartest student that I have ever met.

I was watching TV and having my dinner. (같은 be동사가 중복되기에 두 번째는 생략하여 having만 씀)

I was born and raised in Seoul. (같은 be동사가 중복되기에 두 번째는 생략하여 raised만 씀)

영작 기본 문법: 수 일치, 명사, 시제 일치

오늘의 학습 목표

영작을 위한 기본 문법(수 일치, 명사, 시제 일치) 익히기

▲ 강의 보기

수 일치

• 주어가 단수이면 단수 동사, 주어가 복수이면 동사도 복수로, 주어와 동사의 수를 일치시켜야 함

■ **주어의 수에 맞는 동사 만들기**

1. 일반동사

• 주어가 단수명사: 동사 + -s/-es

An employee wants a break. 직원이 휴식을 원합니다.

→ 주어가 an employee로 단수 명사

• 주어가 복수명사: 동사

Employees want a break. 직원들이 휴식을 원합니다.

→ 주어가 employees로 복수 명사

2. be동사

• 주어가 단수명사: is(현재), was(과거)

The information is important. 그 정보는 중요합니다.

→ 주어가 the information으로 단수 명사

• 주어가 복수명사: are(현재), were(과거)

The cultures are different. 그 문화들은 다릅니다.

→ 주어가 the cultures로 복수 명사

• 주어가 You: are(현재), were(과거)

You are too young. 당신은 너무 어립니다.

→ 주어가 you

■ 긴 주어의 수 일치 맞추는 법

1. 수식어구 제외하기

명사 주어를 수식하는 수식어구를 골라내고 명사의 수에만 집중

Customers wishing to register for a VIP pass need an ID card.
VIP 출입증을 등록하길 희망하는 고객들은 신분증이 필요합니다.
→ wishing to register for a VIP pass는 모두 수식어구에 해당
→ customers가 복수명사이므로 복수동사인 need 사용

2. 복합 명사에서 마지막 명사 기준

명사가 두 개 이상 나열되어 있는 복합 명사 주어의 경우, 마지막 명사 기준으로 수 일치

Bank account numbers among other information are required.
다른 정보 중에서도 계좌 번호는 필수적입니다.
→ 주어 중 among other information는 수식어구, 명사 주어는 bank account numbers
→ 주어의 마지막 명사인 numbers가 복수이므로 복수동사인 are 사용

TIP 주어가 There인 경우 수일치 방법

There는 형식상의 주어로, be동사 다음에 오는 단어가 실제 주어 역할을 하기에, 이 실제 주어의 수에
be동사의 수를 일치시킵니다.

There are several problems.
여러가지 문제가 있습니다.
→ 실제 주어가 복수 명사인 problems

There was an increase in sales from 1990 to 2000.
1990년부터 2000년까지 매출의 증가가 있었습니다.
→ 실제 주어가 단수 명사인 an increase

명사

- 명사는 사물의 이름을 나타내는 품사로, 주어 또는 목적어 자리, 전치사 뒤에 위치함
- 주어-동사 수 일치를 위해 명사를 가산명사(셀 수 있는 명사)와 불가산명사(셀 수 없는 명사)로 구분할 수 있어야 함

■ 가산명사

1. 단수명사

'하나'를 뜻하는 명사로, '하나'임을 표시하기 위해서 명사 앞에 a나 an을 씀

I have a house. (O)
I have house. (X)
→ 단수명사는 a나 an 없이 단독으로 쓸 수 없음

2. 복수명사

'두 개 이상'을 뜻하는 명사로, '두 개 이상'임을 표시하기 위해서 명사 뒤에 -s나 -es를 씀

I have houses. (O)

 TIP -s나 -es로 끝나지 않는 복수명사

어린이 child – children	사람 person – people
(동물의) 종 species – species	세균 bacterium – bacteria

■ 불가산명사

1. 단수 취급

water(물)나 information(정보)처럼 나누어서 셀 수 없기 때문에, 불가산명사 앞에 a나 an, 뒤에 -s나 -es를 붙이지 않고 동사와 수 일치시킬 때 단수명사로 취급함

I have information that is important. (O) 저는 중요한 정보를 가지고 있습니다.
→ information이 불가산명사이므로 단수동사 is 사용

I have an information. (X)
→ information은 불가산명사이므로 단수명사 앞에 쓰는 an 사용 불가

I have informations. (X)
→ information은 불가산명사이므로 복수명사를 만드는 -s 사용 불가

2. 불가산명사의 수식

불가산명사의 많고 적음을 표현하고 싶을 때는 앞에 다음의 형용사를 사용

- 많은: much, a great deal of, a lot of
  I have a great deal of information. 저는 아주 많은 정보를 가지고 있습니다.

- 적은: less, a little, little(거의 없는)
  I have little information. 저는 정보가 거의 없습니다.

3. 아이엘츠 시험에 자주 나오는 불가산명사

merchandise	funding	permission	advice	access
상품	자금, 자금 지원	허락, 허가	조언	접근, 접속, 입구

Online shoppers sometimes complain about poor quality merchandise.
온라인 쇼핑객들은 때때로 안 좋은 품질의 상품에 대해 불평합니다.

The new tax plan will impact government funding.
새로운 세금 제도는 정부 자금에 영향을 미칠 것입니다.

Guests are not given permission to use the cafeteria.
방문객들은 구내 식당을 이용할 허가가 주어지지 않습니다.

You could give me some advice on how to find a job.
당신은 제게 어떻게 직업을 찾을지에 대한 조언을 줄 수 있을 겁니다.

The main access to the building is on Smith Avenue.
그 건물로의 주요 입구는 스미스 거리에 있습니다.

 **시제 일치**

문장의 내용이 일어나는 시점에 맞게 동사의 형태(현재, 과거, 미래, 현재완료)를 바꾸는 것

■ 아이엘츠 시험에 자주 사용되는 시제의 종류와 형태

현재	현재형 동사	The moon goes around the Earth. 달은 지구의 주위를 돕니다 They play badminton every week. 그들은 매주 배드민턴을 칩니다.
과거	과거형 동사	The event finished last weekend. 그 행사는 지난 주말에 끝났습니다.
미래	will + 동사원형	Our office will update the security system next month. 우리의 사무실은 다음달에 보안 시스템을 업데이트할 것입니다.
현재완료	has p.p. have p.p.	The amount of bread consumption has risen. 빵 소비량이 증가했습니다. Coral reef populations in the Pacific and Indian Ocean have decreased since 1996. 태평양과 인도양에서의 산호 개체 수가 1996년 이래로 감소해왔습니다.

 TIP 현재 완료 시제

현재 완료 시제는 과거에 있던 일이 말하고자 하는 시점까지 영향을 미치고 있는 경우 사용하기에, Part 2 에세이 쓰기의 첫 문장에서 주제의 배경을 설명할 때 유용합니다.

These days, traffic jams and air pollution have become serious problems all over the world.
요즘, 교통 체증과 공기 오염이 전세계에 심각한 문제가 되어 왔습니다.

■ 시제 일치 방법

1. 기본적으로, 우리말 해석을 해서 자연스러운 시제를 사용

대부분 한 문장에서 동일한 시점의 내용을 말하기 때문에 같은 시제의 동사를 사용

The boss knew that employees wanted a break. (O) 상사는 직원들이 휴식을 원하는 것을 알고 있었습니다.
The boss knew that employees want a break. (X)

2. 조건절은 현재 시제 사용

조건을 나타내는 접속사절(after, when, if 등)은 현재 시제 동사, 주절은 미래 시제

After the project is finished, 3 days of paid leave will be provided.
프로젝트가 끝난 후에, 3일 유급 휴가가 주어질 것입니다.
→ 프로젝트를 끝내는 것도 미래의 일이지만, 조건에 해당하기 때문에 현재 시제를 사용

3. 시점을 나타내는 부사에 맞게 시제 사용

과거 시점 부사(last, past, ago, yesterday, previously, formerly, recently 등)를 사용하면 과거 시제
미래 시점 부사(tomorrow, soon, shortly, next 등)를 사용하면 미래 시제

The festival finished last week. 축제가 지난주에 끝났습니다.
→ 과거 시점 부사인 last week가 있으므로 과거 시제

Our policy will take effect from next month. 우리 정책은 다음 달부터 시행될 것입니다.
→ 미래 시점 부사인 next month가 있으므로 미래 시제

4. 일반적인 사실이나 반복적으로 일어나는 내용은 현재 시제 사용

반복적인 내용임을 표시할 수 있는 부사(every day, frequently, usually, each time 등)를 사용하면 현재 시제

The Earth revolves around the sun. 지구가 해를 돕니다.
→ 일반적인 사실이므로 현재 시제

He told me he works out every day. 그는 제게 그가 매일 운동한다고 말했습니다.
→ 반복적으로 일어나는 내용(every day)이므로 현재 시제

Practice

우리말 뜻에 유의하여 각 문장에서 잘못된 부분을 찾아 고치세요.

1. 그 문화들은 다릅니다.

The cultures is different.

2. VIP 출입증을 등록하길 희망하는 고객들은 신분증이 필요합니다.

Customers wishing to register for a VIP pass needs an ID card.

3. 다른 정보 중에서도 계좌 번호가 요구됩니다.

Bank account numbers among other information is required.

4. 방문객들은 구내 식당을 이용할 허가가 주어지지 않습니다.

Guests are not given permissions to use the cafeteria.

5. 저는 중요한 정보를 갖고 있습니다.

I have an information that is important.

6. 당신은 제게 어떻게 직업을 찾을지에 대한 조언을 줄 수 있을 겁니다.

You could give me some advices on how to find a job.

7. 휘발유 비용이 상승한다면, 처음에 사람들은 그들의 자동차 사용을 최소화 하려고 노력할 것입니다.

If the cost of petrol increases, people try to minimise the use of their motor vehicles at first.

8. 요즘, 교통 체증과 공기 오염이 전세계에 심각한 문제가 되어 왔습니다.

These days, traffic jams and air pollution became serious problems all over the world.

9. 학창 시절은 사회적 기술과 평생 우정을 발달 시키기 위한 중요한 시간입니다.

School days were an important time for developing social skills and lifelong friendships.

10. 스마트폰이 취학 아동에게 도움이 될 수 있음은 의심의 여지가 없습니다.

There are no doubt that smartphones can be beneficial for schoolchildren.

1. The cultures is different.
→ are

2. Customers wishing to register for a VIP pass needs an ID card.
→ need

3. Bank account numbers among other information is required.
→ are

4. Guests are not given permissions to use the cafeteria.
→ permission

5. I have an information that is important.
→ information

6. You could give me some advices on how to find a job.
→ advice

7. If the cost of petrol increases, people try to minimise the use of their motor vehicles at first.
→ will try

8. These days, traffic jams and air pollution became serious problems all over the world.
→ have become

9. School days were an important time for developing social skills and lifelong friendships.
→ are

10. There are no doubt that smartphones can be beneficial for schoolchildren.
→ is

> ## 오늘의 학습 목표

리스닝 실력 향상의 필수 학습법인 쉐도잉과 딕테이션 익히기

▲ 강의 보기

📖 쉐도잉(shadowing)

- 쉐도잉(shadowing), 즉 따라 말하기는 음원을 들으면서 그림자처럼 바짝 붙어서 따라 말하는 리스닝 학습 방법을 말함
- 듣는 즉시 말하는 연습을 통해, 학습자는 바로 듣고 바로 해석하는 직청직해 훈련을 하게 됨
- IELTS Listening은 음원의 속도가 빠르고 한 번만 들려주기에, 많은 수험생들이 음원의 속도를 따라가며 내용을 이해하는 것을 상당히 어려워하는데, 쉐도잉은 이러한 어려움을 극복하는 가장 효과적인 학습법임
- 쉐도잉은 리스닝 실력뿐만 아니라 스피킹 실력도 향상시키는 데 있어서 아주 효율적인 학습법임

■ 쉐도잉 순서

1. 쉐도잉 연습을 할 IELTS Listening 음원 듣기

먼저 쉐도잉 연습을 할 IELTS Listening 음원을 들으면서 내용을 이해하도록 노력함

▲ 음원 듣기

2. 스크립트에서 음원 내용 파악 및 어려운 단어 또는 표현 암기

방금 전에 들었던 음원의 스크립트를 읽으면서 음원 내용을 명확히 파악하고 자신이 잘 모르는 단어나 표현, 또는 잘 들리지 않았던 단어가 있으면 암기함

OK. I've finished organising our day trip to Bradford Castle. Let me tell you the plan. We'll be riding a tourist bus to the castle on Thursday, 12th of July. The bus leaves at 8 o'clock in the morning, which is quite early. Our most convenient option is having our hotel's breakfast service before departing. So, let's meet downstairs at 7:30. The drive to Bradford will take two hours, but once we arrive, we'll meet our tour guide, Craig White. He's knowledgeable about the castle's history and will lead us on a hike around the area, during which we can get some shots of the surrounding landscape.

좋아요. 브래드포드 성으로의 당일치기 여행 준비를 마쳤어요. 계획을 말씀드리겠습니다. 7월 12일 목요일에 관광버스를 타고 성으로 갈 거예요. 버스는 아침 8시에 출발하는데, 꽤 이른 시간입니다. 가장 편리한 방법은 출발하기 전에 호텔의 조식 서비스를 이용하는 것입니다. 그러니 아래층에서 7시 30분에 만나죠. 브래드포드까지 차로 2시간 정도 걸리지만 도착하면 투어가이드, 크레이그 화이트를 만나게 됩니다. 그는 성의 역사에 대해 잘 알고 있으며 그 지역 주변의 하이킹을 안내해 줄 건데, 하이킹 동안 주변 경치를 찍을 수 있습니다.

→ 내가 잘 몰랐던 단어 암기: departing 출발 shot 사진 촬영
→ 내가 잘 못 들었던 단어 암기: castle's history 성의 역사 Craig White 투어 가이드 이름

3. 음원을 들으면서 스크립트 따라 읽기

음원을 들으면서 스크립트를 크게 따라 읽어보는데, 아직 어렵다면 한 문장씩 끊어서 듣고 읽는 연습을 통해 음원의 속도에 맞춰 따라 읽을 수 있을 때까지 반복 연습함

4. 스크립트 보지 않고 음원만 들으면서 따라 말하기

음원의 속도에 맞춰 따라 읽을 수 있게 되면, 이후에는 스크립트 없이 음원만 들으며 머릿속에서 직청 직해를 하며 성우보다 한 템포 늦게 따라 말함
특히, 성우의 발음, 속도, 강세 등을 최대한 비슷하게 따라 하는 것이 중요하며 제대로 할 때까지 반복 연습함
쉐도잉을 할 때 본인의 목소리를 녹음하여 음원과 비교해 보면, 영어 발음 교정 및 스피킹 학습에도 큰 도움이 됨

 쉐도잉 걸리는 시간

쉐도잉 걸리는 시간은 학습자 레벨에 따라 다른데, 하나의 IELTS Listening 파트 지문을 완벽하게 쉐도잉하는 데 10분 이내에 끝낼 수도 있고, 반대로 반나절이 걸려도 하나의 지문을 완벽히 쉐도잉하기 어려울 수도 있습니다. 하지만 누구나 꾸준히 연습하다 보면, 쉐도잉 시간은 줄고 영어 듣기 실력은 향상됩니다.

 **딕테이션(dictation)**

- 딕테이션(dictation), 즉 받아쓰기는 쉐도잉과 함께 가장 효과적인 리스닝 학습 방법으로 음원을 들으며 짧은 문장을 받아적거나, 빈칸을 채우는 방식으로 진행
- 긴 방송 내용을 듣고 문제를 풀어야하는 특성상 영어 리스닝에 대한 집중력 향상에 도움이 되며, 들리지 않는 부분을 정확히 파악할 수 있는 효율적인 학습법임
- 특히 IELTS Listening은 방송에서 나온 단어를 정확하게 받아써야 되는 주관식 문제가 50% 정도 출제되는 만큼 딕테이션 연습이 꼭 필요함

■ 딕테이션 순서

1. 음원 들으며 들리는 대로 적기

음원을 한번에 듣고 바로 받아적을 수 있으면 좋지만, 그렇지 못하다면 2~3번 반복해서 음원을 들으면서 받아적기
듣고 바로 영어로 쓰는 것이 가장 좋지만, 그렇게 하기 어려우면 우선은 들리는 대로 한글로 적도록 함

▲ 음원 듣기

MAN: Good afternoon, this is London Art Gallery. How can I help you?

WOMAN: Oh, hello. I'm visiting my family in London over the summer holiday, and my cousin told me you'll be _____ then. She said I could call to find out more information.

MAN: Indeed. Our Contemporary Art Exhibit will open 21st of July and run until 11th of August.

WOMAN: Great. I'll arrive on the 20th and will stay until the 3rd of August. Will there be an _____?

MAN: We have a small reception planned for the opening night of the exhibition, starting at 7 o'clock. I'd recommend arriving early _____ to enjoy some refreshments. Light snacks and wine will be provided. And there will be a small _____. A local folk musician has been asked to play a few songs. Everything should be finished by 10 o'clock.

WOMAN: Sounds fantastic.

[받아쓰기 예시]

MAN: Good afternoon, this is London Art Gallery. How can I help you?

WOMAN: Oh, hello. I'm visiting my family in London over the summer holiday, and my cousin told me you'll be _____ *holding an* 엑서비션 _____ then. She said I could call to find out more information.

MAN: Indeed. Our Contemporary Art Exhibit will open 21st of July and run until 11th of August.

WOMAN: Great. I'll arrive on the 20th and will stay until the 3rd of August. Will there be an _____ *opening event* _____?

MAN: We have a small reception planned for the opening night of the exhibition, starting at 7 o'clock. I'd recommend arriving early _*around 6 clock*_ to enjoy some refreshments. Light snacks and wine will be provided. And there will be a small _____ 뮤지컬 퍼포먼스 _____. A local folk musician has been asked to play a few songs. Everything should be finished by 10 o'clock.

WOMAN: Sounds fantastic.

남성: 안녕하세요, 런던 아트 갤러리입니다. 무엇을 도와드릴까요?

여성: 오, 안녕하세요. 여름 휴가 동안 런던에 있는 가족을 방문할 예정인데, 사촌이 그때 전시회가 열린다고 하더군요. 자세한 정보는 전화로 문의해도 된다고 하더군요.

남성: 맞아요. 현대 미술 전시회가 7월 21일에 개막해서 8월 11일까지 열립니다.

여성: 좋아요. 저는 20일에 도착해서 8월 3일까지 머물 예정이에요. 개막일 행사가 있나요?

남성: 전시회 개막일 저녁 7시부터 작은 환영회가 계획되어 있습니다. 6시 정도에 일찍 도착하셔서 다과를 즐기시길 추천합니다. 간단한 스낵과 와인이 제공될 예정입니다. 그리고 작은 음악 공연도 있습니다. 현지 민속 음악가들이 몇 곡을 연주하도록 요청받았습니다. 10시까지 모든 것이 끝날 것입니다.

2. 검수하기

점을 하기 전, 한글로 표기해둔 단어를 영어 철자로 바꾸어 빈칸을 다시 채워보고 스펠링이 틀린 부분은 수정함

MAN:　　Good afternoon, this is London Art Gallery. How can I help you?

WOMAN: Oh, hello. I'm visiting my family in London over the summer holiday, and my cousin told me you'll be _____ _holding an exhibition_ _____ then. She said I could call to find out more information.

MAN:　　Indeed. Our Contemporary Art Exhibit will open 21st of July and run until 11th of August.

WOMAN: Great. I'll arrive on the 20th and will stay until the 3rd of August. Will there be an _____ _opening event_ _____?

MAN:　　We have a small reception planned for the opening night of the exhibition, starting at 7 o'clock. I'd recommend arriving early _around 6 o'clock_ to enjoy some refreshments. Light snacks and wine will be provided. And there will be a small _musical performance_. A local folk musician has been asked to play a few songs. Everything should be finished by 10 o'clock.

WOMAN: Sounds fantastic.

---

3. 오답 분석

틀린 이유를 정확하게 파악한 후 오답처리 된 단어를 따로 단어장 또는 오답 노트에 작성하여 다시 정확한 철자와 발음을 암기

오답 노트에 다음과 같이 틀린 이유를 기입하면 딕테이션 실력을 높이는 데 도움이 됨

- 모르는 단어였다
- 철자를 잘못 알고 있었다
- 알던 단어의 발음이 다르게 들렸다
- 속도가 빨라 놓쳤다
- 문제의 난이도가 높았다

Practice

음원을 들으면서 빈칸을 채우세요. 이후, 스크립트의 표현을 충분히 암기한 후 쉐도잉하세요.

▲ 음원 듣기

JESSICA: Good afternoon, Peter. I'm Jessica Blackledge. You can call me Jess.

PETER: Thanks for meeting with me.

JESSICA: It's my pleasure. I'll be your advisor throughout the **1.** _____, so I'd like to learn a bit more about you. Why did you choose to pursue this major?

PETER: Well, my mother was an actress. She spent some time performing in London before I was born, and afterwards, she was still **2.** _____ in the local theatre. Because of this, I spent a lot of time around the theatre and actors from across the world. I also learnt a lot from **3.** _____ and **4.** _____ with my mother.

JESSICA: That's interesting. Well, as you probably know, we encourage spending a year **5.** _____ during the second or third year of the course. It's best to plan that early.

Reading
스캐닝 & 스키밍

오늘의 학습 목표

스캐닝 및 스키밍을 통해 장문의 리딩 지문을 효율적으로 분석하기

▲ 강의 보기

📖 스캐닝 & 스키밍

- 아이엘츠 리딩 지문은 두 페이지(약 800-1000단어) 분량의 긴 글로, 주어진 시간 안에 모든 문제를 풀기 위해서는 문제와 연관된 정보를 효율적으로 찾을 수 있는 독해 전략이 필요
- 독해 전략은 글을 읽는 목적에 따라 스캐닝과 스키밍으로 나눌 수 있는데, 스캐닝(scanning)은 지문에서 특정 정보를 빠르게 찾기 위한 스킬이고, 스키밍(skimming)은 전반적인 지문 내용을 빠르게 파악하기 위한 스킬임

Scanning	Skimming
특정 정보를 찾는 것이 목적	전반적인 내용을 파악하는 것이 목적
<ul><li>키워드(대문자, 숫자, 전문용어) 등을 찾아가며 읽기</li><li>찾고자 하는 키워드와 관련된 유의어 및 반의어를 답의 근거와 비교해가며 읽기</li><li>순차적으로 읽기보다는 키워드를 찾아 재빠르게 지문을 훑는 것이 중요</li></ul>	<ul><li>제목과 부제목 읽기</li><li>각 문단의 첫 문장과 마지막 문장 읽기</li><li>자주 등장하는 단어를 통해 주제나 부주제를 추측</li></ul>

예시　다음 두 질문에 대해 스캐닝과 스키밍을 사용해서 지문을 읽고 답하세요.

(1) 글의 주제는?

(2) 가장 위험한 운전자의 성별과 연령대는?

The safest driver

The traditional stereotype attached to female drivers is slowly being reversed, arguably as a result of increasingly conclusive statistics which prove women are safer and more considerate than men.

Data compiled from insurance claims reveals that men between the ages of 40 and 60 represent the greatest risk.

[Step 1] 문제에서 요구하는 것이 전반적인 내용인지, 특정 정보인지 구분

      (1) 글의 주제는?   전반적인 내용

      (2) 가장 위험한 운전자의 성별과 연령대는? 특정 정보

[Step 2] 전략에 맞게 지문 읽기

      (1) 글의 주제는? 스키밍 사용

      (2) 가장 위험한 운전자의 성별과 연령대는? 스캐닝 사용

글의 주제 파악	가장 위험한 운전자의 성별과 연령대
전략: skimming 사용	전략: scanning 사용
제목과 첫 문단의 마지막 부분을 읽고 주제를 파악	지문을 훑으며 키워드인 성별과 나이(숫자) 정보 찾음 → female, women, men, ages of 40 and 60 키워드(가장 위험한)와 관련된 유의어 및 반의어 확인 → safer(반의어), greatest risk(유의어)
The safest driver The traditional stereotype attached to female drivers is slowly being reversed, arguably as a result of increasingly conclusive statistics which prove women are safer and more considerate than men. Data compiled from insurance claims reveals that men between the ages of 40 and 60 represent the greatest risk.	**The safest driver** The traditional stereotype attached to female drivers is slowly being reversed, arguably as a result of increasingly conclusive statistics which prove women are safer and more considerate than men. Data compiled from insurance claims reveals that men between the ages of 40 and 60 represent the greatest risk.
정답: 여성이 남성보다 더 안전하게 운전한다. 제목을 통해 글의 토픽(가장 안전한 운전자)을 파악하고, 제목과 직접적으로 연관되어 있는 첫 문단 마지막 문장을 통해, women (여성)이 men (남성) 보다 더 안전하게 운전한다는 내용이 주제임을 파악	정답: 남성, 40-60대 키워드가 있는 문장들 중 특히 마지막 문장을 통해 정답 확인 가능

가장 안전한 운전자

여성이 남성보다 더 안전하고 배려심이 많다는 사실이 점점 더 확실한 통계로 입증되면서 여성 운전자에 대한 전통적인 고정관념이 서서히 바뀌고 있습니다.

보험 청구 데이터를 수집한 결과 40세에서 60세 사이의 남성이 가장 큰 위험에 노출되어 있는 것으로 나타났습니다.

TIP 전문용어에 대한 부연 설명

아이엘츠 지문의 특징 중 하나는 일반적이지 않은 새로운 내용 혹은 전문 용어가 등장한 경우, 독자들의 이해를 돕기 위해 이에 대한 설명을 덧붙인다는 것입니다.

이때 자주 사용되는 어구들이 있는데 이 어구들이 전문 용어와 함께 쓰였다면, 저자가 생각하는 용어에 대한 정의나 부연 설명이라고 생각하고 독해하도록 합니다.

• **be called** ~로 불리운다

Apple's radically different smartphone <u>**is called**</u> the iPhone X.
→ iPhone X에 대한 재정의

애플의 근복적으로 다른 스마트폰은 아이폰 X라고 불립니다.

• **known as** ~로 알려진

Astronomers have detected traces of an organic compound **known as** methyl chloride.
→ methyl chloride를 일반적인 단어로 재정의

천문학자들이 염화메틸로 알려진 유기 화합물의 미량을 발견했습니다.

• **that** ~은

We are trying to help firms in a way **that** is not traditional.
→ 그 방식(way)의 특징(전통적이지 않음)을 설명

저희는 기존과는 다른 방식으로 기업을 지원하려고 노력하고 있습니다.

• **so-called** 소위 말하는

The **so-called** 'love hormone', oxytocin, may make you more fearful of new social situations.
→ oxytocin을 일반적인 단어로 재정의

소위 '사랑의 호르몬'으로 불리는 옥시토신은 새로운 사회적 상황에 대한 두려움을 더 크게 만들 수 있습니다.

• **this means** 이는 ~을 의미한다

People who have matching blood groups are said to be 'compatible'. **This means** <u>they could give or receive each other's blood if necessary.</u>
→ 기술적인 용어로서의 compatible 의미를 설명

혈액형이 일치하는 사람들을 '호환성'이라고 합니다. 이는 필요한 경우 서로의 혈액을 주고받을 수 있다는 뜻입니다.

다음 글을 읽고 질문에 답하세요.

Historical records show that the Olympic Games were first staged as early as 776 BC on the plains of Olympia in ancient Greece. Afterwards, the games took place every four years for over a thousand years until 393 AD, when they were prohibited by the Roman emperor Theodosius. Fifteen hundred years later, in 1896, the first modern summer Olympics were held in Athens and have continued ever since, having been cancelled on only three occasions during the First and Second World War.

[Question]
Who refused to allow the Olympic Games to be held?

예제 2 다음 글을 읽고 질문에 답하세요.

Rising sea levels may well be a problem for food production, because if land becomes covered with sea water, the salt can make it unsuitable for growing crops. Research is therefore being carried out in the Netherlands to try to develop crops which can still grow well in salty soil. Experiments have previously been carried out with carrots and one variety of onion. However, the most exciting developments at the moment are the attempts to produce a variety of potato that is tolerant to salt, as the potato is the world's fourth most important crop.

[Question]
What salt-tolerant vegetable is currently being developed?

예제 3 다음 글을 읽고 질문에 답하세요.

New Zealand is becoming an increasingly popular destination for overseas visitors. It attracts tourists and people on business, but the vast majority come as students. Mostly from Asian countries, they stay for anything from a few weeks to a few years or more, studying at language schools, colleges and universities. New Zealand can offer good homestay accommodation, a clean and beautiful environment and a reasonable cost of tuition. These factors attract an ever-increasing number of overseas students, accounting for millions of dollars in revenue for New Zealand.

[Question]
Choose the correct heading for the passage.
A New Zealand, a popular international travel destination
B A growing number of overseas students in New Zealand

Kate Middleton, also known as the Duchess of Cambridge, ever since her royal wedding with Prince William in 2011, gave birth to her third child, a boy, on 23 April 2018. Prince William and the Duchess of Cambridge departed St Mary's Hospital in London, where she gave birth to her new son the same day. According to the official statement, the birth went well, and both the mother and child are in good health. Prince Louis, George and Charlotte's little brother, is now fifth in line to the throne.

The exciting day began around 6 a.m. when Kate was transported to the hospital. Eager to be part of the important occasion, supporters of the royal family waited patiently outside of the hospital and Buckingham Palace. Then, at 11 a.m., the little prince entered the world. Photographers crowded the hospital grounds, climbing on step ladders to get the perfect shot of the happy family. Cheers and congratulations welcomed the parents and newborn as they posed for the press outside of the hospital before driving off to Kensington Palace. The Queen and other senior members of the Royal Family have been informed; the grandmother is said to be delighted by the good news.

Prince Louis also has a notable birthday, one that is surely fitting for the newest royal: 23 April is St George's Day, named for the patron saint of England. And if that was not enough, 23 April is also the birthday of William Shakespeare, the Bard of Avon and England's national poet.

[Question]

1. Choose the correct heading for the passage.

   A Royal baby born on St George's Day

   B The Duchess of Cambridge transported to hospital

2. Who does the baby share a birthday with?

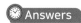

예제 1

역사적 기록은 올림픽 게임이 이미 기원전 776년에 처음으로 개최되었다는 것을 고대 그리스의 올림피아 평원에서 보여준다. 그 후, 올림픽 게임은 로마 황제 테오도시우스에 의해 그 게임들이 금지 됐던 서기 393년까지, 1000년이 넘는 시간 동안 4년마다 개최되었다. 1500년 후인 1896년에, 최초의 현대 하계 올림픽 게임이 아테네에서 열렸으며 그 이후 지속되고 있는데, 제 1차 세계대전과 제2차 세계대전 동안 오직 세 번의 경우에만 개최되지 않았다.

[질문] 누가 올림픽 게임 개최를 거부했습니까?

전략: 특정 정보 질문(누가 올림픽 게임을 금지했는지) → scanning 사용
　　　지문을 훑으며 올림픽 게임을 금지할 수 있는 사람 또는 기관 정보(대문자) 찾음 → Theodosius
　　　질문의 키워드(개최를 거부하다)와 관련된 유의어 및 반의어 확인 → prohibit(유의어)

정답: Theodosius

예제 2

상승하는 해수면은 식량을 생산하는데 문제가 될 수 있는데 육지가 바닷물로 뒤덮이면 염분 때문에 땅이 작물을 기르는 데 적합하지 않게 되기 때문이다. 그래서 네덜란드에서는 염분이 있는 토양에서도 잘 자랄 수 있는 작물을 개발하는 연구가 진행되고 있다. 이전부터 당근과 양파의 한 종을 가지고 실험이 진행되어 왔다. 하지만 현재 가장 흥미로운 것은 소금에 내성이 강한 감자 종을 생산하려는 시도인데, 감자는 세계에서 네 번째로 가장 중요한 작물이기 때문이다.

[질문] 현재 개발 중인 염분에 강한 채소는 무엇인가?

전략: 특정 정보 질문(현재 개발 중인 염분에 강한 채소) → scanning 사용
　　　지문을 훑으며 채소 찾음 → carrots, onion, potato
　　　질문의 키워드(현재 개발 중인 염분에 강한)와 관련된 유의어 및 반의어 확인
　　　→ grow well in salty soil (유의어 salt-tolerant)
　　　→ being carried out, developments at the moment (유의어: currently being developed)

정답: potato

예제 3

뉴질랜드는 해외 여행객들에게 점점 더 인기 있는 여행지가 되고 있다. 관광객과 비즈니스 목적의 방문객도 있지만, 대부분은 학생 신분으로 방문한다. 대부분 아시아 국가에서 온 이들은 어학원, 대학, 대학교에서 공부하며 짧게는 몇 주에서 길게는 몇 년 이상 체류한다. 뉴질랜드는 좋은 홈스테이 숙소, 깨끗하고 아름다운 환경, 합리적인 학비를 제공한다. 이러한 요인으로 인해 해외 유학생 수는 계속 증가하고 있으며, 뉴질랜드의 수입은 수백만 달러에 달한다.

[질문] 이 지문의 올바른 제목을 고르세요.
　　　　A 인기 있는 해외 여행지, 뉴질랜드
　　　　B 뉴질랜드의 증가하는 유학생 수

전략: 지문 제목 질문 → skimming 사용
　　　제목이 없으므로 첫 문장과 마지막 문장을 빠르게 읽음 → 첫 문장은 A, 마지막 문장은 B와 관련
　　　전체 지문 내용을 빠르게 확인하면서 A, B 중 더 적합한 제목 찾기 → 전반적 내용이 유학생 관련임

정답: B

예제 4

2011년 윌리엄 왕자와의 왕실 결혼식 이후 캠브리지 공작부인으로 알려진 케이트 미들턴이 2018년 4월 23일 세 번째 자녀인 남아를 출산했습니다. 윌리엄 왕자와 캠브리지 공작 부인은 같은 날 아들을 출산한 런던의 세인트 메리 병원을 떠났습니다. 공식 성명에 따르면 출산은 순조롭게 진행되었으며 엄마와 아이 모두 건강합니다. 조지와 샬롯의 남동생인 루이 왕자는 이제 왕위 계승 서열 5위입니다.

케이트가 병원으로 이송된 오전 6시경부터 흥미진진한 하루가 시작되었습니다. 이 중요한 순간을 함께하고 싶어하는 왕실 지지자들은 병원과 버킹엄 궁전 밖에서 참을성 있게 기다렸습니다. 그리고 오전 11시, 어린 왕자가 세상에 모습을 드러냈습니다. 사진작가들은 행복한 가족의 모습을 완벽하게 담기 위해 사다리를 타고 올라가 병원 경내를 가득 메웠습니다. 켄싱턴 궁으로 출발하기 전 병원 밖에서 취재진을 향해 포즈를 취하는 부모와 신생아에게 환호와 축하의 박수가 쏟아졌습니다. 여왕과 왕실의 다른 고위 인사들에게도 이 소식이 알려졌고, 할머니는 이 기쁜 소식을 듣고 기뻐했다고 합니다.

루이 왕자는 또한 주목할 만한 생일을 갖게 되는데, 4월 23일은 영국의 수호성인의 이름을 딴 세인트 조지의 날로, 새로운 왕실 인물에게 분명히 걸맞는 날입니다. 그리고 4월 23일은 에이번의 음유시인이자 영국의 국민 시인인 윌리엄 셰익스피어의 생일이기도 합니다.

[질문]

1. 이 지문의 올바른 제목을 고르세요.
  A 세인트 조지의 날에 태어난 왕실 아기
  B 병원으로 이송된 캠브리지 공작부인

전략: 지문 제목 질문 → skimming 사용
    제목이 없으므로 첫 문장과 마지막 문장을 빠르게 읽음 → 첫 문장은 B, 마지막 문장은 A와 관련
    전체 지문 내용을 빠르게 확인하면서 A, B 중 더 적합한 제목 찾기 → 전반적 내용이 왕실 아기 출생 관련임

정답: A

2. 아기는 누구와 생일을 공유합니까?

전략: 특정 정보 질문(누가 아기와 생일 공유하는지) → scanning 사용
    지문을 훑으며 생일이 동일한 사람 찾기 → 마지막 문장 William Shakespeare

정답: William Shakespeare

오늘의 리딩 필수 어휘

01	**stereotype**	고정 관념
02	**reverse**	뒤바꾸다, 뒤집다
03	**arguably**	거의 틀림없이, 주장하건대
04	**conclusive**	결정적인, 확실한
05	**statistics**	통계자료
06	**considerate**	사려 깊은
07	**compile**	(자료 등을) 모으다, 편찬하다
08	**insurance claim**	보험금 청구
09	**reveal**	드러내다, 밝히다
10	**represent**	나타내다, 대표하다
11	**unsuitable**	적합하지 않은
12	**crop**	작물, 농작물
13	**salty**	소금이 든, 짠
14	**experiment**	실험
15	**attempt**	시도
16	**tolerant**	내성이 있는, 잘 견디는
17	**give birth to**	~을 출산하다
18	**depart**	~을 떠나다
19	**eager to do**	~하기를 간절히 바라는, ~하는 데 열심인
20	**occasion**	행사, 일
21	**patiently**	참을성 있게, 인내심을 갖고
22	**get the shot of**	~을 사진 찍다, 촬영하다
23	**cheers**	환호, 갈채
24	**newborn**	새롭게 태어난
25	**the press**	언론, 기자들

Weekly Review

Speaking

1. 주어진 단어를 활용하여 다음을 영어로 말해보세요.

   조깅을 하는 것은 좋습니다. (jogging)

   조깅을 하는 것은 우리 건강에 좋습니다. (for ~)

   아침에 조깅을 하는 것은 우리 건강에 좋습니다. (in the ~)

   아침에 조깅을 하는 것은 우리 건강에 꽤 좋습니다. (quite)

2. 다음 문장의 동사를 시제에 맞게 고치세요.

   저는 파리에 가본적이 있습니다.

   I (be) to Paris.

   달은 지구의 주위를 돕니다.

   The moon (go) around the Earth.

   저는 숙제를 하는 중입니다.

   I (do) my homework.

   저는 어제 친구를 만나러 공항에 갔습니다.

   I (go) to the airport to see my friend yesterday.

Writing

우리말 뜻에 유의하여 각 문장에서 잘못된 부분을 찾아 고치세요.

1. 그 프로젝트가 끝나면 3일의 유급휴가가 주어질 것입니다.

After the project will be finished, 3 days of paid leave will be provided.

2. 그 약초는 두통의 가정 치료로 수백 년간 사용되고 있습니다.

The herb is used for hundreds of years as a home remedy for headaches.

3. 더 좋고 효과적인 조언이 있어야 합니다.

There should be better and more effective advices.

4. 이것은 제 자신의 고등학교 경험 동안에 여러 번 일어났습니다.

This happens several times during my own high school experience.

5. 동물들은 어떤 상황들 아래에서도 시험들이나 실험들에 사용되어서는 안됩니다.

Animals should not be used for tests or experiments under any circumstance.

6. 우리 정책은 다음 달부터 시행될 것입니다.

Our policy takes effect from next month.

7. 온라인 쇼핑객들은 때때로 안 좋은 품질의 상품에 대해 불평합니다.

Online shoppers sometimes complain about a poor quality merchandise.

Listening

음원을 들으면서 빈칸을 채우세요. 이후, 스크립트의 표현을 충분히 암기한 후
쉐도잉하세요.

▲ 음원 듣기

Corporate culture and **1.** _____ conditions change according to the market and politics.
It wasn't so long ago when workers had no rights and endured poor and even **2.** _____
conditions. But nowadays, professionals in human resources try to make the **3.** _____
a fair and productive place for all employees. One goal of human resources professionals is reducing
workplace **4.** _____. Numerous interactions are categorised as conflict, and all of them
require different **5.** _____.

Reading

다음 글을 읽고 질문에 답하세요.

It turns out that building new roads does not help to reduce traffic; in fact, it may lead to longer travel times for everyone because more drivers will flow to the new route. Surprisingly, the reverse of this idea may be true: removing roads may actually improve traffic conditions. This paradox exists because each driver selects a route that is best for him or her without taking into account the consequence of his or her choice on other drivers. And it makes sense, as car drivers are only concerned about how many vehicles are ahead of them, not behind them. This is another example of a classic problem in game theory.

[Question]

1. Choose the correct heading for the passage.

    A How to reduce traffic

    B The unintended consequences of road expansion

2. What may help to reduce traffic?

Speaking

1.
Jogging is good.
Jogging is good for our health.
Jogging in the morning is good for our health.
Jogging in the morning is quite good for our health.

2.
I have been to Paris.
The moon goes around the Earth.
I am doing my homework.
I went to the airport to see my friend yesterday.

Writing

1. After the project will be finished, 3 days of paid leave will be provided. → is
2. The herb is used for hundreds of years as a home remedy for headaches. → has been
3. There should be better and more effective advices. → advice
4. This happens several times during my own high school experience. → happened
5. Animals should not be used for tests or experiments under any circumstance. → circumstances
6. Our policy takes effect from next month. → will take
7. Online shoppers sometimes complain about a poor quality merchandise. → poor quality merchandise

Listening

1. labour **2.** unsafe **3.** workplace **4.** conflict **5.** solutions

기업 문화와 노동 환경은 시장과 정치에 따라 변합니다. 노동자들이 아무런 권리도 갖지 못하고 형편없으면서 심지어 안전하지 않은 환경을 참아내야만 했을 때는 그리 오래되지 않았습니다. 하지만 오늘날, 인적 자원의 전문가들은 전 직원들을 위해 직장을 공정하고 생산적인 장소로 만들려고 노력합니다. 인적 자원 전문가들의 한가지 목표는 직장 갈등을 줄이는 것입니다. 수많은 상호 작용이 갈등으로 분류되며, 모든 것들은 서로 다른 해결책을 필요로 합니다.

Reading

1. B **2.** removing roads

새로운 도로를 건설하는 것은 교통량을 줄이는 데 도움이 되지 않으며, 오히려 더 많은 운전자가 새로운 경로로 이동하기 때문에 모든 사람의 이동 시간이 더 길어질 수 있습니다. 놀랍게도 이 생각과 반대로 도로를 없애면 오히려 교통 상황이 개선될 수 있다는 사실도 있습니다. 이러한 역설이 존재하는 이유는 각 운전자가 자신의 선택이 다른 운전자에게 미칠 영향을 고려하지 않고 자신에게 가장 적합한 경로를 선택하기 때문입니다. 자동차 운전자는 뒤에 있는 차량이 아니라 앞에 있는 차량의 수에만 신경을 쓰기 때문에 이러한 역설은 당연합니다. 이것은 게임 이론의 고전적인 문제의 또 다른 예입니다.

1. 지문의 올바른 제목을 선택하세요.
   A 교통량을 줄이는 방법
   B 도로 확장의 의도하지 않은 결과

2. 교통량을 줄이는 데 도움이 될 수 있는 것은 무엇인가요?

travel time 이동 시간 flow to ~로 흘러들다 surprisingly 놀랍게도 reverse (정)반대 remove 없애다, 제거하다 improve 개선하다, 향상시키다 traffic conditions 교통 상황 paradox 역설, 역설적인 것 exist 존재하다 take into account ~을 고려하다 consequence 결과 make sense 말이 되다, 앞뒤가 맞다 be concerned about ~에 대해 우려하다 vehicle 차량 ahead of ~ 앞에 behind ~ 뒤에 classic 전형적인, 대표적인 theory 이론

ielts.siwonschool.com

Week 03

오늘의 학습 목표

▲ 강의 보기

스피킹 파트 1에서 나오는 질문을 익히고 자신의 답변 생각해 보기

미리보기

- 약 4~5분간 시험관이 약 10개의 질문을 물어봄
- 일상생활에서 흔히 공유할 수 있는 주제로 질문
- 가벼운 질문이 많아서 다른 파트에 비해 비교적 부담이 적음
- 한 가지 주제로 일관된 질문이 나오는 것이 아니라, 두세 가지 정도 주제로 질문이 전개

■ 시험 진행 과정 미리보기

1. 가벼운 인사와 신분 확인

- Good morning, I'm David.   안녕하세요, 저는 데이비드입니다.
- Can I see your identification, please?   당신의 신분증을 볼 수 있을까요?

2. 학생 또는 직장인 관련 질문

- Are you a student or are you working?   당신은 학생인가요 아니면 일하는 중인가요?

2-1. 학생으로 대답한 경우

- What do you study?   당신은 무엇을 공부하나요?

2-2. 직장인으로 대답한 경우

- Where do you work?   당신은 어디에서 일하나요?

3. 일상적 주제 질의 응답

- Let's talk about travelling. Do you like travelling?   여행에 대해서 이야기하죠. 여행을 좋아하나요?

1. How often ~?, How long ~? 얼마나 자주~?, 얼마나 오래~?

- How often do you watch television? [Why?/Why not?]
  당신은 얼마나 자주 TV를 시청하나요? [왜 그런지?/왜 그렇지 않은지?]
- How long have you been learning English?
  당신은 얼마나 오래 영어를 배워왔나요?

2. Do you like ~?, Do you enjoy ~?, What ~ do you like? ~ 좋아하나요?, ~즐기나요?, 어떤 ~을 좋아하나요?

- Do you like travelling? [Why?/Why not?]
  당신은 여행하는 것을 좋아하나요? [왜 그런지?/왜 그렇지 않은지?]
- What type of music do you like? [Why?]
  당신은 어떤 종류의 음악을 좋아하나요? [왜 그런지?]

3. Do you think ~ is good/better? ~이 좋다고/더 좋다고 생각하나요?

- Do you think most programmes on TV are good?
  당신은 대부분의 TV 프로그램이 훌륭하다고 생각하나요?
- Do you think it is better to travel alone or with other people?
  당신은 혼자 혹은 다른 사람들과 여행하는 것 중 어느 것이 더 낫다고 생각하나요?

4. How do you (think) ~? 어떻게 (생각)하나요?

- How do you think your school could be improved?
  당신의 학교가 어떻게 개선될 수 있다고 생각하나요?
- How do you usually spend your weekends? [Why?]
  당신은 평소에 어떻게 주말을 보내나요? [왜 그런지?]

5. Have you done(=Do you ever ~?) ~ 해본 적 있나요?

- Have you done much travelling?
  당신은 여행을 많이 해봤나요?
- Do you ever bring a gift when you visit someone's house?
  집에 있는 누군가를 방문할 때 당신은 선물을 가져간 적이 있나요?

6. What ~ are popular ~? 어떤 ~이 인기 있나요?

- What types of food are popular in your country?
  당신의 나라에서는 어떤 종류의 음식이 인기 있나요?
- What kinds of sports are popular in your country?
  당신의 나라에서는 어떤 종류의 스포츠가 인기 있나요?

7. Who do you ~? 누구와 ~하는지?

- Who do you spend the most time with talking on the telephone?
  당신은 전화로 누구와 대부분의 시간을 보내나요?
- Who do you usually watch films with?
  당신은 보통 누구와 함께 영화를 보나요?

8. When/Where ~? 언제/어디서 ~?

- When do people give gifts in your country?
  당신의 나라에서 사람들은 언제 선물을 주나요?
- Where would you like to travel in the future?
  당신은 앞으로 여행을 어디에서 하고 싶은가요?

 **답변 연습**

■ 학생의 경우

Q1	**What do you study?** 당신은 무엇을 공부하나요?

Vocabulary & Expressions ✦

bachelor's degree in economics 경제학 학사 학위 attend ~에 다니다

샘플 답변

I am studying for a bachelor's degree in economics. I am attending Siwon University, and this is my final year of study.

저는 경제학 학사 학위를 위해 공부 중에 있습니다. 시원 대학교에 다니고 있으며, 올해가 마지막 학년입니다.

Q2	**Why did you choose that major?** 당신은 왜 그 전공을 선택했나요?

Vocabulary & Expressions ✦

be interested in ~에 관심이 있다

샘플 답변

I chose this major because I have always been interested in economics. Ever since I was in secondary school, I have been watching the trends of the Korean stock market.

저는 경제학에 항상 관심이 있었기에 그 전공을 선택했습니다. 중고등학교 때부터, 한국 주식 시장의 추세를 지켜보고 있습니다.

Q3	**What is something you don't like about your major?** 당신의 전공에서 좋아하지 않는 부분은 무엇인가요?

Vocabulary & Expressions ✦

be used to -ing ~하는 데 익숙하다 give a presentation 발표하다 stressful for ~에게 스트레스가 되는

샘플 답변

Well, I am not used to giving presentations in front of other students. Although I usually practice several times before giving a presentation, I sometimes forget the important points I want to say. It is really stressful for me.

음, 저는 다른 학생들 앞에서 발표하는 데 익숙하지 않습니다. 보통 프레젠테이션을 하기 전에 여러 번 연습하지만, 종종 제가 말하길 원하는 중요한 사항을 잊어 버립니다. 그것은 제게 정말 스트레스가 됩니다.

<table>
<tr><td>**Q4**</td><td>**Where do you prefer to study?**
당신은 어디서 공부하는 것을 선호하나요?</td></tr>
</table>

Vocabulary & Expressions

tend to ~하는 경향이 있다 a wide range of 다양한 including ~을 포함한

💬 샘플 답변

I like to study in a library since I tend to get lazy and stay in bed at home. I can focus on my studies and assignments when I'm in a library. In addition, I can read and use a wide range of materials there, including books and journals.

저는 집에서는 게으르고 침대에 누워 있는 경향이 있어서 도서관에서 공부하는 것을 좋아합니다. 도서관에 있을 때 저는 공부와 과제에 집중할 수 있습니다. 게다가, 책과 학술지를 포함한 다양한 자료를 읽고 이용할 수 있습니다.

■ 직장인의 경우

<table>
<tr><td>**Q1**</td><td>**Where do you work?**
당신은 어디에서 일하나요?</td></tr>
</table>

Vocabulary & Expressions ✦

work for ~에서 일하다 located in ~에 위치하다 far from ~에서 멀리 떨어진

💬 샘플 답변

I work for a small cosmetics company located in the southern part of Seoul. My workplace is not far from my home.

저는 서울 남쪽 부분에 위치한 작은 화장품 회사에서 일합니다. 직장이 집에서 멀리 떨어져 있지 않습니다.

<table>
<tr><td>**Q2**</td><td>**What is your position at work?**
직장에서 당신의 직급은 무엇인가요?</td></tr>
</table>

Vocabulary & Expressions ✦

in charge of ~을 담당하는 domestic 국내의

💬 샘플 답변

I have been an advertising manager here for 5 years. Currently, I'm in charge of several advertising campaigns for domestic and international brands.

저는 거기서 5년 동안 광고 매니저로 있어왔습니다. 현재, 저는 국내 및 국제 브랜드를 위한 여러 광고 캠페인을 담당합니다.

Do you like your work? [Why/Why not?]
당신의 일을 좋아하나요? [왜 그런지?/왜 그렇지 않은지?]

Vocabulary & Expressions

communicate with ~와 의사소통하다 improve my English skills 내 영어 실력을 향상시키다 I like the fact that ~라는 사실이 좋다

샘플 답변

I usually communicate with international customers in English. I think it is a good thing as it helps me to improve my English skills. In addition to this, I like the fact that I can test and use various kinds of new cosmetics.

저는 주로 세계 각국의 고객과 영어로 의사소통 합니다. 영어 실력을 향상시키는데 도움이 되서 좋은 일이라고 생각합니다. 이 외에도, 저는 다양한 종류의 새로운 화장품을 시험하고 사용할 수 있다는 사실이 좋습니다.

What is something you don't like about your job?
당신의 일에서 좋아하지 않는 점은 무엇인가요?

Vocabulary & Expressions

occasionally 가끔 work until late at night 밤에 늦게까지 일하다 work overtime 초과 근무하다 finish up 끝내다

샘플 답변

I think one disadvantage is that I occasionally have to work until late at night. I usually work from 9 a.m. to 6 p.m., but I sometimes have to work overtime in order to finish up important projects.

단점은 가끔 밤에 늦게까지 일해야 한다는 것입니다. 보통 오전 9 시부터 오후 6시까지 근무하지만 중요한 프로젝트를 끝내기 위해서는 때때로 초과 근무해야 합니다.

오늘의 스피킹 필수 표현

1. attend A University   A 대학에 다니다

I am attending Siwon University.
저는 시원대학교에 다니고 있습니다.

2. be interested in   ~에 관심이 있다

I have always been interested in economics.
저는 경제학에 항상 관심이 있었습니다.

3. be used to -ing   ~하는 데 익숙하다

I'm not used to giving presentations in front of other students.
저는 다른 학생들 앞에서 발표하는 데 익숙하지 않습니다.

4. tend to + 동사원형   ~하는 경향이 있다

I tend to get lazy and stay in bed at home.
집에서는 게으르고 침대에 누워 있는 경향이 있습니다.

5. a wide range of   다양한

I can read and use a wide range of materials including books and journals.
저는 거기서 책, 잡지 및 웹 사이트를 비롯한 다양한 자료를 읽고 사용할 수 있습니다.

6. be in charge of   ~을 담당하다

I'm in charge of several advertising campaigns for domestic and international
brands.저는 국내 및 국제 브랜드를 위한 여러 광고 캠페인을 담당합니다.

7. I like the fact that 주어 + 동사   ~라는 사실이 좋다

I like the fact that I can test and use various kinds of new cosmetics.
저는 다양한 종류의 새로운 화장품을 시험하고 사용할 수 있다는 사실을 좋아합니다.

Practice

직접 큰소리로 자신만의 답변을 녹음하고 들어 보세요.

Examiner: Good morning, I'm Jane.

Test Taker: _____

Examiner: Could you tell me your full name, please?

Test Taker: _____

Examiner: Can I see your identification, please?

Test Taker: _____

Examiner: Are you a student or are you working?

Test Taker: _____

Examiner: What do you study? / Where do you work?

Test Taker: _____

Examiner: Why did you choose that major/job?

Test Taker: _____

Examiner: Do you enjoy it? [Why?/Why not?]

Test Taker: _____

Examiner: What is something you don't like about your major/job?

Test Taker: _____

Examiner: Let's talk about travelling. Do you like travelling? [Why?/Why not?]

Test Taker: _____

Examiner: Do you think it is better to travel alone or with other people?

Test Taker: _____

Writing [Academic]
파트 1 유형 파악하기

> ### 오늘의 학습 목표
>
> 아카데믹 라이팅 파트 1 문제 파악 및 필수표현 익히기

▲ 강의 보기

📖 미리보기

- 20분 이내 150단어 이상 작성
- 그래프, 표, 지도, 도해 등 도표(시각 정보)를 객관적으로 분석하는 글쓰기 (절대 개인적인 주장, 예측이 섞이면 안 됨)
- 하나의 시각 정보만 나올 때도 있지만 보통 둘 이상이 함께 제시됨
- 시각 정보에서 두드러진 수치나 특징을 찾아서 그에 대한 설명 또는 비교 분석

PART 1
You should spend about 20 minutes on this task. Write at least 150 words.

The tables below give information about production and consumption of coffee in 2017 and 2018 in five coffee-exporting countries.

Summarise the information by selecting and reporting the main features, and make comparisons where relevant.

Production and consumption of coffee (millions of coffee bags*)

Production	2017	2018
Brazil	52.7	61.7
Columbia	13.8	14.2
Indonesia	10.8	10.2
Mexico	4.4	4.5
Vietnam	30.5	29.5

Consumption	2017	2018
Brazil	21.2	22.0
Columbia	1.7	1.8
Indonesia	4.7	4.7
Mexico	2.4	2.5
Vietnam	2.4	2.4

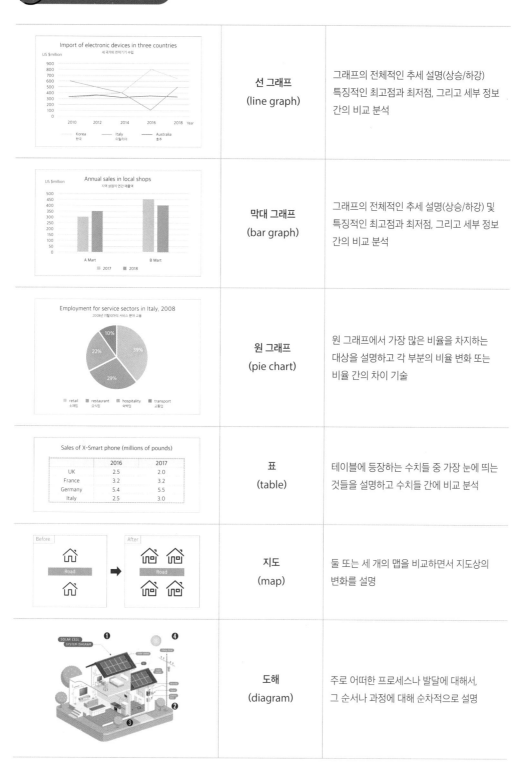

시각 정보	설명
선 그래프 (line graph)	그래프의 전체적인 추세 설명(상승/하강) 특징적인 최고점과 최저점, 그리고 세부 정보 간의 비교 분석
막대 그래프 (bar graph)	그래프의 전체적인 추세 설명(상승/하강) 및 특징적인 최고점과 최저점, 그리고 세부 정보 간의 비교 분석
원 그래프 (pie chart)	원 그래프에서 가장 많은 비율을 차지하는 대상을 설명하고 각 부분의 비율 변화 또는 비율 간의 차이 기술
표 (table)	테이블에 등장하는 수치들 중 가장 눈에 띄는 것들을 설명하고 수치들 간에 비교 분석
지도 (map)	둘 또는 세 개의 맵을 비교하면서 지도상의 변화를 설명
도해 (diagram)	주로 어떠한 프로세스나 발달에 대해서, 그 순서나 과정에 대해 순차적으로 설명

답안 작성 필수 표현

■ 선 그래프(line graph) 및 막대 그래프(bar graph)

1. 그래프 또는 수치가 상승하는 경우

The amount of imports to Korea increased significantly between 2014 and 2016.
2014년과 2016년 사이에 한국으로 수입액이 두드러지게 증가했습니다.

The amount of imports to Korea rose gradually between 2010 and 2014.
2010년과 2014년 사이에 한국으로 수입액이 서서히 상승했습니다.

2. 그래프 또는 수치가 하락하는 경우

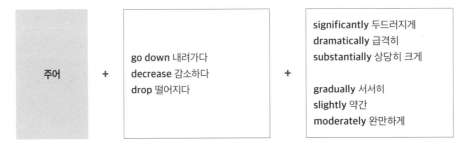

The amount of imports to Italy dropped substantially between 2014 and 2016.
2014년과 2016년 사이에 이탈리아로 수입액이 상당히 떨어졌습니다.

The amount of imports to Italy decreased moderately from 2010 to 2014.
2010부터 2014년까지 이탈리아로 수입액이 완만하게 감소했습니다.

3. 그래프 또는 수치가 안정적인 경우

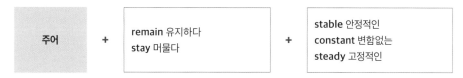

The imports to Australia remained stable between 2010 and 2018.
2010년과 2018년 사이에 호주로의 수입액은 안정적인 상태를 유지하였습니다.

4. ~에 상승/증가가 있다

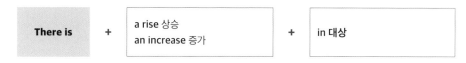

There was a rise in sales at A Mart from 2017 to 2018.
2017년부터 2018년까지 A 마트 매출에서 상승이 있었습니다.

5. ~에 감소/하락이 있다

There was a decrease in sales at B Mart from 2017 to 2018.
2017년부터 2018년까지 B 마트 매출에서 감소가 있었습니다.

■ 파이 차트(pie chart) 필수 표현

1. 전체에서 ~%를 차지하다

주어	+	account for ~을 차지하다 = comprise = constitute	+	수치 % of the total

The transport sector comprised 10% of the total.
교통 부분이 전체에서 10%를 차지했습니다.

2. ~에 가장 큰/작은 비율

the largest/smallest	+	percentage of

The largest percentage of employment in Italy's service sector is the retail industry.
이탈리아의 서비스 분야에서 고용에 가장 큰 비율은 소매 산업입니다.

The smallest percentage of employment for service sectors in Italy is the transport industry.
이탈리아의 서비스 분야에서 고용에 가장 작은 비율은 교통 산업입니다.

 TIP per cent와 percentage 구분

한국어로 퍼센트는 백분율과 백분율 단위인 %를 나타낼 때 모두 사용될 수 있지만, 영어에서는 다릅니다. per cent는 백분율 단위를 나타내는 %를 나타내는 것으로 5 per cent, 10 per cent와 같이 숫자 뒤에 사용됩니다.

percentage는 백분율이나 비율 자체를 뜻하는 단어로, 숫자와 함께 사용할 수 없습니다.

참고로 영국은 보통 per cent를, 미국은 percent를 사용하여 띄어쓰기에 차이가 있습니다.

■ 기타 필수 표현

1. 두드러지다

The sales in Germany stood out as the largest among the countries in the chart.
독일에서의 매출이 도표에 국가들 중 가장 큼으로써 두드러졌습니다.

2. ~와 (거의) 같다

In 2016, the sales in the UK were equal to the sales in Italy.
2016년에, 영국에서의 매출은 이탈리아에서의 매출과 같았습니다.

3. ~와 비교해 볼 때

Compared to the past, more houses have been built.
과거와 비교해 볼 때, 더 많은 집들이 지어졌습니다.

4. 도해(diagram) 단계/순서

First of all, sunlight hits the solar panels and generates DC power.
무엇보다 먼저, 태양빛이 태양판에 도달하면 DC 전기를 생성합니다.

After that, AC electricity is directed to any appliance that is using electricity in the house.
그 후, AC 전기는 집에서 전기를 사용하는 가전 기구로 보내집니다.

Finally, unused electricity flows into the utility grid.
마지막으로, 사용되지 않은 전기는 전기 공급망으로 흘러 들어갑니다.

1. increase/decrease + significantly/dramatically/substantially/gradually/ slightly/moderately 증가하다/감소하다 + 두드러지게/급격히/상당히 크게/서서히/약간/완만하게

The male population in Japan decreased gradually between 2010 and 2015.
2010년과 2015년 사이에 일본 남성 인구가 서서히 감소했습니다.

2. there is a rise(=an increase)/fall(=decrease) in ~에 상승/하락이 있다

There was a 10% rise in inflation in 1970.
1970년에 물가상승률에서 10% 상승이 있었습니다.

3. account for(=comprise, constitute) ~을 차치하다

Students account for 80 per cent of the total customers at C mart.
학생들이 C 마트에서 고객 전체에서 80 퍼센트를 차지합니다.

4. the largest/smallest percentage of ~에 가장 큰/작은 비율

The largest percentage of accidents in the workplace is slips and trips.
직장에서 발생하는 안전사고에 가장 큰 비율을은 미끄러짐과 넘어짐입니다.

5. stand out 두드러지다

The sales figure for 2020 stands out from all the rest.
2020년 매출 수치가 나머지 모든 것들로부터 두드러집니다.

6. (almost/nearly) equal to ~와 (거의) 같다

The population of Malaysia is almost equal to the Spanish population.
말레이시아 인구는 스페인 인구와 거의 같습니다.

7. compared to ~와 비교해 볼 때

Compared to India, China has a smaller arable land area.
인도와 비교해 볼 때, 중국은 더 작은 경작 토지 면적을 갖고 있습니다.

Practice

우리말 뜻에 맞게 빈칸을 채워서 문장을 완성하세요.

1. 라인 그래프가 급격히 증가합니다.

   The line graph increases _____.

2. 2010년에 매출에서 하락이 있었습니다.

   _____ sales in 2010.

3. 남학생들이 참가자 전체에서 40%를 차지합니다.

   Male students _____ 40% of the total contestants.

4. 서비스 분야 고용에 가장 작은 비율(백분율)은 교통 산업입니다.

   _____ employment for service sectors is in the transport industry.

5. 독일에서의 매출이 국가들 중 가장 큼으로써 두드러졌습니다.

   The sales in Germany _____ as the largest among the countries.

6. 호주의 양모 수출량은 2021년에 스웨덴의 것과 거의 같았습니다.

   The amount of wool exports by Australia was _____ that of Sweden in 2021.

7. 2010년과 비교해 볼 때, 2020년에 더 많은 집이 지어졌습니다.

   _____ 2010, more houses have been built in 2020.

Answers

1. dramatically(=significantly, substantially) 2. There was a fall(=decrease) in 3. account for 4. The smallest percentage of 5. stood out 6. almost/nearly equal to 7. Compared to

Writing [General Training]

파트 1 유형 파악하기

▶ 강의 보기

오늘의 학습 목표

제너럴 라이팅 파트 1 문제 파악 및 필수표현 익히기

미리보기

- 20분 이내 150단어 이상 편지 쓰기
- 반드시 3가지 포인트(bullet points)에 대한 답변을 해야 함
- 편지를 받는 대상에 따라 격식(formal), 준격식(semi-formal), 비격식(informal) 편지 작성
- 편지 형식에 맞게 글의 앞과 끝에 인사말 필요

PART 1

You should spend about 20 minutes on this task.

Your local council has a plan to build some tourist facilities to attract more tourists to the town. The council has advertised for the residents to suggest ideas for the plan.

Write a letter to your local council. In your letter
- describe the importance of the tourism in your town
- explain what kind of facility you recommend
- say why you think the facility could be appropriate for the plan

You do **NOT** need to write any addresses.

Begin your letter as follows:

Dear Sir or Madam,

📖 편지종류

IELTS에 등장하는 편지는 크게 격식, 준격식, 비격식으로 나뉘어 출제되는데, 준격식의 경우 친함의 정도에 따라 더 구분됩니다. 비격식 편지는 최근들어 출제가 거의 되지 않고 있기에, 격식과 준격식 유형에 집중하여 학습하는 것이 효율적입니다.

종류	Formal 격식	Semi-formal Type 1 준격식 1	Semi-formal Type 2 준격식 2	Informal 비격식
대상	모르는 사람이나 사업체	어느 정도 아는 사람이나 회사 상관	친구나 친한 동료	가족이나 격식을 갖출 필요 없는 친구
인사 (콤마 포함)	Dear Sir or Madam,	Dear Last Name(성) 예 Dear Mr Kim,	Dear First Name(이름) 예 Dear Chelsea,	Hi나 Hello 뒤에 이름 또는 호칭 예 Hi Mum,
문장 스타일	· 축약 안됨 · 고급 단어 구사	· 축약 거의 안됨 · 고급 단어 구사	· 축약 가능 · 너무 격식있게 쓰면 어색해질 수 있음	· 축약 가능 · 가볍고 친근한 단어
끝인사	Yours faithfully, (한 줄 띄고) 성명	Yours sincerely, (한 줄 띄고) 싱명	Best wishes, (한 줄 띄고) 이름	With love, (한 줄 띄고) 이름
출제빈도	50%	30%	15%	5%

1. 인사(greeting)

글을 받는 사람을 언급하는 부분으로 주로 다음과 같이 쓰면 됩니다.

> - **Dear** 사람 이름, (사람 이름을 알고 있는 경우)
> - **Dear Sir or Madam**, (사람 이름을 알지 못하는 경우)

Dear는 '친애하는'이란 뜻이 있는데, 편지 앞부분에 사용되면 편지글의 인사 표현으로 생각하면 됩니다.
문제에서 Begin your letter as follows: Dear Sir or Madam,이라는 문구가 나오면 편지글은 Dear Sir or Madam으로 시작해야 합니다.

2. 글의 목적

정해진 시간 내에 자신이 원하는 편지글을 쓰기 위해서는 처음부터 목적을 나타내는 것이 필수입니다. 글의 목적을 나타내기 위해서는 다음과 같이 첫 문장을 시작하도록 합니다.

> - **I am writing to 동사원형**
>   ~하기 위해 글을 쓰고 있습니다
> - **I am writing with regard to + 명사**
>   ~에 관해 글을 쓰고 있습니다
> - **I am writing to enquire about + 명사**
>   ~에 관해 물어 보기 위해서 편지를 쓰고 있습니다
> - **I am writing to inform you that + 주어 + 동사**
>   당신에게 that 이하의 사실을 알려주기 위해서 편지를 쓰고 있습니다
> - **I regret to inform you that 주어 + 동사**
>   당신에게 that 이하라는 것을 알려주게 되어서 유감입니다

3. 3가지 답변 포인트(three bullet points)

Task 1에는 반드시 3가지 답변 포인트(bullet points)에 대한 답변이 되는 근거나 예시 등의 내용이 작성되어야 합니다. 다음은 자주 활용할 수 있는 표현들입니다.

① 주어 + be동사 + 형용사 + to부정사

I am grateful to become a member of your team.

팀의 일원이 되어 감사합니다.

② 5형식 수동태의 활용

> - **be required to** + 동사원형: ~하는 것이 요구되다
> - **be expected to** + 동사원형: ~하는 것이 예상되다
> - **be allowed to** + 동사원형: ~하는 것이 허락되다
> - **be encouraged to** + 동사원형: ~하는 것이 장려되다
> - **be scheduled to** + 동사원형: ~하는 것이 예정되다
> - **be supposed to** + 동사원형: ~하기로 되어 있다
> - **be intended to** + 동사원형: ~하기로 의도되다

I was supposed to visit the store.
저는 그 상점에 방문하기로 되어 있었습니다.

---

③ There is/are + 명사(주어)
주어가 동사(be동사) 앞에 오는 것이 아니라 뒤에 오는, 주어 도치의 문장 형태입니다.

There is a negative impact on my work.
제 일에 대한 부정적인 영향이 있습니다.
→ 이 문장에서 주어는 be동사 다음에 온 명사(impact)이므로, 그 명사의 수(단수)에 맞추어 동사 수일치(is)를
합니다.

---

④ Furthermore(게다가), In addition(추가적으로)
부연 설명할 때, 문장 맨 앞에 사용하는 부사입니다. 뒤에 콤마를 붙여야 합니디.

Furthermore, since I work from home, I rely on the internet so that I can send emails to my
clients.
게다가, 저는 재택근무를 하고 있어서, 고객들에게 이메일을 보낼 수 있도록 인터넷에 의지하고 있습니다.

---

⑤ Due to / Because of / Owing to + 명사 (~ 때문에)
근거를 제시할 때 사용하는 표현입니다.

Due to the poor internet connection provided by your company, I have already missed two
deadlines this week.
귀하의 회사에서 제공되는 열악한 인터넷 연결 때문에, 저는 벌써 이번 주에 두 건의 마감을 놓쳤습니다.

4. 마무리

편지글의 마지막은 다음의 두 부분으로 세분화 됩니다.

- **마무리 문장 내용**: 빠른 답변 요구, 희망, 질문 요청, 축하, 감사 등
- **끝인사**: Yours faithfully / Yours sincerely / Best wishes / With love (한칸 띄고) 자신의 이름

마무리 문장에는 다음 표현이 자주 사용됩니다.

① look forward to + 동사ing

I look forward to hearing from you.
당신으로부터 들을 수 있기를 기대합니다.

---

② 주어 + hope + to부정사 / (that) 주어 + 동사

I hope (that) you enjoy the rest of your holiday.
저는 당신이 당신의 남은 휴가를 즐기길 희망합니다.
→ 여기에서 that은 목적어절을 이끄는 명사절 접속사이므로 생략 가능합니다.

---

③ 주어 + 동사 ~ + if + 주어 + 동사 ~

You can contact me at 545-328-5822 if you would like to discuss this further.
이 문제들 더 논의하길 원하신다면, 545-328-5822번으로 제게 연락할 수 있습니다.

---

④ 감사의 표현
다음은 편지에서 thank you와 동일한 뜻이지만 보다 격식 있는 표현입니다.

I appreciate your consideration.
저는 당신의 고려를 감사하게 생각합니다.

Thank you for your time.
시간을 내주셔서 감사합니다.

TIP I am writing to 명사? I am writing to 동사원형?

I am writing to는 편지글 시작할 때 자주 사용되는 표현입니다. 하지만 뒤에 명사가 오느냐
동사원형(to부정사)가 오느냐에 따라 의미가 달라집니다.

I am writing to + 동사원형 (to부정사)

- 여기에서 to는 to부정사

- 의미: ~하기 위해 씁니다

- 편지글의 목적을 나타낼 때

예 I am writing to express my dissatisfaction about your service.
저는 귀사의 서비스에 대한 불만을 표출하기 위해 씁니다.

I am writing to + 명사(대상)

- 여기에서 to는 전치사

- 의미: ~에게 씁니다

- 편지 수신 대상을 나타낼 때

예 I am writing to Mr Nicholson.
저는 니콜슨 씨에게 씁니다.

오늘의 라이팅 필수 표현

1. I am writing with regard to ~과 관련해 쓰고 있다

I am writing with regard to the Sales Representative position that you recently posted.

저는 귀사에서 최근에 올린 영업 사원직과 관련해 쓰고 있습니다.

2. be allowed to ~하는 것이 허락되다

You are not allowed to park here.

당신은 여기에 주차하는 것이 허락되지 않습니다.

3. be supposed to ~하기로 되어 있다

You were supposed to be here by noon.

당신은 여기에 정오까지 오기로 되어 있었습니다.

4. furthermore(=in addition, moreover) 게다가

In addition, they offer a range of benefits for new employees.

게다가, 그들은 신입 직원들에게 다양한 혜택을 제공합니다.

5. due to(=because of, owing to) ~때문에

Regrettably, the service has been dropped due to lack of funding.

유감스럽게도, 자금 부족 때문에 그 서비스는 중단되었습니다.

6. look forward to -ing ~하기를 기대하다

I look forward to hearing from you.

저는 당신으로부터 (답변을) 들을 수 있기를 기대합니다.

7. appreciate 감사하게 여기다

I appreciate your consideration.

저는 당신의 고려를 감사하게 여깁니다.

Practice

우리말 뜻에 맞게 빈칸을 채워서 문장을 완성하세요.

1. 저는 귀사의 구인 광고와 관련해 쓰고 있습니다.

I am _____ your job advertisement.

2. 저는 귀사의 일자리에 관해 물어 보기 위해서 쓰고 있습니다.

I am writing _____ your job vacancies.

3. 이 식당에서 흡연하는 것이 허락되지 않습니다.

You _____ smoke in this restaurant.

4. 반려동물이 허락되지 않는 것을 알려드리게 되어서 유감입니다.

I _____ that pets are not allowed.

5. 아이들은 8시 반까지 학교에 가기로 되어 있습니다.

The children _____ be at school by 8.30 a.m.

6. 저는 당신을 곧 만나게 되기를 기대합니다.

I _____ seeing you soon.

7. 저는 당신의 도움을 감사하게 여깁니다.

I _____ your help.

🕐 **Answers**

1. writing with regard to   **2.** to enquire about   **3.** are not allowed to   **4.** regret to inform you   **5.** are supposed to
6. look forward to   **7.** appreciate

Listening
파트 1 유형 파악하기

오늘의 학습 목표

리스닝 파트 1 문제 유형 및 문제 풀이 전략 학습

▲ 강의 보기

미리보기

- 문제 번호: 1번~10번
- 빈출 주제: 일상생활(숙소, 여행, 행사나 프로그램 문의 또는 등록 등) 대화
- 난이도: 간단한 숫자 또는 단어를 받아 적는 문제 위주로 출제되므로 리스닝 파트 중 난이도가 가장 낮음
- 화자 수: 2명의 화자가 대화를 나누는데, 한 명은 문의를 하고 다른 한 명은 답변하는 형태

PART 1

Listen and answer questions 1-10.

Complete the notes. Write **ONE WORD AND/OR A NUMBER** in each gap.

Edward's Property Advice

About Edward:

- Edward purchased his house in 2017.
- In the beginning, Edward visited a [____1____] that his friend recommended.
- Edward wanted to find a house with at least two [____2____].
- Houses viewed: Oldest one was built in [____3____].
- Edward thinks he should have taken a mortgage term of [____4____] years.

Benefits of searching for property online:

- Lots of property websites that provide extensive, diverse ranges of properties.
- Having a certified listing on a website boosts a seller's [____5____].
- New technology allows prospective buyers to take a virtual tour.
- Property websites show the nearest [____6____] to a property.
- Websites also estimate the cost of [____7____] per month.

Advice for property viewing:

- Inspect [____8____].
- Take several [____9____].
- Speak with [____10____].

■ 주제별 출제 비율

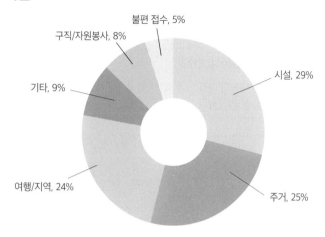

- 시설: 주민회관, 도서관, 헬스클럽, 극장 등의 프로그램 및 수업 등록, 예약, 대여 문의
- 주거: 숙박, 임대, 이사, 수리 등
- 여행/지역: 여행/지역 행사 문의
- 기타 문의: 배송, 길거리 설문 조사 인터뷰 등
- 구직/자원봉사: 파트타임/자원봉사 문의
- 불편 접수: 서비스 불만족, 분실물 신고

■ 유형별 출제 비율

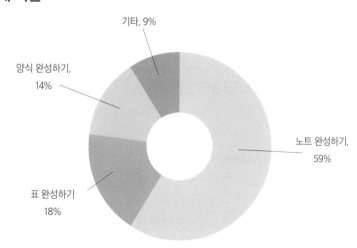

- 주관식 빈칸 채우기 문제 유형인 노트/표/양식 완성하기(note/table/form completion) 위주로 출제
- 전화번호, 우편번호, 이름, 생일, 주소 등의 철자(letter)와 숫자(number) 받아쓰기(dictation) 문제가 반드시 한 문제 출제

 **빈출 문제 유형 분석**

파트 1에서 노트/표/양식 완성하기(note/table/form completion) 문제 유형이 90% 이상 출제되고 있습니다. 비록 세 문제 유형이 구분되어 출제 되고 있지만, 문제 풀이 방법은 세 문제 유형이 같습니다.

■ 노트 완성하기(note completion)

- 방송 대화의 중요 내용을 하나의 큰 제목과 여러 개의 소제목으로 구분하여 정보를 요약한 노트(메모)가 제시
- 방송을 들으며 이 노트에 있는 빈칸을 채워 완성시키는 문제 유형

Complete the notes below.

*Write **NO MORE THAN TWO WORDS** for each answer.*

Laverton Public Library

The library now has
- a new section of books for **1** _____
- an expanded section for magazines on **2** _____
- a **3** _____ room for meetings

Other information
- weekends: free **4** _____ is available

■ 표 완성하기(table completion)

- 노트 완성하기와 마찬가지로 대화의 중요 내용이 요약된 표를 보고 군데군데 빈칸을 채우는 문제 유형
- 가로/세로로 문제가 흩어져 있으므로 빈칸의 순서, 표의 위아래 및 좌우 간의 관계를 빠르게 파악해야 함

Complete the table below.

*Write **ONE WORD AND/OR A NUMBER** for each answer.*

Event	Cost	Venue	Notes
Rock Concert	£20	**1** _____ Hall	Appearing: Terry Hartnett, Super Sonics, Kools
Jazz Dance	Free	Community Centre	Need to contact **2** _____ in advance
Circus Show	£10	Public Park	Tickets can be bought in the **3** _____

■ 양식 완성하기(form completion)

- 노트 완성하기와 유사한 유형으로, 이름이나 주소, 시간과 날짜 등의 개인정보가 포함된 신청서가 주로 출제
- 양식의 제목과 양식 좌측에 나오는 항목들을 반드시 읽고 어떠한 내용이 나올지 미리 파악할 것
- 빈칸 완성하기 유형상 간단한 명사나 이름, 장소, 시간, 번호 등 정보를 요구하는 문제가 출제되는 만큼 대화문에서 화자가 강한 어조로 말하는 어구나 되묻는 부분을 놓치지 말 것

Complete the form below.

*Write **NO MORE THAN TWO WORDS AND/OR A NUMBER** for each answer.*

Childcare Centre Enrolment Form

Name	Christine Hutchison
Address	**1** .... Avenue, Lakewood
Phone	5327 8825
Fees	**2** .... per month

 **문제 풀이 전략**

1. 방송 시작 전 지시문의 단어/숫자 수 확인

• 지시문을 반드시 확인하고 몇 개의 단어 혹은 숫자로 답안을 작성해야 되는지 확인

Write ONE WORD ONLY for each answer	한 단어로만 답 적기
Write ONE WORD AND/OR A NUMBER for each answer	한 단어와 숫자 하나로 답안을 작성하세요.
Write NO MORE THAN TWO WORDS for each answer	두 단어 이내로 답안을 작성하세요.
Write NO MORE THAN TWO WORDS AND/OR A NUMBER for each answer	두 단어 이내와 숫자 하나로 답안을 작성하세요.
Write NO MORE THAN THREE WORDS for each answer	세 단어 이내로 답안을 작성하세요.

2. PART 소개 멘트 잘 듣기

• 각 파트가 시작되기 전 전체적인 내용을 미리 파악할 수 있도록 도와주는 소개 멘트를 주의해서 듣기

You will hear ① a telephone conversation between ② a woman who is asking about a festival and ③ a man from a company organising the event.

→ ① 전화 상 대화로 ② 축제에 대해 문의하는 여자와 ③ 축제를 준비하는 회사 측 남자 간의 내용임을 파악

• 각 파트파트는 두 개의 영역으로 구분되고 소개 멘트 바로 다음에 첫 번째 영역이 몇 번까지인지 언급되므로, 첫 번째 영역 문제 범위 확인하기

First, you have some time to look at questions 1 to 5.

→ 먼저 1~5번까지 지금 확실히 문제를 분석하고, 6~10번은 지금 읽지 않아도 다음 영역이 시작되기 전, 추가로 주어지는 시간(20~30초)에 분석할 수 있음

3. 문제 키워드 표시하기

• 빈칸의 앞뒤 중요 키워드에 동그라미 표시하여, 키워드를 통해 대화의 흐름을 추측하고, 정답의 품사 등 형태 파악하기

Bicycle Rental Service

Caller's Name   1 _____

Caller's Address   2 _____

Caller's Contact Number   3 _____

PART 1 빈출 어휘

01	**account**	계좌
02	**intermission**	(연극, 영화 등의) 중간 휴식 시간
03	**enquire**	문의하다
04	**admission fee**	입장료
05	**renew**	갱신하다
06	**identification**	신분증
07	**overdue**	기한이 지난
08	**sign up**	등록하다
09	**check out**	(도서관 등에서) 대출하다
10	**property**	부동산
11	**deposit**	보증금
12	**rent**	임대하다, 임대료
13	**reasonable**	합리적인, 비싸지 않은
14	**landlord**	집주인
15	**tenant**	세입자
16	**residence**	주택, 거주 (cf. hall of residence 기숙사)
17	**utilities**	(전기, 가스 등의) 공공서비스
18	**lease**	임대 계약
19	**furnished**	가구가 갖추어진
20	**sightseeing**	관광
21	**tourist centre**	관광 안내소
22	**excursion**	(짧은 단체) 여행
23	**tourist attraction**	관광 명소
24	**stopover**	중간 기착 (cf. 미국식 layover)
25	**boarding pass**	탑승권

▲ 음원 듣기

Practice

음원을 들으며 문제를 풀어보세요.

▲ 음원 듣기

Questions 1-5

Complete the form below.

*Write **ONE WORD AND/OR A NUMBER** for each answer.*

ROXY CINEMA MEMBERSHIP APPLICATION FORM

Name: Rebecca Jane Wilson

Address: 450 **1** _____ Avenue, Sherwood

Postcode: **2** _____

Telephone: **3** _____ (mobile) 461238 (home)

Student ID number: **4** _____

Date of Birth: Month: June / Date: **5** _____ / Year: 1988

32

1. Main   **2.** DD4 6AW   **3.** 0786441227   **4.** 4598234   **5.** 21st/21

You will hear a conversation between a woman who wants to join a cinema membership programme and a man working in the cinema.
여러분은 극장 멤버십 프로그램에 가입하길 원하는 여성과 극장에서 일하는 남성 간의 대화를 듣게 됩니다.

First, you have some time to look at questions 1 to 5.
먼저 여러분은 1-5번 문제를 살펴볼 시간을 갖습니다.

Now listen carefully and answer questions 1 to 5.
이제 주의 깊게 듣고 1-5번 문제에 답하세요.

REBECCA: Excuse me, I heard that this cinema has a membership programme. Can I sign up now?
실례합니다. 이 영화관에는 회원 프로그램이 있다고 들었습니다. 지금 가입 할 수 있을까요?.

MAN: You sure can. I'll just need your information for this form.
가능합니다. 이 양식에 고객님의 정보가 필요합니다.

REBECCA: OK. I have time before the movie starts.
좋아요. 영화가 시작되기 전에 시간 있습니다.

MAN: So, the first thing I need is your full name, including your middle name, if you have one.
가장 먼저 필요한 것은 가운데 이름을 포함한 고객님의 성함입니다.

REBECCA: Yes, it's Rebecca Jane Wilson.
네, 레베카 제인 윌슨입니다.

MAN: Thanks. And where do you currently live?
감사합니다. 지금 현재 어디에 거주하시고 계신가요?

REBECCA: [1] 450 Main Avenue here in Sherwood.
셔우드 메인 에비뉴 450번지예요.

MAN: Main Avenue… So, I guess the postcode must be DD4, right?
메인 에비뉴…그렇다면, 우편 번호는 DD4 이겠네요?

REBECCA: Yes, [2] DD4 6AW is the full one.
네, DD4 6AW가 전체 우편번호입니다.

MAN: OK, next, can you give me your mobile phone and home phone numbers?
좋아요, 이번엔 휴대전화와 집 전화번호를 알려주시겠습니까?

REBECCA: My mobile number is [3] 0-7-8-6-double 4-1-double 2-7. Home is 4-6-1-2-3-8.
제 휴대전화번호는 0-7-8-6-4-4-1-2-2-7입니다. 집 전화번호는 4-6-1-2-3-8입니다.

MAN: Thanks. And do you have a student ID card? If so, you can get added discounts.
감사합니다. 그리고 학생증 있으신가요? 있으시다면 추가 할인 가능합니다.

REBECCA: I do. Do you need the card number?
네 있습니다. 학생증 번호 필요하신가요?

MAN: Yes, please.
네, 필요합니다.

REBECCA: OK, let me check. Oh, here it is. [4] It's 4-5-9-8-2-3-4.
네, 확인해볼게요. 오, 여기 있네요. 학생증 번호는 4598234입니다.

MAN: That's great. And lastly, please tell me your date of birth.
좋아요. 마지막으로 고객님의 생년월일을 말씀해주세요.

REBECCA: Yes, [5] it's June 21st, 1988.
네, 1988년 6월 21일입니다.

MAN: Right, that's all of the basic information we need for your membership. I hope you enjoy today's movie.
좋아요, 이것이 회원 가입에 필요한 기본 정보입니다. 오늘 즐거운 영화관람 되시길 바랍니다.

REBECCA: Thanks. I'm sure I will. Have a nice day.
감사합니다. 그렇게 할게요. 좋은 하루 되세요!

Reading
빈출 문제 유형 - 선다형

오늘의 학습 목표

리딩 선다형(multiple choice)문제 유형 파악 및 문제 풀이 전략 학습

▲ 강의 보기

기출 패턴

- 선다형 문제는 일반적인 객관식 문제로, 보기 중에서 알맞은 정답을 선택하는 문제 유형
- 출제 빈도가 가장 높은 문제 유형으로 아카데믹 모듈의 경우 거의 모든 지문에서 출제되며, 제너럴 트레이닝 모듈에서는 PART 3에서 주로 출제
- 주어진 문장의 뒷부분에 들어갈 알맞은 말을 고르거나 주어진 질문의 대답을 고르는 두 가지 형태로 출제

Question 11

*Choose the correct letter, **A**, **B**, **C** or **D**.*

11 Autonomous sensory meridian response

   A has been studied in depth by scientists.

   B has been linked to several diseases.

   C is often discussed on the internet.

   D is typically experienced by children.

Questions 12 and 13

*Choose **TWO** letters, **A-E**.*

Which **TWO** of these possible reasons for climate change are mentioned in the text?

   A orbital variations

   B ocean-atmosphere variability

   C human activity

   D solar radiation

   E volcanism

1. 문제 유형과 정답의 조건 확인

• 하나의 질문에 한 개 또는 두 개의 정답을 골라야하는 경우가 있는데, 두 개의 경우 두 문제짜리로 각각의 정답을 답지에 따로 써야됨

Questions 12 and 13

*Choose **TWO** letters, **A-E**.*

Which **TWO** of these possible reasons for climate change are mentioned in the text?

    A orbital variations

    B ocean-atmosphere variability

    C human activity

    D solar radiation

    E volcanism

TIP 위 문제는 1개의 문제로 보이지만 실제로는 2개의 문제이므로 각각의 정답을 답지에 따로 써야 해요!

정답 순서가 바뀌어도 상관없음
(12번에 A, 13번에 D라고 써도 징답 처리)

11		
12	D	
13	A	
14		

2. 문제를 읽고 핵심어 표시

• 보기보다는 문제 부분에서 중요한 핵심어를 찾을 수 있기에 문제를 제대로 읽고 핵심어 표시
• 지명, 연도, 이름과 같은 고유 명사는 중요한 핵심어 역할을 함

3. 관련 문단을 찾아낸 뒤, 정보와 일치하는 보기 고르기

• 핵심어가 등장한 문단이 문제의 정답과 관련된 문단일 가능성이 높음
• 정답 보기는 지문과 동일한 어휘를 반복하지 않고 유의어로 패러프레이징(paraphrasing)되기에, 지문에 나온 단어나 어구가 그대로 보기에 등장하면 오답 보기일 가능성 높음

오늘의 리딩 필수 어휘

01	**global warming**	지구 온난화
02	**climate change**	기후 변화
03	**be referred to as**	~로 불리다, ~로 일컬어지다
04	**statistical**	통계적인
05	**distribution**	분포
06	**orbit**	궤도
07	**variation**	변화
08	**a variety of**	다양한
09	**initial**	처음의
10	**tingle**	따끔거리다
11	**sensation**	감각
12	**accompanied by**	~이 동반되는
13	**relaxation**	이완, 휴식
14	**mild**	가벼운, 온화한
15	**autonomous**	자율적인
16	**sensory**	감각의
17	**response**	반응
18	**trigger**	유발하다, 자극, 유인
19	**phenomenon**	현상
20	**extensive**	광범위한
21	**stimuli**	자극들
22	**mundane**	일상적인
23	**disorder**	질환, 장애
24	**meditation**	명상
25	**fragrance**	향기

Practice

다음 문제를 풀어보세요.

Global warming and climate change

Global warming is also referred to as climate change. Climate change is a change in the statistical distribution of weather patterns over an extended period of time, from decades to millions of years. Factors that can affect climate are called 'climate forcing mechanisms'. These include processes such as variations in solar radiation, continental drift, the Earth's orbit and greenhouse gas concentrations. There are a variety of climate change feedbacks that can either increase or decrease the initial forcing. Some parts of the climate system, such as the oceans and ice caps, respond more slowly to climate forcing mechanisms, while others respond more quickly.

Questions 1 and 2

*Choose **TWO** letters, **A-E**.*

Which **TWO** of these possible reasons for climate change are mentioned in the text?

    A orbital variations

    B ocean-atmosphere variability

    C human activity

    D solar radiation

    E volcanism

Sensation on your skin

Have you ever felt a tingling sensation on your skin accompanied by a state of relaxation or mild happiness? If so, you may have experienced autonomous sensory meridian response (ASMR).

Individuals who experience ASMR often describe the sensation as a combination of positive feelings triggered by specific sights and sounds. Although ASMR is a relatively new phenomenon and has not yet undergone extensive clinical studies, there are countless reports from those who have experienced it, and hundreds of online forums have been set up where people can share their personal ASMR experiences with one another.

Several stimuli have been mentioned in relation to ASMR, with the most popular ones being watching someone perform a repetitive, mundane task, listening to someone whispering and receiving direct, personal attention from another person, such as when receiving a haircut. Furthermore, specific sounds such as finger tapping, paper crinkling and the frying of food have been demonstrated to elicit ASMR from some people.

Several experts have claimed that videos containing ASMR triggers may have a positive effect on those suffering from insomnia or other similar disorders that prevent many from getting a good night's rest. They believe that ASMR videos may help to relax the brain in a similar way to hypnosis and meditation.

*Choose the correct letter, **A**, **B**, **C** or **D**.*

3   Autonomous sensory meridian response

   A has been studied in depth by scientists.

   B has been linked to several diseases.

   C is often discussed on the internet.

   D is typically experienced by children.

4   ASMR can be triggered by

   A a pleasant fragrance.

   B a person talking quietly.

   C a brightly coloured object.

   D a loud mechanical noise.

5   What type of people might benefit from watching ASMR videos?

   A those who get frequent headaches

   B those who are studying medicine

   C those who meditate on a regular basis

   D those who have trouble sleeping

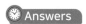
1. D **2.** A **3.** C **4.** B **5.** D

지구 온난화와 기후 변화

지구 온난화는 기후 변화로도 불린다. 기후 변화는 수십 년부터 수백만 년의 장기간에 걸친 날씨 패턴의 통계적인 분포 변화이다. [1,2]기후에 영향을 미칠 수 있는 요인은 '기후 촉진 메커니즘'이라고 불린다. 여기에는 태양 복사, 대륙 이동, 지구 궤도, 온실가스 농도의 변화들과 같은 과정들이 포함된다. 처음의 촉진을 증가시키거나 감소시키는 다양한 기후 변화 피드백들이 있다. 해양, 만년설과 같은 일부 기후 시스템은 기후 촉진 메커니즘에 더 느리게 반응하는 반면, 다른 시스템은 더 빨리 반응한다.

다음 중 이 글에서 언급된 기후 변화의 원인 **두** 가지는?

A 궤도 변화
B 해양-대기 변동성
C 인간 활동
D 태양 복사
E 화산 활동

피부 감각

피부가 따끔거리는 느낌이 동반되는 이완 상태나 가벼운 행복감을 느낀 적이 있나요? 만일 그렇다면 자율 감각 쾌락 반응(ASMR)을 경험했을 수 있습니다.

ASMR을 경험한 사람들은 특정 시각과 소리에 의해 촉발된 긍정적인 감정의 조합이라고 종종 설명합니다. 비록 ASMR은 비교적 새로운 현상이며 아직 광범위한 임상 연구를 거치지 않았지만, 이를 경험한 사람들의 보고가 셀 수 없이 많으며, [3]사람들이 서로의 개인 ASMR 경험을 공유할 수 있는 수백 개의 온라인 포럼이 개설되어 있습니다.

[4]ASMR과 관련하여 여러 가지 자극들이 언급되어왔는데, 가장 인기 있는 자극은 반복적이고 일상적인 작업을 수행하는 사람을 지켜보는 것, 속삭이는 소리를 듣는 것, 이발을 받을 때와 같이 다른 사람으로부터 직접적이고 개인적인 관심을 받는 것 등입니다. 또한, 손가락 두드리는 소리, 종이 구기는 소리, 음식 튀기는 소리와 같은 특정 소리는 몇몇 사람들로부터 ASMR 반응을 이끌어내는 것으로 입증되었습니다.

몇몇 전문가들은 [5]ASMR 유발을 포함하는 동영상이 많은 이들로부터 숙면을 방해하는 불면증이나 기타 유사한 질환으로 인해 고생하는 사람들에게 긍정적인 영향을 미칠 수 있다고 주장해왔습니다. 그들은 ASMR 동영상이 최면이나 명상과 비슷한 방식으로 뇌를 이완시키는 데 도움이 될 수 있다고 믿습니다.

3 자율 감각 쾌락 반응은 ~

   A 과학자들에 의해 심도 있게 연구되었습니다.

   B 여러 질병과 연관되어 있습니다.

   C 인터넷에서 자주 논의됩니다.

   D 일반적으로 어린이들에 의해 경험됩니다.

4 ASMR은 ~에 의해 유발될 수 있습니다.

   A 기분 좋은 향기

   B 조용히 말하는 사람

   C 밝은 색의 물체

   D 시끄러운 기계 소음.

5 어떤 유형의 사람들이 ASMR 동영상을 시청하면 도움이 될 수 있습니까?

   A 두통이 잦은 사람

   B 의학을 공부하는 사람

   C 정기적으로 명상하는 사람

   D 수면에 문제가있는 사람

Vocabulary

sensation 감각 tingle 따끔거리다 accompanied by ~이 동반되는 relaxation 이완, 휴식 mild 가벼운, 온화한 autonomous 자율적인 sensory 감각의 meridian 자오선 response 반응 trigger 유발하다, 자극, 유인 sight 시각, 시력, 광경 relatively 비교적 phenomenon 현상 undergo 겪다 extensive 광범위한 clinical study 임상 연구 countless 셀 수 없이 많은 stimuli 자극들 repetitive 반복적인 mundane 일상적인 whisper 속삭이다 tap 두드리다 crinkle 구기다 demonstrate 입증하다 expert 전문가 claim 주장하다 suffer 고생하다 insomnia 불면증 disorder 질환, 장애 prevent 막다, 방해하다 hypnosis 최면 meditation 명상 fragrance 향기 frequent 잦은 headache 두통 medicine 의학 on a regular basis 정기적으로

Weekly Review

Speaking

스피킹 시험에서는 직접 말해 보는 것이 가장 중요합니다. 직접 큰소리로 자신만의 답변을 녹음해 보세요.

Examiner: Could you tell me your full name, please?

Test Taker: _____

Examiner: Can I see your identification, please?

Test Taker: _____

Examiner: Are you a student or are you working?

Test Taker: _____

Examiner: How long have you been learning English?

Test Taker: _____

Examiner: Do many people learn English in your country? [Why/Why not?]

Test Taker: _____

Examiner: Let's talk about watching television. How often do you watch television? [Why/Why not?]

Test Taker: _____

Examiner: Do you think most programmes on TV are good?

Test Taker: _____

Examiner: What type of TV programmes do you like? [Why?]

Test Taker: _____

Writing [Academic]

우리말 뜻에 맞게 빈칸을 채워서 문장을 완성하세요.

1. 라인 그래프가 급격히 증가합니다.

   The line graph increases _____.

2. 2010년에 매출에서 하락이 있었습니다.

   _____ sales in 2010.

3. 남학생들이 참가자 전체에서 40%를 차지합니다.

   Male students _____ 40% of the total contestants.

4. 서비스 분야 고용에 가장 작은 비율(백분율)은 교통 산업입니다.

   _____ employment for service sectors is in the transport

   industry.

5. 독일에서의 매출이 국가들 중 가장 큼으로써 두드러졌습니다.

   The sales in Germany _____ as the largest among the countries.

6. 호주의 양모 수출량은 2021년에 스웨덴의 것과 거의 같았습니다.

   The amount of wool exports by Australia was _____ that of Sweden in 2021.

7. 2010년과 비교해 볼 때, 2020년에 더 많은 집이 지어졌습니다.

   _____ 2010, more houses have been built in 2020.

우리말 뜻에 맞게 빈칸을 채워서 문장을 완성하세요.

1. 저는 귀사의 구인 광고와 관련해 쓰고 있습니다.

I am _____ your job advertisement.

2. 저는 귀사의 일자리에 관해 물어 보기 위해서 쓰고 있습니다.

I am writing _____ your job vacancies.

3. 이 식당에서 흡연하는 것이 허락되지 않습니다.

You _____ smoke in this restaurant.

4. 반려동물이 허락되지 않는 것을 알려드리게 되어서 유감입니다.

I _____ that pets are not allowed.

5. 아이들은 8시 반까지 학교에 가기로 되어 있습니다.

The children _____ be at school by 8.30 a.m.

6. 저는 당신을 곧 만나게 되기를 기대합니다.

I _____ seeing you soon.

7. 저는 당신의 도움을 감사하게 여깁니다.

I _____ your help.

Listening

리스닝 학습에서는 딕테이션(dictation)과 쉐도잉(shadowing)이 중요합니다.
음원을 들으며 빈칸을 채우고, 다시 음원을 들으며 따라 읽어보세요.

▲ 음원 듣기

You will hear a conversation between a woman who wants to join a **1.** _____ membership

programme and a man working in the cinema. First, you have some time to look at questions 1 to

2. _____ . Now listen carefully and answer questions 1 to 5.

REBECCA: Excuse me, I heard that this cinema has a membership programme. Can I sign up now?

MAN: You sure can. I'll just need your information for this form.

REBECCA: OK. I have time before the movie starts.

MAN: So, the first thing I need is your full name, including your middle name, if you have one.

REBECCA: Yes, it's Rebecca Jane Wilson.

MAN: Thanks. And where do you currently live?

REBECCA: **3.** _____ Main Avenue here in Sherwood.

MAN: Main Avenue… So, I guess the postcode must be DD4, right?

REBECCA: Yes, **4.** _____ is the full one.

MAN: OK. Next, can you give me your mobile phone and home phone numbers?

REBECCA: My mobile number is **5.** _____ . Home is 4-6-1-2-3-8.

MAN: Thanks. And do you have a student ID card? If so, you can get added discounts.

REBECCA: I do. Do you need the card number?

MAN: Yes, please.

REBECCA: OK, let me check. Oh, here it is. It's **6.** _____ .

MAN: That's great. And lastly, please tell me your date of birth.

REBECCA: Yes, it's **7.** _____ .

MAN: Right, that's all of the basic information we need for your membership. I hope you enjoy

today's movie.

REBECCA: Thanks. I'm sure I will. Have a nice day.

Reading

다음의 문구를 지문에서 스캐닝(scanning)하여 표시하세요.

global warming
climate forcing mechanisms
variations
climate change feedbacks
climate system

Global warming is also referred to as climate change. Climate change is a change in the statistical distribution of weather patterns over an extended period of time, from decades to millions of years. Factors that can affect climate are called 'climate forcing mechanisms'. These include processes such as variations in solar radiation, continental drift, the Earth's orbit and greenhouse gas concentrations. There are a variety of climate change feedbacks that can either increase or decrease the initial forcing. Some parts of the climate system, such as the oceans and ice caps, respond more slowly to climate forcing mechanisms, while others respond more quickly.

다음 문장을 해석하세요.

1. Global warming is also referred to as climate change.

해석 _____

2. Factors that can affect climate are called 'climate forcing mechanisms'.

해석 _____

3. There are a variety of climate change feedbacks that can either increase or decrease the initial forcing.

해석 _____

Answers

Could you tell me your full name, please?

I'm Su-young Kim.

제 이름은 김수영입니다.

Can I see your identification, please?

Sure. Here it is.

물론이죠. 여기 있습니다.

Are you a student or are you working?

I am a student. I am studying for a bachelor's degree in physics.

저는 학생입니다. 물리학 학사 학위를 위해 공부 중에 있습니다.

How long have you been learning English?

I have been learning English since I was 10, so it has been over 15 years.

저는 10살 때부터 영어를 공부해왔기에, 15년이 넘었습니다.

Do many people learn English in your country? [Why/Why not?]

Yes. That is because learning English is mandatory from primary to secondary school in Korea.

네. 한국에 초등부터 중고등 학교까지 영어 학습은 의무이기 때문입니다.

Let's talk about watching television. How often do you watch television? [Why/Why not?]

I watch TV only a couple of times a week. I used to watch TV a lot, but now I don't have much time due to school.

저는 TV를 일주일에 단지 두번만 봅니다. 예전에는 많이 보았지만, 지금은 학교 때문에 시간이 많이 없습니다.

Do you think most programmes on TV are good?

No. I think many of them are not very educational because they tend to show a lot of sensationalised content to increase ratings.

아니오. 저는 많은 TV 프로그램들이 매우 교육적이지는 않다고 생각하는데 시청률을 높이기 위해 선정적인 내용을 많이 내보내는 경향이 있기 때문입니다.

What type of TV programmes do you like? [Why?]

I like to watch 'BBC NEWS' because it allows me to learn about what is happening around the world. It also helps me to improve my English skills.

전세계에 무슨 일이 일어나는지를 알려주기에, 저는 'BBC 뉴스'를 보는 것을 좋아합니다. 그 프로는 또한 제 영어 실력을 향상시키는데 도움을 줍니다.

1. dramatically(=significantly, substantially) **2.** There was a fall(=decrease) in **3.** account for **4.** The smallest percentage of **5.** stood out **6.** almost/nearly equal to **7.** Compared to

1. writing with regard to **2.** to enquire about **3.** are not allowed to **4.** regret to inform you **5.** are supposed to **6.** look forward to **7.** appreciate

1. cinema **2.** 5 **3.** 450 **4.** DD4 6AW **5.** 0786441227 **6.** 4598234 **7.** June 21st, 1988

Global warming is also referred to as climate change. Climate change is a change in the statistical distribution of weather patterns over an extended period of time, from decades to millions of years. Factors that can affect climate are called 'climate forcing mechanisms'. These include processes such as variations in solar radiation, continental drift, the Earth's orbit and greenhouse gas concentrations. There are a variety of climate change feedbacks that can either increase or decrease the initial forcing. Some parts of the climate system, such as the oceans and ice caps, respond more slowly to climate forcing mechanisms, while others respond more quickly.

1. 지구 온난화는 기후 변화로도 불린다.
2. 기후에 영향을 미칠 수 있는 요인은 '기후 촉진 메커니즘'이라고 불린다.
3. 처음의 촉진을 증가시키거나 감소시키는 다양한 기후 변화 피드백들이 있다.

Week 04

Speaking
파트 2 유형 파악하기

💡 미리보기

- 파트 1이 끝나면 문제가 적힌 카드(topic card)와 메모 가능한 노트 및 필기구를 건네받음
- 답변 준비 시간 1분이 주어지고, 이후 2분 동안 답변
- 답변을 준비하는 1분 동안 주어진 노트에 간단하게 필기 가능
- 답변이 끝난 후 시험관은 답변 내용을 중심으로 한두 개 추가질문(follow-up questions)을 하기도 함

■ PART 2 시험 진행 과정 미리보기

1. 시험관이 토픽 전달

- Now, I'll give you a topic. Remember, you have one to two minutes for this. I'll stop you when the time is up. This is a topic card here.
  자, 토픽을 드리겠습니다. 1~2 분 동안 말해야 하는 것을 기억하세요. 시간이 다 되면 멈추겠습니다. 여기 토픽 카드입니다.

> Describe your early education.
>
> You should say:
>   where the school was
>   how your school life was
>   who the most helpful for your studies was
> and explain how you feel about your early school life.

2. 토픽에 대해 1분간 메모 후 답변

- 토픽카드에는 주제(토픽)가 제일 먼저 쓰여 있고, 그 토픽에 관한 4개의 질문이 나옴
- 1분 동안 질문에 답할 키워드를 메모해 둔 후, 이를 참조하여 답변
- 필기 내용은 점수에 포함되지 않으니, 영어든 한글이든 빠르게 메모
- 1분 후 시험관이 'Can you start speaking now, please?'라고 말하면, 약 2분동안 답변

 **질문 유형**

■ 서술 형태

1. describe + 토픽 토픽에 대해 말하세요 → 토픽 카드 처음에 토픽을 소개할 때

- **Describe** your favourite subject. 당신의 가장 좋아하는 과목에 대해 말하세요.

....

2. and explain ~ 그리고 ~에 대해 설명하세요 → 토픽 카드 마지막 질문

- **and explain** your feelings about the place. 그리고 그 장소에 대한 당신의 감정을 설명하세요.

■ 간접의문문 형태의 5W/1H → 토픽 카드 첫 세 질문

1. who 누구인지

- **who** helped you the most in your studies 학업에 가장 도움을 준 사람은 누구였는지

....

2. what 무엇인지

- **what** the person did 그 사람이 무엇을 했는지

....

3. when 언제인지

- **when** it happened 언제 일어났는지

....

4. where 어디인지

- **where** the school was 학교가 어디에 있었는지

....

5. why 왜인지

- **why** you remember the project the most 왜 그 프로젝트를 가장 기억하는지

....

6. how 어떤지

- **how** your school life was 학교 생활이 어땠는지

 **답변 연습**

- 1분 동안 질문에 답할 키워드를 메모해 둔 후, 이를 참조하여 답변
- 모든 질문에 빠짐 없이 순서대로 답하기
- 필기 내용을 보면서 답변하되, 시험관과 눈을 맞추면서 말하도록 노력

1. 중·고등학교(secondary school) 관련 토픽

> Tell me about your secondary school.
>
> You should say:
>   what kind of school it was
>   where your school was
>   what things you did at school
> and explain whether your school life was enjoyable.

각 질문에 대한 답변 메모

중, 고등학교에 대해 말해보세요.	
① 어떤 학교였는지	① 사립학교, 영어 교육에 집중
② 학교가 어디에 있었는지	② 서울 남쪽
③ 학교에서 무엇을 했는지	③ 밤 늦게까지 공부, 함께 소중한 추억, 선생님들의 도움
④ 학교 생활이 즐거웠는지 설명하세요.	④ 작은 학교, 많은 친구들

Vocabulary & Expressions

private 사립의, 개인의 called ~라 불리는 focus on ~에 집중하다 that is the reason why 그것이 ~한 이유이다 be located in ~에 위치하다 as with ~와 마찬가지로 until midnight 자정까지 valuable 소중한 tutor 가르치다, 과외하다 strategy 전략 allow 허락하다

샘플 답변

① I attended a small private secondary school called Siwon High School. The school focused on English education, so most of the subjects were taught in English. That is the reason why my parents decided to send me to this school. I also think it was a great opportunity for me.

② The school is located in the southern part of Seoul on top of a steep hill and behind a public park.

③ As with most students in my country, my friends and I often stayed at school studying until midnight. We created a lot of valuable memories together. We often tutored each other and shared strategies for studying, especially before important exams. My teachers were also there with us to offer extra help.

④ Although it was tough, attending a small school allowed me to make close friends. I will value my time at Siwon High School forever.

① 저는 시원 고등학교라는 작은 사립 고등학교에 다녔습니다. 학교는 영어 교육에 집중했기 때문에, 대부분의 과목들은 영어로 가르쳐졌습니다. 그것이 우리 부모님이 그 학교를 선택한 이유입니다. 저 역시도 그것은 저를 위해 정말 좋은 기회였다고 생각합니다.

② 그 학교는 서울 남부 가파른 언덕 꼭대기와 공원 뒤편에 위치하고 있습니다.

③ 대부분 우리나라 학생들과 마찬가지로, 제 친구들과 저는 자주 학교에 머물러 자정까지 공부했습니다. 우리는 소중한 추억을 많이 만들었습니다. 특히 중요한 시험을 앞두고, 우리는 서로 가르치며 공부 전략을 공유했습니다. 저의 선생님들도 추가적인 도움을 주시기 위해 우리와 자리에 함께 했습니다. 때때로 친구들과 저는 특히 중요한 시험을 앞두고 공부 전략을 공유했습니다.

④ 그것이 힘들었지만, 작은 학교에 다니는 것이 가까운 친구를 만들도록 허락했습니다. 저는 영원히 시원 고등학교에서의 시간을 소중히 여길 것입니다.

2. 직업(job) 관련 토픽

Describe your dream job.

You should say:
    what kind of work you would do
    what the working conditions would be like
    what qualifications and experience you would need to get the job
and explain why you believe it is your dream job.

각 질문에 대한 답변 메모

꿈의 직업을 서술하세요.	
① 어떤 종류의 일을 할 것인지	① 여행 작가
② 근무 조건이 어떠한지	② 시간 관리, 많은 여행, 작은 사무실
③ 필요한 자격과 경험은 무엇인지	③ 많은 여행 경험 필요, 훌륭한 사진 기술과 글쓰기 기술, 글쓰기 강의
④ 왜 꿈의 직업인지 설명하세요.	④ 여행과 다른 사람들에게 알리는 것 좋아함

Vocabulary & Expressions ✦

journalist 기자, 기고 작가 regarding ~와 관련해서 freelance 프리랜서로 일하는, 프리랜서로 일하다 photography 사진, 사진술
be better prepared 더 잘 준비되다 definitely 분명히, 확실히 take photos of ~의 사진을 찍다 scenery 경치 do one's best
최선을 다하다

① My dream is to be a travel journalist. A travel journalist is someone who goes to different places and writes articles about the local people and their culture. It also includes reviewing different tourist destinations and taking photographs.

② Regarding the working conditions, I would expect to manage my own time and do a lot of travelling. I would work as a freelance travel writer and photographer, so I would only need a small office for the job.

③ To become a professional travel journalist, I think I will need a lot of travel experience and good writing and photography skills. Therefore, I am planning to take writing courses for journalism and join a photography club. By doing these things, I can be better prepared for my future career.

④ Being a travel journalist is definitely my dream job. I love travelling and telling other people about the foreign countries I have visited. Taking photos of beautiful scenery is also something I really enjoy. I will do my best to become a good travel journalist.

① 제 꿈은 여행 기자가 되는 것입니다. 여행 기자는 여러 곳을 가며 현지 사람들과 그들의 문화에 대한 기자를 쓰는 사람입니다. 또한 여러 관광지를 리뷰하고 사진을 찍는 것을 포함됩니다.

② 근무 조건과 관련해서, 저는 제 자신의 시간을 관리하고 많은 여행을 할 것으로 기대합니다. 저는 프리랜서 여행 작가이자 사진 작가로 일하기 때문에 작업을 위한 작은 작업실만 있으면 됩니다.

③ 전문 여행 작가가 되려면 많은 여행 경험과 훌륭한 글쓰기 및 사진 기술이 필요하다고 생각합니다. 그래서 저는 저널리즘을 위한 글쓰기 강의를 수강하고 사진 동아리에 참여하는 것을 계획하고 있습니다. 이러한 일들을 함으로써, 미래의 경력에 더 잘 대비할 수 있습니다.

④ 여행 작가가 되는 것은 확실히 제 꿈의 직업입니다. 저는 여행을 좋아하고 다른 사람들에게 제가 방문한 외국에 대해 이야기하는 것을 아주 좋아합니다. 아름다운 경치의 사진을 찍는 것도 제가 정말 즐기는 것입니다. 저는 좋은 여행 작가가 되기 위해 최선을 다할 것입니다.

3. 프로젝트(project) 관련 토픽

Describe a memorable project that you worked on.

You should say:
　　　what task you had to do
　　　how the project progressed
　　　if the project was successful
and explain why you remember the project the most.

당신이 노력을 들인, 기억에 남는 프로젝트를 서술하세요.	
① 어떤 일을 했는지	① 사업을 동남아시아로 확대, 필요한 경험 없음
② 프로젝트가 어떻게 진행되었는지	② 태국에서 시작, 태국어 배우기 시작, 제품 광고와 프리젠테이션
③ 프로젝트가 성공적이었는지	③ 유명한 쇼핑몰에서 공간 제공, 사장님이 보상해줌
④ 왜 이 프로젝트를 가장 잘 기억하는지 설명하세요.	④ 남아시아에서의 첫 프로젝트, 경험으로부터 많은 것을 배움

Vocabulary & Expressions ✦

participate in ~에 참여하다 as I mentioned before 전에 언급했듯이 cosmetics manufacturer 화장품 제조업체 expand 확장하다 competitive 경쟁력 있는 product 제품 more than ~넘게 trial 시도 reward 보상 acquire knowledge 지식을 습득하다 related to ~과 관련된

샘플 답변

① I remember a project I participated in. As I mentioned before, my company is a cosmetics manufacturer. We decided to expand our business to Southeast Asia, but no one had the necessary experience for sales in that market.

② Our company already had competitive products, but the first thing our team needed to do was advertise them. We had a meeting and decided to start in Thailand because the country had a good market for cosmetics sales. Even though there was a staff member who spoke Thai well, I began to learn the Thai language as I was the team manager. My team members and I went to Thailand more than ten times to advertise our products and give presentations.

③ Finally, after many trials, a popular shopping mall offered us space for our products. So, the project was successful, and my boss rewarded all the team members.

④ I remember this project the most because it was my first project in southern Asia, and I learnt a lot from the experience. I acquired knowledge related to other overseas markets, too.

① 제가 참여했던 프로젝트 하나가 기억납니다. 전에 언급했듯이, 저희 회사는 화장품 제조업체입니다. 저희는 동남아시아 지역으로 비즈니스를 확장하기로 결정했으나 아무도 그 시장에서의 판매에 필요한 경험이 없었습니다.

② 회사는 이미 경쟁력 있는 제품을 보유하고 있었으며 저희 팀이 해야 할 첫 번째 일은 제품을 광고하는 것이었습니다. 저희는 회의를 했고 태국의 화장품 판매 시장이 좋았기 때문에 태국에서 시작하기로 결정했습니다. 태국어를 잘하는 직원이 있었지만, 저는 팀 매니저였기에, 태국어를 배우기 시작했습니다. 팀원들과 저는 제품을 광고하고 발표를 하기 위해 태국에 10번 이상 갔습니다.

③ 많은 시도 끝에 마침내 인기 있는 쇼핑몰이 우리 제품을 위한 공간을 제공했습니다. 그래서 그 프로젝트는 성공적이었고, 사장님은 팀원들에게 보상을 해 주셨습니다.

④ 제가 그 프로젝트를 가장 기억하는 이유는, 그것이 남아시아에서의 첫 번째 프로젝트였고 경험을 통해 많은 것을 배웠기 때문입니다. 저는 다른 해외 시장과 관련된 지식도 습득했습니다.

1. that is the reason why ~   그것이 ~한 이유이다

That is the reason why my parents decided to send me to this school.
그것이 우리 부모님이 그 학교를 선택한 이유입니다.

2. great opportunity   좋은 기회

It was a great opportunity for me.
그것은 저를 위해 정말 좋은 기회였습니다.

3. be better prepared   더 잘 준비하다(준비되다)

I can be better prepared for my future career.
저는 미래의 경력에 더 잘 준비할 수 있습니다.

4. do one's best   최선을 다하다

I will do my best to become a good travel journalist.
저는 좋은 여행 작가가 되기 위해 최선을 다할 것입니다.

5. as I mentioned before   전에 언급했듯이

As I mentioned before, my company is a cosmetics manufacturer.
전에 언급했듯이, 제 회사는 화장품 제조업체입니다.

6. learn a lot from the experience   경험으로부터 많은 것을 배우다

I learnt a lot from the experience.
저는 경험으로부터 많은 것을 배웠습니다.

7. acquire knowledge related to   ~과 관련된 지식을 습득하다

I acquired knowledge related to overseas markets.
저는 해외 시장과 관련된 지식을 습득했습니다.

Practice

Tell me about your secondary school.

You should say:
    what kind of school it was
    where your school was
    what things you did at school
and explain whether your school life was enjoyable.

Memo

①

②

③

④

9

Writing [Academic]
파트 1 문장 만들기

오늘의 학습 목표

파트 1 답안에 필요한 문장들을 순서대로 익히기

PART 1 답안 문단 및 문장 구성 미리보기

- 총 세 문단으로 답안 작성: 서론 한 문단과 본론 두 문단
- 서론 첫 문장: 문제를 패러프레이징(paraphrasing)하여 무엇에 관한 시각 정보(도표)인지 기술
- 서론 두 번째 문장: 도표에서 보여주는 내용의 핵심적인 특징을 개괄(overview)
- 각 본론의 첫 문단은 주제문(topic sentence)이고 이후 두세 문장으로 자세하게 주제문 관련 정보 기술
- 150~200 단어 분량의 아주 짧은 글이므로 결론 문단은 쓰지 않음

서론	① The line graph illustrates how the populations of Indonesia and Nigeria have changed since 2000 and how they are likely to change until 2040. ② Overall, over the 40-year period, Nigeria's population is expected to rise and overtake that of Indonesia, whose population growth will gradually slow down.	① 문제를 패러프레이징하여 무엇에 관한 도표인지 기술 ② 도표에서 보여주는 내용의 핵심적인 특징을 개괄
본론 1	① In 2000, the number of Indonesians was higher than that of Nigerians. ② Indonesia's population was around 265 million, while Nigeria's population was about 195 million. ③ According to the graph, over the first decade, the populations of both countries increased by around 40 million people.	① 본론 1 주제문 ② 상세 설명 ③ 상세 설명
본론 2	① On the other hand, since 2010, the population of Nigeria has been increasing more quickly than that of Indonesia. ② It is predicted that by the year 2030, both countries will have equal populations of around 310 million people. ③ From that point until 2040, Nigeria's population is expected to rise even more sharply, while Indonesia's population growth is likely to continue to slow down.	① 본론 2 주제문 ② 상세 설명 ③ 상세 설명

서론 첫 문장 만들기: 문제 패러프레이징

- 서론 첫 문장은 주어진 문제를 패러프레이징, 즉 같은 의미이지만 다른 단어들을 써서 다르게 표현함
- 패러프레이징을 하지 않고 문제에 나온 단어들을 그대로 사용하여 문장을 쓰면, 좋은 점수를 얻기 어려움

[문제 원문]
The graph below shows the usage of oil in three different countries between 1970 and 2010.
아래의 그래프는 1970년과 2010년 사이에 세 개의 다른 나라들에서 석유 사용을 보여줍니다.

[답안 패러프레이징]
The line graph displays information about the change in oil consumption in some countries from 1970 to 2010.
선 그래프는 1970년부터 2010년까지 몇몇 나라에서 석유 소비의 변화에 대한 정보를 보여줍니다.

위의 예문처럼 동일한 의미를 다른 어휘와 어구로 자연스럽게 패러프레이징을 하기 위해서 아래의 서론 필수 패러프레이징 표현을 반복 학습하고 표현이 바뀌는 원리를 이해해 보세요.

1. 주어

- 그래프(graph)는 X축과 Y축이 있는 시각 정보를 의미하고 차트(chart)는 파트 1에 나오는 모든 시각 정보를 말하므로 파트 1에 등장하는 모든 도표는 chart로 패러프레이징 가능

---

line graph → line chart
bar graph → bar chart
line graph, bar graph, pie chart, table, map, diagram → chart

---

The line graph(=line chart, chart) shows the usage of oil in the UK.
선 그래프는 영국에서 석유 사용을 보여줍니다.

- 반대로, 그래프나 차트를 세분화하여 표현할 수 있음

---

graph → line graph, bar graph
chart → line graph(=line chart), bar graph(=bar chart), pie chart, table, map, diagram

---

The graph(=line graph, line chart, chart) shows the usage of oil in the UK.
그래프는 영국에서 석유 사용을 보여줍니다.

2. 동사

- 서론 첫 문장은 보통 '도표가 ~을 보여준다/제시한다/설명하다'로 작성하므로, 다음 동사들을 자유롭게 바꿔가며 사용

show 보여주다 display 보여주다 present 제시하다	explain 설명하다 demonstrate 설명하다 illustrate 설명하다 describe 설명하다	give information about ~에 대한 정보를 전달하다

The graph shows(=displays, presents, explains, demonstrates, illustrates, describes, gives information about) the usage of oil in the UK.
선 그래프는 영국에서 석유 사용을 보여줍니다.

- 그래프 간 정보 비교가 명확할 경우

compare 비교하다

The graph compares the usage of oil in the UK and France.
그래프는 영국과 프랑스에서 석유 사용을 비교합니다.

3. 목적어

- 명사구 목적어를 의문사절로, 의문사절을 명사구로 패러프레이징 가능

The graph shows student enrolments(=how many students were enrolled) from 2010 to 2020.
그래프는 2010년부터 2010년까지 학생 등록(몇 명의 학생들이 등록되었는지)을 보여줍니다.

The diagram explains how batteries are produced(=battery production).
도해는 건전지가 어떻게 생산되는지(건전지 생산)를 설명합니다.

TIP **도표 문제 시제**

도표 문제의 시제는 도표의 연도를 바탕으로 합니다. 보통 도표들의 수치들은 특정 과거 시점의 정보로 제시되기에 과거 시제를 많이 사용하게 됩니다. 특히 문장에서 과거 시점을 언급한다면 반드시 과거시제를 사용해야 됩니다.

There was a rise in sales at A Mart from 2017 to 2018.
2017년부터 2018년까지 A 마트 매출에서 상승이 있었습니다.

하지만, 서론 첫 문장에서 그래프의 전체적인 설명을 할 때는 현재 시제를 사용합니다. 왜냐하면 이 문장은 도표가 정보를 전달하고 있다는 '사실'을 기술하는 것이기 때문입니다.

The graph shows annual sales at two local shops.
그래프는 두 개의 지역 상점의 연간 매출을 보여줍니다.

🏛️ 서론 두 번째 문장 만들기: 핵심 특징 개괄

1. 개괄을 나타내는 표현

> overall(=in general) 전반적으로

Overall, AZ Computers expanded its operations at the site.
전반적으로, AZ 컴퓨터는 부지에서 사업을 확장했습니다.

2. 한 줄 요약

- 핵심 특징이 명확한 경우

> it is clear that절(=it is apparent that절) ~이 분명하다

Overall, it is clear that there has been a significant decrease in the overall happiness of the people of Hartford.
전반적으로, 하트포드 주민의 전체적인 행복에 있어서 상당한 감소가 있어 왔음이 분명합니다.

- 핵심 특징이 대조를 이루는 경우

> while(=whereas) ~인 반면에

The population of Newfield decreased, while that of Greenville increased significantly during the given period.
뉴필드의 인구가 감소했는데, 이에 반해 그린빌의 인구는 주어진 기간 동안 상당히 증가했습니다.

- 핵심 특징이 미래 예측의 경우

> A is expected that절(또는 to부정사) A가 ~으로 예상되다

Overall, Nigeria's population is expected to rise and overtake that of Indonesia.
전반적으로, 나이지리아의 인구는 상승하고 인도네시아의 인구를 넘어설 것으로 예상됩니다.

📖 본론 문장 만들기: 수치 및 비교 표현 사용

• Week 3에서 배운 다양한 필수 표현과 다음의 수치 및 비교 관련 표현들을 사용하여 본론 문장 만들기

1. ~의 비율(백분율)/양/수/다수

> the percentage of + 명사 ~의 비율(백분율)
>
> the amount of + 명사 ~의 양
>
> the number of + 명사 ~의 수
>
> the majority of + 명사 ~의 다수

Online sales constituted the highest percentage of total sales.
온라인 매출이 전체 매출 중 가장 큰 비율을 차지했습니다.

The amount of land used for farming in 2022 was small.
2022년에 농사를 위해 사용된 땅의 양은 작았습니다.

The number of unemployed individuals fell by 5% in 2020.
실직자 수가 2020년에 5%만큼 떨어졌습니다.

The majority of people in Collingwood like cricket.
콜링우드에 사는 사람들의 다수가 크리켓을 좋아합니다.

2. 기간

> from A to B A부터 B까지
>
> between A and B A와 B 사이에

TIP **the number of vs a number of**
a number of는 '많은'이라는 뜻의 수식어이고 the number of는 '~의 수, 숫자'라는 뜻으로 주어-동사 수일치에서 이 둘의 구분이 굉장히 중요합니다.

A number of people prefer to make purchases online.
많은 사람들이 온라인에서 구매하는 것을 선호합니다.
복수주어 people - 복수동사 prefer

하지만, 서론 첫 문장에서 그래프의 전체적인 설명을 할 때는 현재 시제를 사용합니다. 왜냐하면 이 문장은 도표가 정보를 전달하고 있다는 '사실'을 기술하는 것이기 때문입니다.

The number of people who shop in stores has decreased.
상점에서 쇼핑하는 사람의 수는 감소해오고 있습니다.
단수주어 number - 단수동사 has

The graph shows the usage of oil in the UK from 1970 to 2010.
그래프는 1970년부터 2010년까지 영국에서 석유 사용을 보여줍니다.

The graph shows the usage of oil in the UK between 1970 and 2010.
그래프는 1970년과 2010년 사이에 영국에서 석유 사용을 보여줍니다.

3. 전치사 + 숫자

> by + 수치 (변동치)만큼
> to + 수치 (도달점)까지
> at + 수치 (도표에서 나타내는 수치)로

The imports to Korea increased by 8 million US dollars from 2015 to 2020.
한국에서 수입은 2015년부터 2020년까지 8백만 달러만큼 증가했습니다.

The imports to Korea increased to 800 million US dollars in 2016.
2016년에 한국에서 수입은 8억 달러까지 증가했습니다.

Seoul showed the highest rate of growth at 40%.
서울이 40%로 가장 높은 성장률을 보였습니다.

4. 전환 및 비교

> in contrast (to this) (이와) 대조적으로, 반대로
> on the other hand 반면에(부사구)
> while(=whereas) + 절(주어 + 동사) 반면에(접속사)
> respectively 각각

In contrast, in 2017, only the youngest age group maintained a similar level of happiness.
내소석으로, 2017년에, 가장 젊은 연령대의 그룹만이 행복에 대해 유사한 레벨을 유지했습니다.

On the other hand, the population of Nigeria has been increasing more quickly than that of Indonesia.
반면에, 나이지리아의 인구는 인도네시아의 인구보다 더욱 빨리 증가하고 있습니다.

While the fire service received 5% of the budget, the police service received 35%.
소방 서비스는 예산의 5%를 받은 반면에, 경찰 서비스는 35%를 받았습니다.

In 2023, the median age is 48, 36 and 16 years in Japan, Singapore and Uganda, respectively.
2023년에 중위연령은 일본, 싱가폴, 우간다에서 각각 48, 36, 16세입니다.

1. explain 설명하다

The graph explains the usage of oil in the UK and France.
그래프는 영국과 프랑스에서 석유 사용을 설명합니다.

2. overall(=in general) 전반적으로

Overall, AZ Computers expanded its operations at the site.
전반적으로 AZ 컴퓨터스는 그 부지에서 사업을 확장했습니다

3. is expected to ~으로 예상되다

Overall, Nigeria's population is expected to rise and overtake that of Indonesia.
전반적으로, 나이지리아의 인구는 상승하고 인도네시아의 인구를 넘어설 것으로 예상됩니다.

4. the number of + 명사 ~의 수

The number of unemployed individuals fell by 5% in 2020.
실직자 수가 2020년에 5%만큼 떨어졌습니다.

5. to + 수치 (도달점)까지

The imports to Korea increased to 800 million US dollars in 2016.
2016년에 한국에서 수입은 8억 달러까지 증가했습니다.

6. while 반면에

While the fire service received 5% of the budget in 2015, the police service received 35%.
소방 서비스는 2015년에 예산의 5%를 받은 반면에, 경찰 서비스는 35%를 받았습니다.

7. respectively 각각

In 2023, the median age is 48, 36 and 16 years in Japan, Singapore and Uganda, respectively.
2023년에 중위연령은 일본, 싱가폴, 우간다에서 각각 48, 36, 16세이다.

Practice

우리말 뜻에 맞게 빈칸을 채워서 문장을 완성하세요.

1. 지도는 1990년과 2020년 사이에 라버튼 주민 센터의 변화를 설명합니다.

The map _____ the changes in the Laverton community centre between 1990 and 2020.

2. 전반적으로, 에셔와 옥스퍼드에 주거 비용이 증가했습니다.

_____, the housing costs increased in Esher and Oxford.

3. 한국에 대학 졸업자 고용률이 감소할 것으로 예상됩니다.

The employment rate for university graduates _____ decrease in Korea.

4. 교환학생의 수가 2023년에 5%만큼 하락했습니다.

_____ exchange students fell by 5% in 2023.

5. 2020년에 담배에 대한 세금은 단위당 2.5%까지 증가했습니다.

The tax on tobacco increased _____ per unit in 2020.

6. 이란의 남성들이 20대 때 근무 경험이 있다고 대부분 보고한 반면에, 단지 45%의 여성들만 그러한 경험이 있다고 보고했습니다.

_____ most males in Iran reported having working experience in their 20s, only 45% of Iranian females reported having working experience.

7. 중고등교육과 초등교육 이수자는 대학교육 이수자 보다 각각 10%와 20% 더 낮은 수입을 벌었습니다.

Those with secondary and primary education earned 10% and 20% lower incomes, _____, than individuals with tertiary education.

🕐 **Answers**

1. explains(=demonstrates, illustrates, describes, shows, displays, presents, gives information about) **2.** Overall(=In general) **3.** is expected to **4.** The number of **5.** to 2.5% **6.** While(=Whereas) **7.** respectively

Writing [General Training]
격식/준격식 편지 분석

격식 편지(formal letter)

1. Formal이란?

- 이름을 모르는, 친숙하지 않은 사람에게 쓰는 편지
- 직접적인 표현보다는 간접적인 표현 사용
- 너무 친숙하지 않고 어느 정도 거리감 있는 어투
- 사무적이고 공손함

2. 아이엘츠 시험에서 격식으로 써야 하는 경우

문제 맨 마지막에 Dear Sir or Madam(관계자분께)으로 쓰라고 나오는 경우는 반드시 격식 편지를 씁니다.

> *You have noticed your internet signal is very weak and keeps dropping. You work from home. Without a reliable internet connection, you are unable to do your job.*
>
> *Write a letter to the internet company. In your letter*
> *· say what the problem is*
> *· explain the impact of this on your work*
> *· ask the provider to solve the problem*

Write at least 150 words.

You do **NOT** need to write any addresses.

Begin your letter as follows:

Dear Sir or Madam, → formal 파악

3. 격식 편지의 특징

① 인사

편지를 Dear Sir or Madam으로 시작합니다.

> Dear Sir or Madam, 관계자분께,

② 끝인사

편지 마지막에 Yours faithfully라고 쓰고 한 줄 띄고 자신의 성과 이름을 씁니다.

> Yours faithfully,
>
> Amanda Park   아만다 박 올림

만약에 이름인 Amanda만 쓰거나 성인 Park만 쓰면 틀립니다. Yours faithfully 뒤에는 성명을 다 씁니다.
Yours faithfully 뒤에 콤마(,)를 써야하며 '올림' 정도로 해석하면 됩니다.

③ 본문 문장 형태

I'm, don't, gonna 등의 축약 형태는 사용하지 않는 것이 좋습니다.

영어로 이름 쓸 때 유의점

우리나라는 [성 + 이름] 순으로 쓰지만, 영어는 [이름 + 성] 순으로 씁니다. 예를 들어, 이순신을 영어로 쓰면 Sun-sin Yi가 됩니다. 그래서 영어로 이름을 First name, 성을 Last name이라고 합니다. 만일 [성 + 이름]으로 쓰려면 성 뒤에 콤마(,)를 삽입합니다. 즉 Yi, Sun-sin이 되죠.

Yours faithfully

Yours faithfully는 영국식이나 호주식 영어의 formal letter에 사용됩니다. 북미권의 경우는 Yours sincerely, Sincerely yours, 또는 Sincerely를 formal letter에 사용하는데, 영국이나 호주에서는 Yours faithfully가 Yours sincerely 보다 더 격식을 차린 표현으로 사용됩니다.

아이엘츠는 영국식? vs 미국식?

영국 / 호주 / 뉴질랜드 영어로 글을 쓰던, 미국 / 캐나다 영어로 글을 쓰던 한가지 방식으로 글을 쓰면 점수에 영향을 받지 않습니다. 하지만 섞어서 글을 쓰면 감점의 요인이 될 수 있습니다.

4. 격식 편지에 사용되는 표현 정리

영어에 높임말이 없다고 오해하는 수험생들이 있는데, 영어에도 높임말처럼 정중한 표현이 있습니다. 아이엘츠 Writing 시험에서는 영어의 높임말 표현을 써야 합니다. 특히 비격식 편지는 출제되지 않으므로 아래에 나온 표현들로 격식 편지나 준격식 편지를 씁니다.

	준격식 편지 Type 2	격식 / 준격식 편지 Type 1
원하다	want	would like
요청하다	ask for	request
유감이다	I am sorry	I regret
사과하다	I am sorry	I apologise
이유, 원인: ~때문에	because of	due to
희망하다	wish	look forward to
감사하다	thank	appreciate
조사하다	look into	investigate
고려하다	think about	consider
탑승하다	get on	board
들어가다	go in	enter
나오다	go out	exit
보내다	send	forward
제공하다	give	provide

구동사(phrasal verb)
look into, think about, get on, go in, go out처럼 두 개 이상의 단어로 이루어진 동사를 구동사라고 합니다.
격식 편지를 쓸 때에는 구동사를 최소한으로 사용하는 것이 좋습니다.

5. 격식 편지에 사용되는 문장 형태

① 조동사

조동사를 사용하면 직접적인 표현보다 간접적인 표현이 되므로 격식 있게 문장을 쓸 수 있습니다.

> I need(want) you to send me information on the training session.
> 저는 당신이 그 교육 강좌에 대한 정보를 제게 보내주기를 원합니다.
>
> → I would appreciate it if you could send me information on the training session.
>   저는 당신이 제게 그 교육 강좌에 대한 정보를 보내주신다면 감사하겠습니다.

② 수동태

수동태를 사용하면 보다 거리감을 주므로 격식 있는 문장을 쓸 수 있습니다.

> You promised me a 20% discount.
> 당신은 제게 20% 할인을 약속했습니다.
>
> → I was promised a 20% discount.
>   저는 20% 할인을 약속받았습니다.

③ 가주어

가주어를 사용하면 보다 간접적인 표현이 되므로 격식 있는 문장을 쓸 수 있습니다.

> You should check the schedule.
> 당신은 일정을 확인해야 합니다.
>
> → It would be better for you to check the schedule.
>   일정을 확인해 보시는 것이 더 좋을 것입니다.

④ 가정법 미래

가정법 미래를 사용하여, 앞으로 있을 수 있는 상황에 대해 격식 있게 쓸 수 있습니다. 특히 가정법 미래 표현은 편지글 마무리 문장에 자주 사용됩니다.

> If you need any information on the training session,
> 그 교육 강좌에 대한 정보가 필요하다면,
>
> → Should you require any information on the training session,
>   그 교육 강좌에 대한 정보가 필요하시다면,

📋 준격식 편지(semi-formal letter)

1. Semi-formal이란?

- 격식 편지와 비격식 편지의 중간
- 편지를 쓰는 대상의 성과 이름을 알고 있음
- 성(last name)을 써야 하는 친분, 또는 이름(first name)을 써야 하는 친분에 따라 글의 어투가 달라짐

2. 아이엘츠 시험에서 준격식 편지로 써야 하는 경우

문제 맨 마지막에 Dear ....,(...........께)로 쓰라고 나오는 경우에는, 반드시 준격식 편지를 씁니다.

준격식 편지를 시작하는 호칭이 이름(first name)과 성(last name)인지에 따라 각각의 톤에 맞게 편지를 작성할줄 알아야 합니다. 편의상 성(last name)을 호칭하면서 시작하는 편지를 준격식 편지 Type 1, 이름(first name)을 호칭하면서 시작하는 편지를 준격식 편지 Type 2로 구분하겠습니다.

You should spend about 20 minutes on this task.

You just returned home from a cruise. You enjoyed your vacation, although one staff member was extremely rude.

Write a letter to your travel agent. In your letter
· describe your holiday
· explain what the problem was
· state how you would like this problem to be resolved

Write at least 150 words.

You do **NOT** need to write any addresses.

Begin your letter as follows:

Dear ....,   → semi-formal 파악

3. 준격식 편지의 특징

종류	준격식 편지 Type 1	준격식 편지 Type 2
대상	어느 정도 아는 사람이나 회사 상관	친구나 친한 동료
인사	Dear Last Name(성) 예 Dear Mr Yi,	Dear First Name(이름) 예 Dear Sun-shin,
문장 스타일	formal과 같이 축약 사용하지 말고 최대한 공손하게 formal 표현 그대로 사용	축약 가능하고 너무 격식 있게 쓰면 어색해질 수 있음
끝인사	Yours sincerely, (한 줄 띄고) **성명** 예 Yours sincerely, David Smith 데이비드 스미스 드림	Best wishes, (한 줄 띄고) **이름** 예 Best wishes, David 데이비드 보냄

이름 및 성별 정하기

문제에 사람 이름이 주어지지 않는 경우가 대부분이므로, 자신이 성이나 이름을 지어서 넣습니다. 성별도 자기가 정하면 되는데, 남자인 경우는 last name 앞에 Mr를, 여자는 Ms를 붙입니다. Miss와 Mrs는 더 이상 사용하지 않는 것에 유의하세요.

예 Dear Mr Lee (남자)

　Dear Ms Lee (여자)

끝인사에서도 편지 쓴 사람의 이름을 지어서 넣으면 됩니다. 이때 유의할 점은, formal letter와 semi-formal type 1의 경우 Yours faithfully나 Yours sincerely 밑에 성과 이름이 모두 들어간 성을 포함한 이름 전체를 적는 것이고, semi-formal type 2의 경우 Best wishes 밑에 이름만 적습니다.

1. [격식] regret   유감이다, 후회하다, 안타깝게 생각하다

I regret to inform you that the tour has been cancelled.

투어가 최소되었음을 당신에게 알려드리게 되어서 유감입니다.

2. [격식] apologise for   ~에 대해 사과하다

I apologise for any inconvenience caused.

발생된 어떠한 불편에 대해 사과드립니다.

3. [격식] it would be appreciated(=I would appreciate it)   감사하겠다

It would be appreciated if you could send me information on the training session.

당신이 제게 그 교육 강좌에 대한 정보를 보내주신다면 감사하겠습니다.

4. [격식] if you could   당신이 ~해준다면

I would appreciate it if you could send me information on the training session.

제게 그 교육 강좌에 대한 정보를 당신이 보내주신다면 감사하겠습니다.

5. [격식] would like to   ~하기를 원하다

I would like to know more about it.

저는 그것에 대해 더 많이 알기를 원합니다.

6. [격식] should you   혹시 ~하다면

Should you require any information on the training session, please let me know.

그 교육 강좌에 대한 정보가 혹시 필요하시다면, 제게 알려주세요.

7. [격식] it would be better for you to   ~하는 것이 당신에게 더 좋을 것이다

It would be better for you to contact the manager directly.

매니저에게 직접 연락하는 것이 당신에게 더 좋을 것입니다.

Practice

우리말 뜻에 맞게 빈칸을 채워서 문장을 완성하세요.

1. [격식] 반려동물이 허락되지 않는 것을 당신에게 알려드리게 되어서 유감입니다.

   I _____ you that pets are not allowed.

2. [격식] 발생된 어떠한 불편에 대해 사과드립니다.

   I _____ any inconvenience caused.

3. [격식] 제게 샘플 몇 개를 당신이 보내주신다면 감사하겠습니다.

   _____ if you could send me some samples.

4. [격식] 제게 그 교육 강좌에 대한 정보를 당신이 보내주신다면 감사하겠습니다.

   I would appreciate it _____ send me information on the training session.

5. [격식] 저는 그것에 대해 더 많이 알기를 원합니다.

   I _____ know more about it.

6. [격식] 그 교육 강좌에 대한 정보가 혹시 필요하시다면, 제게 알려주세요.

   _____ require any information on the training session, please let me know.

7. [격식] 매니저에게 직접 연락하는 것이 당신에게 더 좋을 것입니다.

   _____ contact the manager directly.

Answers

1. regret to inform 2. apologise for 3. It would be appreciated(=I would appreciate it) 4. if you could 5. would like to 6. Should you 7. It would be better for you to

Listening

파트 1 실전 연습

오늘의 학습 목표

리스닝 파트 1 실전 문제 연습

▲ 강의 보기

 실전 문제

Questions 1-5

Complete the notes below.

*Write **ONE WORD AND/OR A NUMBER** for each answer.*

▲ 음원 듣기

Travelling from Maxton

Destination: Halifax

- Direct flight costs **1** ....
- Flight departs at **2** .... p.m.
- Car rental firm is called **3** ....
- Car rental firm is located in Terminal **4** ....
- Last shuttle bus leaves at **5** .... p.m.

Questions 6-10

Complete the table below.

Write ONE WORD AND/OR A NUMBER for each answer.

Accommodation	Cash Price per Night	Diamond Card Price per Night
Mayfield Hotel	**6** $	$165
Raffles Hotel (Standard)	$135	$135
Raffles Hotel (Deluxe) – includes view of the **8**	$175	**7** $ ....
9 .... Suites	$125	$105
Wilshire Hotel (Downtown)	$95	Cash Only
Wilshire Hotel (**10** ....)	$85	Cash Only

1. $200 **2.** 6.45 **3.** Pullman **4.** 1/one **5.** 8.30 **6.** 185 **7.** 155 **8.** beach **9.** Langley **10.** suburbs

 실전 문제 풀이 전략

■ 문제 사전 분석

문제 유형	노트/표 완성하기(note/table completion)
문제 주제	여행 예약 문의

1. 방송 시작 전 지시문의 단어/숫자 수 확인

Write ONE WORD AND/OR A NUMBER for each answer.

→ 한두 단어 또는 숫자 하나만 써도 되고 또는 한두 단어와 숫자를 함께 써도 됨

2. 소개 멘트를 듣고 전체적인 방송 내용 및 첫 번째 영역 문제 번호 확인

You will hear a telephone conversation between a travel agent and a customer. First, you have some time to look at questions 1 to 5.

→ 여행사 직원과 고객 간 전화 대화로, 방송 전 1~5번까지 문제를 반드시 미리 읽고, 시간이 되면 6~10번 문제도 읽으며 키워드 표시

3. 본격적인 방송 시작 전 문제 키워드 표시하기

- Direct flight costs **1** _____
  직항 비용은 _____ 이다.

- Flight departs at **2** _____ p.m.
  항공편은 오후 _____ 출발한다.

- Car rental firm is called **3** _____
  렌터카 회사는 _____ 으로 불린다.

- Car rental firm is located in Terminal **4** _____
  렌터카 회사는 _____ 터미널에 위치해있다.

- Last shuttle bus leaves at **5** _____
  마지막 셔틀 버스는 오후 _____ 떠난다.

4. 두 번째 유형 문제 파악

Write ONE WORD AND/OR A NUMBER for each answer.

→ 한두 단어 또는 숫자 하나만 써도 되고 또는 한두 단어와 숫자를 함께 써도 됨

Accommodation 숙박	Cash Price per Night 하룻밤 현금가	Diamond Card Price per Night 하룻밤 다이아몬드 카드 가격
Mayfield Hotel 메이필드 호텔	**6** $	$165
Raffles Hotel (Standard) 라플즈 호텔 (스탠다드)	$135	$135
Raffles Hotel (Deluxe) - includes view of the **8** _____ 라플즈 호텔 (디럭스) _____ 전망을 포함	$175	**7** $ ....
9 _____ Suites _____ 스위트	$125	$105
Wilshire Hotel (Downtown) 윌셔 호텔 (시내)	$95	Cash Only 현금만 취급
Wilshire Hotel (**10** _____) 윌셔 호텔 (_____)	$85	Cash Only 현금만 취급

You will hear a telephone conversation between a travel agent and a customer. First, you have some time to look at questions 1 to 5.
당신은 여행사 직원과 고객 간의 전화 대화를 듣게 됩니다. 먼저, 당신은 1-5번 문제를 볼 시간이 주어집니다.

Now listen carefully and answer questions 1 to 5.
이제 주의 깊게 듣고 1에서 5번까지 답하세요.

TRAVEL AGENT: Good afternoon. Thanks for calling Sprint Travel Agency. What can I do for you?
안녕하세요. 스프린트 여행사에 전화 주셔서 감사합니다. 무엇을 도와드릴까요?

CUSTOMER: Good afternoon. I'd like to book a flight from Maxton to Halifax tomorrow evening.
안녕하세요. 내일 저녁 맥스턴에서 핼리팩스로 가는 비행기를 예약하고 싶어요.

TRAVEL AGENT: So, Maxton to Halifax. Would you prefer a direct flight?
그럼, 맥스턴에서 핼리팩스로. 직항 항공편을 원하시나요?

CUSTOMER: Well, that depends on the difference in price.
글쎄요, 그건 가격차에 달려있어요.

TRAVEL AGENT: Well, if you take a flight that has a brief stop in Carford, it'll cost only $160 – $40 less than the direct one. It takes one hour longer, though. [1]However, if you don't care about the price that much, a direct flight will cost $200 for an economy seat.
음, 카포드에서 잠깐 멈추는 항공편을 타시면, 160달러밖에 안합니다. – 직항보다 40달러 정도 저렴하죠. 그래도 한시간은 더 걸립니다. 하지만, 가격을 그다지 신경 쓰시지 않는다면, 직항 항공편은 일반석의 경우 200 달러입니다.

CUSTOMER: I think I'll pay a little extra for the direct flight. When does that depart?
저는 조금 더 지불하고 직항 비행기를 탈 것 같아요. 언제 출발하나요?

TRAVEL AGENT: [2]The departure time is quarter to seven in the evening, and it arrives at your destination at approximately 7.45 p.m. local time.
출발 시간은 저녁 6시 45분이며 현지시각으로 오후 7시 45분경에 목적지에 도착합니다.

CUSTOMER: Great. And do you know whether there is a car rental firm at the airport there?
좋아요. 공항에 렌트카 회사가 있는지 여부도 알고 있나요?

TRAVEL AGENT: Yes, sir, there is. [3]It's called Pullman.
네, 있습니다. 풀맨이라고 합니다.

CUSTOMER: Did you say Bullman?
불맨이라고 하셨나요?

TRAVEL AGENT: No, [3]Pullman. It's spelt P-U-double L-M-A-N.
아니요, 풀맨. P-U-L-L-M-A-N 이요.

CUSTOMER: Thanks. And is that in the same terminal I'll be arriving at?
감사합니다. 그리고 그곳은(that → car rental firm) 제가 도착하는 터미널과 같은 곳에 위치해 있나요?

TRAVEL AGENT: Let me just check for you. [4]Oh, I'm afraid it's located in Terminal 1, so you'll need to take a shuttle bus from Terminal 2.
　　　　확인해 드릴게요. 아, 유감스럽게도 제1터미널에 위치해 있으니, 제2터미널에서 셔틀 버스를 타야 합니다.

CUSTOMER: OK, and if it's closed when I arrive, how can I get downtown from the airport?
　　　　알겠습니다. 그리고 제가 도착할 때 문을 닫으면, 공항에서 시내까지 어떻게 가야 하나요?

TRAVEL AGENT: [5]Shuttle buses run every 30 minutes, and the last one is at 8.30 p.m. It'll take you downtown in 20 minutes.
　　　　셔틀 버스는 30분마다 운행되며, 마지막 버스는 오후 8시 30분에 있습니다. 시내까지 20분걸려요.

CUSTOMER: That's fine. I'd like to get to a hotel quickly so that I can rest.
　　　　괜찮아요. 저는 호텔에 빨리 도착해서 쉬고 싶어요.

Before you hear the rest of the conversation, you have some time to look at questions 6 to 10.
대화의 나머지 부분을 듣기 전에, 당신은 6-10번 문제를 볼 시간이 있습니다.

Now listen and answer questions 6 to 10.
이제 듣고 6-10번 문제에 답하세요.

CUSTOMER: By the way, are you able to help me book accommodation, too?
　　　　그건 그렇고, 숙소 예약도 도와주실 수 있나요?

TRAVEL AGENT: Of course. Well, [6]one of the most popular places to stay is the Mayfield Hotel, where rooms are $185 per night. Hold on, do you have a Diamond Credit Card?
　　　　물론이죠. 음, 가장 인기 있는 장소 중 하나는 메이필드 호텔이며, 객실은 하룻밤에 185달러입니다. 잠시만요, 다이아몬드 신용카드 있으신가요?

CUSTOMER: Actually, I do. Why?
　　　　네, 있어요. 왜 그러시죠?

TRAVEL AGENT: Some hotels offer cheaper rates for Diamond Card holders. So, a room at the Mayfield would be $165. Another one, Raffles Hotel, offers a discount to Diamond Card holders who book a Deluxe Room. [7]It'd be $155 instead of $175. There's no discount on standard rooms, though.
　　　　일부 호텔에서는 다이아몬드카드 소지자에게 저렴한 요금을 제공합니다. 그래서, 메이필드의 방은 165달러가 될 것입니다. 또 다른 하나인, 라플즈 호텔은 디럭스룸을 예약한 다이아몬드카드 소지자에게 할인 혜택을 제공합니다. 비용은 175달러 대신 155달러가될 것입니다. 대신 표준 객실에는 할인이 없습니다.

CUSTOMER: What's so special about the deluxe rooms?
　　　　디럭스룸에 대한 특별한 점은 무엇인가요?

TRAVEL AGENT: Well, [8]the bed is a little bigger and they offer a nice view of the beach.
　　　　음, 침대는 조금 더 크고 해변의 멋진 전망을 제공합니다.

CUSTOMER: Oh, that sounds nice, but I'm hoping for some place fairly cheap in the downtown area.
　　　　오, 마음에 들지만, 저는 시내 지역에서 꽤 저렴한 곳을 찾고 있어요.

TRAVEL AGENT: In that case, I have two other suggestions.
　　　　그런 경우엔, 두 가지 다른 제안이 있습니다.

CUSTOMER: Great. I'd love to hear about them.
　　　좋아요. 그 제안을 듣고 싶네요.

TRAVEL AGENT: [9]First, there's the Langley Suites. That's L-A-N-G-L-E-Y. You can book it for $125 with cash. Using your Diamond Card, you can get a room there for $105 per night. No breakfast is included.
　　　우선, 랭리 스위트가 있습니다. 철자는 L-A-N-G-L-E-Y입니다. 현금으로 125 달러에 예약하실 수 있습니다. 다이아몬드 카드를 사용하시면, 하루 105달러에 방을 이용하실 수 있습니다. 조식은 포함되어 있지 않습니다.

CUSTOMER: OK, and the other one?
　　　좋아요. 다른 하나는요?

TRAVEL AGENT: It's the Wilshire Hotel. There are two locations, actually. The downtown one costs just $95 per night, and [10]the one located in the suburbs is even cheaper. It's only $85. I'm afraid both locations are cash only, however.
　　　윌셔 호텔이에요. 실은 두 곳이 있습니다. 도심지의 경우 하루 95달러 정도이며, 교외에 위치해 있는 경우는 훨씬 저렴합니다. 85달러에 불과합니 다. 그러나 두 곳 모두 현금으로만 제공됩니다.

CUSTOMER: Thanks for the information. I'm going to think about it and get back to you.
　　　정보 감사합니다. 생각해보고 다시 전화 드리겠습니다.

TRAVEL AGENT: My pleasure. I'll be waiting for your call.
　　　천만에요. 연락 기다리겠습니다.

You now have half a minute to check your answers.
당신은 이제 30초 동안 정답을 체크할 수 있습니다.

오늘의 리스닝 필수 어휘

01	**travel agent**	여행사 직원
02	**travel agency**	여행사
03	**book**	예약하다
04	**destination**	목적지
05	**direct flight**	직항편
06	**cost**	(값, 비용이) 들다
07	**depart**	출발하다
08	**departure**	출발
09	**run**	운행하다
10	**firm**	회사
11	**depend on**	~에 달려 있다, ~에 의존하다
12	**approximately**	거의
13	**local time**	현지 시간
14	**get to**	~에 도착하다
15	**suite**	(호텔) 스위트룸
16	**accommodation**	숙박
17	**holder**	소지자, 보유자
18	**rate**	요금
19	**fairly**	상당히, 꽤
20	**suggestion**	제안
21	**suburb**	교외(도심지를 벗어난 주택 지역)
22	**location**	위치, 장소
23	**downtown**	도심, 시내
24	**beach**	해변
25	**included**	포함된

▲ 음원 듣기

> ## 오늘의 학습 목표
>
> 리딩 단답형(short answer)문제 유형 파악 및 문제 풀이 전략 학습

▲ 강의 보기

기출 패턴

- 단답형 문제는 짧은 질문에 대해 정해진 단어 수에 맞춰 정답을 적는 주관식 문제 유형
- 육하원칙 의문사(who, what, when, where, why, how)를 통해 연도, 숫자, 명칭, 용어 등을 주로 질문
- 지문 안에서 정답을 찾는 것이므로 지문에 나온 단어 형태 그대로 답지에 적어야 함

Questions 1-4

*Choose **NO MORE THAN THREE WORDS AND/OR A NUMBER** from the passage for each answer.*

Write your answers in boxes 1-4 on your answer sheet.

1 Where did George Frederick Kunz believe a fondness for pearls originated?

2 When were pearls used by Egyptians?

3 What type of item was sold in order to finance Roman military efforts?

4 What items did Romans decorate with pearls to show that they were wealthy?

Questions 5-9

*Choose **NO MORE THAN TWO WORDS AND/OR A NUMBER** from the passage for each answer.*

Write your answers in boxes 5-9 on your answer sheet.

5 Who did Dr. Guttman help with his treatments?

6 What sport was played during the first Stoke Mandeville Games?

7 Athletes from what country competed against British athletes at the International Stoke Mandeville Games?

8 When did the first Winter Paralympic Games take place?

9 In what region could television viewers watch coverage of the 1992 Paralympics?

1. 지시사항에 맞는 단어 수 적기

- NO MORE THAN TWO WORDS 두 단어 이하
  - → 한 단어 또는 두 개의 단어 정답 인정
- ONE WORD AND/OR A NUMBER 한 단어 그리고/또는 하나의 숫자
  - → 한 단어 또는 숫자 하나를 써야 정답 인정
  - → 한 단어와 숫자 하나를 같이 써도 정답 인정
  - → 단어 두 개나 숫자 두 개를 쓰면 오답 처리
- 관사(a, an, the)를 포함하여 단어 수가 틀리면 오답 처리가 됨
- 만약 지시사항에 'NUMBER'가 언급되면 정답 중 숫자가 있음을 암시함

2. 문제를 읽고 핵심어 표시

- 문제 부분에서 명사나 명사구 중심으로 핵심어 표시
- 문제의 핵심어는 지문에서 동일한 단어로 나오기보다는 유의어나 대체어구로 패러프레이징되어 표현됨

3. 지문에 나온 단어 그대로 적기

- 문법적인 단어 변형을 요구하는 문제는 출제되지 않기에 지문에 나온 단어를 그대로 답지에 적기
- 컴퓨터 시험의 경우 정답이 되는 지문 단어를 우클릭 또는 **Ctrl+c/Ctrl+v**(복사/붙여넣기)를 통해 답안 작성시 오타를 방지할 수 있음

오늘의 리딩 필수 어휘

01	**tribe**	부족, 종족
02	**appreciate**	진가를 알아보다, 인정하다
03	**oyster**	굴
04	**reference**	참고 문헌, 자료
05	**sacred**	신성한
06	**string**	줄, 끈
07	**desire**	갈망, 욕구
08	**subsequent**	그 이후의, 그 다음의
09	**ornamentation**	장신구, 장식물
10	**eventually**	결국, 마침내
11	**commonplace**	흔한, 대중화된
12	**affordable**	가격이 알맞은
13	**aristocrat**	귀족
14	**adorn**	꾸미다, 장식하다
15	**represent**	나타내다, 대표하다
16	**originate**	유래하다, 비롯되다
17	**evolution**	진화, 발전
18	**athlete**	운동선수
19	**physical disability**	신체 장애
20	**treatment**	치료(법)
21	**arrange**	마련하다, 조치하다
22	**hold**	개최하다
23	**alongside**	~와 함께
24	**approximately**	약, 대략
25	**take place**	발생하다, 열리다

다음 문제를 풀어보세요.

The origin of pearls

It is not known for certain who the first people to collect and wear pearls were. One of America's first gemologists, George Frederick Kunz, believed that ancient tribes in India were the first to appreciate the shape and colour of pearls, which they discovered while opening oysters for food. Indeed, there are references to pearls in many of India's sacred books. According to one tale, the Hindu god Krishna presented a pearl to his daughter on her wedding day. There is also evidence of the importance of pearls in many ancient Chinese texts, one of which describes strings of pearls that were presented to a king as a gift.

A growing fondness and desire for pearls spread around the world over the subsequent millennia. In Egypt, pearls were utilised for ornamentation as far back as 4500 B.C., but the use of actual rounded pearls did not become popular until centuries later. At the height of the Roman Empire, during the first century B.C., demand for pearls became stronger than ever. In a document written by Suetonius, it was said that the Roman general Vitellius sold one of his mother's pearl earrings in order to finance an entire military campaign. When pearls eventually became more commonplace and affordable, Roman aristocrats adorned clothing and furniture with them to represent one's personal wealth and social standing.

Questions 1-4

*Choose **NO MORE THAN THREE WORDS AND/OR A NUMBER** from the passage for each answer.*

Write your answers in boxes 1-4 on your answer sheet.

1 Where did George Frederick Kunz believe a fondness for pearls originated?

2 When were pearls used by Egyptians?

3 What type of item was sold in order to finance Roman military efforts?

4 What items did Romans decorate with pearls to show that they were wealthy?

The Evolution of the Paralympic Games

Although athletes with physical disabilities have been participating in minor sporting events for more than a century, it was not until after World War II that sports for the disabled were widely introduced. In 1944, the British government asked Dr. Ludwig Guttmann to establish a spinal injuries centre at the Stoke Mandeville Hospital. Dr. Guttmann used sports to help war veterans overcome specific injuries and regain bodily functions. When such treatments proved successful and popular, those sports soon evolved into recreational sports and then into competitive sports.

On the day that the Olympic Games began in London, July 29, 1948, Dr. Guttmann arranged the first-ever competition for athletes who were confined to wheelchairs. He named this historic competition the Stoke Mandeville Games, and the event included 16 military personnel who competed to win a prize in archery. Four years later, the same event was held, this time named the International Stoke Mandeville Games, and military veterans from the Netherlands competed alongside the British servicemen and women.

This competition officially changed its name to the Paralympic Games when it was held in Rome, Italy, in 1960. It had increased significantly in size by that time, with approximately 400 participating athletes representing 23 different countries. Much like the Summer Olympics, a winter version of the Paralympic Games was later established and held every four years. The first Winter Games took place in Stockholm in 1976. Ever since the Seoul Summer Olympics in 1988 and the Albertville Winter Olympics in 1992, the Paralympic Games have been held in the same cities and countries as the regular Olympic Games.

In recent years, the Paralympic Games has experienced a gradual rise in popularity, and media coverage of the games has grown accordingly. Although television broadcasts of the event began in 1976, the coverage was limited to a taped-delay release and only available in a select few countries. During the 1992 event, 45 hours of television coverage was aired, but only in Europe. It was not until the 2000 Summer Paralympics in Sydney that the event saw a significant increase in global media exposure, and this marked the first time that the event was broadcast live online as well as on television stations.

Choose **NO MORE THAN TWO WORDS AND/OR A NUMBER** *from the passage for each answer.*

Write your answers in boxes 5-9 on your answer sheet.

5 Who did Dr. Guttman help with his treatments?

6 What sport was played during the first Stoke Mandeville Games?

7 Athletes from what country competed against British athletes at the International Stoke Mandeville Games?

8 When did the first Winter Paralympic Games take place?

9 In what region could television viewers watch coverage of the 1992 Paralympics?

1. India / in India **2.** 4500 B.C. **3.** pearl earrings / earrings **4.** clothing and furniture **5.** war veterans **6.** archery **7.** the Netherlands **8.** 1976 / in 1976 **9.** Europe / in Europe

진주의 기원

진주를 채집하고 착용한 최초의 사람들이 누구인지 확실히 알려진 바는 없다. 미국 최초의 보석 감정사 중 한 명인 [1]조지 프레데릭 쿤즈는 고대 인도 부족이 최초로 진주의 모양과 광택을 높이 평가하였고, 식용으로 굴을 까면서 진주들을 발견했다고 믿었다. 실제로, 인도의 많은 경전에서 진주에 대한 언급이 있다. 한 이야기에 따르면, 힌두교 신 크리슈나는 자신의 딸에게 결혼식 날에 진주를 선물했다. 많은 고대 중국 문헌에서 진주의 중요성에 대한 증거가 또 있는데, 그 문헌 중 하나는 왕에게 선물로 제공된 진주 목걸이를 묘사한다.

그 뒤 천년 동안 늘어가는 진주에 대한 선호도와 갈망은 전 세계에 퍼졌다. [2]이집트에서, 기원전 4500년 전으로까지 거슬러 올라가서 진주가 장식용으로 사용되었으나, 진정한 둥근 진주의 사용은 수 세기 이후까지 대중화되지 않았다. 로마 제국의 전성기, 기원전 1세기 동안, 진주의 수요는 그 어느 때보다 강해졌다. 수에토니우스가 쓴 문서에 따르면, [3]로마 장군 비텔리우스가 전체 군사 작전 자금을 마련하기 위해 어머니의 진주 귀걸이를 팔았다고 알려졌다. 진주가 드디어 더 평범해지고 감당할 만한 가격이 되었을 때, [4]자신의 개인적 부와 사회적 지위를 나타내기 위해 로마의 귀족들은 진주로 옷과 가구를 장식했다.

1 조지 프레데릭 쿤즈는 진주에 대한 선호도가 어느 나라에서 유래되었다고 믿었는가?
2 이집트인들에 의해 진주가 사용된 것이 언제였는가?
3 로마 군대 활동의 자금조달을 위해 어떤 종류의 제품이 팔렸는가?
4 로마인들은 그들이 부유하다는 것을 과시하기 위해 어떤 물품을 진주로 장식했는가?

Vocabulary

origin 기원, 유래 collect 수집하다, 모으다 gemologist 보석 학자, 보석 감정사 tribe 부족, 종족 appreciate 진가를 알아보다, 인정하다 oyster 굴 indeed 실제로, 사실, 정말로 reference 참고 문헌, 자료 sacred 신성한 tale 이야기 present 선물하다, 제공하다 string 줄, 끈 growing 점점 늘어나는 fondness 선호도, 좋아함 desire 갈망, 욕구 spread 확산되다 subsequent 그 이후의, 그 다음의 over the millennia 수천 년에 걸쳐 utilise 활용하다(cf. 미국식 utilize) ornamentation 장신구, 장식물 as far back as ~로 거슬러 올라가, ~만큼 먼 과거에 rounded 둥근, 원형의 at the height of ~의 절정기에 general 장군 finance 자금을 제공하다 entire 전체의 military campaign 군사 작전, 군사 행동 eventually 결국, 마침내 commonplace 흔한, 대중화된 affordable 가격이 알맞은 aristocrat 귀족 adorn 꾸미다, 장식하다 clothing 의류 represent 나타내다, 대표하다 social standing 사회적 지위 originate 유래하다, 비롯되다

패럴림픽 게임의 발전

비록 신체적 장애를 가진 운동선수들이 한 세기 이상 가벼운 스포츠 경기에 참가해 오긴 했었으나, 장애인을 대상으로 한 스포츠가 널리 소개된 것은 세계 2차 대전 이후가 돼서였다. 1944년에, 영국 정부는 루트비히 구트만에게 스톡 맨더빌 병원에서 척추 부상 센터를 설립할 것을 요청했다. [5]의사 구트만은 참전 용사들이 특정 부상을 극복하고 신체 기능을 되찾는 데 도움을 주기 위해 많은 스포츠를 이용했다. 그런 치료법이 성공적이고 대중적이라는 것이 증명되자, 이러한 스포츠는 곧 여가 스포츠로 발전했고 그 후 경쟁 스포츠가 되었다.

1948년 7월 29일, 런던에서 올림픽 게임이 시작하던 날, 의사 구트만은 휠체어에 얽매인 운동선수들을 대상으로 한 사상 최초의 대회를 주선하였다. [6]그는 이 역사적 대회의 이름을 스토크 맨더빌 대회라고 붙였고, 그 행사에는 16인의 군인들이 참가했고, 그들은 양궁에서 상을 타기 위해 경쟁하였다. 4년 후 같은 대회가 개최되었고, 이번에는 이름을 국제 스토크 맨더빌 대회라고 붙였으며, [7]네덜란드 출신의 퇴역 군인들이 영국의 남녀 현역 군인들과 함께 경쟁하였다.

이 시합은 1960년에 이탈리아 로마에서 개최되었을 때, 공식적으로 그 이름을 패럴림픽으로 변경하였다. 그때 즈음에 그 대회는 규모 면에서, 각기 다른 23개국을 대표하는 약 400명의 참가 선수로, 상당히 확장되었다. 하계 올림픽과 아주 비슷하게 패럴림픽의 동계 버전은 나중에 생겼고 4년마다 개최되었다. [8]첫 번째 동계 대회는 1976년에 스톡홀름에서 열렸다. 1988년 서울 하계 올림픽과 1992년 알베르빌 동계 올림픽이 열린 이래로, 패럴림픽은 정규 올림픽처럼 같은 도시와 국가에서 개최되었다.

최근에 패럴림픽은 대중성이 점차 늘어나고 있으며, 이에 따라 이 대회의 언론 보도도 증가했다. 비록 패럴림픽의 텔레비전 방송이 1976년에 시작되었지만, 그 보도는 한정적이었는데 녹음 시차를 두고 이중 녹음을 하여 송출하는(taped-delay release) 식으로, 그리고 선별된 몇몇 국가에서만 이용 가능하였다. [9]1992년 올림픽 동안 45시간 분량의 내용이 오직 유럽에서만 텔레비전으로 방송되었다. 2000년 시드니 하계 패럴림픽 게임 때가 되어서야 그 대회는 전 세계 언론 노출에서 큰 증가를 보았고, 텔레비전 방송국에서뿐만 아니라 인터넷에서 생방송된 것이 최초로 기록되었다.

5 구트만 의사는 그의 치료를 통해 누구를 도와 주었는가?
6 최초의 스토크 맨더빌 대회 동안 어떤 스포츠를 경기하였나?
7 국제 스토크 맨더빌 대회에서 어느 나라의 운동선수가 영국 선수들에 대항하여 경쟁하였나?
8 언제 최초의 동계 패럴림픽이 개최되었는가?
9 어떤 지역에서 1992년 패럴림픽의 방송을 텔레비전 시청자들이 볼 수 있었나?

Vocabulary

evolution 진화, 발전 games 대회 athlete 운동선수 physical disability 신체 장애 participate in (대회, 경기)에 참여하다 the disabled 장애인 spinal injury 척추 손상 war veteran 참전 용사, 퇴역 군인 overcome 극복하다 injury 부상 regain 되찾다, 회복하다 bodily function 신체 기능 treatment 치료(법) recreational 오락의 competitive 경쟁의 arrange 마련하다, 조치하다 competition 대회 be confined to ~에 얽매이다, 국한되다 archery 양궁 hold 개최하다 alongside ~와 함께 serviceman 현역 군인 approximately 약, 대략 represent 대표하다 take place 발생하다, 열리다 gradual 점진적인 rise in ~의 증가 popularity 인기 accordingly 그에 따라 be limited to ~로 제한되다 tape 녹음하다 release 송출, 공개 available to ~에게 이용 가능한 select 엄선된, 선택하다 air 방송하다 significant 상당한 exposure 노출 mark 나타내다 region 지역 viewer 시청자

Weekly Review

Speaking

아래 질문에 대해 나만의 메모를 한 후 큰소리로 자신의 답변을 녹음하고 들어 보세요.

Describe your dream job.

You should say:
> what kind of work you would do
> what the working conditions would be like
> what qualifications and experience you would need to get the job
and explain why you believe it is your dream job.

Memo

①

②

③

④

Writing [Academic]

우리말 뜻에 맞게 빈칸을 채워서 문장을 완성하세요.

1. 지도는 1990년과 2020년 사이에 라버튼 주민 센터의 변화를 설명합니다.

   The map _____ the changes in the Laverton community centre between 1990 and 2020.

2. 전반적으로, 에셔와 옥스퍼드에 주거 비용이 증가했습니다.

   _____, the housing costs increased in Esher and Oxford.

3. 한국에 대학 졸업자 고용률이 감소할 것으로 예상됩니다.

   The employment rate for university graduates _____ decrease in Korea.

4. 교환학생의 수가 2023년에 5%만큼 하락했습니다.

   _____ exchange students fell by 5% in 2023.

5. 2020년에 담배에 대한 세금은 단위당 2.5%까지 증가했습니다.

   The tax on tobacco increased _____ per unit in 2020.

6. 이란에 남성들이 20대 때 근무 경험이 있다고 대부분 보고한 반면에, 단지 45%의 여성들만 그러한 경험이 있다고 보고했습니다.

   _____ most males in Iran reported having working experience in their 20s, only 45% of Iranian females reported having working experience.

7. 중고등교육과 초등교육 이수자는 대학교육 이수자 보다 각각 10%와 20% 더 낮은 수입을 벌었습니다.

   Those with secondary and primary education earned 10% and 20% lower incomes, _____, than individuals with tertiary education.

Writing [General Training]

우리말 뜻에 맞게 빈칸을 채워서 문장을 완성하세요.

1. [격식] 반려동물이 허락되지 않는 것을 당신에게 알려드리게 되어서 유감입니다.

I _____ you that pets are not allowed.

2. [격식] 발생된 어떠한 불편에 대해 사과드립니다.

I _____ any inconvenience caused.

3. [격식] 제게 샘플 몇개를 당신이 보내주신다면 감사하겠습니다.

_____ if you could send me some samples.

4. [격식] 제게 그 교육 강좌에 대한 정보를 당신이 보내주신다면 감사하겠습니다.

I would appreciate it _____ send me information on the training session.

5. [격식] 저는 그것에 대해 더 많이 알기를 원합니다.

I _____ know more about it.

6. [격식] 그 교육 강좌에 대한 정보가 혹시 필요하시다면, 제게 알려주세요.

_____ require any information on the training session, please let me know.

7. [격식] 매니저에게 직접 연락하는 것이 당신에게 더 좋을 것입니다.

_____ contact the manager directly.

Listening

리스닝 학습에서는 딕테이션(dictation)과 쉐도잉(shadowing)이 중요합니다.
음원을 들으며 빈칸을 채우고, 다시 음원을 들으며 따라 읽어보세요.

▲ 음원 듣기

CUSTOMER: By the way, are you able to help me book **1.** _____ , too?

TRAVEL AGENT: Of course. Well, one of the most popular places to stay is the Mayfield Hotel, where rooms are **2.** _____ per night. Hold on, do you have a Diamond Credit Card?

CUSTOMER: Actually, I do. Why?

TRAVEL AGENT: Some hotels offer cheaper rates for Diamond Card holders. So, a room at the Mayfield would be $165. Another one, Raffles Hotel, offers a discount to Diamond Card holders who book a Deluxe Room. It'd be $155 **3.** _____ $175. There's no discount on standard rooms though.

CUSTOMER: What's so special about the deluxe rooms?

TRAVEL AGENT: Well, the bed is a little bigger and they offer a nice **4.** _____ of the beach.

CUSTOMER: Oh, that sounds nice, but I'm hoping for some place fairly cheap in the downtown area.

TRAVEL AGENT: In that case, I have two other suggestions.

CUSTOMER: Great. I'd love to hear about them.

TRAVEL AGENT: First, there's the **5.** _____ Suites. That's L-A-N-G-L-E-Y. You can book it for $125 with cash. Using your Diamond Card, you can get a room there for $105 per night. **6.** _____ is included.

CUSTOMER: OK, and the other one?

TRAVEL AGENT: It's the Wilshire Hotel. There are two locations, actually. The downtown one costs just $95 per night, and the one located in the suburbs is even cheaper. It's only $85. I'm afraid both locations are **7.** _____ , however.

CUSTOMER: Thanks for the information. I'm going to think about it and get back to you.

TRAVEL AGENT: My pleasure. I'll be waiting for your call.

Reading

다음의 문구를 지문에서 스캐닝(scanning)하여 표시하세요.

Rome, Italy, in 1960

Stockholm in 1976

Seoul Summer Olympics in 1988

Albertville Winter Olympics in 1992

2000 Summer Paralympics in Sydney

The International Stoke Mandeville Games officially changed its name to the Paralympic Games when it was held in Rome, Italy, in 1960. It had increased significantly in size by that time, with approximately 400 participating athletes representing 23 different countries. Much like the Summer Olympics, a winter version of the Paralympic Games was later established and held every four years. The first Winter Games took place in Stockholm in 1976. Ever since the Seoul Summer Olympics in 1988 and the Albertville Winter Olympics in 1992, the Paralympic Games have been held in the same cities and countries as the regular Olympic Games. The 2000 Summer Paralympics in Sydney that the event saw a significant increase in global media exposure, and this marked the first time that the event was broadcast live online as well as on television stations. In recent years, the Paralympic Games has experienced a gradual rise in popularity, and media coverage of the games has grown accordingly.

다음 문장을 해석하세요.

1. The International Stoke Mandeville Games officially changed its name to the Paralympic Games when it was held in Rome, Italy, in 1960.

해석 _____

2. Ever since the Seoul Summer Olympics in 1988 and the Albertville Winter Olympics in 1992, the Paralympic Games have been held in the same cities and countries as the regular Olympic Games.

해석 _____

3. In recent years, the Paralympic Games has experienced a gradual rise in popularity, and media coverage of the games has grown accordingly.

해석 _____

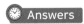

Speaking

꿈의 직업을 서술하세요. ① 어떤 종류의 일을 할 것인지 ② 근무 조건이 어떠한지 ③ 필요한 자격과 경험은 무엇인지 ④ 왜 꿈의 직업인지 설명하세요.	① 여행 작가 ② 시간 관리, 많은 여행, 작은 사무실 ③ 많은 여행 경험 필요, 훌륭한 사진 기술과 글쓰기 기술, 글쓰기 강의 ④ 여행과 다른 사람들에게 알리는 것 좋아함

① My dream is to be a travel journalist. A travel journalist is someone who goes to different places and writes articles about the local people and their culture. It also includes reviewing different tourist destinations and taking photographs.

② Regarding the working conditions, I would expect to manage my own time and do a lot of travelling. I would work as a freelance travel writer and photographer, so I would only need a small office for the job.

③ To become a professional travel journalist, I think I will need a lot of travel experience and good writing and photography skills. Therefore, I am planning to take writing courses for journalism and join a photography club. By doing these things, I can be better prepared for my future career.

④ Being a travel journalist is definitely my dream job. I love travelling and telling other people about the foreign countries I have visited. Taking photos of beautiful scenery is also something I really enjoy. I will do my best to become a good travel journalist.

① 제 꿈은 여행 기자가 되는 것입니다. 여행 기자는 여러 곳을 가며 현지 사람들과 그들의 문화에 대한 기자를 쓰는 사람입니다. 또한 여러 관광지를 리뷰하고 사진을 찍는 것을 포함됩니다.

② 근무 조건과 관련해서, 저는 제 자신의 시간을 관리하고 많은 여행을 할 것으로 기대합니다. 저는 프리랜서 여행 작가이자 사진 작가로 일하기 때문에 작업을 위한 작은 작업실만 있으면 됩니다.

③ 전문 여행 작가가 되려면 많은 여행 경험과 훌륭한 글쓰기 및 사진 기술이 필요하다고 생각합니다. 그래서 저는 저널리즘을 위한 글쓰기 강의를 수강하고 사진 동아리에 참여하는 것을 계획하고 있습니다. 이러한 일들을 함으로써, 미래의 경력에 더 잘 대비할 수 있습니다.

④ 여행 작가가 되는 것은 확실히 제 꿈의 직업입니다. 저는 여행을 좋아하고 다른 사람들에게 제가 방문한 외국에 대해 이야기하는 것을 아주 좋아합니다. 아름다운 경치의 사진을 찍는 것도 제가 정말 즐기는 것입니다. 저는 좋은 여행 작가가 되기 위해 최선을 디할 것입니다.

Writing - Academic

1. explains(=demonstrates, illustrates, describes, shows, displays, presents, gives information about)
2. Overall(=In general) **3.** is expected to **4.** The number of **5.** to 2.5% **6.** While(=Whereas)
7. respectively

1. regret to inform **2.** apologise for **3.** It would be appreciated(=I would appreciate it) **4.** If you could
5. would like to **6.** Should you **7.** It would be better for you to

1. accommodation **2.** $185 **3.** instead of **4.** view **5.** Langley **6.** No breakfast **7.** cash only

The International Stoke Mandeville Games officially changed its name to the Paralympic Games when it was held in Rome, Italy, in 1960. It had increased significantly in size by that time, with approximately 400 participating athletes representing 23 different countries. Much like the Summer Olympics, a winter version of the Paralympic Games was later established and held every four years. The first Winter Games took place in Stockholm in 1976. Ever since the Seoul Summer Olympics in 1988 and the Albertville Winter Olympics in 1992, the Paralympic Games have been held in the same cities and countries as the regular Olympic Games. The 2000 Summer Paralympics in Sydney that the event saw a significant increase in global media exposure, and this marked the first time that the event was broadcast live online as well as on television stations. In recent years, the Paralympic Games has experienced a gradual rise in popularity, and media coverage of the games has grown accordingly.

1. 국제 스토크 맨더빌 대회는 1960년에 이탈리아 로마에서 개최되었을 때, 공식적으로 그 이름을 패럴림픽으로 변경하였다.
2. 1988년 서울 하계 올림픽과 1992년 알베르빌 동계 올림픽이 열린 이래로, 패럴림픽은 정규 올림픽처럼 같은 도시와 국가에서 개최되었다.
3. 최근에 패럴림픽은 대중성이 점차 늘어나고 있으며, 이에 따라 이 대회의 언론 보도도 증가했다.

Week 05

Speaking
파트 3 유형 파악하기

오늘의 학습 목표

스피킹 파트 3에서 나오는 질문을 익히고 자신의 답변 생각해 보기

 **미리보기**

- 보통 파트 2와 연관된 토픽이지만, 파트 1 질문 형식으로 약 6개의 질의 응답 이어짐
- 질문 자체가 파트 1보다 조금 더 추상적이고 어려움

■ PART 3 시험 진행 과정 미리보기

1. 시험관이 토픽 설명

- We've been talking about a place you have visited that is affected by pollution, and I'd like to discuss with you one or two more general questions related to this. Let's consider pollution and the environment. Now let's talk about your country or your city.
  지금까지 당신이 방문한 장소 중 공해의 영향을 받은 곳에 대해 이야기했는데, 이와 관련된 일반적인 질문 한두 가지를 더 논하고자 합니다. 공해와 환경에 대해 생각해 봅시다. 이제 여러분의 국가 또는 도시에 대해 이야기해 봅시다.

2. 시험관과 질의 응답 (약 3문제)

- What are the most common types of pollution there?
  그곳에서 가장 흔한 오염의 유형은 무엇인가요?

- Overall, would you say there is more or less pollution and rubbish today, compared to the past?
  전반적으로 과거에 비해 오늘날 공해와 쓰레기가 더 많다고 또는 적다고 생각하나요?

- Do you think pollution will become worse in the future?
  앞으로 공해가 더 심해질 것이라고 생각하나요?

3. 토픽 변경 후 질의 응답 (약 3문제)

- Now let's talk about pollution and the economy. We hear about the damages that the environment could have on our health constantly.
  이제 공해와 경제에 대해 이야기해 봅시다. 우리는 환경이 건강에 미칠 수 있는 피해에 대해 끊임없이 듣습니다.

- What about the economic cost of pollution? What could be some of those?
  오염으로 인한 경제적 비용은 어떤가요? 어떤 것들이 있을까요?

- What do you think the government can do to help curb the negative impacts of pollution?
  오염의 부정적인 영향을 억제하기 위해 정부가 할 수 있는 일은 무엇이라고 생각하나요?

- Which do you think countries should prioritise? Economic growth or sustainable environment?
  국가가 우선순위를 두어야 한다고 생각하는 것은 무엇인가요? 경제 성장 또는 지속 가능한 환경?

 질문 유형

- 파트 3의 질문은 너무나 다양하지만, 그래도 다음과 같이 시험에서 선호되는 질문 유형이 있습니다.

1. 중요성/심각성

- What do you think are the most important factors when making friends?
  친구를 사귈 때 가장 중요한 요소는 무엇이라고 생각하나요?

- Why are holidays so important to modern people?
  왜 현대인에게 휴일이 중요한가요?

- What is the most serious problem for job seekers in your country?
  당신의 나라에서 구직자들에게 가장 심각한 문제는 무엇인가요?

2. 장단점

- What are the advantages and disadvantages of computers and the internet?
  컴퓨터와 인터넷의 장단점은 무엇인가요?

- What are the challenges of being famous?
  유명해지는 것의 어려움은 무엇인가요?

- What are the benefits of studying by yourself?
  혼자서 공부할 때의 장점은 무엇인가요?

3. 과거 추세 및 미래 예측

- How has technology changed in the last few years?
  기술은 지난 수년간 어떻게 발전해 왔나요?

- How will the tourist industry develop in the future?
  미래에 관광 산업은 어떻게 발전할까요?

- How will translation and interpretation develop in the future?
  미래에 번역과 통역은 어떻게 발전할까요?

4. 해결책

- What can we do to solve the problem of food shortages?
  우리는 식량 부족 문제를 해결하기 위해 무엇을 할 수 있나요?

- What can people do to solve environmental problems?
  환경 문제를 해결하기 위해 사람들은 무엇을 할 수 있나요?

- What do you think the government can do to help curb the negative impacts of pollution?
  오염의 부정적인 영향을 억제하기 위해 정부가 할 수 있는 일은 무엇이라고 생각하나요?

5. 선택/찬반

- Would you prefer to study for long periods or in shorter blocks of time?
  장시간 공부하는 것이 더 낫나요, 아니면 짧은 시간 단위로 공부하는 것이 더 낫나요?

- Do you agree that it is necessary to observe traditional customs?
  전통 풍습을 지키는 것이 필요하다고 동의하나요?

- Do you think information on the internet is reliable or not?
  당신은 인터넷상의 정보가 신뢰할 만하다고 생각하나요?

6. 차이점/비교

- What are the differences between life in the past and present?
  과거와 현재의 삶의 차이점은 무엇인가요?

- What are the differences between adults and children in terms of making friends?
  친구를 사귈 때 성인과 어린이의 차이점은 무엇인가요?

- What is the difference between men and women when choosing what to read?
  무엇을 읽을지 선택할 때 남성과 여성의 차이점은 무엇인가요?

 **답변 연습**

- 파트 2와 달리, 준비 시간 없이 바로 답변해야 함
- 자신의 주장에 대한 근거를 자세하게 부연 설명하여 파트 1 보다는 길게, 2-3문장으로 답변해야 함
- 질문 자체가 추상적이므로 답변하기가 어렵기에 평소 훈련이 필요함

1. 중요성/심각성 관련 문제

- What is the most serious problem for job seekers in your country?
  당신의 나라에서 구직자들에게 가장 심각한 문제는 무엇인가요?

Vocabulary & Expressions

job opportunities 취업 기회 fail to ~하는 것을 실패하다 decent job 제대로 된 직업 economic recession 경기 침체
candidate 취업 준비생, 후보자

샘플 답변

The main problem is that there are fewer job openings in my country than in the past. Many people tend to move to large cities for better job opportunities. However, most of them fail to get a decent job. This may be because of the long economic recession. In this situation, candidates find it difficult to get an interview when they have not had a job for a long time.

주요 문제는 우리나라에 과거에 비해 일자리가 적다는 것입니다. 많은 사람들이 더 나은 취업 기회를 위해 대도시로 이사하는 경향이 있습니다. 그럼에도 불구하고, 그들 중 대부분은 제대로 된 일자리를 얻지 못하고 있습니다. 이것은 오랜 경기 침체 때문일 수 있습니다. 이런 상황에서, 취업 준비생들은 오랫동안 일자리를 얻지 못하면 면접을 보기가 어렵습니다.

2. 장단점 관련 문제

- Can you think of any disadvantages of making new friends online?
  온라인에서 새로운 친구를 사귀면 어떤 단점들이 있는지 생각할 수 있나요?

Vocabulary & Expressions

less reliable 신뢰성이 떨어지는 for sure 확실히 addictive 중독성의 lead to ~로 이끌다 social isolation 사회적 고립
neglectful of ~에 소홀한

샘플 답변

There are a few disadvantages of making new friends online. First, online relationships can be less reliable. People can easily lie about who they are online, making it difficult to know for sure who you are talking to. Second, online friendships can be addictive. It can be easy to spend a lot of time online talking to your friends, which can lead to problems such as social isolation and becoming neglectful of other important areas of your life.

온라인에서 새로운 친구를 사귀는 데는 몇 가지 단점들이 있습니다. 첫째, 온라인 관계는 신뢰성이 떨어질 수 있습니다. 사람들은 온라인에서 자신이 누구인지 쉽게 거짓말을 할 수 있기 때문에 상대방이 누구인지 확실히 알기 어렵습니다. 둘째, 온라인 친구 관계는 중독성이 있을 수 있습니다. 온라인에서 친구들과 대화하는 데 많은 시간을 보내다 보면 사회적 고립이나 삶의 다른 중요한 영역에 소홀해지는 등의 문제로 이끌 수 있습니다.

3. 과거 추세 및 미래 예측 관련 문제

- Do you think pollution will become worse in the future?
  앞으로 공해가 더 심해질 것이라고 생각하나요?

Vocabulary & Expressions

unless ~하지 않는다면 take steps 조치를 취하다 contribute to ~에 기여하다, 영향을 미치다 population growth 인구 증가
economic development 경제 발전 climate change 기후 변화 worsen 악화시키다

샘플 답변

It is possible that pollution will become worse in the future unless we take steps to reduce it. There are a number of factors that could contribute to this, including population growth, economic development and climate change. All of these factors have been increasing and worsening the air, water and soil quality.

오염을 줄이기 위한 조치를 취하지 않으면 앞으로 오염이 더 악화될 수 있습니다. 인구 증가, 경제 발전, 기후 변화 등 여러 가지 요인이 이에 영향을 미칠 수 있습니다. 이러한 모든 요인들이 증가하면서 대기, 수질, 토양의 질을 악화시키고 있습니다.

4. 해결책 관련 문제

- What can people do to solve environmental problems?
  환경 문제를 해결하기 위해 사람들은 무엇을 할 수 있나요?

Vocabulary & Expressions

alleviate 완화하다 consumption 소비 recycle 재활용하다 as much as possible 가능한 한 많이 last but not least
마지막으로 switch to ~로 전환하다 renewable energy 재생 가능 에너지 instead of ~ 대신에 fossil fuel 화석 연료

샘플 답변

I think there are some specific things that we can do to solve, or at least alleviate, environmental problems. First, we have to reduce our consumption of goods and services. In addition, we have to recycle as much as possible. Last but not least, we have to switch to using renewable energy sources, such as solar and wind power, instead of fossil fuels, which cause pollution.

우리가 환경 문제를 해결하거나 최소한 완화할 수 있는 몇 가지 구체적인 방법이 있다고 생각합니다. 첫째, 상품과 서비스 소비를 줄여야 합니다. 또한 가능한 한 많이 재활용해야 합니다. 마지막으로, 공해를 유발하는 화석 연료 대신 태양열과 풍력 등 재생 가능 에너지 사용으로 전환해야 합니다.

5. 선택/찬반 관련 문제

- Would you prefer to take a low-paid but interesting job or a hard job with a high salary?
  당신은 흥미는 있지만 낮은 급여의 일과 어렵지만 높은 급여의 일 중 어떤 것을 선호하나요?

Vocabulary & Expressions ✦

high salary 높은 급여 tend to ~하는 경향이 있다 value A over B B보다 A에 더 가치를 두다 job satisfaction 직업 만족도 even if 비록 ~한다 하더라도

💬 샘플 답변

That's an interesting question. Like many other young people today, I tend to value job satisfaction over a high salary. Therefore, I would choose to have an interesting job, even if I wouldn't make a lot of money doing it. I'm not sure I can keep any job for a long time if I have to work too much or too hard.

재미있는 질문입니다. 다른 많은 젊은이들처럼, 저는 높은 급여보다 직업 만족도에 가치를 두는 경향이 있습니다. 그러므로 저는 돈을 많이 벌지는 않더라도 흥미로운 일을 택할 것입니다. 만일 일을 너무 많이 해야 하거나 너무 힘들다면 오랫동안 그 직업을 유지할 수 있을지 확신하지 못합니다.

6. 차이점/비교 관련 문제

- What's the difference between knowledge gained from books and knowledge gained through experience?
  책에서 얻은 지식과 경험을 통해 얻은 지식의 차이는 무엇인가요?

Vocabulary & Expressions ✦

source of knowledge 지식의 원천 provide A with B A에게 B를 제공하다 theories and concepts 이론들과 개념들 learn through experience 경험을 통해 배우다 valuable lesson 소중한 교훈

💬 샘플 답변

Books are a good source of knowledge and provide us with many theories and concepts. When people learn something from books, they can gain a lot of knowledge very quickly. However, some things, for instance, learning to drive a car, can be learnt only through experience. In addition, we can learn valuable lessons from both our positive and negative experiences.

책은 좋은 지식의 원천이며 많은 이론들과 개념들을 우리에게 제공합니다. 사람들이 책에서 무엇인가를 배울 때, 그들은 많은 지식을 매우 빨리 얻을 수 있습니다. 하지만, 예를 들어 운전을 배우는 것과 같이, 어떤 것은 경험을 통해서만 배울 수 있습니다. 게다가, 긍정적인 경험과 부정적인 경험 모두에서 소중한 교훈을 얻을 수 있습니다.

1. **lead to**   ~로 이끌다

Spending a lot of time online can lead to problems such as social isolation and becoming neglectful of other important areas of your life.

온라인에서 많은 시간을 보내는 것은 사회적 고립이나 삶의 다른 중요한 영역에 소홀해지는 등의 문제로 이끌 수 있습니다.

2. **take steps**   조치를 취하다

Pollution will become worse in the future unless we take steps to reduce it.

오염을 줄이기 위한 조치를 취하지 않으면 앞으로 오염이 더 악화될 것입니다.

3. **alleviate**   완화하다

There are some specific things that we can do to alleviate environmental problems.

우리가 환경 문제를 완화할 수 있는 몇 가지 구체적인 방법이 있습니다.

4. **last but not least**   마지막으로

Last but not least, we have to switch to using renewable energy sources, such as solar and wind power.

마지막으로, 우리는 태양열과 풍력 등 재생 가능 에너지 사용으로 전환해야 합니다.

5. **value A over B**   B보다 A에 더 가치를 두다

I tend to value job satisfaction over a big salary.

저는 높은 급여보다 직업 만족도에 가치를 두는 경향이 있습니다.

6. **provide A with B**   A에게 B를 제공하다

Books provide us with many theories and concepts.

책은 많은 이론들과 개념들을 우리에게 제공합니다.

7. **learn through experience**   경험을 통해 배우다

Some things can be learnt only through experience.

어떤 것은 경험을 통해서만 배울 수 있습니다.

Practice

아래 질문에 대해 큰소리로 자신의 답변을 녹음하고 들어 보세요.

1. What is the most serious problem for job seekers in your country?

2. Can you think of any disadvantages of making new friends online?

3. Do you think pollution will become worse in the future?

Writing [Academic]
라인 그래프 실전 연습

파트 1 라인 그래프(line graph) 실전 문제 연습

▲ 강의 보기

라인 그래프 문제

You should spend about 20 minutes on this task.

The graph below shows population figures for Indonesia and Nigeria since the year 2000 and predicted population growth up until 2040.

Summarise the information by selecting and reporting the main features, and make comparisons where relevant.

아래 그래프는 2000년 이후 및 2040년 까지 예상되는 인도네시아와 나이지리아의 인구 수치를 보여줍니다.
주요 특징들을 선택하여 설명해서그래프 정보를 요약하고, 관련된 정보들을 비교하세요.

Write at least 150 words.

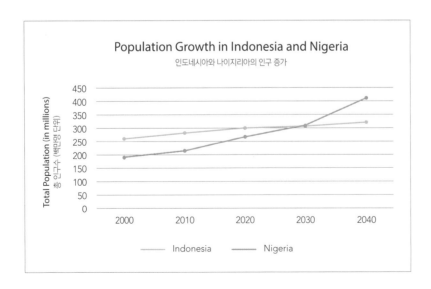

 **문제 풀이**

1. 문제 분석

키워드 분석	population figures(인구 수치) ▶ Indonesia and Nigeria(인도네시아와 나이지리아) ▶ 2000 until 2040(2000년에서 2040년까지)
▼	
그래프 분석	그래프 종류: 선 그래프(line graph) · **가로축: 연도 – 세로축: 인구 수** · **개별 그래프: 총 2개**(인도네시아, 나이지리아) · **시제:** 그래프에 과거와 미래 연도가 있으므로 과거, 현재완료, 미래 시제 사용. 　　　단, 미래의 예측에 대한 그래프이므로 will, be going to 대신 be expected to, 　　　be predicted to, be likely to를 주로 사용
▼	
라인 그래프 추세 및 수치 파악	· **인도네시아:** 그래프가 상승하지만 상승폭은 점점 감소 · **나이지리아:** 그래프가 인도네시아보다 빠르게 상승하고 결국에는 인도네시아를 추월

2. 글쓰기 순서

서론 첫 문장 (문제 패러프레이징)	주어-동사 변환: The graph below shows → The line graph illustrates 목적어 변환: 명사구 → 명사절 population figures for Indonesia and Nigeria since the year 2000 and predicted population growth up until 2040 → how the populations of Indonesia and Nigeria have changed since 2000 　　and how they are likely to change until 2040
▼	
서론 두 번째 문장 (전체적인 흐름 정리)	전반적으로(overall) 예상된다(예상 be likely to / be expected to): 나이지리아는 상승하고(rise) 인도네시아 수치를 넘어서다(take over)
▼	
본론 (주요 세부사항 정리)	· 2000년: 인도네시아 사람 수가 나이지리아보다 더 많음(higher than that of Nigerians), 　　　　　두 나라 인구 수 비교(while) · 2010년: 4천만 명만큼 증가(increase by) · 2030년: 같은 인구(equal populations) · 2040년: 나이지리아는 훨씬 더 급격한 상승(rise even more sharply)인 반면에(while) 　　　　　인도네시아는 둔화(slow down)

서론	① The line graph illustrates how the populations of Indonesia and Nigeria have changed since 2000 and how they are likely to change until 2040. ② Overall, over the 40-year period, Nigeria's population is expected to rise and overtake that of Indonesia, whose population growth will gradually slow down.	① 문제에 제시된 그래프 내용을 패러프레이징 하여 그래프 설명 ② 그래프의 전체적인 흐름을 개괄
본론 1	③ In 2000, the number of Indonesians was higher than that of Nigerians. ④ Indonesia's population was around 265 million, while Nigeria's population was about 195 million. ⑤ According to the graph, over the first decade, the populations of both countries increased by around 40 million people.	2000년~2010년: 인도네시아와 나이지리아의 인구 수치를 비교하며 설명
본론 2	⑥ On the other hand, since 2010, the population of Nigeria has been increasing more quickly than that of Indonesia. ⑦ It is predicted that by the year 2030, both countries will have equal populations of around 310 million people. ⑧ From that point until 2040, Nigeria's population is expected to rise even more sharply, while Indonesia's population growth is likely to continue to slow down.	2010년 이후: 양 국가의 인구 증가 패턴 차이를 비교 설명

총 단어 수: 154

이 라인 그래프는 어떻게 인도네시아와 나이지리아의 인구가 2000년 이후로 변화되어 왔는지를, 그리고 2040년까지 어떻게 그것들이 변화할지를 보여주고 있습니다. 전반적으로, 40년이라는 기간 동안에 나이지리아의 인구는 상승하고 인도네시아의 인구를 넘어설 것으로 예상되는데, 인도네시아의 인구 성장은 점차적으로 둔화될 것입니다.

2000년에, 인도네시아 사람들의 수는 나이지리아 사람들의 수보다 더 높았습니다. 나이지리아의 인구는 대략 1억9천5백만이었던 반면에, 인도네시아 사람의 수는 약 2억6천5백만이었습니다. 그래프에 따르면, 첫 10년 동안, 두 나라 모두의 인구는 대략 4천만명만큼 증가했습니다.

반면에, 2010년 이래로 나이지리아의 인구는 인도네시아의 인구보다 더욱 빨리 증가하고 있습니다. 2030년까지 두 나라 모두 대략 3억1천만명의 동일한 인구를 갖게 될 것으로 예측됩니다. 그 시점부터 2040년까지 인도네시아의 인구 성장은 계속해서 둔화되는 반면에 나이지리아의 인구는 훨씬 더 급격하게 증가할 것으로 예상됩니다.

서론	① The line graph illustrates how the populations of Indonesia and Nigeria have changed since 2000 and how they are likely to change until 2040. ② Overall, over the 40-year period, Nigeria's population is expected to rise and overtake that of Indonesia, whose population growth will gradually slow down.

① The line graph illustrates how the populations of Indonesia and Nigeria have changed since 2000 and how they are likely to change until 2040.

- the line graph(=graph) + illustrates(=shows) + how + 주어 + 동사 첫 문장의 구성 형태
- have + p.p. + since + 과거시점 과거부터 현재 추세까지 표현
- be likely to 2040년까지의 미래 예측 / 가능성을 표현
- have changed since 2000, are likely to change until 2040 그래프가 과거부터 미래까지 나타내므로 두 개의 시제 사용

② Overall, over the 40-year period, Nigeria's population is expected to rise and overtake that of Indonesia, whose population growth will gradually slow down.

- overall 그래프의 전반적인 흐름을 설명하는 부사
- over + 기간 ~의 기간 동안, ~에 걸쳐서
- be expected to(=be predicted to, be likely to) 미래 예측이나 예상을 표현
- overtake 추월하다, 앞지르다
- , whose 소유격 관계대명사로 인도네시아 인구에 대해 부연 설명하기 위해 사용
  overtake Indonesia, whose population growth
  = overtake Indonesia and its population growth
- gradually '점차적으로'라는 의미의 부사로 증가, 감소, 확장 등과 관련하여 사용
- slow down 어떤 증가나 감소의 속도가 늦춰지고 있는 특징을 표현하는 동사

Vocabulary & Expressions ✦

illustrate (도표 등이) 설명하다, 보여주다 population 인구 be likely to ~일 것 같다, ~할 것 같다 overall 전반적으로 over ~동안, ~에 걸쳐서 period 기간 be expected to ~로 예측되다 overtake 추월하다, 앞지르다 population growth 인구 성장 gradually 점차적으로 slow down 늦춰지다, 둔화되다

③ In 2000, the number of Indonesians was higher than that of Nigerians. ④ Indonesia's population was around 265 million, while Nigeria's population was about 195 million. ⑤ According to the graph, over the first decade, the populations of both countries increased by around 40 million people.

③ In 2000, the number of Indonesians was higher than that of Nigerians.

- in   설명하려는 특정 연도를 언급하는 전치사
- the number of   서론에서 사용된 단어인 population의 반복 사용을 피하기 위해 사용
- higher than   비교급의 형태로 두 가지 대상을 비교하는데 사용
- that + of + 명사   that은 앞에 이미 언급된 the number라는 명사를 대신해서 사용한 대명사

④ Indonesia's population was around 265 million, while Nigeria's population was about 195 million.

- around/about + 수치   approximately, almost, nearly 등과 함께 대략적인 수치를 나타내는 표현
- while   대조를 나타낼 때 쓰는 표현으로 whereas로 대체 가능

⑤ According to the graph, over the first decade, the populations of both countries increased by around 40 million people.

- according to   '~에 따르면'이라는 표현으로, 출처를 나타낼 때 사용
- over + 기간   ~의 기간 동안, ~에 걸쳐서
- both countries   인도네시아와 나이지리아의 반복 사용을 피하기 위해 사용
- increase by + 수치   '~만큼 상승하다'라는 뜻으로 increase to와 구분하여 사용

Vocabulary & Expressions ✦

around 대략   while 반면에, ~인데 반하여   about 대략   according to ~에 따르면   over ~동안, ~에 걸쳐서   decade 10년   both 둘 다

본론 2	⑥ On the other hand, since 2010, the population of Nigeria has been increasing more quickly than that of Indonesia. ⑦ It is predicted that by the year 2030, both countries will have equal populations of around 310 million people. ⑧ From that point until 2040, Nigeria's population is expected to rise even more sharply, while Indonesia's population growth is likely to continue to slow down.

⑥ On the other hand, since 2010, the population of Nigeria has been increasing more quickly than that of Indonesia.

- on the other hand   대조 또는 전환을 나타낼 때 사용하는 표현
- since + 과거시점(2010)   뒤에 현재완료 시제 사용(has been increasing)
- has been increasing   과거부터 현재까지 계속 이어지고 있는 상승의 추세를 현재완료 진행 시제로 표현
- more quickly than   비교급 형태로, 형용사가 아닌 부사 quickly에 대한 비교급 표현

⑦ It is predicted that by the year 2030, both countries will have equal populations of around 310 million people.

- it is predicted that절(주어 + 동사)   ~이 될 것이라고 예상되다(predicted 대신 expected로 대체 가능)
- by + 시간   '~까지'라는 의미로 'by + 수치 (~만큼)'에서의 by와 뜻이 다르다는 것에 유의
- have equal populations of + 수치   동등한 수치의 인구를 갖고 있다는 의미

⑧ From that point until 2040, Nigeria's population is expected to rise even more sharply, while Indonesia's population growth is likely to continue to slow down.

- from A until B   '~부터 ~까지'라는 기간을 나타내는 표현으로 until 대신 to로 대체 가능
- be expected to   ~로 예상되다(expected 대신 predicted로 대체 가능)
- even   비교급 강조 부사로 비교급 more sharply를 강조
- while   대조를 나타낼 때 쓰는 표현으로 whereas로 대체 가능
- be likely to(=be expected to, be predicted to)   미래의 예측이나 예상을 표현
- continue + to부정사   ~을 계속하다, 계속해서 ~하다

Vocabulary & Expressions ✦

on the other hand 한편 since 이래로 more quickly 더 빨리 predict 예상하다 by ~까지 equal 동등한, 같은 expect 예상하다 rise 상승하다 even 더욱, 훨씬 more sharply 더 급격하게 be likely to ~일 것 같다 continue 계속하다 slow down 둔화되다, 느려지다

1. be likely to(=be expected to, be predicted to)   ~일 것 같다, ~할 것 같다

The line graph illustrates how the populations of Indonesia and Nigeria are likely to change until 2040.
라인 그래프는 인도네시아와 나이지리아 인구가 2040년까지 어떻게 변화할지를 보여주고 있습니다.

2. that of   ~의 그것(that은 앞에 이미 언급된, 같은 종류이지만 다른 명사를 지칭하는 대명사)

In 2000, the number of Indonesians was higher than that of Nigerians.
2000년에, 인도네시아 사람들의 수는 나이지리아 사람들의 그것(수)보다 더 높았습니다.
(같은 종류: number / 다른 명사: 인도네시아 수 ≠ 나이지리아 사람 수)

3. around(=about, approximately)   대략

Indonesia's population was around 260 million in 2000.
2000년에 인도네시아의 인구는 대략 2.6억이었습니다.

4. according to   ~에 따르면

According to the graph, over the first decade, the populations of both countries increased by around 40 million people.
그 그래프에 따르면, 첫 10년 동안, 두 나라 모두의 인구는 대략 4천만명만큼 증가했습니다.

5. since 과거시점 + 현재완료   ~이래로(과거시점) ~해왔다(현재완료)

Since 2010, the population of Nigeria has been increasing more quickly than that of Indonesia.
2010년 이래로 나이지리아의 인구는 인도네시아의 인구보다 더욱 빨리 증가해왔습니다.

6. equal populations of + 수치   ~수치의 동등한 인구

By the year 2030, Indonesia and Nigeria will have equal populations of around 310 million people.
2030년까지 인도네시아와 나이지리아는 대략 3억1천만명의 동등한 인구를 갖게 될 것으로 예측됩니다.

7. even(=much)   훨씬(비교급 강조 부사)

Until 2040, Nigeria's population is expected to rise even more sharply.
2040년까지, 나이지리아의 인구는 훨씬 더 급격하게 증가할 것으로 예상됩니다.

Practice

우리말 뜻에 맞게 빈칸을 채워서 문장을 완성하세요.

1. 라인 그래프는 인도네시아와 나이지리아 인구가 2040년까지 어떻게 변화할지를 보여주고 있습니다.

   The line graph illustrates how the populations of Indonesia and Nigeria
   _____ until 2040.

2. 2000년에, 인도네시아 사람들의 수는 나이지리아 사람들의 그것(수)보다 더 높았습니다.

   In 2000, the number of Indonesians was higher than _____ Nigerians.

3. 2000년에 인도네시아의 인구는 대략 2.6억이었습니다.

   Indonesia's population was _____ 260 million in 2000.

4. 그 그래프에 따르면, 첫 10년 동안, 두 나라 모두의 인구는 대략 4천만명만큼 증가했습니다.

   _____ the graph, over the first decade, the populations of both
   countries increased by around 40 million people.

5. 2010년 이래로, 나이지리아의 인구는 인도네시아의 그것(인구)보다 더욱 빨리 증가해왔습니다.

   _____ , the population of Nigeria _____ increasing more quickly than
   that of Indonesia.

6. 2030년까지 인도네시아와 나이지리아는 대략 3억1천만명의 동등한 인구를 갖게 될 것으로 예측됩니다.

   By the year 2030, Indonesia and Nigeria will have _____ around 310 million people.

7. 2040년까지, 나이지리아의 인구는 훨씬 더 급격하게 증가할 것으로 예상됩니다.

   Until 2040, Nigeria's population is expected to rise _____ more sharply.

⏱ Answers

1. are likely to change 2. that of 3. around(=about, approximately) 4. According to 5. Since 2010, has been 6. equal populations of 7. even(=much)

17

Writing [General Training]
격식 편지 실전 연습

📖 격식 편지 문제

You should spend about 20 minutes on this task.

> *You have noticed your internet signal is very weak and keeps dropping. You work from home. Without a reliable internet connection, you are unable to do your job.*
>
> *Write a letter to the internet company. In your letter*
> * *say what the problem is*
> * *explain the impact of this on your work*
> * *ask the provider to solve the problem*

Write at least 150 words.
You do **NOT** need to write any addresses.
Begin your letter as follows:

Dear Sir or Madam,

이 문제에 대해서 약 20분을 쓰도록 하세요.

> 당신은 당신의 인터넷 신호가 매우 약하고 계속해서 중단되는 것을 알아챘습니다. 당신은 집에서 근무합니다. 신뢰할 수 있는 인터넷 연결 없이, 당신은 당신의 일을 할 수 없습니다.
>
> 인터넷 회사에 편지를 쓰세요. 당신의 편지에서
> * 문제가 무엇인지 말하고
> * 당신의 업무에 미치는 영향을 설명하고
> * 인터넷 공급업체에 그 문제를 해결할 것을 요청하세요.

최소한 150 단어를 씁니다.
어떠한 주소도 쓰지 마세요.
당신의 편지를 다음으로 시작하세요:

관계자분께,

 **문제 풀이**

1. 문제 분석

키워드 분석	internet signal ▶ weak ▶ keeps dropping ▶ work from home ▶ without ▶ unable ▶ job
▼	
3가지 답변 포인트 확인	· what the problem is · impact on your work · ask for a solution
▼	
인사(greeting) 대상 확인	Begin your letter as follows: Dear Sir or Madam,

2. 글쓰기 순서

인사 글의 목적 답변 포인트 1	· 인사: Dear Sir or Madam · 글의 목적: I am writing to 동사원형 · 답변 포인트 1: 문제점 설명
▼	
답변 포인트 2	· 답변 포인트 2: 불량한 인터넷 서비스가 업무에 미치는 영향 · 추가 설명: Furthermore / Moreover / In addition (게다가) · 근거 제시: Due to / Owing to + 명사 (~때문에)
▼	
답변 포인트 3 마무리	· 답변 포인트 3: 해결방안 제시 I would be grateful if + 해결방안 · 마무리 문장: 연락처 제공 · 끝인사 & 자신의 성명: Yours faithfully, David Smith

인사	Dear Sir or Madam,	제일 처음에 인사말을 씀
답변 포인트 1	① I am writing to express my dissatisfaction with the quality of my internet connection. ② When I signed up for your services, I was told that I would be provided with the fastest and most reliable internet connection. ③ However, whenever I try to access a web page, my computer slows down and I receive a 'failed to connect' message after a few seconds.	한 줄 띄고 첫 단락 첫 줄에 글의 목적을 작성한 후에 답변 포인트 1에 대해 상세하게 기술
답변 포인트 2	④ Furthermore, since I work from home, I rely on the internet so that I can send emails to my clients and host online seminars. ⑤ Due to the poor internet connection provided by your company, I have already missed two deadlines this week. ⑥ This is causing me a great amount of stress.	답변 포인트 2와 관련해서 인터넷 서비스의 중요성과 불량한 인터넷 연결로 인한 피해를, 사례를 들어 자세하게 설명
답변 포인트 3	⑦ I would be grateful if you would send an engineer to repair my connection immediately. ⑧ If the problem is not resolved by the weekend, I will have no choice but to look for a new internet provider. ⑨ Should you require further discussion, please feel free to contact me.	마지막 단락은 답변 포인트 3과 관련하여 즉각적인 수리를 요청하고, 미해결 시 어떤 행동을 취할지 언급 후 자신의 연락처를 알려주면서 편지 마무리
마무리	Yours faithfully, David Smith	formal letter에 맞는 끝인사와 함께 자신의 성과 이름 모두 기입

총 단어 수: 169

관계자분께,

저는 인터넷 연결의 품질에 대한 불만을 표출하기 위해 편지를 씁니다. 제가 귀하의 서비스에 가입했을 때, 저는 가장 빠르고 믿을 만한 인터넷 연결을 공급받을 것이라고 들었습니다. 그러나, 제가 웹페이지에 접속을 시도할 때마다, 제 컴퓨터는 느려지고 몇 초 후에는 '연결에 실패했습니다'라는 메시지를 받습니다.

게다가, 저는 재택근무를 하고 있어서, 고객들에게 이메일을 보내고 온라인 세미나를 개최할 수 있도록 인터넷에 의지하고 있습니다. 귀하의 회사에서 제공되는 열악한 인터넷 연결 때문에, 저는 벌써 이번 주에 두 건의 마감을 놓쳤습니다. 이것은 제게 엄청난 양의 스트레스를 유발하고 있습니다.

귀하 측에서 저의 인터넷 연결을 수리해줄 기술자를 즉시 보내준다면 고맙겠습니다. 만약 이 문제가 이번 주말까지 해결되지 않는다면, 저는 새로운 인터넷 공급 업체를 찾아볼 수 밖에 없을 것입니다. 이 문제를 더 논의하기 원하시면 자유롭게 제게 연락주세요.

데이비드 스미스 올림

📖 샘플 답안 문장 분석

인사	Dear Sir or Madam,
답변 포인트 1	① I am writing to express my dissatisfaction with the quality of my internet connection. ② When I signed up for your services, I was told that I would be provided with the fastest and most reliable internet connection. ③ However, whenever I try to access a web page, my computer slows down and I receive a 'failed to connect' message after a few seconds.

① I am writing to express my dissatisfaction with the quality of my internet connection.

- I am writing to + 동사원형 편지를 쓰는 목적을 설명하기 위해 가장 흔하게 사용하는 첫 문장 형태
- express one's dissatisfaction with 어떤 불만 사항에 대해 격식 있게 나타내는 표현
- the quality of + 명사 어떤 명사의 품질 및 속성을 나타내기

② When I signed up for your services, I was told that I would be provided with the fastest and most reliable internet connection.

- 접속사 when 두 개의 절을 이어주며, 두 개의 절에 사용하는 동사들의 시제(signed up/told/would)를 일치시키는 것이 일반적임
- I was told ~라고 들었다(you told me 보다 격식 있게 표현하기 위해 수동태 사용)
- be provided with ~을 제공받다
- the fastest / the most reliable 최상급 표현으로 최상급 앞에 the를 사용

③ However, whenever I try to access a web page, my computer slows down and I receive a 'failed to connect' message after a few seconds.

- 접속사 whenever 두 개의 절을 이어줌
- try + to부정사 ~하기 위해서 노력하다
- access + 명사 access는 타동사로 바로 뒤에 명사가 나옴. 단 access가 명사로 사용되면 전치사 to가 있어야 뒤에 명사가 올 수 있음(access + to + 명사: ~로의 접속)

Vocabulary & Expressions ✦

Dear Sir or Madam 관계자분께 **express** 표출하다, 나타내다 **dissatisfaction** 불만 **when** ~할 때 **sign up** 가입하다 **reliable** 믿을 수 있는, 신뢰할 수 있는 **connection** 연결, 접속 **whenever** ~할 때마다 **access** 접속하다, 접근하다 **slow down** 느려지다 **fail** 실패하다 **a few seconds** 수 초, 몇 초

④ Furthermore, since I work from home, I rely on the internet so that I can send emails to my clients and host online seminars. ⑤ Due to the poor internet connection provided by your company, I have already missed two deadlines this week. ⑥ This is causing me a great amount of stress.

답변
포인트 2

④ Furthermore, since I work from home, I rely on the internet so that I can send emails to my clients and host online seminars.

- 접속부사 furthermore(=in addition, moreover) 보통 두 번째, 세 번째 문장이나 단락에서 자주 사용
- work from home 집에서 근무하다
- rely on(=depend on) ~에 의지하다
- so that + 주어 + can + 동사원형 ~할 수 있도록, ~할 수 있게
- send + A + to + B(=send + B + A) A를 B에 보내다. 동사 send는 3형식과 4형식 모두 사용 가능한 수여동사

⑤ Due to the poor internet connection provided by your company, I have already missed two deadlines this week.

- due to(=owing to) 전치사로서 뒤에 명사가 옴
- provided 과거분사(p.p.)로 앞에 나온 명사 connection을 뒤에서 수식
- have + 부사 + p.p. 현재완료 have와 p.p. 사이에 다양한 부사들이 올 수 있음

⑥ This is causing me a great amount of stress.

- cause + 사람 및 대상 + 사물 4형식 동사로 cause 사용
- a great amount of 수량 형용사로 불가산명사를 수식

Vocabulary & Expressions ✦

furthermore 더욱이, 게다가 rely on ~에 의지하다 host 개최하다 poor 불량한, 열악한 provided 제공된 miss 놓치다
deadline 마감 cause A B A에게 B를 불러일으키다, 야기하다 a great amount of 엄청난 양의

답변 포인트 3	⑦ I would be grateful if you would send an engineer to repair my connection immediately. ⑧ If the problem is not resolved by the weekend, I will have no choice but to look for a new internet provider. ⑨ Should you require further discussion, please feel free to contact me.
마무리	Yours faithfully, David Smith

⑦ I would be grateful if you would send an engineer to repair my connection immediately.

- 주어 + would be grateful + if + 주어 + 동사   공손하게 요청할 때 자주 사용하는 표현
- repair(=fix) ~을 고치다

⑧ If the problem is not resolved by the weekend, I will have no choice but to look for a new internet provider.

- be + resolved   수동태 문장
- by + 시간   ~까지
- have no choice but to   ~할 수 밖에 없다
- look for(=try to find)   ~을 찾다

⑨ Should you require further discussion, please feel free to contact me.

- should you   가정법 미래를 사용한 격식 있는 표현
- require   ask for보다 격식 있는 표현
- feel free + to부정사   자유롭게 ~하다

Vocabulary & Expressions ✦

grateful 고마워하는, 감사하는 engineer 수리공, 기술자 repair 수리하다, 고치다 immediately 즉시 resolve 해결하다
look for ~을 찾다 should you 당신이 ~라면 require 요구하다, 요청하다 further 추가적인 discussion 논의

오늘의 라이팅 필수 표현

1. express one's dissatisfaction with   ~에 대한 ~의 불만을 표출하다

I am writing to express my dissatisfaction with the quality of my internet connection.

저는 인터넷 연결의 품질에 대한 제 불만을 표출하기 위해 편지를 씁니다.

2. whenever   ~할 때마다

Whenever I try to access a web page, my computer slows down.

제가 웹페이지에 접속을 시도할 때마다, 제 컴퓨터는 느려집니다.

3. work from home   집에서 근무하다

Since I work from home, I rely on the internet.

저는 집에서 근무하고 있어서 인터넷에 의지하고 있습니다.

4. so that + 주어 + can + 동사원형   ~할 수 있도록, ~할 수 있게

I rely on the internet so that I can send emails to my clients and host online seminars.

저는 고객들에게 이메일을 보내고 온라인 세미나를 개최할 수 있도록 인터넷에 의존합니다.

5. cause + A(사람 및 대상) + B(사물)   A에게 B를 유발하다/야기하다

This is causing me a great amount of stress.

이것은 제게 엄청난 양의 스트레스를 유발하고 있습니다.

6. be grateful   고맙다, 감사하다

I would be grateful if you would send an engineer to repair my connection immediately.

귀하 측에서 저의 인터넷 연결을 수리해줄 기술자를 즉시 보내준다면 고맙겠습니다.

7. have no choice but to + 동사원형   ~할 수밖에 없다

If the problem is not resolved by the weekend, I will have no choice but to look for a new internet provider.

만약 이 문제가 이번 주말까지 해결되지 않는다면, 저는 새로운 인터넷 공급 업체를 찾아볼 수밖에 없을 것입니다.

Practice

우리말 뜻에 맞게 빈칸을 채워서 문장을 완성하세요.

1. 저는 인터넷 연결의 품질에 대한 제 불만을 표출하기 위해 편지를 씁니다.

   I am writing to _____ the quality of my internet connection.

2. 제가 웹페이지에 접속을 시도할 때마다, 제 컴퓨터는 느려집니다.

   _____ I try to access a web page, my computer slows down.

3. 저는 집에서 근무하고 있어서 인터넷에 의지하고 있습니다.

   Since I _____ , I rely on the internet.

4. 저는 고객들에게 이메일을 보낼 수 있도록 인터넷에 의존합니다.

   I rely on the internet _____ emails to my clients.

5. 이것은 제게 엄청난 양의 스트레스를 유발하고 있습니다.

   This is _____ .

6. 귀하 측에서 저의 인터넷 연결을 수리해줄 기술자를 즉시 보내준다면 고맙겠습니다.

   I would _____ if you would send an engineer to repair my connection immediately.

7. 만약 이 문제가 이번 주말까지 해결되지 않는다면, 저는 새로운 인터넷 공급 업체를 찾아볼 수밖에 없을 것입니다.

   If the problem is not resolved by the weekend, I _____

   for a new internet provider.

🕐 **Answers**

1. express my dissatisfaction with **2.** Whenever **3.** work from home **4.** so that I can send **5.** causing me a great amount of stress **6.** be grateful **7.** will have no choice but to look

Listening
파트 2 유형 파악하기

오늘의 학습 목표

리스닝 파트 2 문제 유형 및 문제 풀이 전략 학습

▲ 강의 보기

📖 미리보기

- 문제 번호: 11번~20번
- 빈출 주제: 정보(관광지, 지역 정책 등) 소개
- 난이도: 일상생활과 관련된 주제를 다루기 때문에 방송을 듣고 전체 내용을 이해하는 데 있어 어렵지 않은 편
- 화자 수: 파트 1과 달리 한 사람이 독백으로 이야기를 전달 (간혹 두 명이 등장하기도 하는데, 이때 처음에 등장하는 사람은 뒤에 나오는 주요 화자를 소개하는 역할만 하고, 뒤이어 나오는 주요 화자가 말하는 내용에서 모든 문제가 나오므로 파트 2에서는 한 사람이 나오든 두 사람이 나오든 난이도 차이는 없음)

PART 2
Listen and answer questions **11-20**.

Questions 11-16
Choose the correct answer.

The Watersports Centre

11 Louise mentions that when kayaking, the visitors are allowed to
A ○ stop to feed local wildlife.
B ○ take pictures of the beautiful scenery.
C ○ move away from the regular routes.

12 What does Louise tell the group about this morning's hiking trip?
A ○ The group will stop briefly for refreshments.
B ○ Footwear is available for those who need it.
C ○ Group members can choose a different activity.

13 What does Louise say about the archery competition?
A ○ No safety gear is required.
B ○ It will be held inside the centre.
C ○ The winner will receive a prize.

14 Regarding the waterskiing lesson, Louise says that
A ○ participants must be above a certain age.
B ○ swimming ability is not important.
C ○ an extra fee will be requested.

15 The campground facilities are free except for
A ○ laundry facilities.
B ○ cooking facilities.
C ○ entertainment facilities.

16 If there is heavy rain while the visitors are in their tents, they should
A ○ move to a nearby dormitory.
B ○ remain in the tent until morning.
C ○ contact one of the centre's employees.

Questions 17-20
What information does Louise give about kayaking on each of the following river routes?
Choose the correct answer and move it into the gap.

Kayak routes

Brody River	17
East River	18
White River	19
Merry River	20

Information

A It passes by a wildlife zone.
B It is suitable for beginners.
C It requires additional equipment.
D It contains several rare species of fish.
E It requires road transportation.
F It has some unsafe sections.

■ 주제별 출제 비율

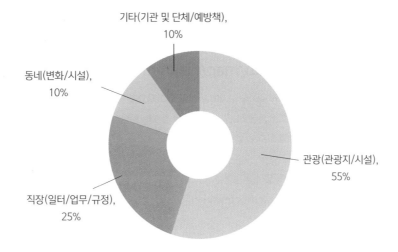

- 관광(관광지/시설) 소개
- 직장(일터/업무/규정) 설명
- 지역/동네의 변화 및 새로운 시설에 대한 설명
- 기타(기관 및 단체의 예방책 등의 정책) 소개

■ 유형별 출제 비율

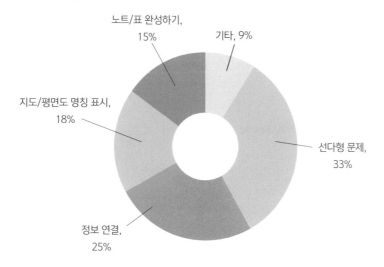

- 선다형(multiple choice) 문제 유형이 파트 2에서 가장 많이 출제
- 다음으로 자주 출제되는 유형은 정보 연결(matching)과 평면도/지도/도해 표시(plan/map/diagram labelling)

파트 2에서 가장 많이 출제되고 있는 선다형 문제의 경우, 파트 3에서도 가장 많이 출제됩니다. 따라서, 파트 2에서만 등장하는 평면도/지도/도해 표시(plan/map/diagram labelling)와 파트 2에서 주로 등장하는 정보 연결(matching) 문제 유형을 분석합니다.

■ 평면도/지도/도해 표시(plan/map/diagram labelling)

- 평면도(plan), 지도(map) 또는 도해(diagram) 안에 빈칸이 주어지고 방송에서 들리는 장소 명칭을 빈칸에 적는 주관식과, 빈칸대신 A, B, C와 같은 기호가 적혀 있어서 방송을 들으며 해당 장소에 기호를 적는 객관식이 있음
- 방송 흐름과 문제 번호 순서가 같기에 화자의 설명을 들으면서 출발점(O, X, You are here 등으로 표시)에서부터 차근차근 지도를 따라가는 것이 중요
- 방송을 듣기 전 평면도/지도/도해의 특징적인 형태나 장소 이름 등을 미리 파악
- 장소를 알려 주는 next to, between, across from 등의 전치사를 유의하며 듣기

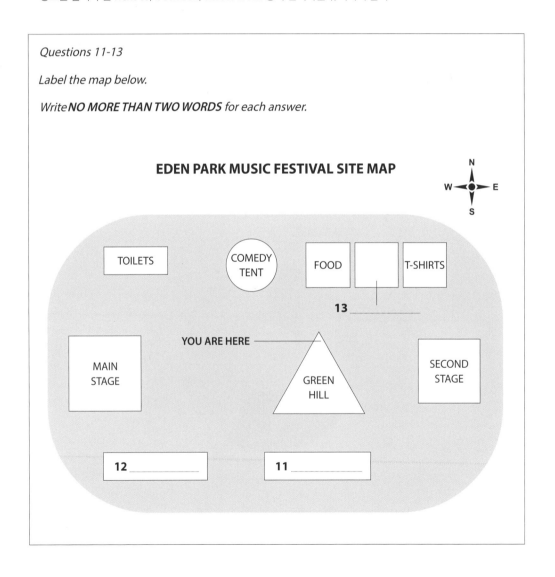

Questions 11-13

Label the map below.

Write **NO MORE THAN TWO WORDS** *for each answer.*

EDEN PARK MUSIC FESTIVAL SITE MAP

■ 정보 연결(matching)

- 각각의 문제와 보기가 들어있는 박스 안에 정보를 연결하는 문제
- 다양한 사람, 장소 등의 특징을 연결
- 방송을 들으며 반복, 강조, 반전되는 내용들은 반드시 주의 깊게 듣기
- 다음 문제로 넘어가는 'The next is, and then, finally'와 같은 신호어(signal) 뒤에 나오는 부분을 집중해서 듣기
- 패러프레이징(paraphrasing)된 방송 내용으로 인해 정답을 놓칠 수 있기에 시험에 자주 출제되는 패러프레이징 표현 숙달 필요

Questions 11-14

Which career advisor should you meet with?

*Write the correct letter, **A**, **B** or **C**, next to Questions 11-14.*

A	Colin Stanton
B	Simon Johnson
C	Elaine Brewster

11   if you are currently choosing which academic course to take

12   if you are expected to graduate this year

13   if you are interested in working overseas

14   if you made an appointment through the website

🏫 문제 풀이 전략

1. 방송 시작 전 키워드 표시하기

- 방송 내용을 예측하며 문제를 읽기
- 긴 문제를 읽을 때 키워드(명사, 동사) 중심으로 내용 확인
- 종이 시험의 경우, 키워드에 동그라미를 쳐서 방송을 들으며 문제를 볼 때 빨리 확인할 수 있도록 함
- 컴퓨터 시험의 경우, 우클릭 하이라이트로 키워드 표시가 가능하지만 표시할 시간 대신 문제 읽는 시간에 활용

A Colin Stanton

B Simon Johnson

C Elaine Brewster

---

11 if you are currently choosing which academic course to take

12 if you are expected to graduate this year

13 if you are interested in working overseas

14 if you made an appointment through the website

---

2. 방송을 들으며 화자가 강조하는 부분 집중해서 듣기

- 방송에서 화자가 강한 어조로 말하는 어구(important, make sure, you should, don't ~ 등) 부분은 정답과 연관되는 부분이므로 반드시 주의 깊게 듣기
- 정답은 방송에서 다른 오답과 함께 언급되어 혼란을 주는 경우가 많기에, 반전을 기하는 표현(but, however, actually, on the other hand 등) 뒷부분에 정답이 언급될 확률이 높음

> **예** **방송** Mushrooms are fine for a couple of days, but it's best to cook them as soon as possible.
> 버섯은 며칠 간 괜찮지만, 가능한 빨리 요리하는 것이 가장 좋습니다.
> → 화자는 버섯이 며칠간 보관 가능하다는 사실보다는 but 뒤에 최대한 빨리 요리하라는 내용을 강조

PART 2 빈출 어휘

▲ 음원 듣기

01	**itinerary**	여행 일정표
02	**landmark**	랜드마크, 주요 지형 지물
03	**layout**	배치(도)
04	**guide map**	안내도
05	**restricted**	제한된, 금지된
06	**facility**	시설
07	**vendor booth**	판매 부스
08	**destination**	목적지
09	**souvenir**	기념품
10	**safety gear**	안전 장비
11	**priority**	우선 사항
12	**workforce**	노동자, 노동력
13	**assemble**	조립하다, 모으다, 모이다
14	**requirement**	요구, 필요, 조건
15	**precaution**	예방 조치
16	**take place**	일어나다, 발생하다, 개최되다
17	**amenity**	생활 편의 시설
18	**mayor**	시장
19	**establishment**	시설, 설립
20	**overcrowding**	과밀, 초만원
21	**accommodate**	수용하다
22	**demonstration**	시연
23	**renovate**	개조하다
24	**celebrate**	기념하다, 축하하다
25	**equipped**	장비를 갖춘

Practice

음원을 들으며 문제를 풀어보세요.

▲ 음원 듣기

Questions 11-16

Label the map below.

*Write the correct letter, **A-I**, next to Questions 11-16.*

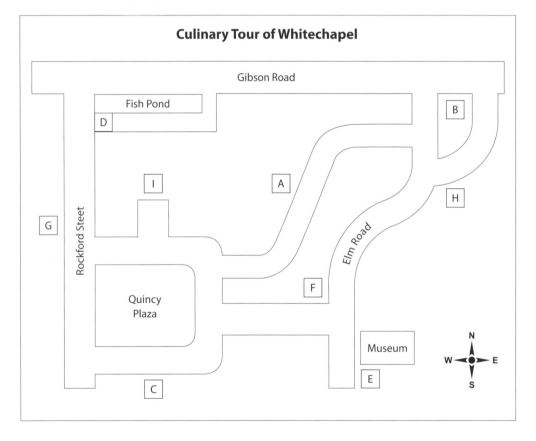

11	Redberry Bakery	....
12	Luigi's Pizzeria	....
13	Chen's Noodles	....
14	Rio Carnival	....
15	Mariposa Market	....
16	The Dairy Shack	....

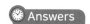

11. D **12.** E **13.** C **4.** I **15.** A **16.** B

You will hear a guide talking to a group of visitors to a town. First you have some time to look at questions 11 to 16. Now listen carefully and answer questions 11 to 16.

당신은 마을에 방문한 한 그룹의 방문객들에게 가이드가 이야기하는 것을 듣습니다. 먼저 당신은 11-16번 문제를 볼 시간을 갖습니다. 이제 주의 깊게 듣고 11-16번 문제에 답하세요.

Whitechapel is known for having a particularly high concentration of famous restaurants and food vendors.

화이트채플은 유명한 레스토랑과 음식 노점상들의 주요 밀집지역으로 알려져 있습니다.

If you take a look at your map, you'll see many of the most famous places on there. <u>Most people who visit this area begin at Gibson Road, which you can see right at the top of the map.</u> →현 위치 / 출발점

지도를 보면, 여러분은 그곳에서 가장 유명한 장소들을 많이 볼 수 있을 겁니다. 대부분의 이곳을 방문하는 사람들은 지도 우측 상단에 위치한 깁슨 가에서 출발합니다.

Redberry Bakery is one of the oldest bakeries in the country, and it makes all of its goods fresh each morning.

레드베리 베이커리는 이 나라에서 가장 오래된 베이커리 중 하나이며, 이 곳에서는 매일 아침에 모든 상품을 신선하게 생산합니다.

It's located at [11]the west end of Gibson Road, down a narrow lane that leads behind the fish pond.

이 베이커리는 깁슨 가의 서쪽 끝에 위치하고 있으며, 연못 뒤편으로 이어지는 좁은 골목을 따라 있습니다.

This city is home to several excellent Italian restaurants, but there's one in particular that I would recommend checking out, and that's Luigi's Pizzeria.

이 도시에는 몇몇 훌륭한 이탈리아 식당이 있지만, 특히 제가 확인해 보기를 추천하고 싶은 식당이 하나 있는데, 그곳은 루이지 피제리아입니다.

You can find that by [12]walking south down Elm Road. The restaurant is right next to the museum.

엘름 가에서 남쪽으로 따라 걸어가면 찾을 수 있습니다. 그 식당은 박물관 바로 옆에 있습니다.

For a taste of authentic Asian cuisine, stop by Chen's Noodles.

정통 아시안 요리를 맛보고 싶으시다면, 첸 국수를 들러보세요.

It's [13]down on the south side of Quincy Plaza. The quickest way to reach it is to go all the way down Rockford Street.

퀸시 플라자 남쪽 아래에 위치해 있습니다. 그곳에 도착하는데 가장 빠른 길은 락포드 가를 쭉 따라 내려가는 것입니다.

Speaking of Quincy Plaza, there are a couple of other food establishments near there that you might be interested in.

퀸시 플라지에 대해 말하자면, 여러분이 관심이 있을 수 있는 근처 음식점이 몇 군데 있습니다.

If you [14]take the street directly north from the plaza, you'll find Rio Carnival, which is a Brazilian BBQ restaurant. That street is a dead end, so you can't miss it.

플라자에서 바로 북쪽으로 가면, 브라질 바비큐 식당인 리오 카니발을 찾을 수있습니다. 그 길은 막다른 길이라, 금방 알 수 있습니다.

Also, if you want to buy fresh ingredients at Mariposa Market, you can [15]take another road that leads from Quincy Plaza to the north end of Elm Road – not the south end where the museum is located.

또한, 마리포사 시장에서 신선한 재료를 구입하려면, 퀸시 플라자에서부터 엘름 가 북쪽 끝까지 이어지는 또 다른 도로를 이용하시면 됩니다 – 박물관이 위치해있는 남쪽 끝이 아닙니다.

If you take this road going north, you'll see the market on your left-hand side.

이 길을 따라 북쪽으로 가면, 여러분의 왼편에 시장이 보일 거예요.

Inside, there are a wide variety of food vendors, most of whom sell locally grown produce.

그곳 내부에는, 다양한 음식 노점상들이 있는데, 그들 대부분은 현지에서 기른 농산물을 판매합니다.

Last but not least, at [16]the east end of Gibson Road, at the junction of Gibson and Elm, is The Dairy Shack, which has won awards for its delicious ice cream and frozen yoghurt.

마지막으로, 깁슨 길의 동쪽 끝, 깁슨과 엘름의 교차점에 위치한 데어리 쉑인데, 맛있는 아이스크림과 냉동 요거트로 상을 받은 곳입니다.

It's the perfect way to cool down after an afternoon of walking around Whitechapel.

그것은 오후에 화이트 채플 주변을 걸어 다닌 이후에 열을 식히는 완벽한 방법입니다.

Reading
빈출 문제 유형 - 빈칸 완성하기

오늘의 학습 목표

리딩 빈칸 완성하기(completion)문제 유형 파악 및 문제 풀이 전략 학습

▲ 강의 보기

기출 패턴

- 문장(sentence), 요약문(summary), 메모(note), 표(table), 순서도(flowchart), 도해 표시(diagram labelling)의 빈칸을 채워서 완성하는(completion) 문제 유형

Questions 1-4

*Complete the summary using the list of words, **A-H**, below.*

*Write the correct letter, **A-H**, in boxes 1-4 on your answer sheet.*

NB *You may use any letter more than once.*

The **1** .... discovered underwater in Lake Huron have conditions similar to underwater habitats that existed 2.5 billion years ago. Lake Huron's **2** .... is comprised of limestone and gypsum and was formed from the remains of ancient seas. Underground caves suffered from erosion which led to the collapse of the ceilings and the creation of more noticeable holes. Scientists have studied the groundwater that sustains microbial life there and found that it lacks **3** .... , which typical freshwater organisms require. The groundwater has a higher **4** .... than most lake water because it is colder and contains more ions.

A sulphur	**B** bedrock	**C** temperature	**D** density
E oxygen	**F** erosion	**G** species	**H** sinkholes

↑
보기 상자

TIP

NB *You may use any letter more than once.*
정답으로 같은 보기를 리스트에서 여러 번 선택할 수 있다는 것에 유의하라.

NB는 라틴어 Nota Bene의 약자로, 영어로 하면 Note Well입니다. 즉 '유의하라'는 뜻이지요. NB는 아이엘츠 시험에 자주 등장하는 용어입니다.

 **문제 풀이 전략**

1. 문제 유형과 정답의 조건 확인

- 직접 지문에서 빈칸에 알맞은 단어를 찾아서 적는 주관식 문제 또는 보기 상자에서 빈칸에 들어갈 단어의 기호를 선택하는 객관식 문제로 출제
- 주관식 문제의 경우 지문 안에서 정답을 찾는 것이므로 지문에 나온 단어 형태 그대로 답지에 적어야 함
- 객관식 문제의 경우 지문 단어가 패러프레이징 되어 보기 상자 단어로 나오기도하며, 정답으로 단어가 아닌 보기 기호를 적어야 함

2. 빈칸에 들어갈 단어 특성 파악

- 빈칸 단어의 품사나 내용을 미리 알고 정답을 찾으면 보다 정확하게 풀 수 있으므로, 문법, 연결어, 어휘의 세 요소를 확인하여 빈칸에 들어갈 단어를 추측함

> **예** I went to the _____ because I had a terrible toothache.
> 나는 심각한 치통이 있어서 ____에 갔다.
>
> **문법** 명사 앞에만 붙는 관사 the가 빈칸 앞에 있음 → 빈칸은 명사 자리
>
> **연결어** 빈칸 뒤에 인과 관계를 나타내는 연결어인 because가 있음 → 빈칸 뒤 내용(치통이 있었다)이 빈칸 내용(~에 갔다)의 원인
>
> **어휘** 원인의 핵심 내용은 toothache라는 어휘임 → 치통이 있으면 가는 곳은 치과
> → 빈칸에는 치통의 결과로 갈 수 있는 장소 명사가 들어가야 하므로 dentist(치과)의 정답 확률이 높음

3. 핵심어 표시 & 관련 문장 찾기

- Scanning과 skimming 스킬을 통해 쉽게 찾을 수 있는 고유 명사, 숫자, 전문 용어 등을 기준으로 정답 관련 문장을 찾기

4. 정답 단어 찾기 & 정답의 문법적 검토

- 빈칸에 들어갈 단어로 선택한 단어가 정답인지 아닌지 최소한의 문법적 검토를 반드시 해야 함

> **예** Kites were used as a _____ .
> 연은 전령(메신저)으로 사용되었다.
> → a 뒤에 단수 명사이므로 messenger는 정답이고 messengers는 오답

> **예** The _____ provides strong support for Wegener's view.
> 그 증거는 베게너의 견해에 강력한 지지를 제공한다.
> → 동사 앞에는 주어(명사)가 필요하고 동사가 3인칭 현재이므로, 빈칸에 들어갈 명사는 단수 혹은 불가산 명사로 정답은 evidence

오늘의 리딩 필수 어휘

01	**microbe**	미생물
02	**dissolve**	용해시키다, 녹이다
03	**cave**	동굴
04	**subsequent**	그 이후의, 그 다음의
05	**erosion**	부식, 침식
06	**collapse**	붕괴
07	**habitat**	서식지
08	**extensive**	폭넓은, 광범위한
09	**temperature**	온도
10	**organism**	유기체, 미생물, 생물
11	**density**	밀도
12	**initiative**	계획, 운동
13	**traffic**	차량들, 교통, 교통량
14	**lag far behind**	한참 뒤쳐지다
15	**when it comes to**	~에 관해서라면
16	**impressive**	인상적인
17	**be integrated into**	~로 통합되다
18	**take advantage of**	~을 이용하다
19	**figure**	수치, 숫자
20	**vandalise**	파손하다
21	**run**	운영하다
22	**uncommon**	흔치 않은
23	**theft**	절도
24	**diminish**	줄어들다, 약해지다
25	**in terms of**	~에 관해서, ~ 측면에서

Practice

다음 문제를 풀어보세요.

Microbes in ancient groundwater

Have you ever wondered what underwater life was like 2.5 billion years ago? Well, scientists have discovered similar conditions in submerged sinkholes in Lake Huron, the third largest of the Great Lakes. Lake Huron is located above a 400-million-year-old limestone bedrock, which was created from the remains of ancient saltwater seas that once stretched across the entire continent. Movement of groundwater gradually dissolved this bedrock, giving rise to underground caves called karst formations. Subsequent erosion of the cave ceilings led to collapses, resulting in visible sinkholes. For the past two decades, geologists, chemists and biologists have investigated these habitats extensively and discovered colourful microbial layers which are not found anywhere else in the Great Lakes.

Scientists focused on identifying the characteristics of the groundwater that provides nourishment for the extensive microbial growth in the sinkholes. The most important findings were that the groundwater contained no oxygen, and that it did contain high levels of sulphur. They also noted that the temperature of the groundwater keeps the sinkhole's floor at a relatively cool 9°C. Because venting groundwater is cold and rich in ions, it is denser than typical lake water. Freshwater organisms that are commonly found in oxygenated Great Lakes habitats cannot survive here. Instead, these conditions are suited only to salt-loving, low oxygen-tolerant microbes.

Questions 1-4

*Complete the summary using the list of words, **A-H**, below.*

*Write the correct letter, **A-H**, in boxes 1-4 on your answer sheet.*

The **1** .... discovered underwater in Lake Huron have conditions similar to underwater habitats that existed 2.5 billion years ago. Lake Huron's **2** .... is comprised of limestone and was formed from the remains of ancient seas. Underground caves suffered from erosion which led to the collapse of the ceilings and the creation of more noticeable holes.

Scientists have studied the groundwater that sustains microbial life there and found that it lacks **3** ...., which typical freshwater organisms require. The groundwater has a higher **4** .... than most lake water because it is colder and contains more ions.

A sulphur	**B** bedrock	**C** temperature	**D** density
E oxygen	**F** erosion	**G** species	**H** sinkholes

Has green transport proven successful?

Journalist Harry Forsy discusses the impact of environmentally friendly transport initiatives in Glasgow, Scotland.

This is an issue that many Scottish people are interested in, as Glasgow has recently begun introducing new electric vehicles in a car-sharing programme called ScotCar. Although Glasgow is still lagging far behind cities like Paris and Amsterdam when it comes to green transport, it has made some impressive moves forward. One of its most important initiatives has been a short-term bicycle rental system. ScotBike, which started in 2014, is now completely integrated into the city's transport network, with tens of thousands of residents taking advantage of it all over the city.

But, was ScotBike as successful as the local government believes? Based on figures released by the Department of Transport, traffic has not been reduced in the slightest. Furthermore, because a large number of bikes have been vandalised, stolen or lost, the project is likely running at a loss. These days, it's not uncommon to show up at a ScotBike station expecting to borrow a bicycle, only to find that the bikes are missing a wheel or a chain.

A fair analysis of how successful the ScotBike initiative has been should take the financial figures into account. Unfortunately, B.K. Ludlow, the marketing firm that operates the initiative in exchange for a discount on Glasgow event advertising, does not release financial data on the programme. However, B.K. Ludlow describes ScotBike as an immensely popular service with residents of Glasgow and tourists alike, who use the bikes to make approximately 8,000 trips each day. The company claims that losses from theft have diminished over the life of the programme and are now at an acceptable level that allows for financial profit.

Questions 5-8

Complete the notes below.

*Choose **ONE OR TWO WORDS** from the passage for each answer.*

Write your answers in boxes 5-8 on your answer sheet.

ScotBike

- Glasgow in an effort to catch up with Paris and Amsterdam in terms of green transport

- 2014: introduced the ScotBike initiative, which has so far been unsuccessful in reducing
  5 ....

- Another problem: many of the bicycles are being vandalised

- B.K. Ludlow: does not provide **6** .... that would be necessary for a proper analysis

  - but maintains that ScotBike is popular with **7** .... and tourists and that losses as a result
    of bicycle **8** .... have decreased significantly.

---

1. H **2.** B **3.** E **4.** D **5.** traffic **6.** financial data **7.** residents **8.** theft

고대 지하수 속 미생물들

[1]25억 년 전에 수중 생물체들은 어땠을지 궁금해 본적 있는가? 미국과 캐나다 국경 5대호 중 세 번째로 큰 호수인 휴론 호수에 잠긴 싱크홀에서 과학자들이 그와 비슷한 환경을 발견했다. [2]휴론 호수는 4억 년된 석회암 기반암 위에 위치하는데, 그 기반암은 고대 해수 바다에서 온 유해에서 생겼으며 한때 그 고대 해수 바다는 전 대륙을 가로질러 펼쳐져 있었다. 지하수의 움직임은 점차 이 기반암을 용해시켰고, 카르스트 지형이라 불리는 지하 동굴들을 생기게 했다. 그 동굴 천장의 잇따른 침식은 붕괴로 이어졌고, 눈에 띄는 싱크홀을 초래했다. 지난 20년간 지질학자와 화학자, 그리고 생물학자는 이 서식지를 광범위하게 조사했고 미국과 캐나다 국경 5대호 어디에서도 찾아볼 수 없는 다양한 미생물 층을 발견했다.

[3]과학자들은 싱크홀에서 광범위한 미생물의 성장을 위한 양분을 제공하는 지하수의 특징을 파악하는 것에 중점을 두었다. 가장 중요한 발견은 지하수는 산소를 전혀 포함하지 않았으며 높은 수준의 황을 포함했다는 것이다. 그들은 또한 지하수의 온도가 상대적으로 시원한 섭씨 9도로 싱크홀 바닥을 유지한다는 것도 파악했다. [4]분출하는 지하수는 차갑고 이온이 풍부하기 때문에, 일반적인 호수 물보다 밀도가 더 높다. 산소를 공급받는 5대호의 서식지에서 흔히 발견되는 담수의 생물들은 여기에서 생존할 수 없다. 대신 염분을 좋아하며 낮은 산소를 잘 견디는 미생물에게만 이런 조건들은 적합하다.

휴론 호수의 물속에서 발견된 **1** 싱크홀은 25억 년 전 존재했던 수중 서식지와 유사한 환경을 가지고 있다. 휴론 호수의 **2** 기반암은 석회암으로 구성되어 있고 고대 바다의 유해로부터 형성되었다. 과학자들은 그곳에서 미생물이 존재하게 하는 지하수를 조사해 왔고 그 지하수가 일반적인 담수 유기체들이 필요로 하는 **3** 산소가 부족 하다는 것을 알아냈다. 그 지하수가 더 차갑고 더 많은 이온을 함유하고 있기 때문에 그 지하수는 대부분의 호수 물보다 더 높은 **4** 밀도를 갖고 있다.

녹색 이동수단이 성공적인 것으로 보여지는가?
저널리스트 해리 포사이드가 스코틀랜드 글래스고에서 친환경 이동수단 계획의 영향에 대해 논한다

최근에 자동차 공유 프로그램에 스콧카라고 불리는 신종 전기 차량을 글래스고가 도입하는 것을 시작했는데, 이는 많은 스코틀랜드 사람들이 흥미 있어 하는 이슈이다. 비록 글래스고는 녹색 이동 수단에 관해서는 파리나 암스테르담 같은 도시들에 여전히 한참 뒤로 뒤쳐져 있지만 인상적인 진보를 하고 있다. 글래스고의 가장 중요한 사업 중 하나는 단기 자전거 내여 시스템이다. 스콧바이크는 2014년에 시작되었는데, 현재 시의 교통망 안에 완전히 통합되었으며, 수천만 명의 시민들이 도시 전역에서 스콧바이크를 사용하고 있다.

하지만 지역 정부가 믿었던 것만큼 스콧바이크가 성공적이었는가? 교통청이 발표한 수치를 기준으로 보면, [5]교통량은 조금도 줄어들지 않았다. 더군다나, 많은 수의 자전거가 훼손되고, 도난 또는 분실되었기 때문에 이 프로젝트는 손해를 보면서 운영되는 것과 같다. 요즘, 자전거를 대여하기를 기대하고 스콧바이크 대여소에 방문했다가, 그저 바퀴나 체인이 사라진 자전거만을 발견하는 것은 드문 일이 아니다.

스콧바이크 계획이 얼마나 성공적이었는지에 대한 공정한 분석은 재정적인 수치를 고려해야 한다. 글래스고 이벤트 광고에 관한 할인을 받는 대가로 이 사업을 운영하는 [6]마케팅 회사인 BK 러드로는 유감스럽게도 이 프로그램의 재정 자료를 공개하지 않는다. 하지만 BK 러드로는 대단히 대중적인 서비스로 스콧바이크를 설명하는데, [7]글래스고 주민과 관광객 모두 매일 대략 8000회 이동을 하는데 스콧바이크를 사용하고 있다고 한다. [8]회사는 도난으로 인한 손실은 프로그램 기간 동안 줄어들고 있으며 현재는 재정적 이윤이 가능한 용인될 수 있는 수준이라고 주장한다.

스콧바이크

- 친환경 교통수단의 측면에서 파리와 암스테르담을 따라잡기 위해 노력하고 있는 글래스고
- 2014: 스콧바이크 계획을 도입했는데, 그것은 현재까지 **5** ....를 줄이는데 있어서 성공적이지 못함
- 또 다른 문제: 많은 자전거가 파손되고 있는 것
- BK 러드로: 제대로 된 분석을 위해 필요한 **6** ....를 제공하지 않음
  - 하지만 스콧바이크는 관광객과 **7** ....에게 인기가 있고 자전거 **8** ....의 결과로 인한 손해는 크게 줄어들고 있다고 주장함

Weekly Review

Speaking

아래 질문에 대해 큰소리로 자신의 답변을 녹음하고 들어 보세요.

1. What can people do to solve environmental problems?

_____
_____
_____
_____
_____
_____

2. Would you prefer to take a low-paid but interesting job or a hard job with a high salary?

_____
_____
_____
_____
_____
_____

3. What's the difference between knowledge gained from books and knowledge gained through experience?

_____
_____
_____
_____
_____
_____

Writing [Academic]

우리말 뜻에 맞게 빈칸을 채워서 문장을 완성하세요.

1. 라인 그래프는 인도네시아와 나이지리아 인구가 2040년까지 어떻게 변화할지를 보여주고 있습니다.

   The line graph illustrates how the populations of Indonesia and Nigeria

   _____ until 2040.

2. 2000년에, 인도네시아 사람들의 수는 나이지리아 사람들의 그것(수)보다 더 높았습니다.

   In 2000, the number of Indonesians was higher than _____ Nigerians.

3. 2000년에 인도네시아의 인구는 대략 2.6억이었습니다.

   Indonesia's population was _____ 260 million in 2000.

4. 그 그래프 에 따르면, 첫 10년 동안, 두 나라 모두의 인구는 대략 4천만명만큼 증가했습니다.

   _____ the graph, over the first decade, the populations of both

   countries increased by around 40 million people.

5. 2010년 이래로, 나이지리아의 인구는 인도네시아의 그것(인구)보다 더욱 빨리 증가해왔습니다.

   _____ , the population of Nigeria _____ increasing more quickly than that of

   Indonesia.

6. 2030년까지 인도네시아와 나이지리아는 대략 3억1천만명의 동등한 인구를 갖게 될 것으로 예측됩니다.

   By the year 2030, Indonesia and Nigeria will have _____ around 310 million people.

7. 2040년까지, 나이지리아의 인구는 훨씬 더 급격하게 증가할 것으로 예상됩니다.

   Until 2040, Nigeria's population is expected to rise _____ more sharply.

Writing [General Training]

우리말 뜻에 맞게 빈칸을 채워서 문장을 완성하세요.

1. 저는 인터넷 연결의 품질에 대한 제 불만을 표출하기 위해 편지를 씁니다.

   I am writing to _____ the quality of my internet connection.

2. 제가 웹페이지에 접속을 시도할 때마다, 제 컴퓨터는 느려집니다.

   _____ I try to access a web page, my computer slows down.

3. 저는 집에서 근무하고 있어서 인터넷에 의지하고 있습니다.

   Since I _____ , I rely on the internet.

4. 저는 고객들에게 이메일을 보낼 수 있도록 인터넷에 의존합니다.

   I rely on the internet _____ emails to my clients.

5. 이것은 제게 엄청난 양의 스트레스를 유발하고 있습니다.

   This is _____ .

6. 귀하 측에서 저의 인터넷 연결을 수리해줄 기술자를 즉시 보내준다면 고맙겠습니다.

   I would _____ if you would send an engineer to repair my connection immediately.

7. 만약 이 문제가 이번 주말까지 해결되지 않는다면, 저는 새로운 인터넷 공급 업체를 찾아볼 수밖에 없을 것입니다.

   If the problem is not resolved by the weekend, I _____

   for a new internet provider.

Listening

리스닝 학습에서는 딕테이션(dictation)과 쉐도잉(shadowing)이 중요합니다.
음원을 들으며 빈칸을 채우고, 다시 음원을 들으며 따라 읽어보세요.

▲ 음원 듣기

Whitechapel is known for having a particularly high concentration of famous restaurants and food vendors.

If you take a look at your map, you'll see many of the most famous places on there. Most people who visit this area begin at Gibson Road, which you can see **1.** _____ at the top of the map.

Redberry Bakery is one of the oldest bakeries in the country, and it makes all of its goods fresh each morning. It's located at the **2.** _____ of Gibson Road, down a narrow lane that leads behind the fish pond.

This city is home to several excellent Italian restaurants, but there's one in particular that I would recommend checking out, and that's Luigi's Pizzeria. You can find that by walking south down Elm Road. The restaurant is **3.** _____ the museum.

For a taste of authentic Asian cuisine, stop by Chen's Noodles. It's down on the south side of Quincy Plaza. The quickest way to reach it is to go **4.** _____ Rockford Street.

Speaking of Quincy Plaza, there are a couple of other food establishments near there that you might be interested in. If you take the street **5.** _____ from the plaza, you'll find Rio Carnival, which is a Brazilian BBQ restaurant. That street is a dead end, so you can't miss it.

Also, if you want to buy fresh ingredients at Mariposa Market, you can take another road that leads from Quincy Plaza to the north end of Elm Road – not the south end where the museum is located. If you take this road going north, you'll see the market on your **6.** _____ . Inside, there are a wide variety of food vendors, most of whom sell locally grown produce.

Last but not least, at the east end of Gibson Road, at the **7.** _____ of Gibson and Elm, is The Dairy Shack, which has won awards for its delicious ice cream and frozen yoghurt.

Reading

다음의 문구를 지문에서 스캐닝(scanning)하여 표시하세요.

> submerged sinkholes
> microbial layers
> no oxygen
> venting groundwater

Have you ever wondered what underwater life was like 2.5 billion years ago? Well, scientists have discovered similar conditions in submerged sinkholes in Lake Huron, the third largest of the Great Lakes. Lake Huron is located above a 400-million-year-old limestone bedrock, which was created from the remains of ancient saltwater seas that once stretched across the entire continent. Movement of groundwater gradually dissolved this bedrock, giving rise to underground caves called karst formations. Subsequent erosion of the cave ceilings led to collapses, resulting in visible sinkholes. For the past two decades, geologists, chemists and biologists have investigated these habitats extensively and discovered colourful microbial layers which are not found anywhere else in the Great Lakes.

Scientists focused on identifying the characteristics of the groundwater that provides nourishment for the extensive microbial growth in the sinkholes. The most important findings were that the groundwater contained no oxygen, and that it did contain high levels of sulphur. They also noted that the temperature of the groundwater keeps the sinkhole's floor at a relatively cool 9°C. Because venting groundwater is cold and rich in ions, it is denser than typical lake water. Freshwater organisms that are commonly found in oxygenated Great Lakes habitats cannot survive here. Instead, these conditions are suited only to salt-loving, low oxygen-tolerant microbes.

다음 문장을 해석하세요.

1. Subsequent erosion of the cave ceilings led to collapses, resulting in visible sinkholes.
    해석 _____

2. Scientists focused on identifying the characteristics of the groundwater that provides nourishment for the extensive microbial growth in the sinkholes.
    해석 _____

3. Because venting groundwater is cold and rich in ions, it is denser than typical lake water.
    해석 _____

Speaking

1.

I think there are some specific things that we can do to solve, or at least alleviate, environmental problems. First, we have to reduce our consumption of goods and services. In addition, we have to recycle as much as possible. Last but not least, we have to switch to using renewable energy sources, such as solar and wind power, instead of fossil fuels, which cause pollution.

우리가 환경 문제를 해결하거나 최소한 완화할 수 있는 몇 가지 구체적인 방법이 있다고 생각합니다. 첫째, 상품과 서비스 소비를 줄여야 합니다. 또한 가능한 한 많이 재활용해야 합니다. 마지막으로, 공해를 유발하는 화석 연료 대신 태양열과 풍력 등 재생 가능 에너지를 사용으로 전환해야 합니다.

2.

That's an interesting question. Like many other young people today, I tend to value job satisfaction over a big salary. Therefore, I would choose to have an interesting job, even if I wouldn't make a lot of money doing it. I'm not sure I can keep any job for a long time if I have to work too much or too hard.

재미있는 질문입니다. 다른 많은 젊은이들처럼, 저는 높은 급여보다 직업 만족도에 가치를 두는 경향이 있습니다. 그러므로 저는 돈을 많이 벌지는 않더라도 흥미로운 일을 택할 것입니다. 만일 일을 너무 많이 해야 하거나 너무 힘들다면 오랫동안 그 직업을 유지할 수 있을지 확신하지 못합니다.

3.

Books are a good source of knowledge and provide us with many theories and concepts. When people learn something from books, they can gain a lot of knowledge very quickly. However, some things, for instance learning to drive a car, can be learnt only through experience. In addition, we can learn valuable lessons from both our positive and negative experiences.

책은 지식의 좋은 원천이며 많은 이론들과 개념들을 우리에게 제공합니다. 사람들이 책에서 무엇인가를 배울 때, 그들은 많은 지식을 매우 빨리 얻을 수 있습니다. 하지만, 예를 들어 운전을 배우는 것과 같이, 어떤 것은 경험을 통해서만 배울 수 있습니다. 게다가, 긍정적인 경험과 부정적인 경험 모두에서 소중한 교훈을 얻을 수 있습니다.

Writing - Academic

1. are likely to change **2.** that of **3.** around(=about, approximately) **4.** According to **5.** Since 2010, has been **6.** equal populations of **7.** even(=much)

Writing - General Training

1. express my dissatisfaction with **2.** Whenever **3.** work from home **4.** so that I can send **5.** causing me a great amount of stress **6.** be grateful **7.** will have no choice but to look

Listening

1. right **2.** west end **3.** right next to **4.** all the way down **5.** directly north **6.** left-hand side **7.** junction

Reading

Have you ever wondered what underwater life was like 2.5 billion years ago? Well, scientists have discovered similar conditions in submerged sinkholes in Lake Huron, the third largest of the Great Lakes. Lake Huron is located above a 400-million-year-old limestone bedrock, which was created from the remains of ancient saltwater seas that once stretched across the entire continent. Movement of groundwater gradually dissolved this bedrock, giving rise to underground caves called karst formations. Subsequent erosion of the cave ceilings led to collapses, resulting in visible sinkholes. For the past two decades, geologists, chemists and biologists have investigated these habitats extensively and discovered colourful microbial layers which are not found anywhere else in the Great Lakes.

Scientists focused on identifying the characteristics of the groundwater that provides nourishment for the extensive microbial growth in the sinkholes. The most important findings were that the groundwater contained no oxygen, and that it did contain high levels of sulphur. They also noted that the temperature of the groundwater keeps the sinkhole's floor at a relatively cool 9°C. Because venting groundwater is cold and rich in ions, it is denser than typical lake water. Freshwater organisms that are commonly found in oxygenated Great Lakes habitats cannot survive here. Instead, these conditions are suited only to salt-loving, low oxygen-tolerant microbes.

1. 그 동굴 천장의 잇따른 침식은 붕괴로 이어졌고, 눈에 띄는 싱크홀을 초래했다.
2. 과학자들은 싱크홀에서 광범위한 미생물의 성장을 위한 양분을 제공하는 지하수의 특징을 파악하는 것에 중점을 두었다.
3. 왜냐하면 분출하는 지하수는 차갑고 이온이 풍부하기 때문에, 일반적인 호수 물보다 밀도가 더 높다.

Week 06

Speaking

빈출 주제 공략 - 가족과 친구

오늘의 학습 목표

▲ 강의 보기

스피킹 시험에서 자주 나오는 '가족과 친구' 주제 관련 문제 연습

 PART 1 문제 연습

Q1	**How many people are there in your family?**
	당신 식구는 몇 명인가요?

Vocabulary & Expressions ✦

typical 전형적인 nuclear family 핵가족(cf. extended family 대가족) flat 아파트(cf. 미국식 apartment)

💬 **샘플 답변**

My family is a typical nuclear family in Korea. There are 4 people in my family: my father, my mother, my younger sister and me. All of my family members live together in a flat in Seoul, Korea.

저희 가족은 한국의 전형적인 핵가족입니다. 저희 가족에는 4명이 있는데요, 아버지, 어머니, 여동생과 저입니다. 모든 가족 구성원이 대한민국 서울의 한 아파트에 같이 삽니다.

✍ 나만의 답변을 직접 적어보고 말해보세요.

_____

_____

_____

Q2

Who are you closest to in your family?
당신 가족에서 누가 당신과 가장 가깝나요?

Vocabulary & Expressions ✦

share 나누다, 공유하다 similar 비슷한, 유사한 point of view 관점 advice 조언 secret 비밀

💬 샘플 답변

I am really close to my mother. She is my best friend. We share similar points of view on many things, and I always go to her for advice. There are no secrets between my mother and me.

저는 엄마와 정말 가깝습니다. 엄마는 가장 친한 친구입니다. 우리는 많은 것들에 대해서 비슷한 관점들을 공유하며 저는 항상 조언을 위해 엄마에게 갑니다. 엄마와 저 사이에는 비밀이 없습니다.

✍ 나만의 답변을 직접 적어보고 말해보세요.

_____

_____

_____

Q3

Do you have many friends?
당신은 친구가 많나요?

Vocabulary & Expressions ✦

sociable 사교적인 interest 관심사

💬 샘플 답변

Not really. I'm not sociable, and many people say I'm shy. I prefer to spend time with one or two close friends with whom I share similar interests.

그렇지 않습니다. 저는 사교적이지 않으며, 많은 사람들은 제가 수줍어한다고 말합니다. 저는 비슷한 관심사를 공유하는 한두 명의 친한 친구와 시간을 보내는 것을 선호합니다.

✍ 나만의 답변을 직접 적어보고 말해보세요.

_____

_____

_____

Describe your best friend.

You should say:
    who he/she is
    how you met him/her
    what you do with him/her
and explain why you are close with your friend.

📝 각 질문에 대한 답변 메모

가장 친한 친구를 설명해 보세요.	
① 그/그녀는 누구인지	① 지호, 외향적이고 유머감각
② 그/그녀를 어떻게 만났는지	② 같은 학급, 친해짐
③ 그/그녀와 무엇을 하는지	③ 테니스 좋아함, 같은 클럽, 록음악 즐김
④ 왜 친구와 친한지 설명해주세요.	④ 매우 중요한 사람, 차 사고, 자주 방문, 돌봐 줌, 친형제로 생각함

Vocabulary & Expressions ✦

outgoing 외향적인　humorous 유머감각 있는　admire 감탄하다　so 형용사 that절(주어 + 동사) 너무 (형용사)해서 (that절)하다　apart from ~를 제외하고　have much in common 공통점이 많다　hospitalise 입원하다　for a while 한동안　be busy -ing ~하느라 바쁘다　prepare 준비하다　not A but B A가 아니라 B

💬 샘플 답변

① My best friend is Jiho. He is an outgoing and humorous person who likes to meet new people. I have always admired his ability to make people laugh.

② We were in the same class in high school for 2 years. We sat right next to each other, so we did partner activities and group assignments together. Usually, it takes me a while to get close with others, but Jiho is so outgoing and funny that we became friends quickly. We still spend a lot of time together even after graduating high school.

③ We both like tennis, so we are in the same tennis club. Thanks to our club activities, we meet at least once a week. Apart from that, we have much in common. Jiho and I enjoy rock music, so we sometimes go to rock concerts or music festivals together. He knows a lot more about music than me, and I learn about various musicians from him.

④ I have many different kinds of friends, but he is really important to me. I mean, I would do nearly anything for him, as he has done for me before. Several years ago, I had a car accident and was hospitalised for a while. At that time, he visited me often and took care of me even though he was very busy preparing for an important exam. I think of Jiho not just as a friend, but as a brother.

① 제 가장 친한 친구는 지호입니다. 그는 새로운 사람들을 만나는 것을 좋아하는 외향적이고 유머감각 있는 사람입니다. 저는 항상 사람들을 웃게 만드는 그의 능력에 감탄해왔습니다.

② 우리는 2년 동안 고등학교에서 같은 학급에 있었습니다. 우리는 바로 옆에 앉아서 파트너 활동과 조별 과제를 함께 했습니다. 보통, 다른 사람과 친해지는 데 시간이 걸리는데, 지호는 너무 외향적이고 재미있어서 빠르게 친해졌습니다. 고등학교를 졸업한 후에도 여전히 많은 시간을 함께 보내고 있습니다.

③ 우리는 둘 다 테니스를 좋아해서, 우리는 같은 테니스 클럽에 있습니다. 클럽 활동으로 인해, 적어도 일주일에 한 번은 만납니다. 그 외에, 우리는 공통점이 많습니다. 지호와 저는 록 음악을 즐기기 때문에 우리는 종종 록 콘서트나 음악 축제에 갑니다. 그는 저보다 음악에 대해 훨씬 더 잘 알고 있으며, 저는 그에게서 여러 음악가들에 대해 배울 수 있습니다.

④ 저는 여러 종류의 친구가 있지만, 그는 저에게 정말로 중요합니다. 그 의미는, 그가 그랬듯이 저는 그를 위해 거의 모든 것을 할 것입니다. 몇 년 전, 저는 교통사고를 당해 한동안 입원했습니다. 그때, 그는 중요한 시험을 준비하느라 매우 바빴지만 저를 자주 방문하고 돌봤습니다. 저는 지호가 단순한 친구가 아니라 형제라고 생각합니다.

✏ 나만의 메모와 답변을 직접 적어보고 말해보세요.

Memo
①
②
③
④

Q1	**Why do you think family is important?** 왜 가족이 중요하다고 생각하나요?

Vocabulary & Expressions ✦

security 보안 safety 안전 have an influence on ~에 영향을 미치다 individual 개인 value 가치 beliefs 신념 tradition 전통
pass down 전승하다 shape 형성하다

샘플 답변

Family members support and help each other, offering security and safety. Also, families have an important influence on an individual's personality. The values, beliefs and traditions passed down within a family shape the way a person thinks and feels about different things.

가족 구성원은 서로를 지지하고 도우며, 보안과 안전을 제공합니다. 또한 가족은 개인의 성격에 중요한 영향을 미칩니다. 가족 내에서 전승된 가치, 신념, 그리고 전통은 사람이 다양한 것들에 대해 생각하고 느끼는 방식을 형성합니다.

✍ 나만의 답변을 직접 적어보고 말해보세요.

_____

_____

_____

_____

_____

_____

_____

What do you think are some differences between families of the past and of today, and what has caused these changes?
과거와 현재의 가족 간에 차이점이 무엇이라고 생각하고, 무엇이 이러한 변화를 야기하나요?

Vocabulary & Expressions ✦

decade 10년 extended family 대가족 countryside 시골 be involved in ~에 종사하다 farming 농업 raise a child 아이를 기르다

📨 샘플 답변

Several decades ago in Korea, it was more common to live with extended family. Families, which included grandparents, generally lived in the countryside because they were involved in farming. Many parents had at least 4 or 5 children. But now, families are becoming smaller, especially those living in big cities. Many families have only one child. The main reason for this may be that raising a child costs a lot these days.

한국에서는, 수십 년 전 대가족과 함께 사는 것이 더 흔했습니다. 조부모를 포함한 가족은 일반적으로 시골에서 살았는데 농업에 종사했기 때문입니다. 많은 부모들은 최소한 4~5 명의 자녀를 두고 있었습니다. 하지만 이제, 특히 큰 도시에서 사는 가족들은, 점점 더 작아지고 있습니다. 많은 가정에서는 자녀가 한 명뿐입니다. 이러한 주요 이유는 요즘 아이를 기르는 데 비용이 많이 들기 때문일 것입니다.

✍ 나만의 답변을 직접 적어보고 말해보세요.

_____

_____

_____

_____

_____

_____

1. one or two close friends   한두 명의 친한 친구들

I prefer to spend time with one or two close friends.
저는 한두 명의 친한 친구들과 시간을 보내는 것을 선호합니다.

2. so 형용사 that절(주어 + 동사)   너무 (형용사)해서 (that절)하다

He is so outgoing and funny that we became friends quickly.
그는 너무 외향적이고 재미있어서 빠르게 친해졌습니다.

3. have much in common   공통점이 많다

My mother and younger sister have much in common.
엄마와 여동생은 공통점이 많습니다.

4. be busy -ing   ~하느라 바쁘다

He was very busy preparing for an important exam.
그는 중요한 시험을 준비하느라 매우 바빴습니다.

5. have an influence on   ~에 영향을 미치다

Families have an important influence on an individual's personality.
가족은 각 개인의 성격에 중요한 영향을 미칩니다.

6. be involved in   ~에 종사하다

They lived in the countryside because they were involved in farming.
그들은 농업에 종사했기 때문에 시골에서 살았습니다.

7. the main reason for   ~에 대한 주요 이유는

The main reason for this may be that raising a child costs a lot these days.
이것에 대한 주요 이유는 요즘 아이를 기르는 데 비용이 많이 들기 때문일 것입니다.

Practice

아래 질문에 대해 큰소리로 자신의 답변을 녹음하고 들어 보세요.

1. Who are you closest to in your family?

   _____

   _____

   _____

   _____

2. Describe your best friend.
   You should say:

   who he/she is

   how you met him/her

   what you do with your him/her

   and explain why you are close with your friend.

   _____

   _____

   _____

   _____

   _____

   _____

   _____

   _____

   _____

   _____

   _____

3. Why do you think family is important?

   _____

   _____

   _____

   _____

   _____

   _____

Writing [Academic]
파이 차트 실전 연습

오늘의 학습 목표

파트 1 파이 차트(pie chart) 실전 문제 연습

▲ 강의 보기

📖 파이 차트 문제

You should spend about 20 minutes on this task.

> *The charts below show the reasons why people in the UK shop online or visit stores in person.*
>
> *Summarise the information by selecting and reporting the main features, and make comparisons where relevant.*
>
> 아래 차트들은 영국에서 사람들이 온라인에서 쇼핑하거나 직접 상점에 방문하는 이유들을 보여줍니다.
> 주요 특징들을 선택하여 설명하여 그래프 정보를 요약하고, 관련된 정보들을 비교하세요.

Write at least 150 words.

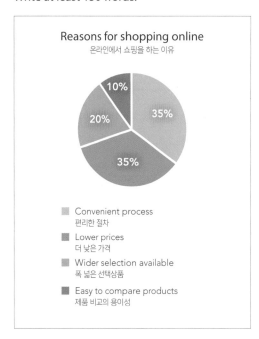

Reasons for shopping online
온라인에서 쇼핑을 하는 이유

10%
35%
20%
35%

- Convenient process
  편리한 절차
- Lower prices
  더 낮은 가격
- Wider selection available
  폭 넓은 선택상품
- Easy to compare products
  제품 비교의 용이성

Reasons for visiting a store in person
상점을 직접 방문하는 이유

19%
37%
16%
28%

- Ability to test products
  제품 시험 가능
- Receive products immediately
  직접 제품 수취
- Easy to return / exchange products
  쉬운 반품/교환
- Ability to ask questions / get advice
  질문을 하거나 조언을 들을 수 있음

 **문제 풀이**

1. 문제 분석

키워드 분석	reasons why(이유) ▶ shop online(온라인 쇼핑) ▶ visit stores in person(직접 가게 방문)

▼

그래프 분석	그래프 종류: 원 그래프(pie chart) · **원 그래프 ①**: Reasons for shopping online (온라인에서 쇼핑하는 4가지 이유) · **원 그래프 ②**: Reasons for visiting a store in person (상점을 직접 방문하는 4가지 이유) · **시제**: 과거를 나타내는 연도가 도표에 없기에 현재 시제로 작성

▼

파이 차트 비율 확인	**원 그래프 ①** 가장 큰 비율: convenient / lower prices 가장 적은 비율: compare products **원 그래프 ②** 가장 큰 비율: test products 가장 적은 비율: return / exchange products

2. 글쓰기 순서

서론 첫 문장 **(문제 패러프레이징)**	**주어-동사 변환**: The charts below show → The first pie chart illustrates / the second chart presents **목적어 변환**: the reasons why + 주어 + 동사 → reasons for + 명사 / (the reasons 생략) why + 주어 + 동사

▼

서론 두 번째 문장 **(전체적인 흐름 정리)**	첫 번째 원 그래프와 두 번째 원 그래프의 가장 큰 비율에 대한 대조

▼

본론 **(주요 세부사항 정리)**	**원 그래프 ①** 가장 큰 비율(the highest percentage of + 명사) 같은 양(the same amount of + 명사) 20% / 10%의 사람(20% / 10% of people) **원 그래프 ②** 가장 큰 비율(the greatest percentage of + 명사) 가장 덜 일반적인 두 개의 이유들(the two least popular reasons)

서론	① The first pie chart illustrates an analysis of reasons for shopping online in the UK. ② Conversely, the second chart presents why people choose to visit stores in person. ③ Overall, it seems that the majority of people who shop online value convenience and price. ④ By contrast, those who visit stores in person enjoy testing the products and receiving them immediately.	①② 문제에 제시된 그래프 내용을 패러프레이징하여 각 그래프에 대해 설명 ③④ 각 그래프의 전체적인 특징을 요약 설명
본론 1	⑤ The highest percentage of those who shop online say that they do so because it is very convenient, at 35%. ⑥ The same proportion of people also shop online because of lower prices. ⑦ 20% of people shop online since they think there is a wider selection of products available. ⑧ Similarly, 10% of people prefer to shop online as they can easily compare products.	온라인 쇼핑을 하는 이유들을 비율로 설명
본론 2	⑨ In contrast to this, the greatest percentage of people who prefer to visit stores in person is 37%; they want to be able to test products. ⑩ Furthermore, 28% say that they can receive products a lot faster than when shopping online. ⑪ Finally, the two least popular reasons for visiting stores in person, with 19% and 16% respectively, are that people want to ask questions and get advice, and that it is easier to return or exchange products compared to shopping online.	직접 가게에 가서 쇼핑하는 이유들을 비율 기준으로 정리

총 단어 수: 204

첫 번째 파이 차트는 영국에서 온라인으로 쇼핑하는 이유들에 대한 분석을 설명합니다. 반대로, 두 번째 차트는 왜 사람들이 직접 상점을 방문하는 것을 선택하는지 이유를 제시합니다. 전반적으로 온라인으로 쇼핑하는 사람들의 다수가 편리함과 가격에 가치를 두는 것으로 보입니다. 대조적으로, 직접 상점을 방문하는 사람들은 제품 시험과 제품을 즉각적으로 받는 것을 즐깁니다.

온라인으로 쇼핑하는 사람들의 가장 높은 비율은 35%로 매우 편리하기 때문이라고 말합니다. 또한 같은 비율의 사람들은 더 낮은 가격 때문에 온라인으로 쇼핑합니다. 20%의 사람들은 이용 가능한 더욱 폭넓은 상품이 있다고 생각하기 때문에 온라인으로 쇼핑합니다. 마찬가지로, 10%의 사람들은 상품을 쉽게 비교할 수 있어서 온라인으로 구매하는 것을 선호합니다.

이와 대조적으로, 상점을 직접 방문하는 것을 선호하는 사람들의 가장 높은 비율은 37%입니다; 그들은 상품을 테스트하기를 원합니다. 또한, 28%는 온라인으로 쇼핑할 때 보다 상품을 훨씬 더 빠르게 받을 수 있다고 말합니다. 마지막으로, 상점을 직접 방문하는 사람들의 가장 덜 일반적인 두 가지 이유는 각각 19%와 16%로, 질문을 묻고 조언을 받기를 원하는 점, 그리고 온라인으로 쇼핑하는 것과 비교해 볼 때상품을 반납하거나 교환하기가 더 쉬운 점입니다.

서론	① The first pie chart illustrates an analysis of reasons for shopping online in the UK. ② Conversely, the second chart presents why people choose to visit stores in person. ③ Overall, it seems that the majority of people who shop online value convenience and price. ④ By contrast, those who visit stores in person enjoy testing the products and receiving them immediately.

① The first pie chart illustrates an analysis of reasons for shopping online in the UK.

- pie chart 구체적으로 도표 종류 지칭
- illustrates 문제에서 사용된 show를 대체
- an analysis of ~에 대한 분석

② Conversely, the second chart presents why people choose to visit stores in person.

- presents 첫 문장의 illustrates 반복을 피하기 위해 사용
- why 문제에서 나온 the reasons를 생략하여 why절만 사용
- choose + to부정사 ~하는 것을 선택하다

③ Overall, it seems that the majority of people who shop online value convenience and price.

- overall 전체적인 흐름을 언급하기 위해서 사용하는 부사
- it seems that절(주어 + 동사) ~인 것 같다
- the majority of + 복수명사 ~의 대다수
- people who shop online who 이하는 앞의 people을 수식하는 주격 관계대명사절로, 온라인에서 쇼핑을 하는 사람들이라는 뜻
- value ' ~에 가치를 두다'라는 의미의 동사

④ By contrast, those who visit stores in person enjoy testing the products and receiving them immediately.

- testing the products / receiving them immediately 그래프의 범례에 명시된 표현들(ability to test products / receive products immediately)을 동명사구로 바꿔서 표현

Vocabulary & Expressions ✦

chart 도표(그래프를 포함하는 표현) illustrate 설명하다 the UK(= the United Kingdom) 영국 conversely 반대로
in person 직접 seem 보이다 majority 대다수 shop 쇼핑하다 online 온라인으로 by contrast 이와 반대로,
대조적으로

⑤ The highest percentage of those who shop online say that they do so because it is very convenient, at 35%. ⑥ The same proportion of people also shop online because of lower prices. ⑦ 20% of people shop online since they think there is a wider selection of products available. ⑧ Similarly, 10% of people prefer to shop online as they can easily compare products.

⑤ The highest percentage of those who shop online say that they do so because it is very convenient, at 35%.

- the highest percentage of + 명사   ~의 가장 높은 비율
- say + that절(주어 + 동사)   ~이라고 말하다
  보통은 '명사 of 명사'의 주어인 경우, of 앞에 위치한 명사의 수에 맞추어 동사의 수를 결정합니다. 하지만 예외가 있는데, 지금과 같이 동사 say 행위를 하는 주체가 the percentage(단수: ~ 비율)보다는 those who shop online(복수: 온라인 쇼핑하는 사람들)이 되는 것이 의미상 자연스러우므로, 문법상 예외로 복수 동사인 say가 사용되었습니다.
- this is because절   이것은 ~때문이다
- with 35%   문장 앞에 언급된 가장 높은 비율(the highest percentage)을 구체적인 수치로 부연 설명

⑥ The same proportion of people also shop online because of lower prices.

- the same proportion of + 명사   같은 양이나 비율을 나타낼 때 사용하는 표현
- because of + 명사   접속사 because와 달리 because of는 전치사로 뒤에 명사가 나옴
- lower   비교급 형태를 이용해서 '상대적으로 가게에 직접 방문했을 때보다 가격이 더 낮다'라는 것을 표현

⑦ 20% of people shop online since they think there is a wider selection of products available.

- 수치 + of + 명사   명사에서 어느 정도 수치
- since   '~때문에' 라는 의미의 접속사로 앞에 사용된 because의 중복 사용을 피하기 위해 사용
- a wider selection of products available   이용 가능한 더욱 폭넓은 제품

⑧ Similarly, 10% of people prefer to shop online as they can easily compare products.

- similarly   '마찬가지로' 라는 의미의 부사
- prefer + to부정사   ~하는 것을 더 선호하다
- as   '~때문에' 라는 의미의 접속사로 앞에 사용된 because, since와의 중복 사용을 피하기 위해 사용

Vocabulary & Expressions ✦

percentage 비율, 백분율   convenient 편리한   price 가격   a wide selection 다양한, 폭넓은, 엄선된   available 이용 가능한   similarly 마찬가지로   compare 비교하다

⑨ In contrast to this, the greatest percentage of people who prefer to visit stores in person is 37%; they want to be able to test products. ⑩ Furthermore, 28% say that they can receive products a lot faster than when shopping online. ⑪ Finally, the two least popular reasons for visiting stores in person, at 19% and 16% respectively, are that people want to ask questions and get advice and that it is easier to return or exchange products compared to shopping online.

⑨ In contrast to this, the greatest percentage of people who prefer to visit stores in person is 37%; they want to be able to test products.

- the greatest percentage of + 명사   ~ 중 가장 큰 비율
- who prefer to visit stores in person   주격 관계대명사절로 앞의 people을 수식(직접 상점을 방문하는 것을 선호하는)
- ; (세미콜론)   접속사 대신 두 개의 절(주어+동사)을 연결
- test products   제품을 시험해보다

⑩ Furthermore, 28% say that they can receive products a lot faster than they can when shopping online.

- a lot   faster라는 비교급을 강조하는 비교급 강조 부사로 even, still, far, much로 대체 가능
- when + 동사ing   접속사 뒤에 주어를 생략하고 -ing 형태로 동사를 바꾼 분사 형태
  when they shop online = when shopping online

⑪ Finally, the two least popular reasons for visiting stores in person, at 19% and 16% respectively, are that people want to ask questions and get advice and that it is easier to return or exchange products compared to shopping online.

- the two least popular reasons for   ~에 대한 가장 덜 일반적인 두 가지 이유들
- respectively   '각각' 이라는 의미의 부사로 두 개의 수치 뒤에 사용
- are + that 주어 + 동사   be동사 다음에 보어로서 that절이 사용된 형태로 '~한 것이다, ~한 점이다'라고 해석
- it is easier to부정사   진주어(to부정사)-가주어(it) 용법으로, '~하는 것이 더 쉽다'라는 의미
- compared to   는 동사가 아닌 분사로, '~와 비교해 볼 때'라는 의미

Vocabulary & Expressions ✦

in contrast to ~와 반대로 furthermore 훨씬 receive 받다 finally 마지막으로 least 가장 덜 popular 일반적인, 인기 있는 reasons for ~에 대한 이유들 respectively 각각 get advice 충고를 얻다   return 반납하다, 반품하다 exchange 교환하다 compared to ~와 비교해 볼 때

15

1. an analysis of ~에 대한 분석

The first pie chart illustrates an analysis of reasons for shopping online in the UK.
첫 번째 파이 차트는 영국에서 온라인으로 쇼핑하는 이유들에 대한 분석을 설명합니다.

2. by contrast(=in contrast) 반대로, 대조적으로

By contrast, those who visit stores in person value testing the products and receiving them immediately.
대조적으로, 직접 상점을 방문하는 사람들은 제품 시험과 제품을 즉각적으로 받는 것을 중시합니다.

3. because of(=due to, owing to) + 명사 ~때문에

The same proportion of people shop online because of lower prices.
같은 비율의 사람들이 더 낮은 가격 때문에 온라인으로 쇼핑합니다.

4. since(=because, as) + 절(주어 + 동사) ~때문에

20% of people shop online since they think there is a wider selection of products available.
20%의 사람들은 이용 가능한 더욱 폭넓은 상품이 있다고 생각하기 때문에 온라인으로 쇼핑합니다.

5. prefer + to부정사 ~하는 것을 더 선호하다

10% of people prefer to shop online as they can easily compare products.
10%의 사람들은 상품을 쉽게 비교할 수 있어서 온라인으로 구매하는 것을 선호합니다.

6. the greatest percentage of + 명사 ~의 가장 큰(높은) 비율

The greatest percentage of people who prefer to visit stores in person is 37%; they want to be able to test products.
상점을 직접 방문하는 것을 선호하는 사람들의 가장 큰(높은) 비율은 37%로, 그들은 상품을 테스트하기를 원합니다.

7. compared to(=compared with) ~와 비교해 볼 때

It is easier to return or exchange products when visiting stores in person compared to shopping online.
상점을 직접 방문하는 것이 온라인으로 쇼핑하는 것과 비교해 볼 때 상품을 반납하거나 교환하기가 더 쉽습니다.

Practice

우리말 뜻에 맞게 빈칸을 채워서 문장을 완성하세요.

1. 첫 번째 파이 차트는 영국에서 온라인으로 쇼핑하는 이유들에 대한 분석을 설명합니다.

   The first pie chart illustrates _____ reasons for shopping online in the UK.

2. 대조적으로, 직접 상점을 방문하는 사람들은 제품 시험과 제품을 즉각적으로 받는 것을 중시합니다.

   _____ , those who visit stores in person value being able to test products and receive

   them immediately.

3. 같은 비율의 사람들이 더 낮은 가격 때문에 온라인으로 쇼핑합니다.

   The same proportion of people shop online _____ lower prices.

4. 20%의 사람들은 이용 가능한 더욱 폭넓은 상품이 있다고 생각하기 때문에 온라인으로 쇼핑합니다.

   20% of people shop online _____ they think there is a wider selection of products available.

5. 마찬가지로, 10%의 사람들은 상품을 쉽게 비교할 수 있어서 온라인으로 구매하는 것을 선호합니다.

   Similarly, 10% of people _____ shop online as they can easily compare products.

6. 상점을 직접 방문하는 것을 선호하는 사람들의 가장 높은 비율은 37%로, 그들은 상품을 테스트하기를
   원합니다.

   _____ people who prefer to visit stores in person is 37%;

   they want to be able to test the products.

7. 상점을 직접 방문하는 것이 온라인으로 쇼핑하는 것과 비교해 볼 때 상품을 반납하거나 교환하기가 더
   쉽습니다.

   It is easier to return or exchange products when visiting stores in person _____

   shopping online.

🕐 Answers

1. an analysis of **2.** By contrast(=In contrast) **3.** because of(=due to, owing to) **4.** since(=because, as) **5.** prefer to **6.** The greatest percentage of **7.** compared to(=compared with)

Writing [General Training]
준격식 편지 (1) 실전 연습

준격식 편지 (1) 문제

You should spend about 20 minutes on this task.

> *You just returned home from a cruise. You enjoyed your vacation, although one staff member was extremely rude.*
>
> *Write a letter to your travel agent. In your letter*
> · *describe your holiday*
> · *explain what the problem was*
> · *state how you would like this problem resolved*

Write at least 150 words.

You do **NOT** need to write any addresses.

Begin your letter as follows:

Dear ....,

이 문제에 대해서 약 20분을 쓰도록 하세요.

> 당신은 크루즈 여행으로부터 막 집으로 돌아왔습니다. 비록 한 직원이 극도로 무례했지만, 당신은 당신의 휴가를 즐겼습니다.
>
> 당신의 여행사 담당자에게 편지를 쓰세요. 당신의 편지에서
> • 당신의 휴가에 대해 기술하고
> • 문제가 무엇인지 설명하고
> • 어떻게 이 문제가 해결되기를 원하는지 언급합니다.

최소한 150 단어를 씁니다.

어떠한 주소도 쓰지 마세요.

당신의 편지를 다음으로 시작하세요:

.....................에게,

 **문제 풀이**

1. 문제 분석

키워드 분석	returned home ▶ from a cruise ▶ enjoyed your vacation ▶ although ▶ one staff member ▶ extremely rude
▼	
3가지 답변 포인트 확인	· describe your holiday · explain what the problem was · state how you would like this problem resolved
▼	
인사(greeting) 대상 확인	Begin your letter as follows: *Dear* ....,

 TIP 먼저 문제를 읽어 어떠한 상황(여행사 담당자에게 무례한 직원에 대한 대처 요구)인지 파악합니다. 그 다음 편지를 받는 대상(Dear ....)을 파악하여 준격식 편지 Type 1으로 써야 한다는 것을 인식합니다.

2. 글쓰기 순서

인사 답변 포인트 1	· 인사: Dear Ms Stone, · 답변 포인트 1: 문제에서 enjoyed your vacation이라고 나와 있으므로 휴가에 대해 좋았던 점 설명
▼	
답변 포인트 2	· 답변 포인트 2: 본격적으로 불만사항을 설명
▼	
답변 포인트 3 마무리	· 답변 포인트 3: 해결방안 제시 　　　　We would very much like to + 해결방안 · 끝인사 & 자신의 성명: Yours sincerely, David Smith

 TIP 문제에서 Dear......,로 나와 있기에 준격식 편지인 것은 알겠지만, Type 1인지 2인지 헷갈릴 수 있습니다. 받는 대상과 나와의 친분(여행사 직원)과 편지 내용(공식적인 불만 제기)을 생각해보면 Type 1으로 써야 함을 알 수 있습니다.

인사	Dear Ms Stone,	일반적으로 첫 단락 첫 줄에 글의 목적을 쓰지만, 글 쓰는 목적이 답변 포인트 2와 연관되어 있어서 자연스럽게 여행에 대해 만족을 표현하는 답변 포인트 1을 기술함
답변 포인트 1	① My wife and I just returned home from our first trip with Prestige Cruises. ② For the most part, we had a lovely time exploring the Caribbean. ③ The whale watching trip was a memorable highlight. ④ In addition, the accommodations were luxurious, and all the food served at the restaurant was exceptional.	
답변 포인트 2	⑤ However, I would like to draw your attention to one unpleasant conversation we had. ⑥ We were interested in renting some bikes to explore a nearby island. ⑦ When we approached Mr Kingsley to enquire about this, we were told it was too late. ⑧ When we asked why, he very rudely told us that we should have read the information pack properly.	However를 시작으로 불만에 대해 구체적으로 기술함
답변 포인트 3	⑨ I felt that the employee's attitude was completely unacceptable. ⑩ This is not the high-class service we were promised before the trip. ⑪ We would very much like to receive an apology letter from Mr Kingsley. ⑫ If this is received by the end of next week, we will consider contacting you again for our next trip.	원하는 해결방안을 기술하고 이러한 해결이 이루어질 시 또 서비스를 이용하겠다고 마무리함
마무리	Yours sincerely, David Smith	Semi-formal Type 1에 맞는 끝인사와 함께 자신의 성과 이름 모두 기입

총 단어 수: 171

스톤 씨께,

제 아내와 저는 프레스티지 크루즈와 함께한 첫 여행으로부터 막 집으로 돌아왔습니다. 대부분, 우리는 카리브해 지역을 탐험하면서 좋은 시간을 보냈습니다. 고래를 보는 여행은 기억에 남는 하이라이트였습니다. 게다가, 숙소는 호화롭고 레스토랑에서 제공된 모든 음식들이 뛰어났습니다.

그러나 우리가 가졌던 하나의 불쾌한 대화에 대해 당신이 주목해 주면 좋겠습니다. 우리는 근처 섬을 탐험하기 위해 자전거를 빌리는데 관심이 있었습니다. 우리가 킹슬리 씨에게 이 부분에 대해 문의하기 위해 다가갔을 때, 우리는 너무 늦었다는 얘기를 들었습니다. 우리가 이유를 물었을 때, 그는 우리가 정보지를 제대로 읽었어야 했다고 상당히 예의없게 얘기했습니다.

저는 그 직원의 태도가 전적으로 용인될 수 없다고 느꼈습니다. 이것은 여행 전에 우리가 약속 받은 최상의 서비스가 아닙니다. 우리는 정말로 킹슬리 씨로부터 사과의 편지를 받고 싶습니다. 만약 다음 주말까지 이 부분이 받아들여진다면, 우리의 다음 여행을 위해 다시 당신에게 연락할 것을 고려하겠습니다.

데이비드 스미스 드림

인사	Dear Ms Stone,
답변 포인트 1	① My wife and I just returned home from our first trip with Prestige Cruises. ② For the most part, we had a lovely time exploring the Caribbean. ③ The whale watching trip was a memorable highlight. ④ In addition, the accommodations were luxurious, and all the food served at the restaurant was exceptional.

① My wife and I just returned home from our first trip with Prestige Cruises.

- return home   집으로 돌아오다
- with 전치사   with를 통해 서비스를 제공한 회사를 소개함
- Prestige Cruises   편지의 신빙성을 주기 위해 크루즈 회사 이름을 임의로 적음

② For the most part, we had a lovely time exploring the Caribbean.

- for the most part   대부분
- have a lovely time   아름다운(= 행복한, 아주 좋은) 시간을 갖다
- exploring   현재분사로 행복한 시간에 대해 부가적인 설명(카리브해 지역을 탐험하면서)을 함

③ The whale watching trip was a memorable highlight.

- whale watching trip   구체적으로 크루즈 여행의 좋았던 점을 설명하기 위해 고래 구경 여행이라는 프로그램을 언급

④ In addition, the accommodations were luxurious and all the food served at the restaurant was exceptional.

- served   과거분사로 앞에 있는 명사 food를 수식

Vocabulary & Expressions ✦

Ms 씨(여성의 last name 앞에 붙이는 호칭) cruise 유람선 여행 explore 탐험하다 the Caribbean 카리브해 지역 highlight 가장 좋은 부분 accommodation 숙소 luxurious 호화로운 served 제공된 exceptional 특출한, 이례적일 정도로 우수한

⑤ However, I would like to draw your attention to one unpleasant conversation we had. ⑥ We were interested in renting some bikes to explore a nearby island. ⑦ When we approached Mr Kingsley to enquire about this, we were told it was too late. ⑧ When we asked why, he very rudely told us that we should have read the information pack properly.

답변
포인트 2

⑤ However, I would like to draw your attention to one unpleasant conversation we had.

- however   앞 문단에서는 좋은 점을 언급하였지만 이제부터는 문제점을 설명하기 위해 역접의 접속부사를 사용
- would like to   공손하게 원하는 바를 나타낼 때 사용
- draw your attention to   ~에 당신의 주목을 끌다
- conversation we had   우리가 가졌던 대화(conversation과 we had 사이에 목적격 관계대명사 that이 생략된 형태로, 관계사절 we had가 conversation을 수식)

⑥ We were interested in renting some bikes to explore a nearby island.

- be interested in -ing   ~하는 것에 관심이 있다
- to explore   탐험하기 위해 (부사적 용법의 to부정사))
- nearby   근처의 (형용사)

⑦ When we approached Mr Kingsley to enquire about this, we were told it was too late.

- approach + 명사   ~에 다가가다
- enquire about   ~에 대해 문의하다
- be told that   tell(말하다)의 수동태로 '~라고 듣다'라는 뜻
- it was too late   앞에 명사절 접속사 that이 생략

⑧ When we asked why, he very rudely told us that we should have read the information pack properly.

- tell + 사람 + that절   ~에게 that절에 대해 말하다
- should have + p.p.   ~했어야 했다(과거의 하지 않은 일에 대해 말할 때 사용)

Vocabulary & Expressions ◆

draw 끌다 attention 주목, 이목 unpleasant 불쾌한 rent 대여하다 bike 자전거, 오토바이 explore 탐험하다 nearby 근처의 approach ~에 다가가다 enquire 문의하다 rudely 무례하게 information pack 정보지, 서류 묶음 properly 제대로

답변 포인트 3 마무리	⑨ I felt that the employee's attitude was completely unacceptable. ⑩ This is not the high-class service we were promised before the trip. ⑪ We would very much like to receive an apology letter from Mr Kingsley. ⑫ If this is received by the end of next week, we will consider contacting you again for our next trip. Yours sincerely, David Smith

⑨ I felt that the employee's attitude was completely unacceptable.

- I felt that   ~라고 느꼈다

⑩ This is not the high-class service we were promised before the trip.

- service we were promised   우리가 약속 받았던 서비스(service와 we were promised 사이에 목적격 관계대명사 that이 생략된 형태로 관계사절 we were promised가 service를 수식)

⑪ We would very much like to receive an apology letter from Mr Kingsley.

- we would very much like to   ~하기를 대단히 원하다(강하게 요청할 때 사용하는 격식 표현)
- apology letter   사과 편지

⑫ If this is received by the end of next week, we will consider contacting you again for our next trip.

- if절(현재시제), 주절(미래시제) 가정이나 조건을 나타내는 if절은 시간절(when)처럼 현재시제가 미래시제를 대신하기에, if절이나 when절에 현재시제를 사용하면, 뒤에 나오는 주절에는 미래시제를 사용함
- by + 시간명사   ~까지
- consider + -ing   consider 뒤에는 목적어로 to부정사가 아닌 동명사가 나옴
- contact + 대상   ~에 연락하다

Vocabulary & Expressions ✦

attitude 태도 completely 전적으로, 완전히 unacceptable 받아들일 수 없는 high-class 일류의, 고급의 promise 약속하다 receive 받다 apology 사과 consider 고려하다 contact 연락하다 Yours sincerely 드림(semiformal type 1 끝인사에 사용)

1. 동사 + -ing   ~하면서(분사구문 - 부사절 역할)

We had a lovely time exploring the Caribbean.

우리는 카리브해 지역을 탐험하면서 좋은 시간을 보냈습니다.

2. 동사 + -ed(과거분사)   ~된, ~되어진(수동 의미를 지닌 형용사 역할)

All the food served at the restaurant was exceptional.

레스토랑에서 제공된 모든 음식들이 뛰어났습니다.

3. draw your attention to   ~에 당신의 주목을 끌다

I would like to draw your attention to one unpleasant conversation.

저는 하나의 불쾌한 대화에 당신의 주목을 끌고 싶습니다.

4. enquire about   ~에 대해 문의하다

We approached Mr Kingsley to enquire about renting some bikes.

우리는 몇몇 자전거 대여에 대해 문의하기 위해 킹슬리 씨에게 다가갔습니다.

5. should have + p.p.   ~했어야 했다(과거의 하지 않은 일에 대해 말할 때 사용)

We should have read the information pack properly.

우리는 정보지를 제대로 읽었어야 했습니다.

6. service (that) we were promised   우리가 약속 받았던 서비스(목적격 관계대명사 that생략)

This is not the high-class service we were promised before the trip.

이것은 여행 전에 우리가 약속 받았던 최상의 서비스가 아닙니다.

7. consider + -ing   ~하는 것을 고려하다(동명사를 목적어로 취하는 consider 동사)

We will consider contacting you again for our next trip.

우리의 다음 여행을 위해 다시 당신에게 연락할 것을 고려하겠습니다.

Practice

우리말 뜻에 맞게 빈칸을 채워서 문장을 완성하세요.

1. 우리는 카리브해 지역을 탐험하면서 좋은 시간을 보냈습니다.

   We had a lovely time _____ the Caribbean.

2. 레스토랑에서 제공된 모든 음식들이 뛰어났습니다.

   All the food _____ was exceptional.

3. 저는 하나의 불쾌한 대화에 당신의 주목을 끌고 싶습니다.

   I would like to _____ one unpleasant conversation.

4. 우리는 몇몇 자전거 대여에 대해 문의하기 위해 킹슬리 씨에게 다가갔습니다.

   We approached Mr Kingsley to _____ renting some bikes.

5. 우리는 게시판을 제대로 읽었어야 했습니다.

   We _____ the noticeboard properly.

6. 이것은 여행 전에 우리가 약속 받았던 최상의 서비스가 아닙니다.

   This is not the high-class _____ before the trip.

7. 우리의 다음 여행을 위해 다시 당신에게 연락할 것을 고려하겠습니다.

   We will _____ you again for our next trip.

Answers

1. exploring **2.** served at the restaurant **3.** draw your attention to **4.** enquire about **5.** should have read **6.** service (that) we were promised **7.** consider contacting

Day
03
Listening
파트 2 실전 연습

오늘의 학습 목표

리스닝 파트 2 실전 문제 연습

 실전 문제

Questions 11-16

What does the speaker say about each of the following exhibits?

*Choose **SIX** answers from the box and write the correct letter, **A-G**, next to Questions 11-16.*

Comments
A   is currently not available for viewing
B   was recently covered in a magazine article
C   contains some animals that were rescued
D   contains some animals that came from another zoo
E   contains the most popular animals in the reptile house
F   is the largest of its kind in the country
G   has had some of its animals moved elsewhere

Exhibits

11   American alligators _____.

12   African spurred tortoises _____.

13   Komodo dragons _____.

14   'World of Snakes' exhibition _____.

15   Eastern painted turtles _____.

16   Green iguanas _____.

Label the plan below.

*Write the correct letter, **A-H**, next to Questions 17-20.*

1st Floor of the Reptile House

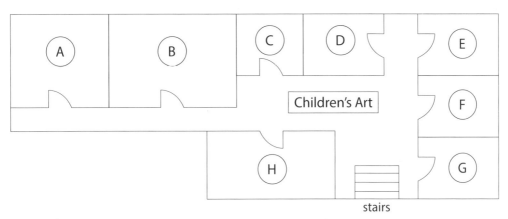

17 snack store ....

18 education centre ....

19 animal clinic ....

20 staff room ....

실전 문제 풀이 전략

■ 문제 사전 분석

문제 유형	정보 연결(matching) / 평면도 표시(plan labelling)
문제 주제	동물원 투어

1. 문제 및 지시문 파악

Choose SIX answers from the box and write the correct letter, A-G, next to Questions 11-16.

박스에서 6개의 답을 선택해서 11-16번 옆에 A-G 중 알맞은 문자를 적으세요.

→ 정보연결 문제로 박스에 나온 A-G 중 알맞은 위치를 선택하기

2. 키워드 표시하기

Exhibits 전시장

11 American alligators
미국 악어

12 African spurred tortoises
아프리카 가시거북

13 Komodo dragons
코모도 드래곤

14 'World of Snakes' exhibition
'뱀들의 세계' 전시

15 Eastern painted turtles
동부 비단 거북

16 Green iguanas
녹색 이구아나

Comments

A is currently not available for viewing
현재 볼 수 없다.

B was recently covered in a magazine article
최근에 잡지 기사에 보도되었다.

C contains some animals that were rescued
구조된 일부 동물을 포함하고 있다.

D contains some animals that came from another zoo
다른 동물원에서 온 일부 동물들을 포함하고 있다.

E contains the most popular animals in the reptile house
파충류 집에서 가장 인기 있는 동물을 포함하고 있다.

F is the largest of its kind in the country
이 나라에서 가장 큰 종류이다.

G has had some of its animals moved elsewhere
그 동물의 일부를 다른 곳으로 옮겼다.

3. 두 번째 유형 문제 파악

Label the plan below.
아래 평면도에 명칭을 표시하세요.
→ 평면도 문제 확인

Write the correct letter, A-H, next to Questions 17-20.
17-20번 옆에 A-H 중 알맞은 문자를 적으세요.
→ 평면도에 나온 기호 적기

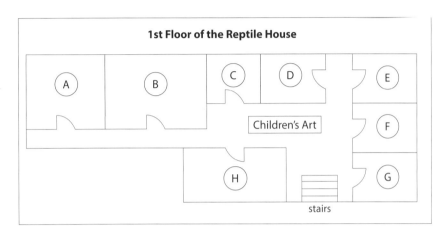

→ 평면도 상에 출발점이 표기되어 있지 않으므로 stairs, Children's Art 를 미리 눈 여겨 보기

17 snack store   매점

18 education centre   교육 센터

19 animal clinic   동물 병원

20 staff room   직원 휴게실

You will hear a guide at a zoo talking to a group of visitors. First, you have some time to look at questions 11 to 16.
당신은 방문객 그룹에게 동물원 가이드가 이야기하는 것을 듣게 됩니다. 먼저, 당신은 11-16 문제를 볼 시간을 갖습니다.

Now listen carefully and answer questions 11 to 16.
이제 주의 깊게 듣고 11에서 16번 문제에 답하세요.

Good morning, and welcome to the Reptile House at San Pedro Zoo.
좋은 아침입니다, 산 페드로 동물원의 파충류 집에 오신 것을 환영합니다.

My name is Casper, and I'm responsible for looking after all of the exotic reptiles we have on display here.
제 이름은 캐스퍼입니다, 저는 여기 전시된 모든 외래 파충류를 돌보는 것을 책임지고 있습니다.

Before we begin the tour, I'll give you a quick overview of all the exhibits.
투어를 시작하기 전에, 모든 전시에 대한 간략한 개요를 알려 드리겠습니다.

First of all, we are very proud to have two American alligators here in the Reptile House - one male and one female.
우선, 우리는 여기 파충류 집에 두 마리의 미국 악어가 있다는 것이 매우 자랑스럽습니다 - 한 마리는 수컷이고 다른 한 마리는 암컷입니다.

[11]These impressive creatures tend to draw the largest number of visitors, as they are truly a sight to behold. We'll save those for the last stop on today's tour.
이 놀라운 생물체들은 가장 많은 수의 방문객들을 끌어들이는데, 실제로 볼 만한 볼거리이기 때문입니다. 오늘 투어에서는 마지막 남은 시간에 이것을 둘러보겠습니다.

Then there's our African spurred tortoise exhibit. [12]Some of these animals were recently shipped here from a zoo in Canada.
그리고 아프리카 가시 거북 전시도 있습니다. 이 동물들 중 일부는 최근에 캐나다의 한 동물원에서 이곳으로 왔습니다.

We're happy to take care of them and display them while that zoo is undergoing renovations.
동물원 정비 기간 동안 이 동물들을 돌보고 여러분께 보여드리게 되어 기쁩니다.

The Komodo Dragon exhibit is something that we are especially proud of here at the zoo.
코모도 드래곤 전시는 우리가 동물원에서 특히 자랑스럽게 여기는 것입니다.

[13]We saved some of these animals in the jungles of Indonesia, where their habitat was being destroyed by logging companies.
우리는 이 동물들 중 일부를 인도네시아의 정글에서 구해냈는데, 그들의 서식지는 벌목 회사에 의해 파괴되고 있었습니다.

'World of Snakes' is our brand-new exhibit, and [14]I'm pleased to say there's no snake exhibit in the country that can match it in terms of its size and the vast number of snake species.
'뱀들의 세계'는 새로운 전시인데, 저는 국내에서 이만한 크기와 방대한 수의 종류에 맞먹는 뱀 전시는 없음을 말씀드리게 되어 기쁩니다.

In fact, I wouldn't be surprised if it's one of the most extensive snake exhibits in the world.
실은, 이 전시회가 세계에서 가장 광범위한 뱀 전시 중 하나라도 과언이 아닙니다.

Next up, we have our delightful Eastern painted turtles.
다음으로, 우리는 사랑스러운 동부 비단 거북이 있습니다.

[15]I see that some of you are holding a copy of the zoo's monthly magazine.
여러분 중 몇몇 분은 동물원의 월간지를 들고 계시네요.

So, you've probably already seen the beautiful pictures of these creatures inside the pages.
그래서, 여러분은 아마도 이 생명체들의 아름다운 사진들을 이미 보았을 겁니다.

Finally, there's our exhibit of four green iguanas.
마지막으로, 4마리의 이구아나 전시가 있습니다.

[16]Normally, we have six iguanas, but two of them are currently in the animal clinic as they contracted a virus.
보통 우리는 6마리의 이구아나를 가지고 있는데, 그들 중 2마리는 현재 바이러스에 걸려 동물병원에 있습니다.

But don't worry! Our doctors will cure them in no time. And you can still view the four other iguanas, who are all in perfect health.
하지만 걱정하지 마세요! 우리의 의사들이 곧 치료할 것입니다. 여러분은 여전히 건강한 네 마리의 다른 이구아나들을 볼 수 있습니다.

Before you hear the rest of the talk, you have some time to look at questions 17 to 20.
대화의 나머지 부분을 듣기 전에, 당신은 17-20번 문제를 볼 시간을 갖습니다.

Now listen and answer questions 17 to 20.
이제 듣고 17-20번 문제에 답하세요.

Now that I've described the exhibits, let me quickly tell you about the other amenities up on the 1st floor of the Reptile House.
전시에 대해 설명을 했으니, 이제는 파충류 집(Reptile House)의 2층에 있는 다른 편의 시설들에 대해서 잠시 말씀 드리겠습니다.

After you've finished viewing all the reptiles here on the ground floor, you can take the stairs up to the first floor.
여기 1층에 있는 파충류들을 다 보고 난 후, 계단을 통해 2층으로 올라갈 수 있습니다.

At the top of the stairs, you'll see a noticeboard directly in front of you.
계단 맨 위, 여러분 바로 앞에 게시판이 보일 것입니다.

This is where we display all the colourful paintings and drawings done by children who have visited the Reptile House.
이곳은 파충류 집(Reptile House)을 방문한 아이들이 그린 다채로운 그림들과 그림들을 전시하는 곳입니다.

[17]To the right of the kids' artwork are three rooms.
아이들의 작품 오른쪽에는 세 개의 방이 있습니다.

The first one, nearest to the stairs, is just a storage cupboard, so please just ignore that door.
첫 번째, 계단에서 가장 가까운 곳은, 그냥 보관함이니, 그 문은 그냥 무시하세요.

However, the middle room is our snack store, where you can purchase some light refreshments, such as chocolate and soft drinks.
하지만, 가운데 방은 저희 매점인데, 초콜릿이나 탄산 음료와 같은 가벼운 다과를 구매하실 수 있는 곳입니다.

The main reason to visit the first floor is our education centre.
2층을 방문하는 주된 이유는 교육센터입니다.

[18]At the top of the stairs, go forward and then turn left at the children's art. You'll see a door on your left which leads to the education centre.
맨 위 계단에서, 앞으로 가서 아이들 작품에서 좌회전하세요. 왼쪽에 교육 센터로 통하는 문이 보일 거에요.

Inside, some animal experts will answer all of your questions about our exhibits, and children can take part in some fun activities, such as drawing and playing with stuffed animal toys.
실내에서는, 몇몇 동물 전문가들이 우리 전시에 관한 모든 질문에 답변해주며, 어린이들은 그림 그리기나 동물 장난감 놀이 등 재미 있는 활동에 참여할 수 있습니다.

[19 & 20]If you walk past the door to the education centre, you'll see a narrow corridor leading to two rooms on the right-hand side.
교육 센터로 가는 문을 지나면, 오른쪽에 2개의 방을 향하는 좁은 통로가 보입니다.

We ask that all visitors please refrain from going down this corridor, as [19]the first room on the right is the animal clinic, and [20]the second one is the staff room.
모든 방문객들은 복도를 따라 가는 것을 삼가 주시기 바라며, 이는 오른쪽 첫 번째 방이 동물 병원이고, 두 번째 방이 직원실이기 때문입니다.

Those are the only rooms that are off-limits, however.
이 방들은 출입이 통제되는 유일한 방입니다.

Now, let's begin the tour, and if you have any questions at any point, please feel free to ask me.
이제, 투어를 시작하겠고, 궁금한 점이 있으시면, 언제든 질문 해주세요.

You now have half a minute to check your answers.
당신은 이제 30초 동안 정답을 체크할 수 있습니다.

오늘의 리스닝 필수 어휘

▲ 음원 듣기

01	**rescue**	구하다, 구조하다
02	**reptile**	파충류
03	**alligator**	악어 (cf. crocodile 악어; alligator보다는 주둥이 부분이 좁음)
04	**tortoise**	육지 거북 (cf. turtle 바다 거북 또는 모든 종류의 거북)
05	**exotic**	이국적인
06	**on display**	전시된, 진열된
07	**impressive**	놀라운, 인상적인
08	**creature**	생명체, 생물
09	**draw**	끌어들이다, 끌어내다
10	**sight to behold**	볼거리
11	**habitat**	서식지
12	**destroy**	파괴하다
13	**logging**	벌목
14	**in terms of**	~한 면에서
15	**vast**	방대한
16	**species**	종(생물 분류의 기초 단위)
17	**extensive**	아주 넓은, 대규모의
18	**delightful**	사랑스러운, 정말 기분 좋은
19	**contract**	병에 걸리다, 계약하다
20	**cure**	낫게 하다, 고치다
21	**amenity**	생활 편의 시설
22	**ground floor**	1층(cf. 북미는 1층이 first floor이지만 영국 및 호주는 first floor가 2층)
23	**cupboard**	찬장, 벽장
24	**refreshment**	다과
25	**corridor**	복도, 회랑

Reading

빈출 문제 유형 - T/F/NG

▲ 강의 보기

> ## 오늘의 학습 목표
>
> 리딩 T/F/NG 문제 유형 파악 및 문제 풀이 전략 학습

기출 패턴

- 지문 내용과 주어진 문제의 문장 정보가 일치하면 TRUE, 내용이 다르면 FALSE, 정보 확인이 불가능하면 NOT GIVEN(주어지지 않음)으로 표시하는 문제 유형으로, 정답을 표기할 때 약어로 T/F/NG만 써도 됨
- NOT GIVEN은 지문 내에 정보가 주어지지 않아 문제 문장의 참, 거짓을 판단하기 어려운 경우로, FALSE와 NOT GIVEN 구분에 유의해야 함

Questions 1-2

Do the following statements agree with the information given in the passage?

In boxes 1-2 on your answer sheet, write

  TRUE   *if the statement agrees with the information*

  FALSE   *if the statement contradicts the information*

  NOT GIVEN *if there is no information on this*

1 Brass and bronze significantly differ in appearance.

2 Bronze typically includes zinc.

TIP **T/F/NG 문제 지시사항 해석**

지시문에 대한 의미를 미리 안다면 실제 시험에서는 이런 문구를 해석하는 시간을 줄일 수 있습니다.

TRUE	if the statement agrees with the information
FALSE	if the statement contradicts the information
NOT GIVEN	if there is no information on this
참	문제 문장이 지문 정보와 일치하면
거짓	문제 문장이 지문 정보와 다르면
주어지지 않음	문제 문장의 참/거짓을 확인할 정보가 지문에 없다면

📖 문제 풀이 전략

1. 문제와 연관되는 해당 지문 정보 찾기

- 문제 문장의 핵심어를 중심으로 scanning을 통해 해당 지문 정보 찾기
- 문제 문장에 나온 핵심어가 지문에서 패러프레이징 되는 경우가 많기에, 문제 문장을 정확히 해석해야만 지문에서 관련된 정보를 정확히 찾을 수 있음

2. 정보 분석

- 빈도/양/정도/범위를 나타내는 표현에 유의

> **예** **지문** For most people, traditional culture has little impact on their daily lives.
> 대부분의 사람들에게 전통 문화는 그들의 일상 생활에 거의 영향을 주지 않는다.
>
> **문제** Traditional culture has no impact on our daily lives. (T/F/NG)
> 전통 문화는 우리 일상 생활에 전혀 영향을 주지 않는다
> → little impact(near 0%) ≠ no impact(0%)이므로 정답은 F

- 최상급과 비교급 표현에 유의

> **예** **지문** Their phones are high-quality.
> 그들의 휴대폰은 고품질입니다.
>
> **문제** They produce the best mobile phones. (T/F/NG)
> 그들은 최고의 휴대폰을 생산한다.
> → 지문에서 최고임을 확인할 수 있는 정보가 부족하므로(high-quality가 반드시 best를 의미하는 것은 아님) 정답은 NG

- only, first, mainly, always, usually 등의 부사에 유의

> **예** **지문** The word 'genius' is associated with Albert Einstein, who lived 100 years ago.
> 천재란 단어는 알버트 아인슈타인의 이름과 연관되어 있는데, 그는 100년 전에 살았다.
>
> **문제** People first referred to Albert Einstein as a genius 100 years ago. (T/F/NG)
> 사람들은 100년 전에 알버트 아인슈타인을 천재라고 처음 불렀다.
> → 지문에서 100년 전에 사람들이 처음 알버트 아인슈타인을 천재라고 불렀다는 정보를 확인할 수 있는 정보가 부족하므로 정답은 NG

오늘의 리딩 필수 어휘

01	**aesthetic**	심미적인, 미적인
02	**appearance**	겉모습, 외양
03	**alloy**	합금
04	**physical**	물질의, 물리적인
05	**property**	속성, 특성
06	**copper**	구리
07	**sculpture**	조각품
08	**resistance**	저항(성)
09	**corrosion**	부식
10	**resemble**	닮다
11	**entertain**	즐겁게 해주다, 접대하다
12	**enrich**	풍요롭게 하다, 질을 높이다
13	**graduation**	졸업식, 졸업
14	**funeral**	장례식
15	**function**	기능
16	**stimulate**	자극하다, 활발하게 하다
17	**boost**	신장시키다, 밀어 올리다
18	**capability**	능력, 역량
19	**auditory**	청각의
20	**vibration**	진동
21	**neural**	신경의
22	**transmit**	전달하다, 전송하다
23	**govern**	다스리다
24	**exposure**	노출
25	**sustain**	지속시키다

Practice

다음 문제를 풀어보세요.

Is it brass or is it bronze?

Despite sharing a similar aesthetic appearance, brass and bronze have different physical properties and uses. They are an alloy, a metal that is made by mixing two or more metals. While brass is an alloy made of copper and zinc, bronze is typically an alloy made of copper and tin. Bronze is primarily used to create sculptures and medals. Also, due to its resistance to corrosion, it is often used to create nautical instruments. On the other hand, brass is commonly used for decorative purposes because of its resemblance to gold. It is also used to craft musical instruments, such as trumpets and trombones, due to its high durability.

Questions 1-5

Do the following statements agree with the information given in the passage?

In boxes 1-5 on your answer sheet, write

TRUE	*if the statement agrees with the information*
FALSE	*if the statement contradicts the information*
NOT GIVEN	*if there is no information on this*

1   Brass and bronze significantly differ in appearance.

2   Bronze typically includes zinc.

3   Brass is generally more expensive than bronze.

4   Bronze is popular because it resembles gold.

5   Brass is used to make musical instruments.

Keep your brain young with music

Music has played an important part in our lives. It entertains people and enriches every human cultural event: romantic dinners, graduations, celebrations, weddings, funerals, stadium sporting events and even men marching off to war.

In addition to this, music has a positive effect on the brain. Research shows that music can enhance brain function in children. Musical activities, such as learning how to play an instrument or simply listening to music, stimulate the brain and boost learning capability. Because of this, children around the world are enrolled in music programmes, and it could also explain why some people prefer listening to music while studying or working.

Music's effect on the brain is most likely a result of how the auditory system connects our ears to our brain to process sound. When we hear something, our ears receive it in the form of vibrations that they convert into a neural signal. That signal is then sent to the brainstem, up to the thalamus at the centre of the brain, and transmitted to its final destination, the primary auditory cortex, located near the sides of the brain.

Exposure to music especially helps to develop the left side of the brain, which governs language and reasoning. Thus, music exposure helps students with language development and sound recognition. Additionally, studies indicate that many children who play musical instruments find it easier to focus their attention on given tasks for sustained periods of time.

Do the following statements agree with the information given in the passage?

In boxes 6-9 on your answer sheet, write

> **TRUE**   *if the statement agrees with the information*
>
> **FALSE**   *if the statement contradicts the information*
>
> **NOT GIVEN**   *if there is no information on this*

6   Music improves brain function in adults.

7   The issue of whether music affects the brains of children has been researched.

8   Playing a musical instrument can improve learning ability.

9   Many students who learn music can speak multiple languages.

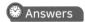

1. F **2.** F **3.** NG **4.** F **5.** T **6.** NG **7.** T **8.** T **9.** NG

놋쇠인가 청동인가?

¹비슷한 심미적 외관을 공유하고 있음에도 불구하고, 놋쇠(황동)와 청동은 다른 물리적 속성과 용도를 가지고 있다. 그것들은 합금으로, 두 개 이상의 금속을 섞어서 만든 금속이다. ²놋쇠는 구리와 아연의 합금인 반면, 청동은 일반적으로 구리와 주석의 합금이다. 청동은 조각품과 메달을 만드는 데 기본적으로 사용된다. 또한 부식에 대한 저항성 때문에 항해 기구를 만드는 데 청동은 종종 사용된다. 반면에, ⁴놋쇠는 금과 외관이 유사하기 때문에 장식용으로 흔히 사용된다. ⁵놋쇠는 또한 높은 내구성으로 인해 트럼펫과 트롬본 같은 악기를 만드는 데 사용된다.

1 놋쇠와 청동은 외관이 확연히 다르다.
2 청동은 일반적으로 아연을 포함한다.
3 놋쇠는 청동보다 보통 더 비싸다.
4 청동은 금과 비슷하기에 인기가 있다.
5 놋쇠는 악기를 만드는 데 사용된다.

Vocabulary

brass 놋쇠(황동) bronze 청동 despite ~에도 불구하고 share 공유하다 similar 유사한 aesthetic 심미적인, 미적인 appearance 겉모습, 외양 physical 물질의, 물리적인 property 속성, 특성 alloy 합금 while ~인 반면에, ~하는 동안에 copper 구리 zinc 아연 tin 주석 primarily 주로 create ~을 만들어 내다 sculpture 조각품 due to ~로 인해 resistance to ~에 대한 저항성 corrosion 부식 nautical instrument 항해용 기구(기기) on the other hand 반면에, 한편 commonly 흔히 decorative purpose 장식용 resemblance to ~와의 유사성 craft 만들어 내다 musical instrument 악기 durability 내구성 significantly 상당히, 많이 differ in ~라는 점에서 다르다 include 포함하다 resemble 닮다, 비슷하다

음악으로 당신의 두뇌를 젊게 유지하라

음악은 우리의 인생에서 중요한 역할을 한다. 그것은 사람들을 즐겁게 해주고 모든 인간의 문화 행사를(낭만적인 저녁 식사, 졸업식, 축하행사, 결혼식, 장례식, 경기장 스포츠 행사, 그리고 심지어 전쟁터로 행진하는 남자들까지) 풍성하게 한다.

이 외에도, 음악은 두뇌에 긍정적인 효과를 미친다. ⁷연구는 음악이 아이들의 두뇌 기능을 강화시킬 수 있다는 것을 보여준다. ⁸악기를 연주하는 법을 배우거나 단순히 음악을 감상하는 것과 같은 음악적 활동들은 두뇌를 자극하고 학습 능력을 향상시킨다. 이 때문에, 전 세계 어린이들은 음악 프로그램(수업)에 등록되어 있고, 이 역시 왜 어떤 사람들은 공부하거나 일하는 동안 음악을 듣는 것을 선호하는지를 설명할 수 있다.

음악이 뇌에 미치는 영향은 청각 체계가 소리를 처리하기 위해 우리의 귀를 두뇌에 연결하는 방법에 대한 결과일 가능성이 가장 높다. 우리가 어떤 것을 들을 때, 우리의 귀는 신경 신호로 변환하는 진동의 형태로 받아들인다. 그 후 그 신호는 뇌 중심부에 있는 시상하부까지 뇌간으로 보내지고 뇌 양쪽 근처에 위치하는 최종 목적지, 1차 청각 피질로 전달된다.

음악에 노출되는 것은 특히 언어와 추론을 관장하는 뇌의 왼쪽 부분을 발달시키는 데 도움이 된다. 따라서, 음악 노출은 언어 발달과 소리 인식과 관련해 학생들을 돕는다. 또한, 연구는 악기를 연주하는 많은 어린이들이 지속적인 시간 동안 주어진 과제에 주의를 집중하는 것을 더 쉽게 생각한다고 나타낸다.

6 음악은 성인의 두뇌 기능을 향상시킨다.

7 음악이 아이들의 두뇌에 영향을 미치는지 아닌지에 대한 이슈가 연구되어 오고 있다.

8 악기를 연주하는 것은 학습 능력을 향상시킬 수 있다.

9 음악을 배우는 많은 학생들은 여러 언어를 말할 수 있다.

Vocabulary

entertain 즐겁게 해주다, 접대하다 enrich 풍요롭게 하다, 질을 높이다 cultural event 문화 행사 graduation 졸업식, 졸업 celebration 축하 (행사) funeral 장례식 stadium 경기장 sporting event 스포츠 경기 march off 행진해가다 war 전쟁 in addition to ~에 더하여, ~일 뿐 아니라 enhance 향상시키다 function 기능 play an instrument 악기를 연주하다 stimulate 자극하다, 활발하게 하다 boost 신장시키다 capability 능력, 역량 be enrolled in ~에 등록되다 most likely 아마 result 결과 auditory system 청각 체계 process 처리하다 receive 받아들이다 in the form of ~의 모양으로 vibration 진동 convert into ~로 전환하다 neural 신경의 signal 신호 brainstem 뇌간 thalamus (뇌의) 시상 transmit 전달하다, 전송하다 final destination 최종 목적지 primary auditory cortex 일차 청각 피질 exposure 노출 govern 다스리다 reasoning 추론 development 발달 recognition 인식 additionally 게다가 indicate 나타내다 focus attention on ~에 주의를 집중시키다, ~에 주목하다 given task 주어진 과제 sustain 지속시키다 period of time 기간

Weekly Review

Speaking

아래 질문에 대해 큰소리로 자신의 답변을 녹음하고 들어 보세요.

1. How many people are there in your family?

_____
_____
_____
_____
_____
_____

2. Do you have many friends?

_____
_____
_____
_____
_____
_____

3. What do you think are some differences between families of the past and of today, and what has caused these changes?

_____
_____
_____
_____
_____
_____

Writing [Academic]

우리말 뜻에 맞게 빈칸을 채워서 문장을 완성하세요.

1. 첫 번째 파이 차트는 영국에서 온라인으로 쇼핑하는 이유들에 대한 분석을 설명합니다.

   The first pie chart illustrates _____ reasons for shopping online in the UK.

2. 대조적으로, 직접 상점을 방문하는 사람들은 제품 시험과 제품을 즉각적으로 받는 것을 중시합니다.

   _____, those who visit stores in person value being able to test products and

   receive them immediately.

3. 같은 양(비율)의 사람들이 더 낮은 가격 때문에 온라인으로 쇼핑합니다.

   The same amount of people shop online _____ lower prices.

4. 20%의 사람들은 이용 가능한 더욱 폭넓은 상품이 있다고 생각하기 때문에 온라인으로 쇼핑합니다.

   20% of people shop online _____ they think there is a wider selection of products available.

5. 마찬가지로, 10%의 사람들은 상품을 쉽게 비교할 수 있어서 온라인으로 구매하는 것을 선호합니다.

   Similarly, 10% of people _____ shop online as they can easily compare products.

6. 상점을 직접 방문하는 것을 선호하는 사람들의 가장 높은 비율은 37%로, 그들은 상품을 테스트하기를 원합니다.

   _____ people who prefer to visit stores in person is 37%;

   they want to be able to test the products.

7. 상점을 직접 방문하는 것이 온라인으로 쇼핑하는 것과 비교해 볼 때 상품을 반납하거나 교환하기가 더 쉽습니다.

   It is easier to return or exchange products when visiting stores in person _____

   shopping online.

우리말 뜻에 맞게 빈칸을 채워서 문장을 완성하세요.

1. 우리는 카리브해 지역을 탐험하면서 좋은 시간을 보냈습니다.

We had a lovely time _____ the Caribbean.

2. 레스토랑에서 제공된 모든 음식들이 뛰어났습니다.

All the food _____ was exceptional.

3. 저는 하나의 불쾌한 대화에 당신의 주목을 끌고 싶습니다.

I would like to _____ one unpleasant conversation.

4. 우리는 몇몇 자전거 대여에 대해 문의하기 위해 킹슬리 씨에게 다가갔습니다.

We approached Mr Kingsley to _____ renting some bikes.

5. 우리는 게시판을 제대로 읽었어야 했습니다.

We _____ the noticeboard properly.

6. 이것은 여행 전에 우리가 약속 받았던 최상의 서비스가 아닙니다.

This is not the high-class _____ before the trip.

7. 우리의 다음 여행을 위해 다시 당신에게 연락할 것을 고려하겠습니다.

We will _____ you again for our next trip.

Listening

리스닝 학습에서는 딕테이션(dictation)과 쉐도잉(shadowing)이 중요합니다.
음원을 들으며 빈칸을 채우고, 다시 음원을 들으며 따라 읽어보세요.

▲ 음원 듣기

Now that I've described the exhibits, let me quickly tell you about the other **1.** _____
up on the 1st floor of the Reptile House.

After you've finished viewing all the reptiles here on the ground floor, you can take the stairs up
2. _____ .

At the top of the stairs, you'll see a noticeboard directly in front of you. This is where we display all the
colourful paintings and drawings done by children who have visited the Reptile House.

To the right of the kids' artwork are three rooms. The first one, nearest to the stairs, is just a storage
cupboard, so please just ignore that door.

However, the middle room is our snack store, where you can purchase some light **3.** _____ such
as chocolate and soft drinks.

The main reason to visit the first floor is our education centre.

At the top of the stairs, go forward and then turn left at the children's art. You'll see a door on your left
which **4.** _____ the education centre.

Inside, some animal experts will answer all of your questions about our exhibits, and children can take
part in some fun **5.** _____ such as drawing and playing with stuffed animal toys.

If you walk past the door to the education centre, you'll see a narrow **6.** _____
leading to two rooms on the right-hand side.

We ask that all visitors please refrain from going down this corridor, as the first room on the right is the
animal clinic, and the second one is the staff room.

Those are the only rooms that are **7.** _____, however.

Now, let's begin the tour, and if you have any questions at any point, please feel free to ask me.

Reading

다음의 문구를 지문에서 스캐닝(scanning)하여 표시하세요.

> brain function in children
> auditory system
> music exposure

Music has played an important part in our lives. It entertains people and enriches every human cultural event: romantic dinners, graduations, celebrations, weddings, funerals, stadium sporting events and even men marching off to war.

In addition to this, music has a positive effect on the brain. Research shows that music can enhance brain function in children. Musical activities, such as learning how to play an instrument or simply listening to music, stimulate the brain and boost learning capability. Because of this, children around the world are enrolled in music programmes, and it could also explain why some people prefer listening to music while studying or working.

Music's effect on the brain is most likely a result of how the auditory system connects our ears to our brain to process sound. When we hear something, our ears receive it in the form of vibrations that they convert into a neural signal. That signal is then sent to the brainstem, up to the thalamus at the centre of the brain, and transmitted to its final destination, the primary auditory cortex, located near the sides of the brain.

Exposure to music especially helps to develop the left side of the brain, which governs language and reasoning. Thus, music exposure helps students with language development and sound recognition. Additionally, studies indicate that many children who play musical instruments find it easier to focus their attention on given tasks for sustained periods of time.

다음 문장을 해석하세요.

1. Musical activities such as learning how to play an instrument or simply listening to music, stimulate the brain and boost learning capability.

해석 _____

2. Music's effect on the brain is most likely a result of how the auditory system connects our ears to our brain to process sound.

해석 _____

3. Exposure to music especially helps to develop the left side of the brain, which governs language and reasoning.

해석 _____

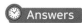 **Answers**

Speaking

1.

My family is a typical nuclear family in Korea. There are 4 people in my family: my father, my mother, my younger sister and me. All of my family members live together in a flat in Seoul, Korea.

저희 가족은 한국의 전형적인 핵가족입니다. 저희 가족에는 4명이 있는데요, 아버지, 어머니, 여동생과 저입니다. 모든 가족구성원이 대한민국 서울의 한 아파트에 같이 삽니다.

2.

Not really. I'm not sociable, and many people say I'm shy. I prefer to spend time with one or two close friends with whom I share similar interests.

그렇지 않습니다. 저는 사교적이지 않으며, 많은 사람들은 제가 수줍어한다고 말합니다. 저는 비슷한 관심사를 공유하는 한두 명의 친한 친구와 시간을 보내는 것을 선호합니다.

3.

Several decades ago in Korea, it was more common to live with extended family. Families, which included grandparents, generally lived in the countryside because they were involved in farming. Many parents had at least 4 or 5 children. But now, families are becoming smaller, especially those living in big cities. Many families have only one child. The main reason for this may be that raising a child costs a lot these days.

한국에서는, 수십 년 전 대가족과 함께 사는 것이 더 흔했습니다. 조부모를 포함한 가족은 일반적으로 농업에 종사했기 때문에 시골에서 살았습니다. 많은 부모들은 최소한 4~5 명의 자녀를 두고 있었습니다. 하지만 이제, 특히 큰 도시에서 사는 가족들은, 점점 더 작아지고 있습니다. 많은 가정에서는 자녀가 한 명뿐입니다. 이러한 주요 이유는 요즘 아이를 기르는 데 비용이 많이 들기 때문일 것입니다.

Writing - Academic

1. an analysis of **2.** By contrast(=In contrast) **3.** because of(=due to, owing to) **4.** since(=because, as) **5.** prefer to **6.** The greatest percentage of **7.** compared to(=compared with)

Writing - General Training

1. exploring **2.** served at the restaurant **3.** draw your attention to **4.** enquire about **5.** should have read **6.** service (that) we were promised **7.** consider contacting

Listening

1. amenities **2.** to the first floor **3.** refreshments **4.** leads to **5.** activities **6.** corridor **7.** off-limits

Reading

Music has played an important part in our lives. It entertains people and enriches every human cultural event: romantic dinners, graduations, celebrations, weddings, funerals, stadium sporting events and even men marching off to war.

In addition to this, music has a positive effect on the brain. Research shows that music can enhance brain function in children. Musical activities, such as learning how to play an instrument or simply listening to music, stimulate the brain and boost learning capability. Because of this, children around the world are enrolled in music programmes, and it could also explain why some people prefer listening to music while studying or working.

Music's effect on the brain is most likely a result of how the auditory system connects our ears to our brain to process sound. When we hear something, our ears receive it in the form of vibrations that they convert into a neural signal. That signal is then sent to the brainstem, up to the thalamus at the centre of the brain, and transmitted to its final destination, the primary auditory cortex, located near the sides of the brain.

Exposure to music especially helps to develop the left side of the brain, which governs language and reasoning. Thus, music exposure helps students with language development and sound recognition. Additionally, studies indicate that many children who play musical instruments find it easier to focus their attention on given tasks for sustained periods of time.

1. 악기를 연주하는 법을 배우거나 단순히 음악을 감상하는 것과 같은 음악적 활동들은 두뇌를 자극하고 학습 능력을 향상시킨다.
2. 음악이 뇌에 미치는 영향은 청각 체계가 소리를 처리하기 위해 우리의 귀를 두뇌에 연결하는 방법에 대한 결과일 가능성이 가장 높다.
3. 음악에 노출되는 것은 특히 언어와 추론을 관장하는 뇌의 왼쪽 부분을 발달시키는 데 도움이 된다.

Week 07

Speaking

빈출 주제 공략 - 집과 고향

오늘의 학습 목표

스피킹 시험에서 자주 나오는 '집과 고향' 주제 관련 문제 연습

▲ 강의 보기

📖 PART 1 문제 연습

Q1	**Where is your hometown?** 당신의 고향은 어디인가요?

Vocabulary & Expressions ✦

be raised in ~에서 자라다 capital city 수도 be located in ~에 위치하다 quite 꽤 crowded 붐비는

💬 샘플 답변

I was born and raised in Seoul, the capital city of South Korea. It is located in the northwestern part of the country. It is the largest city in Korea and quite crowded.

저는 한국의 수도 서울에서 태어나고 자랐습니다. 서울은 한국의 북서부에 위치하고 있습니다. 한국에서 가장 큰 도시이고 꽤 붐빕니다.

✍ 나만의 답변을 직접 적어보고 말해보세요.

What's the most interesting part of your hometown?
당신의 고향에서 가장 흥미로운 부분은 무엇인가요?

Vocabulary & Expressions ✦

traditional site 전통적인 장소 royal palace 왕궁

💬 샘플 답변

Seoul has a long history as the capital city of Korea, which means it has many traditional sites to visit. There are some old royal palaces in Seoul, and Gyeongbokgung Palace is very popular among tourists.

서울은 한국의 수도로서 오랜 역사를 가지고 있는데, 그것은 방문할 전통적인 장소가 많이 있다는 의미입니다. 서울에는 고궁들이 있는데, 경복궁은 관광객들 사이에서 매우 인기가 있습니다.

✍ 나만의 답변을 직접 적어보고 말해보세요.

_____

_____

_____

Q3

What kind of house do you live in?
당신은 어떤 종류의 집에 살고 있나요?

Vocabulary & Expressions ✦

typical 전형적인 flat 아파트(cf. 미국식 apartment) look boring 지루하게 보이다 layout 설계, 배치 manage 관리하다 property manager 아파트 관리인 which means 이는 ~을 의미한다(부연 설명) take care of 돌보다

💬 샘플 답변

Like many people in Korea, I live in a typical flat. It has three bedrooms, two bathrooms, a living room and a kitchen. I think that my block of flats looks boring because all the flats share similar layouts. But it is well managed by property managers, which means that I don't need to take care of the building.

한국의 많은 사람들처럼, 저는 전형적인 아파트에 살고 있습니다. 3개의 방, 2개의 욕실, 한 개의 거실, 그리고 한 개의 주방이 있습니다. 때로는 저의 아파트 건물이 비슷한 설계로 인해 지루하게 보입니다. 하지만 아파트 관리인들에 의해 잘 관리되는데, 이것은 제가 건물을 돌볼 필요가 없음을 의미합니다.

✍ 나만의 답변을 직접 적어보고 말해보세요.

_____

_____

_____

Describe a famous place in your local area.

You should say:
    where it is located
    what it looks like
    how famous it is
and explain your feelings about the place.

각 질문에 대한 답변 메모

당신이 사는 지역에서 유명한 장소를 묘사하세요.	
① 어디에 위치했는지	① 인천, 차이나타운 - 서쪽
② 어떻게 생겼는지	② 100년된 식당과 가게들 - 바다와 항구
③ 얼마나 유명한지	③ 한국에서 가장 오래되고 큰 차이나타운
④ 그 장소에 대한 당신의 느낌을 설명해주세요.	④ 방문하기 좋음 - 좋은 추억

Vocabulary & Expressions

be situated in ~에 위치해 있다 unique 독특한 scenery 풍경 besides that 게다가 sightseeing 관광 be believed to ~라고 믿어진다 throughout the year 일년 내내 regardless of ~와 관계 없이 accessible 접근할 수 있는 public transport 대중교통

샘플 답변

① I live in Incheon, and there are several sites to see. I think the most popular one is Chinatown Incheon, which is situated in the western part of the city.

② The restaurants and shops there were built about 100 years ago, so tourists can see many old Chinese buildings. These buildings make the area unique. There are also beautiful beaches where tourists can enjoy the scenery as they walk along the shore. Besides that, they can do some sightseeing in the port areas.

③ Chinatown Incheon is very popular in Korea. There are some other Chinatowns in Korea, but Chinatown Incheon is believed to be the largest and oldest. It receives a lot of visitors throughout the year, regardless of the season. Plus, it is easily accessible by public transport.

④ I have also visited Chinatown Incheon many times, and I feel that it is a fun place to visit with friends and family. This area holds a special place in my heart because I have made many great memories there.

① 저는 인천에 사는데, 가볼 만한 곳이 많이 있습니다. 저는 가장 인기 있는 것은 인천 차이나타운이라고 생각하는데, 인천의 서쪽 부분에 위치하고 있습니다.

② 그곳의 식당과 가게들은 약 100 년 전에 지어졌기 때문에, 관광객들은 많은 오래된 중국식 건축물을 볼 수 있습니다. 그 건물들은 이 지역을 독특하게 만듭니다. 관광객들이 해안을 따라 걸으며 경치를 즐길 수 있는 아름다운 해변도 있습니다. 그 외에도, 항구 지역에서 관광을 할 수 있습니다.

③ 인천 차이나타운은 한국에서 매우 유명합니다. 한국에는 몇몇 차이나타운이 있지만, 인천 차이나타운은 가장 크고 오래된 차이나타운으로 여겨집니다. 계절에 관계없이 일 년 내내 많은 방문객이 방문합니다. 게다가, 대중교통으로 쉽게 접근할 수 있습니다.

④ 저도 인천 차이나타운을 여러 번 방문했는데, 친구나 가족과 함께 방문하기 좋은 곳이라고 생각합니다. 이곳에서 좋은 추억을 많이 만들었기 때문에 제 마음 속에 특별한 자리를 잡고 있습니다.

나만의 메모와 답변을 직접 적어보고 말해보세요.

Memo

①

②

③

④

Q1	**What are some of the advantages and disadvantages of living in your hometown?** 당신의 고향에 사는 것의 장점과 단점은 무엇인가요?

Vocabulary & Expressions ✦

in terms of ~한 측면에서 crime rate 범죄율 public transport 대중교통 air pollution 공기 오염 living costs 생활비
overpopulation 인구과잉

샘플 답변

Seoul is a very safe and convenient place to live in. According to various reports, Seoul is one of the safest cities in terms of crime rates. Also, it has great infrastructure, with good public transport systems, shopping malls and public schools. However, there are three main problems in Seoul: air pollution, high living costs and overpopulation.

서울은 살기에 매우 안전하고 편리한 곳입니다. 일부 보고서에 따르면 서울은 범죄율 측면에서 가장 안전한 도시 중 하나입니다. 또한, 좋은 대중교통 시스템, 쇼핑몰, 공립 학교 등 기반 시설은 꽤나 **훌륭**합니다. 그러나, 공기 오염, 높은 생활비, 인구 과잉의 3 가지 주요 문제들이 있습니다.

나만의 답변을 직접 적어보고 말해보세요.

_____

_____

_____

_____

_____

_____

_____

_____

If you could change anything about your hometown, what would it be?
당신의 고향에서 무엇인가 바꿀 수 있다면, 무엇일까요?

Vocabulary & Expressions ✦

resident 거주자 available 이용 가능한 green place 녹지 reduce 줄이다 work out 운동하다 go for a walk 산책하다 as a result 결과적으로, 그 결과로

💬 **샘플 답변**

If I could, I would make more public parks available for Seoul residents. There are not enough parks and green places in my hometown. More trees and plants would reduce air pollution, and people could work out or go for a walk in the parks. As a result, I expect that residents would become healthier than before.

할 수 있다면 서울 주민들을 위해 이용 가능한 더 많은 공립 공원을 조성할 것입니다. 제 고향에는 공원과 녹지가 부족합니다. 더 많은 나무와 식물은 공기 오염을 줄일 수 있으며, 사람들은 공원에 공원에서 운동을 하거나 산책을 할 수 있습니다. 결과적으로, 주민들은 이전보다 더 건강해질 것으로 기대합니다.

✎ 나만의 답변을 직접 적어보고 말해보세요.

1. be born and raised in   ~에서 나고 자라다

I was born and raised in Seoul, the capital city of South Korea.
저는 한국의 수도 서울에서 태어나고 자랐습니다.

2. be popular   유명하다

There are some old royal palaces in Seoul, and Gyeongbokgung Palace is very popular among tourists.
서울에는 고궁들이 있는데, 경복궁은 관광객들 사이에서 매우 인기가 있습니다.

3. which means   이는 ~을 의미한다(부연 설명)

My block of flats is well managed by the property managers, which means that I don't need to take care of the building.
제 아파트 건물은 아파트 관리인들에 의해 잘 관리되는데, 이는 제가 건물을 돌볼 필요가 없음을 의미합니다.

4. be situated(=located) in   ~에 위치해 있다

Chinatown Incheon is situated in the western part of the city.
차이나타운 인천은 도시의 서쪽에 위치하고 있습니다.

5. throughout the year   일 년 내내

It receives a lot of visitors throughout the year, regardless of the season.
그곳은 계절에 관계 없이, 일 년 내내 많은 방문객들을 받습니다.

6. in terms of   ~한 측면에서

Seoul is one of the safest cities in terms of crime rates.
서울은 범죄율 측면에서 가장 안전한 도시 중 하나입니다.

7. go for a walk   산책하다

People could work out or go for a walk in the parks.
사람들은 공원에 공원에서 운동을 하거나 산책을 할 수 있습니다.

Practice

아래 질문에 대해 큰소리로 자신의 답변을 녹음하고 들어 보세요.

1. Where is your hometown?

_____

_____

_____

_____

2. Describe a famous place in your local area.
You should say:
      where it is located
      what it looks like
      how famous it is
and explain your feelings about the place.

_____

_____

_____

_____

_____

_____

_____

_____

_____

_____

3. If you could change anything about your hometown, what would it be?

_____

_____

_____

_____

_____

_____

Writing [Academic]
지도 실전 연습

오늘의 학습 목표

파트 1 지도(map) 실전 문제 연습

▲ 강의 보기

지도 문제

You should spend about 20 minutes on this task.

The maps below show the changes that have taken place at AZ Computers since its factory was first constructed in 1970.

Summarise the information by selecting and reporting the main features, and make comparisons where relevant.

아래 지도들은 1970년에 처음으로 AZ 컴퓨터 공장이 설립된 이후로, 그곳에서 일어난 변화들을 보여줍니다. 주요 특징들을 선택하여 설명하여 그래프 정보를 요약하고, 관련된 정보들을 비교하세요.

Write at least 150 words.

1970

Car Park	Public Park
AZ Computers Factory	Cinema

Belmont Road

1990

Car Park	AZ Training school	
AZ Computers Factory	AZ Repair Shop	AZ Call Centre

Belmont Road

2010

Car Park	AZ Training school	AZ Call Centre
AZ Computers Factory	AZ Repair Shop	

Belmont Road

 **문제 풀이**

1. 문제 분석

키워드 분석	changes(변화들) ▶ at AZ Computers(AZ 컴퓨터에서) ▶ since its factory was first constructed in 1970(공장이 1970년에 처음 세워진 이래로)

▼

그래프 분석	그래프 종류: 지도(map) • **개별 지도** : 총 3개(1970년, 1990년, 2010년) • **시제:** 지도 3개 모두 과거 연도 지도이므로 과거 및 과거완료

▼

주어진 지도의 연도별 변화 파악

연도별 시설물 변화

1970	1990	2010
Car Park	변화 없음	사이즈 축소
Public Park	AZ Training School	사이즈 축소
AZ Computers Factory	변화 없음	변화 없음
Cinema	AZ Repair Shop과 AZ Call Centre로 나뉘어짐	AZ Repair Shop 변화 없음 AZ Call Centre 확장

2. 글쓰기 순서

서론 첫 문장 **(문제 패러프레이징)**	주어-동사 변환: The maps below show → The maps illustrate 목적어 변환: changes(변화) → expansion(확장)

▼

서론 두 번째 문장 **(전체적인 흐름 정리)**	전반적으로(overall), 1970년에서 2010년까지(from 1970 to 2010) AZ Computers가 확장했다(expanded)

▼

본론 **(주요 세부사항 정리)**	• 1970년: 공장이 세워짐(The factory was built) 　　　　　　 주차장으로 사용됨(was being used as a car park) • 1990년: 새로운 시설들(additional facilities: repair shop, call centre, training school) • 2010년: factory와 repair shop 변화 없음(remained unchanged) 　　　　　　 call centre 확장됨(expanded) 　　　　　　 training school과 car park 줄어듦(reduced)

 **샘플 답안**

서론	① The maps illustrate the expansion of AZ Computers over three different years: 1970, 1990 and 2010. ② Overall, from 1970 to 2010, AZ Computers expanded its operations at the site on Belmont Road.	① 문제에 제시된 내용을 패러프레이징하여 어떠한 지도인지 설명 ② 지도의 전체적인 흐름 개괄
본론 1	③ In 1970, the company's factory was built close to Belmont Road and next to a cinema. ④ A large area behind the factory was being used as a car park at that time, while the area behind the cinema was a public park.	1970년에 세워진 공장과 그 주변 설명
본론 2	⑤ By 1990, the cinema had been knocked down in order to make space for two additional AZ Computers facilities: a repair shop and a call centre. ⑥ In addition, AZ Computers must have acquired the land behind the site of the old cinema, as it built a training school where the public park used to be.	1990년 AZ 컴퓨터에 새롭게 추가된 시설들 설명
본론 3	⑦ In 2010, the main building housing the factory and the repair shop remained unchanged, but the call centre was expanded and took up some of the space previously occupied by the training school. ⑧ As a result, both the training school and the car park were reduced in size by approximately 50 per cent.	2010년에 변화가 없거나, 확장되고 축소된 시설물들에 대한 설명

총 단어 수: 181

이 지도들은 1970년, 1990년과 2010년의 3개의 각각 다른 년도에 걸쳐서 AZ 컴퓨터스가 확장을 보여줍니다. 전반적으로, 1970년부터 2010년까지, AZ 컴퓨터스는 벨몬트 로드의 부지에서 사업을 확장했습니다.

1970년에 회사의 공장이 벨몬트 로드 가까이, 극장 옆에 지어졌습니다. 극장 뒤에 있는 구역은 공원이었던 반면에, 공장 뒤에 커다란 구역은 그 당시 주차장으로 사용되고 있었습니다.

1990년까지, 그 극장은 두 개의 추가적인 AZ 컴퓨터스 시설들을 위한 공간을 만들기 위해 철거되었습니다: 수리점과 콜센터. 추가적으로, 공원이 있던 곳에 연수원을 지었기 때문에 AZ 컴퓨터스는 오래된 극장 부지 뒤의 땅을 인수했음에 틀림없습니다.

2010년에, 공장과 수리점을 수용하고 있는 본관은 변하지 않은 채로 남아 있었지만, 콜센터는 확장되었고, 이전에 연수원에 점유된 공간의 일부를 차지했습니다. 그 결과, 연수원과 주차장 둘 다 규모 면에서 대략 50퍼센트만큼 축소되었습니다.

서론	① The maps illustrate the expansion of AZ Computers over three different years: 1970, 1990 and 2010. ② Overall, from 1970 to 2010, AZ Computers expanded its operations at the site on Belmont Road.
본론1	③ In 1970, the company's factory was built close to Belmont Road and next to a cinema. ④ A large area behind the factory was being used as a car park at that time, while the area behind the cinema was a public park.

① The maps illustrate the expansion of AZ Computers over three different years: 1970, 1990 and 2010.

- the maps + illustrates + the expansion ~   첫 문장 구성 형태
- over + 기간   ~의 기간 동안, ~에 걸쳐서
- three different years   지도가 세 가지의 다른 연도를 보여주고 있음
- : (콜론)   부연 설명으로 뒤에 항목을 나열할 때 사용. 본문에서는 콜론 뒤에 3개의 연도를 구체적으로 나열함

② Overall, from 1970 to 2010, AZ Computers expanded its operations at the site on Belmont Road.

- overall   전반적인 흐름을 설명하는 부사
- from A to B   기간 표현에 자주 사용
- at/on   장소를 나타내는 전치사로 at은 직접적인 장소에, on은 그 장소 위에 있음을 나타낼 때 사용

③ In 1970, the company's factory was built close to Belmont Road and next to a cinema.

- be built   공장이 지어진 것이므로 수동태로 표현

④ A large area behind the factory was being used as a car park at that time, while the area behind the cinema was a public park.

- was being used   사용되고 있었다(수동태의 과거 진행형)

Vocabulary & Expressions ✦

illustrate (도표 등으로) 설명하다, 보여주다 expansion 확장 expand 확장하다 operation 사업, 운영 site 부지 close to ~에 가까이 next to ~옆에 cinema 극장(cf. 미국식 movie theater) area 지역, 구역 behind ~뒤에 car park 주차장 while 반면에, ~인데 반하여 public park 공원

⑤ By 1990, the cinema had been knocked down in order to make space for two additional AZ Computers facilities: a repair shop and a call centre. ⑥ In addition, AZ Computers must have acquired the land behind the site of the old cinema, as it built a training school where the public park used to be.

⑤ By 1990, the cinema had been knocked down in order to make space for two additional AZ Computers facilities: a repair shop and a call centre.

- by + 시간   ~까지
- had been   과거완료 시제로 과거 시점(by 1990) 이전에 이미 철거가 이루어졌음을 나타내기 위해 사용
- be knocked down(=be removed, be demolished)   철거되다
- in order to부정사   ~하기 위해서
- make space for   ~을 위한 공간을 만들다
- : (콜론)   부연 설명으로 뒤에 항목을 나열할 때 사용. 본문에서는 콜론 뒤에 두 개의 시설들을 나열함

⑥ In addition, AZ Computers must have acquired the land behind the site of the old cinema, as it built a training school where the public park used to be.

- in addition(=furthermore)   게다가, 추가적으로, 또한
- must have + p.p.   ~했었음에 틀림없다
- as   ~이기 때문에(접속사)
- where   앞에 나온 주절의 동사 built를 수식하기 위해서 부사절로 사용된 관계부사
- used to + 동사원형   '~하곤 했다, ~이곤 했다'라는 의미로, 과거에는 그랬지만 지금은 아니라는 것을 뜻함
  본문에서는 과거에 공원이 있었지만 더 이상은 없고 그 자리에 연수원이 지어졌다는 것을 표현하기 위해 사용됨

Vocabulary & Expressions ✦

knock down 철거하다 space 공간 additional 추가적인 facility 시설 repair shop 수리점 call centre 콜 센터(cf. 미국식 center) in addition 추가적으로 acquire 획득하다, 인수하다 as ~이기 때문에 training school 연수원

⑦ In 2010, the main building housing the factory and the repair shop remained unchanged, but the call centre was expanded and took up some of the space previously occupied by the training school. ⑧ As a result, both the training school and the car park were reduced in size by approximately 50 per cent.

⑦ In 2010, the main building housing the factory and the repair shop remained unchanged, but the call centre was expanded and took up some of the space previously occupied by the training school.

- the main building housing the factory and the repair shop   housing은 타동사 house(~을 수용하다)의 현재분사형으로 앞의 main building을 수식하고 있음. 뒤에 온 명사 두개는 housing의 목적어 (해석 공장과 수리점을 수용하고 있는 본관은)
- remain unchanged   지도에서 변하지 않은 상태를 표현할 때 자주 사용
- take up some space   어떤 공간을 차지하다
- occupied by   과거분사로 앞에 있는 space를 수식(해석 연수원에 의해 점유된 공간)

⑧ As a result, both the training school and the car park were reduced in size by approximately 50 per cent.

- as a result   그 결과로
- both A and B   A와 B 둘 다
- be reduced in size   규모가 감소가 되다, 줄어들다
- by + 수치   ~만큼
- approximately   수치를 나타내는 단어 앞에 사용하는 부사로, '대략'이라는 의미

Vocabulary & Expressions ✦

main building 본관 house 수용하다 remain ~한 상태로 남아 있다 unchanged 변하지 않은 take up 차지하다 previously 이전에 occupy 점유하다, 점령하다, 차지하다 as a result 그 결과로 reduce 줄이다 in size 규모에서, 크기에서 approximately 약, 대략

1. over + 기간   ~의 기간 동안, ~에 걸쳐서

The maps illustrate the expansion of AZ Computers over three different years.
이 지도들은 3개의 각각 다른 년도에 걸쳐서 AZ 컴퓨터스가 확장을 보여줍니다.

2. close to   ~에 가까이

In 1970, the company's factory was built close to Belmont Road and next to a cinema.
1970년에 회사의 공장이 벨몬트 로드에 가까이, 그리고 극장 옆에 지어졌습니다.

3. where + 절(주어+동사)   ~한 곳에(장소에 대한 관계부사절)

AZ Computers built a training school where the public park used to be.
AZ 컴퓨터스는 공원이 있던 곳에 연수원을 지었습니다.

4. used to + 동사원형   ~하곤 했다, ~이곤 했다(과거에는 그랬지만 지금은 아님)

Most people used to purchase products by visiting shops in person.
대부분의 사람들이 직접 상점에 방문하여 제품을 사곤 했습니다. (지금은 그렇지 않음)

5. 동사 + -ing(현재분사)   ~하는, ~하고 있는(능동 의미를 지닌 형용사 역할)

The main building housing the factory and the repair shop remained unchanged.
공장과 수리점을 수용하고 있는 본관은 변하지 않은 채로 남아 있었습니다.

6. 동사 + -ed(과거분사)   ~된, ~되어진(수동 의미를 지닌 형용사 역할)

The call centre took up some of the space previously occupied by the training school.
콜센터는 이전에 연수원에 점유된 공간의 일부를 차지했습니다.

7. as a result   그 결과로

As a result, both the training school and the car park were reduced in size by approximately 50 per cent.
그 결과로, 연수원과 주차장 둘 다 규모 면에서 대략 50%만큼 축소되었습니다.

Practice

우리말 뜻에 맞게 빈칸을 채워서 문장을 완성하세요.

1. 이 지도들은 3개의 각각 다른 년도에 걸쳐서 AZ 컴퓨터스가 확장을 보여줍니다.

   The maps illustrate the expansion of AZ Computers _____ three different years.

2. 1970년에 회사의 공장이 벨몬트 로드에 가까이, 그리고 극장 옆에 지어졌습니다.

   In 1970, the company's factory was built _____ Belmont Road and next to a cinema.

3. AZ 컴퓨터스는 공원이 있던 곳에 연수원을 지었습니다.

   AZ Computers built a training school _____ the public park used to be.

4. 대부분의 사람들이 직접 상점에 방문하여 제품을 사곤 했습니다.(지금은 그렇지 않음)

   Most people _____ purchase products by visiting shops in person.

5. 공장과 수리점을 수용하고 있는 본관은 변하지 않은 채로 남아 있었습니다.

   The main building _____ the factory and the repair shop remained unchanged.

6. 콜센터는 이전에 연수원에 점유된 공간의 일부를 차지했습니다.

   The call centre took up some of the space previously _____ by the training school.

7. 그 결과로, 연수원과 주차장 둘 다 규모 면에서 대략 50%만큼 축소되었습니다.

   _____, both the training school and the car park were reduced in size by approximately 50 per cent.

Answers

1. over 2. close to 3. where 4. used to 5. housing 6. occupied 7. As a result

Writing [General Training]
준격식 편지 (2) 실전 연습

파트 1 준격식 편지(semi-formal letter) 실전 문제 연습

▲ 강의 보기

 준격식 편지 (2) 문제

You should spend about 20 minutes on this task.

> *You have a plan to study abroad. You want to get a part-time job while you are studying, so you are trying to ask for advice from a friend who already lives there.*
>
> *Write a letter to this friend. In your letter*
> * *explain why you want to get a part-time job*
> * *tell your friend what kind of work you want to do*
> * *suggest how your friend could help you find a job*

Write at least 150 words.

You do **NOT** need to write any addresses.

Begin your letter as follows:

Dear ....,

이 문제에 대해서 약 20분을 쓰도록 하세요.

> 당신은 해외에서 공부할 계획이 있습니다. 당신은 공부하면서 파트타임 일을 구하길 원하기에, 이미 그곳에서 살고 있는 친구로부터 조언을 요청하려고 합니다.
> 이 친구에게 편지를 쓰세요. 당신의 편지에서
>
> • 왜 파트타임 일을 얻길 원하는지 설명하고
> • 친구에게 당신이 어떤 종류의 일을 원하는지 말하고
> • 어떻게 친구가 당신이 일자리를 찾는 것을 도울 수 있을지 제안합니다.

최소한 150 단어를 씁니다.

어떠한 주소도 쓰지 마세요.

당신의 편지를 다음으로 시작하세요:

....................에게,

문제 풀이 순서

1. 문제 분석

키워드 분석	a plan to study abroad ▶ get a part-time job ▶ while you are studying ▶ ask for advice ▶ from a friend who already lives there

▼

3가지 답변 포인트 확인	• explain why you want to get a part-time job • tell your friend what kind of work you want to do • suggest how your friend could help you find a job

▼

인사(greeting) 대상 확인	Begin your letter as follows: Dear ....,

> **TIP** 먼저 문제를 읽어 어떠한 상황(친구에게 파트타임 일자리 구하는 것에 도움 요청)인지 파악합니다. 그 다음 편지를 받는 대상(Dear ....)을 파악하여 준격식 편지 Type 2로 써야 한다는 것을 인식합니다.

2. 글쓰기 순서

인사 답변 포인트 1	• 인사: Dear Chelsea, • 답변 포인트 1: 문제에서 언급한 자신의 계획을 언급하고 왜 파트타임 일을 구하는지 설명

▼

답변 포인트 2	어떤 종류의 일자리를 원하는지 구체적으로 설명

답변 포인트 3
마무리
	• 답변 포인트 3: 도움 요청 및 방안 제시
	        I was wondering if you could (공손하게 상대방에게 요청하는 표현)
	
	• 끝인사 & 자신의 성명:
	  Best wishes,
	  Terry

> **TIP** 받는 대상과 나와의 친분(친구)과 편지 내용(사적인 도움 요청)을 생각해볼 때, Semi-formal Type 2로 써야 한다는 것을 알 수 있습니다. Semi-formal Type 2는 Formal과 Semi-formal Type 1과 달리 축약형을 쓸 수 있고, 표현도 아주 정중하지 않아도 되지만, 그래도 격식 있는 표현을 섞어서 써주는 것이 좋습니다.

인사	Dear Chelsea,	Type 2 유형이기에 Dear 뒤에 바로 사람 이름(first name)이 나옴
답변 포인트 1	① As I've already mentioned before, I am going to Australia next month to study hotel management. ② Considering my tight budget, I will have to find a part-time job. ③ Obviously, getting a job will help me earn money while giving me valuable work experience.	돈과 경력을 위해서 파트타임 일자리를 구한다고 설명
답변 포인트 2	④ I would like to get a job at a hotel since I am going to study hotel management there. ⑤ In particular, it would be best for me to work at a hotel front desk, where I might be able to learn how to manage the day-to-day business.	앞으로 공부할 것과 연관 있는 직업을 갖기를 희망한다고 말함
답변 포인트 3	⑥ However, I don't know how to search for jobs in Australia. ⑦ Therefore, I was just wondering if you could give me some advice on how to find a job that would suit me. ⑧ You might know about some useful websites specialised in posting part-time jobs. ⑨ Thank you in advance, and I look forward to seeing you.	유용한 웹사이트를 알려 달라고 요청함 분량을 늘리기 위해 마무리 문장을 따로 써 줌
마무리	Best wishes, Terry	Semi-formal Type 2에 맞는 끝인사와 함께 자신의 이름만 기입

총 단어 수: 151

첼시에게,

내가 이미 전에 말했듯이, 나는 다음 달에 호텔 경영을 공부하러 호주에 갈 거야. 내 빠듯한 예산을 고려해 볼 때, 나는 파트타임 일자리를 찾아야만 할 거야. 분명히, 일을 얻는 것은 내게 소중한 업무 경험을 제공하면서 돈을 버는 데 도움이 될 거야.

나는 그곳에서 호텔 경영을 공부하려고 해서 호텔에서 일을 구하길 원해. 특히, 내가 호텔 프런트 데스크에서 일하는 것이 최선일 건데, 거기서 내가 일상 업무를 어떻게 관리하는지 배울 수 있을지도 모르니까.

근데, 나는 호주에서 어떻게 직업을 찾아야 하는지 몰라. 그래서, 나는 네가 나에게 적합한 직업을 어떻게 찾는지에 대해 조언을 줄 수 있는지 궁금해. 너는 파트타임 일자리를 포스팅하는 것에 전문화된 몇몇 유용한 웹사이트를 알고 있을지도 몰라.

미리 고맙다는 말을 전하며, 난 정말 너를 만나기를 고대하고 있단다.

테리 보냄

📖 샘플 답안 문장 분석

인사	Dear Chelsea,
답변 포인트 1	① As I've already mentioned before, I am going to Australia next month to study hotel management. ② Considering my tight budget, I will have to find a part-time job. ③ Obviously, getting a job will help me earn money while giving me valuable work experience.

① As I've already mentioned before, I am going to Australia next month to study hotel management.

- as I've already mentioned before   내가 이미 전에 말했듯이
- I've   Type 2에서는 친근하고 편한 느낌을 주기 위해 축약형
- be -ing   ~할 예정이다(미래시제)

---

② Considering my tight budget, I will have to find a part-time job.

- considering   전치사와 접속사로 모두 사용 가능하며, 지금의 문장에서는 전치사로 사용됨
- will have to find   조동사 will과 have to가 같이 쓰임

---

③ Obviously, getting a job will help me earn money while giving me valuable work experience.

- getting a job   일을 얻는 것(동명사구가 주어로 사용됨)
- help + A + 동사원형   A가 ~하는 것을 돕다(동사원형 대신 to부정사 사용도 가능함)
- 접속사 while   ~하는 동안에, ~하면서
- while giving me   while it is giving me에서 주어 it(=getting a job)의 동시 is가 생략되어 접속사+분사구문 형태 됨

Vocabulary & Expressions ✦

as ~같이, ~대로 hotel management 호텔 경영(학) considering ~을 고려해 볼 때 tight 빠듯한 budget 예산 obviously 분명히 earn money 돈을 벌다 valuable 소중한 work experience 경력

④ I would like to get a job at a hotel since I am going to study hotel management there.

- would like to　want 보다 formal한 표현으로 Semi-formal Type 2에서도 수준 있는 표현들을 섞어서 써주어야 좋은 점수를 받을 수 있음
- 접속사 since　~때문에

⑤ In particular, it would be best for me to work at a hotel front desk, where I might be able to learn how to manage the day-to-day business.

- in particular　특히, 특별히(문장 앞에서 자주 사용)
- it would be best for me to work　진주어-가주어 구문으로 for me는 진주어 to work의 의미상 주어
  (해석 내가 일하는 것이 최선일 것이다)
- a hotel front desk, where I might be able to learn how to manage the day-to-day business
  관계부사 where이 이끄는 절이 앞 명사구 a hotel front desk를 부연설명 함
  (해석 호텔 프런트 데스크인데, 거기서 나는 일상의 업무를 관리하는 방법을 배울 수 있을 거야)
- might be able to　조동사 might와 be able to가 함께 사용됨
- how to부정사　~하는 방법, 어떻게 ~하는지

Vocabulary & Expressions ✦

since ~때문에 in particular 특히, 특별히 might ~일지 모른다(추측, 가능성) manage 관리하다 day-to-day 일상의, 매일의 business 업무

답변 포인트 3	⑥ However, I don't know how to search for jobs in Australia. ⑦ Therefore, I was just wondering if you could give me some advice on how to find a job that would suit me. ⑧ You might know about some useful websites specialised in posting part-time jobs. ⑨ Thank you in advance, and I look forward to seeing you.
마무리	Best wishes, Terry

⑥ However, I don't know how to search for jobs in Australia.

- how to부정사   ~하는 방법, 어떻게 ~하는지

⑦ Therefore, I was just wondering if you could give me some advice on how to find a job that would suit me.

- I was (just) wondering if you could   과거 시제를 사용하여 상대방에게 공손하게 묻거나 요청할 때 자주 사용하는 표현으로 Type 2에서도 격식 있고 수준 있는 표현들을 섞어서 써주어야 좋은 점수를 받을 수 있음
- advice   불가산 명사로 관사 an을 붙이거나 복수형으로 쓸 수 없음
- on(=about)   ~에 대한
- a job that would suit me   주격 관계대명사 that이 이끄는 절이 job을 수식(해석 나에게 적합한 직업)

⑧ You might know about some useful websites specialised in posting part-time jobs.

- specialised in   과거분사 specialised가 앞에 websites를 수식(해석 ~에 전문화된 웹사이트)
- posting part-time jobs   전치사 in 뒤에 사용된 동명사구(해석 파트타임 일자리를 게시하는 것)

⑨ Thank you in advance, and I look forward to seeing you.

- look forward to -ing   ~하는 것을 고대하다(편지 마무리 문장에 자주 사용)

Vocabulary & Expressions ✦

search for ~에 대해 찾다 **therefore** 그러므로, 그래서 **wonder** 궁금해하다 **suit** 적합하다, 맞다 **specialise in** ~을 전문으로 하다(cf. 미국식 specialize in) **post** ~을 게시하다 **in advance** 미리, 사전에 **Best wishes** 보냄(Semi-formal Type 2 끝인사에 사용)

오늘의 라이팅 필수 표현

1. considering ~을 고려해 볼 때

Considering my tight budget, I will have to find a part-time job.

내 빠듯한 예산을 고려해 볼 때, 나는 파트타임 일자리를 찾아야만 할 거야.

2. while -ing ~하면서(접속사+분사구문: 접속사를 통해 분사구문의 뜻을 보다 명확히 함)

Getting a job will help me earn money while giving me valuable work experience.

= Getting a job will help me earn money, giving me valuable work experience.

일을 얻는 것은 내게 소중한 업무 경험을 주면서 돈을 버는 데 도움이 될 거야.

3. it(진주어) + for A(to부정사의 의미상 주어) + to부정사(진주어) A가 to부정사 하는 것이 ~이다

It would be best for me to work at a hotel front desk.

내가 호텔 프런트 데스크에서 일하는 것이 최선일 거야.

4. how to부정사 ~하는 방법, 어떻게 ~해야 하는지

I don't know how to search for jobs in Australia.

나는 호주에서 어떻게 직업을 찾아야 하는지(직업 찾는 방법을) 몰라.

5. I was (just) wondering if you could 당신이 ~할 수 있는지 궁금하다

I was (just) wondering if you could give me some advice.

나는 네가 나에게 조언을 줄 수 있는지 궁금해.

6. 동사+ed(과거분사) ~된, ~되어진(수동 의미를 지닌 형용사 역할)

You might know about some useful websites specialised in posting part-time jobs.

너는 파트타임 일자리를 포스팅하는 것에 전문화된 몇몇 유용한 웹사이트를 알고 있을지도 몰라.

7. that(주격 관계대명사) ~하는

I would like to find a job that suits me.

나는 내게 적합한 직업을 찾길 원해.

Practice

우리말 뜻에 맞게 빈칸을 채워서 문장을 완성하세요.

1. 내 빠듯한 예산을 고려해 볼 때, 나는 파트타임 일자리를 찾아야만 할 거야.

   _____ my tight budget, I will have to find a part-time job.

2. 일을 얻는 것은 내게 소중한 업무 경험을 주면서 돈을 버는 데 도움이 될 거야.

   Getting a job will help me earn money _____ me valuable work experience.

3. 내가 호텔 프런트 데스크에서 일하는 것이 최선일 거야.

   It would be best _____ at a hotel front desk.

4. 나는 호주에서 어떻게 직업들을 찾아야 하는지(직업들 찾는 방법을) 몰라.

   I don't know _____ for jobs in Australia.

5. 나는 네가 나에게 조언을 줄 수 있는지 궁금해.

   I was (just) _____ me some advice.

6. 너는 파트타임 일자리를 포스팅하는 것에 전문화된 몇몇 유용한 웹사이트를 알고 있을지도 몰라.

   You might know about some useful websites _____ posting part-time jobs.

7. 나는 내게 적합한 직업을 찾길 원해.

   I would like to find a job _____ .

🕐 Answers

1. Considering 2. while giving(=, giving) 3. for me to work 4. how to search 5. wondering if you could give
6. specialised in 7. that suits me

Listening
파트 3 유형 파악하기

리스닝 파트 3 문제 유형 및 문제 풀이 전략 학습

▲ 강의 보기

📖 미리보기

- 문제 번호: 21번~30번
- 빈출 주제: 학업 과제 또는 프로젝트와 관련된 내용
- 난이도: 패러프레이징이 많이 나오므로 파트 1, 2 보다 난이도가 높음
- 화자 수: 2인 이상(주로 2인이 등장하며 간혹 3인 등장)

PART 3

Listen and answer questions 21-30.

Questions 21-26
Choose the correct answer.

Utilising Music in Advertising

21 What was Nick's attitude to music in advertisements before this project?
A ◯ He thought it was an integral factor.
B ◯ He didn't give it much consideration.
C ◯ He found most of it irritating.

23 When discussing the music in a sandwich company's advertisement, Nick agrees with Susan that
A ◯ it misleads consumers.
B ◯ it incorporates well-known melodies.
C ◯ it is indicative of a new trend.

25 What surprised both students about the advertisement made by the electronics manufacturer?
A ◯ Its music was nominated for several industry awards.
B ◯ Its music directly referenced the products being advertised.
C ◯ Its music was written exclusively for the advertisement.

22 Susan says that before doing this project,
A ◯ she was unaware of how advertisement music influenced her.
B ◯ she generally enjoyed all music in advertisements.
C ◯ she often purchased products endorsed by celebrities.

24 Nick prefers jingles to full-length songs in advertising because they are
A ◯ more memorable.
B ◯ more melodic.
C ◯ more relevant.

26 In what way do the students think music in advertising will change in the future?
A ◯ It will feature more well-known artists.
B ◯ It will be governed by stricter regulations.
C ◯ It will be more psychologically manipulative.

Questions 27 and 28
Choose **TWO** correct answers.
Which **TWO** things surprised the students about the Peterson study on music in advertising?

A ◯ the criticism it received from experts
B ◯ its similarity to other studies
C ◯ the duration of the research involved
D ◯ the narrow age range of participants
E ◯ the wide range of musical genres it covered

Questions 29 and 30
Choose **TWO** correct answers.
What were **TWO** of the findings presented in the Peterson study?

A ◯ Acoustic guitars make people feel excited.
B ◯ Vocal music is likely to make people feel relaxed.
C ◯ A correlation exists between string music and happiness.
D ◯ Percussion makes people feel motivated.
E ◯ Brass instruments arouse negative emotions.

출제 경향

■ 주제별 출제 비율

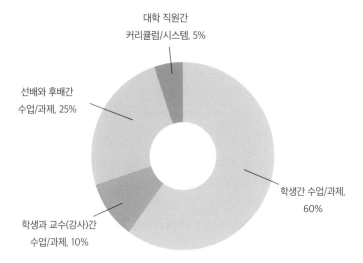

- 학생간 수업이나 과제에 대한 대화
- 선배와 후배간 수업이나 과제에 대한 대화
- 학생과 교수(또는 강사)간 수업이나 과제에 대한 대화
- 대학 직원간 커리큘럼 또는 시스템에 대한 대화

■ 유형별 출제 비율

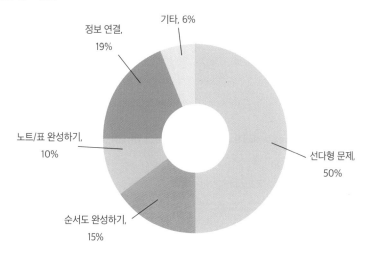

- 선다형(multiple choice) 문제 유형이 가장 많이 출제
- 정보 연결(matching) 및 순서도 완성하기(flowchart completion) 문제 유형도 자주 출제 되는 편

■ 선다형(multiple choice)

- 지시문에 따라 한 개의 답을 요구하는 문제인지 또는 두 개 이상의 답을 요구하는지를 파악
- 방송 시작 전 키워드 표시하며 문제 및 보기를 읽기
- 파트 3 선다형 문제는 일부 단어만 바뀌는 패러프레이징보다는 단서가 되는 문장 전체가 다른 표현으로 바뀌는 고난도 패러프레이징이 출제되므로 방송 내용에 대한 이해가 제대로 되어야 정답을 선택할 수 있음

Questions 21 and 22

*Choose the correct letter, **A**, **B** or **C**.*

보기 A, B, C 중 답안 1개만 고르세요.

21 Students seeking accommodation in the halls of residence have to

    A   meet with a student advisor.

    B   fill out an application form.

    C   register for a building tour.

22 Emma asked for Simon's assistance because she wanted to make her website

    A   more attractive.

    B   more profitable.

    C   more informative.

Questions 23 and 24

*Choose **TWO** letters, **A**-**E**.* → 두 개의 문제로, 23번과 24번 칸에 답을 하나씩 써야 함

보기 A-E 중 답안 2개를 고르세요.

Which **TWO** immediate benefits did the university get from Michael's advertising campaign?

    A   increased enrolment

    B   extra funding

    C   media coverage

    D   higher ticket sales

    E   more job applicants

■ 순서도 완성하기(flowchart completion)

- 연구 또는 과제의 절차 및 계획의 순서를 요약한 형태로, 위에서 아래 순서로 빈칸을 채우는 유형
- 빈칸을 주관식으로 직접 채우거나 제시된 보기에서 객관식으로 선택
- 화자가 언급하는 각각의 정보가 대화의 흐름에서 어떤 역할을 하는지 잘 파악하고 연결해서 듣기
- 방송 시작 전 지시문부터 확인하고 문제 및 보기의 키워드 표시하며 읽기

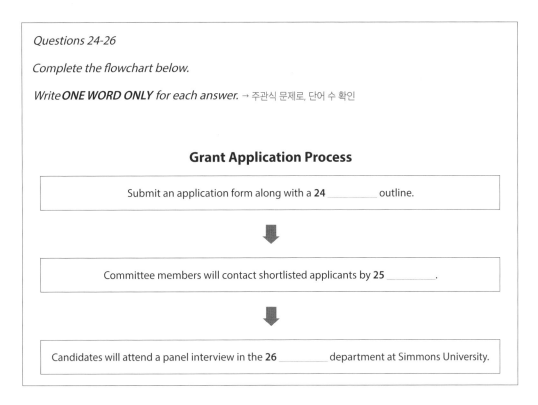

Questions 24-26

Complete the flowchart below.

*Write **ONE WORD ONLY** for each answer.* → 주관식 문제로, 단어 수 확인

Grant Application Process

Submit an application form along with a **24** .... outline.

⬇

Committee members will contact shortlisted applicants by **25** ....

⬇

Candidates will attend a panel interview in the **26** .... department at Simmons University.

- 화자가 학업과 관련된 문제의 해결책을 제안하거나 계획을 세울 때, 신호가 되는 연결어를 통해 언급되는 정보 간의 연관성을 파악힐 수 있음
- 다음과 같은 연결어가 언급된 이후, 정답이 자주 등장하므로, 연결어 이후 집중해서 듣기

나열 순서	비교 / 대조	예시 / 비유
At first,	However/But,	For example/For instance,
After A, B ~	On the other hand,	Things like ~
Then,	On the contrary,	It's just like ~
Finally,	In comparison to,	Let's say ~
Next,	Unlike A, B is ~	It's similar to ~
In the end,	While A ~, B is ~	Such as ~

🔖 문제 풀이 전략

1. 패러프레이징(paraphrasing) 익히기

- 방송 내용이 문제지 정답에는 다르게 표현되기에 패러프레이징에 대한 연습을 꾸준히 해야 함
- 패러프레이징 공부법은 평소에 문제를 풀면서 정답과 방송 스크립트를 확인해 보면서 어떻게 표현이 바뀌는지 그때그때 정리하고 숙지하는 것이 가장 좋은 방법임

> **예** **방송** The report suggests some ways in which the Laverton community might overcome its problems.
> 보고서는 라버톤 주민 사회가 문제들을 극복할 방법들을 제의합니다.
>
> **정답** The document offers solutions to Laverton's problems.
> 문서는 라버톤의 문제들에 대한 해결 방안들을 제공합니다.
>
> → 방송에서 report(보고서)가 정답에서는 document(문서)로, suggest(제의하다)가 offers(제공하다)로, some ways in which the Laverton community might overcome its problems(라버톤 주민 사회가 문제들을 극복할 방법들)을 solutions to Laverton's problems(라버톤의 문제들에 대한 해결 방안들)로 바꿔서 표현

- 오답은 방송의 단어가 그대로 사용되는 경우가 많음

> **예** **방송** The last day to sign up for the field trip is this Wednesday.
> 현장 학습을 등록하기 위한 마지막날은 이번주 수요일입니다.
>
> **오답** Students may sign up for the field trip starting from Wednesday.
> 학생들은 수요일부터 현장 학습을 등록할 수 있습니다.
>
> → 방송의 sign up for the field trip, Wednesday 부분이 오답에서 그대로 순서대로 나오기에 오답 보기를 정답으로 선택하기 쉬움

2. 화자의 의도와 태도 파악하기

- 파트 3는 여러 화자가 대화를 하며 제안, 동의, 반대를 표현하는데, 이때 화자의 의도와 태도를 잘 파악해야 방송 흐름을 오해 없이 따라갈 수 있음
- 특히, 반대 및 부정을 나타내는 표현들 다음에 정답이 나오는 경우가 많기에, 다음의 표현 이후 집중해서 듣기

I'm sorry, but ~ 죄송하지만, ~	I wish I could, but, ~ 제가 할 수 있으면 좋지만 ~
I'd like to, but ~ 저는 좋습니다, 그러나 ~	I can't say I agree. 동의한다고 말할 수 없네요.
Thanks a lot, but ~ 고맙습니다, 그러나 ~	I don't think so = That's not the way I see it.
I'll pass. 저는 사양할게요.	저는 그렇게 생각하지 않아요.
I'm afraid not. 유감이지만 아니요.	I'm not so sure about that. 저는 잘 모르겠어요.
I considered that, ~ 고려해 봤지만, ~	Not necessarily. 반드시 그런 것은 아닙니다.

01	**lecture**	강의
02	**tutorial**	개별(소그룹) 지도 시간
03	**tutor**	개별(소그룹) 지도 교사
04	**peer**	동료, 동년배
05	**curriculum**	교육 과정
06	**syllabus**	(강의) 개요, 요강
07	**semester**	학기
08	**undergraduate**	대학 학부생
09	**graduate**	대학원생, 졸업생
10	**faculty**	(대학) 교수단, 학부
11	**bachelor**	학사
12	**master**	석사
13	**PhD(=Ph.D.)**	박사
14	**thesis(=dissertation)**	학위 논문
15	**case study**	사례 연구
16	**competition**	대회, 공모전
17	**survey**	설문조사
18	**assignment(=task)**	과제
19	**revise**	수정하다
20	**plagiarism**	표절
21	**submit(=hand in)**	제출하다
22	**draft**	초안
23	**outline**	개요, 요약문, 개괄하다
24	**drawback**	문제점, 결점
25	**objective**	목표, 목적

▲ 음원 듣기

Practice

음원을 들으며 문제를 풀어보세요.

▲ 음원 듣기

Questions 21-24

*Choose the correct letter, **A**, **B** or **C**.*

21 Why was Andy unable to meet Sally for lunch?

    A   He was giving a presentation.

    B   He was purchasing a camera.

    C   He was meeting with the course leader.

22 What does Andy plan to do this afternoon?

    A   take some pictures

    B   attend a class

    C   check some websites

23 What must the students do by December 12th?

    A   submit an outline

    B   complete a project

    C   create a portfolio

24 What does Sally suggest focusing on?

    A   photographs of landscapes

    B   photographs of people

    C   photographs of objects

Answers

21. C **22.** C **23.** A **24.** B

You will hear two students discussing a photography project for an art class. First, you have some time to look at questions 21 to 24.
여러분은 미술수업을 위한 사진 프로젝트에 대해 논의하는 두 학생의 얘기를 듣게 될 것입니다. 먼저 여러분은 21-24번 문제를 살펴볼 시간을 갖습니다.

Now listen carefully and answer questions 21 to 24.
이제 주의 깊게 듣고 21-24번 문제에 답하세요.

ANDY: Hi, Sally. Sorry I wasn't able to meet for lunch earlier. ²¹Our course leader wanted to talk to me to discuss the presentation I gave yesterday.
안녕, 샐리. 아까 점심 같이 못해 미안해. 우리 코스 리더가 어제 내가 했던 발표에 대해 상의하기 위해 나와 이야기하고 싶어 했거든.

SALLY: Don't worry about it. So, Andy, my schedule is clear for the rest of today. How about we start working on the photography project for Mr Samson's art class?
괜찮아. 앤디, 나는 남은 오늘 스케줄이 비어 있어. 샘손 교수님의 미술수업을 위한 사진 프로젝트를 지금부터 시작하지 않을래?

ANDY: Sounds good to me. I took some pictures this morning, but I wasn't happy with the way they turned out. I was thinking of buying a more advanced camera this weekend.
그래 난 좋아. 나 오늘 아침에 몇 장의 사진을 찍었는데, 결과가 만족스럽게 나오지 못했어. 그래서 이번 주말에 숙련자용 카메라를 한 대 살까 생각 중이었어.

SALLY: Great! That would certainly help us to get some nice photos. Do you have any idea what kind you'll get?
멋진데! 분명 우리가 좋은 사진을 찍는데 도움이 될 거야. 어떤 종류로 살지 생각해보았어?

ANDY: Hmm… I'm not sure. ²²I think I'll look online this afternoon and compare the features and prices of some different models. We can start planning our pictures, too.
흠… 아직 못 정했어. 오늘 오후에 온라인을 통해 여러 개의 다른 모델들의 특징이랑 가격을 비교해 보려고. 우리 사진 촬영 일정도 계획할수 있겠네.

SALLY: Yes, I think it's a good idea that we get started. Even though the project doesn't need to be finished until December 20th, ²³we need to hand in our outline to Mr Samson for the project by December 12th.
응, 내 생각에는 우리가 지금 시작하는 게 좋겠어. 12월 20일까지 프로젝트를 완성시키지 않아도 되지만, 샘손 교수님께 12월 12일까지는 우리 프로젝트 개요를 제출할 필요가 있어.

ANDY: I was thinking that it would be a good idea to focus on taking pictures of natural landscapes for the project. There are some nice spots not far from the city.
프로젝트를 위해 자연 경관을 찍는데 초점을 맞추는 것이 좋겠다는 생각을 했어. 도시에서 멀지 않은 곳에 좋은 곳이 몇 군데 있어.

SALLY: Um, I considered that, but a lot of our classmates are already doing that. ²⁴Let's try to stand out and take some beautiful pictures of some of our friends and family.
음, 나도 생각해 봤는데, 우리 반의 많은 애들이 벌써 그렇게 하고 있어. 우리는 눈에 띄게 친구들과 가족들의 아름다운 사진 몇 장을 찍도록 하자.

ANDY: Oh, I like that idea. Well, let's go to the coffee shop and talk about it in more detail.
오, 그거 좋은 생각이야. 음, 카페에 가서 좀 더 자세히 얘기해 보자.

21 앤디는 왜 샐리와 점심 식사를 할 수 없었을까요?
　　A 그는 프레젠테이션을 하고 있었습니다. 　B 그는 카메라를 구입하고 있었습니다. 　C 그는 코스 리더와 만나고 있었습니다.

22 앤디는 오늘 오후에 무엇을 할 계획입니까?
　　A 사진을 찍습니다. 　B 수업에 참석합니다 　C 웹 사이트를 확인합니다.

24 샐리는 무엇에 집중할 것을 제안합니까?
　　A 풍경 사진 　B 인물 사진 　C 사물 사진

Day 04

Reading

빈출 문제 유형 - Y/N/NG

오늘의 학습 목표

리딩 Y/N/NG 문제 유형 파악 및 문제 풀이 전략 학습

▲ 강의 보기

기출 패턴

- 지문 내용과 주어진 문제에 대한 저자의 의견이 일치하면 YES, 다르면 NO, 저자의 의견 확인이 불가능하면 NOT GIVEN(주어지지 않음)으로 표시하는 문제 유형으로, 정답을 표기할 때 약어로 Y/N/NG만 써도 됨
- T/F/NG 유형과 문제 형태가 유사하지만, T/F/NG는 정보(information) 일치 여부를, Y/N/NG는 저자의 의견(주장 claims 또는 관점 views) 일치 여부를 묻는, 서로 다른 문제 유형으로, Y 대신 T, N 대신 F를 쓰면 오답 처리됨

Questions 1-6

Do the following statements agree with the claims of the writer in the passage?

In boxes 1-6 on your answer sheet, write

YES	*if the statement agrees with the claims of the writer*
NO	*if the statement contradicts the claims of the writer*
NOT GIVEN	*if it is impossible to say what the writer thinks about this*

1 Women enjoy memorising things more than men do.

2 Facial recognition studies have included both men and women.

3 Explicit memory is required when recognising human faces.

4 Women have difficulty recognising negative emotions.

5 Women tend to exhibit stronger emotions than men do.

6 Men find it easy to identify emotions by looking at faces.

 **문제 풀이 전략**

1. 문제와 연관되는 해당 지문 정보 찾기

- 문제 문장의 핵심어를 중심으로 scanning을 통해 해당 지문 정보 찾기
- 문제 문장에 나온 핵심어가 지문에서 패러프레이징 되는 경우가 많기에, 문제 문장을 정확히 해석해야만 지문에서 관련된 정보를 정확히 찾을 수 있음

2. 저자의 의견 분석

- 저자의 긍정/부정 뉘앙스 파악

긍정적인(postive) 뉘앙스를 보여주는 단어	부정적인(negative) 뉘앙스를 보여주는 단어
diverse 다양한	disastrous 끔찍한
unspoilt(=unspoiled) 훼손되지 않은	biased 편향적인
accomplished 기량이 뛰어난	vulnerable 취약한
realistic 현실적인	dated 뒤떨어진
sophisticated 정교한	confusing 혼란스러운
efficient 효율적인	irrelevant 무관한, 부적절한
thorough 철저한	harsh 가혹한
influential 영향력 있는	monotonous 단조로운
prominent 중요한, 두드러진, 유명한	distorted 왜곡된

- 저자 외 다른 이들의 의견 파악
  → 저자의 의견이 아닌 다른 이들의 의견을 저자의 의견과 구별할 수 있어야 됨

의견을 나타내는 표현
In Murphy's view, 머피의 의견에 따르면,
Several researchers claim that ~ 몇몇 연구진들은 ~라고 주장한다
It is a commonly held belief that ~ ~은 널리 지지되는 믿음이다
Professor Johnsons argues that ~ 존슨 교수는 ~라고 주장한다
Many experts suspect that ~ 많은 전문가들은 ~을 의심한다
Some people say that ~ 일부 사람들은 ~라고 말한다
According to the latest survey conducted by ~ ~가 수행한 최근 설문 조사에 따르면

오늘의 리딩 필수 어휘

01	**facial**	얼굴의, 안면의
02	**recognition**	알아봄, 인식
03	**memorise**	암기하다(cf. 미국식 memorize)
04	**explicit**	명백한, 뚜렷한
05	**perform**	수행하다, 성과를 내다
06	**particularly**	특히(=in particular)
07	**negative**	부정적인
08	**fear**	두려움, 공포
09	**emotional state**	감정 상태
10	**exhibit**	내보이다(=show)
11	**obesity**	비만
12	**credible**	믿을 만한
13	**physically fit**	신체적으로 건강한
14	**peer**	또래, 동료
15	**in person**	직접 (만나서)
16	**prevalent**	만연한, 널리 퍼진
17	**decade**	10년
18	**psychologist**	심리학자
19	**anger**	화, 분노
20	**experiment**	실험
21	**mental**	마음의, 정신의
22	**frustrated**	좌절한, 낙담한
23	**positive**	긍정적인
24	**critical thinking**	비판적 사고
25	**literacy skill**	읽고 쓰는 능력

Practice

다음 문제를 풀어보세요.

Facial Recognition

Research indicates that, if men and women are given the same list of words to memorise, both groups will remember the same number of words on average. However, when participating in facial recognition studies, which require the use of 'explicit memory', women were found to perform better than men. For instance, women were more proficient than men in recognising emotions in human faces, particularly negative emotions such as fear and sadness. Many of the men involved in the study struggled to identify several emotional states through facial recognition.

Questions 1-6

Do the following statements agree with the claims of the writer in the passage?

In boxes 1-6 on your answer sheet, write

> **YES**   *if the statement agrees with the claims of the writer*
>
> **NO**   *if the statement contradicts the claims of the writer*
>
> **NOT GIVEN**   *if it is impossible to say what the writer thinks about this*

1   Women enjoy memorising things more than men do.

2   Facial recognition studies have included both men and women.

3   Explicit memory is required when recognising human faces.

4   Women have difficulty recognising negative emotions.

5   Women tend to exhibit stronger emotions than men do.

6   Men find it easy to identify emotions by looking at faces.

The effects of video games on children

For many years, it was common to hear complaints that video games have a negative impact on children. In particular, it was often claimed that video games limit opportunities for outdoor activities and, as a result, lead to obesity and poor physical health. Another claim is that violent content in video games encourages aggressive behaviour in the children who play them. However, there is actually very little credible evidence to support such claims. In fact, several scientific studies have been carried out, and they indicate that children who play video games are often more physically fit and less likely to be obese than those who don't. Children who enjoy playing video games were also found to be more socially engaged and civic-minded than their non-gaming peers.

Researchers conducted a study on video gaming in four cities in the Netherlands and determined that kids who had a computer, games console, or television in their own bedroom were significantly more likely to play outside than kids who didn't have private access to games or TV. It was concluded that video games have a beneficial effect of connecting young people with their peers and helping them to engage with the rest of society. One reason is that children easily make friends with other child gamers, both in person and online. They discuss specific games with one another and often play together, either in the same room or online.

On the issue of video games promoting violence in children, studies have shown that there is barely any evidence at all of such effects. In fact, although violence in video games has become increasingly prevalent over the past few decades, there has been a significant decline in real-world violence involving children. Some child psychologists believe that playing such games helps children to learn how to control their anger. In one experiment, high school students were presented with an almost impossible mental puzzle and were assessed for their emotional state. It was found that those who played violent video games felt less frustrated and angry while attempting to solve the puzzle than those students who didn't play such games.

Other experiments have documented yet more positive effects of video games on mental development. One such study showed that playing fast-paced action video games can significantly increase a student's scores on tests of visuospatial ability, such as standard IQ tests. Gamers also tend to achieve higher scores than non-gamers in tests of memory and critical thinking. Finally, there is mounting evidence that children can improve their overall literacy skills through text-based communication in online video games.

Do the following statements agree with the claims of the writer in the passage?

In boxes 7-13 on your answer sheet, write

YES   *if the statement agrees with the claims of the writer*

NO   *if the statement contradicts the claims of the writer*

NOT GIVEN   *if it is impossible to say what the writer thinks about this*

7 In the past, people claimed that video games led to obesity in children.

8 Studies show that video game violence has caused real-life violence to increase.

9 Video games that involve physical movement are becoming more popular.

10 Children who play video games easily form friendships with one another.

11 Most high school students are actively encouraged to learn how to use a computer.

12 In an experiment, video gamers found it more difficult to solve a mental problem.

13 People who play video games typically achieve better scores on memory tests.

1. NG 2. Y 3. Y 4. N 5. NG 6. N 7. Y 8. N 9. NG 10. Y 11. NG 12. N 13. Y

얼굴 인식

연구는 만약 남성과 여성에게 암기할 동일한 단어 목록이 주어진다면 두 그룹 모두 평균적으로 동일한 수의 단어들을 기억할 것임을 보여준다. [3]하지만 '외현 기억'의 사용이 필요한 [2]얼굴 인식 연구에 참여한 경우, 여성은 남성보다 더 잘 하는 것으로(얼굴을 더 잘 인식한다는 것으로) 밝혀졌다. 예를 들면, [4]여성은 사람의 얼굴에서 감정을, 특히 두려움과 슬픔 같은 부정적인 감정을, 인식하는 것에 있어서 남성보다 더 능숙했다. [6]연구에 참여한 많은 남성들은 얼굴 인식을 통해 여러 가지 감정 상태를 파악하는 데 애를 먹었다.

1 여성은 남성보다 더 암기하는 것을 즐긴다.
2 얼굴 인식 연구는 남성과 여성 모두를 포함하였다.
3 사람의 얼굴을 인식할 때 외현 기억이 요구된다.
4 여성은 부정적인 감정을 인식하는 데 어려움을 겪는다.
5 여성은 남성보다 더 강한 감정을 표현하는 경향이 있다.
6 남성은 얼굴을 보고 감정을 파악하는 것이 쉽다고 여긴다.

Vocabulary

facial 얼굴의, 안면의 recognition 알아봄, 인식 research indicates that 연구에 따르면 ~한 것으로 나타내다 memorise 암기하다(cf. 미국식 memorize) participate in ~에 참가하다 study 연구, 조사 require ~을 필요로 하다 explicit memory 외현 기억 (의식적으로 지각하고 회상하거나 인지가 가능한 기억으로, 주로 의미적이고 개념적인 내용으로 기억) be found to do ~하는 것으로 밝혀지다 perform 수행하다, 성과를 내다 for instance 예를 들어 be proficient in ~에 능숙하다, 능통하다 recognise 인식하다 emotion 감정 particularly 특히 negative 부정적인 fear 두려움, 공포 involved in ~에 관여된, 관련된 struggle to do ~하기 위해 애쓰다, 발버둥치다 identify 식별하다, 확인하다 emotional state 감정 상태 through ~을 통해 include ~을 포함하다 required 필요한, 필수의 have difficulty -ing ~하는 데 어려움을 겪다 tend to do ~하는 경향이 있다 exhibit 내보이다(=show) find it A(형용사) to do ~하는 것이 A하다고 생각하다

비디오 게임이 아이들에게 미치는 영향

[7]수년간 비디오 게임이 아동에게 부정적인 영향을 미친다는 불평을 듣는 것은 흔한 일이었다. 특히, 비디오 게임은 야외 활동을 위한 기회를 제한하고 그 결과 비만이 건강 악화로 이어진다고 종종 주장되었다. 또 다른 주장은 [8]비디오 게임의 폭력적인 내용이 게임을 하는 아이들에게 공격적인 행동을 부추긴다는 것이다. 하지만, 사실상 그런 주장을 뒷받침할 신빙성 있는 증거는 거의 없다. 사실, 몇 가지 과학적인 연구들이 실시되었고, 그 연구들은 비디오 게임을 하는 아이들이 그렇지 않은 아이들보다 종종 신체적으로 더 건강하고 비만이 될 가능성이 더 낮다는 것을 보여준다. [10]비디오 게임을 즐기는 아이들은 게임을 하지 않는 또래보다 사회적으로 더 참여하며 공공 의식을 지니는 것으로도 밝혀졌다.

연구진들은 네덜란드의 4개의 도시에서 비디오 게임에 관한 한 가지 연구를 실시했고 컴퓨터나 게임기 혹은 TV를 자신의 침실에 소지한 아동이 게임이나 TV에 개인적으로 접근할 수 없었던 아동보다 밖에서 놀 가능성이 현저하게 크다는 것을 알아냈다. 비디오 게임은 청소년들을 그들 또래와 연결시켜주고 그 밖의 사회 구성원과 관계를 맺도록 그들을 돕는 것에 대해 유익한 영향을 미친다고 결론이 내려졌다. 한 가지 이유는 오프라인과 온라인 모두 다른 게임을 하는 아이들과 아이들끼리 쉽게 친구가 된다는 점이다. 그들은 서로 간 특정 게임에 관해 토론을 하고 같은 방 또는 온라인에서 종종 함

께 게임을 한다.

아이들의 폭력을 조장한다는 비디오 게임의 이슈에 대해, 연구는 그런 영향의 증거가 거의 없음을 보여준다. 사실, 비록 비디오 게임의 폭력성이 지난 몇 십 년간 점점 더 만연해지고 있지만 어린이들이 관련된 현실에서의 폭력이 현저히 감소해 왔다. 일부 아동 심리학자들은 그런 게임을 하는 것이 아이들이 자신의 분노를 통제하는 방법을 배우는 것을 돕는다고 믿는다. [11&12]한 실험에서 고등학생들은 거의 풀 수 없는 심리 퍼즐을 받아보고 그들의 감정 상태에 대해 평가받았다. 폭력적인 비디오 게임을 하는 학생들은 그런 게임을 하지 않았던 학생들보다 그 문제를 풀려고 시도하는 동안 좌절감이나 분노를 덜 느끼는 것으로 발견되었다. 다른 실험들은 정신 발달에 미치는 비디오 게임의 훨씬 더욱 긍정적인 효과를 기록했다.

그러한 연구 중 하나는 빠른 속도의 액션 비디오 게임을 하는 것은 표준 아이큐 테스트와 같은 시공간 능력 테스트에서 학생의 점수를 상당히 증가시킬 수 있다는 것을 보여주었다. [13]게임을 하는 사람들은 또한 게임을 하지 않는 사람들보다 기억력과 비판적 사고 테스트에서 더 높은 점수를 달성하는 경향이 있다. 마지막으로, 어린이들이 온라인 비디오 게임에서 문자 기반의 의사소통을 통해 그들의 전반적인 글을 읽고 쓰는 능력을 향상시킬 수 있다는 증거가 증가하고 있다.

7 과거에 사람들은 비디오 게임이 소아 비만을 초래한다고 주장했다.
8 연구는 비디오 게임의 폭력성이 현실에서의 폭력을 증가시키는 것을 유발함을 보여준다.
9 신체 움직임을 포함하는 비디오 게임이 점차 대중화되고 있다.
10 비디오 게임을 하는 아이들은 서로 간에 쉽게 친구 관계를 형성한다.
11 대부분의 고등학생들은 컴퓨터를 사용하는 방법을 배우도록 적극적으로 권장된다.
12 실험에서, 비디오 게이머들은 지적 문제를 해결하는 것을 더 어렵다고 느낀다.
13 비디오 게임을 하는 사람들은 일반적으로 기억력 테스트에서 더 높은 점수를 달성한다.

Vocabulary

effect 효과 **common** 흔한 **complaint** 불만, 불평 **limit** 제한하다 **opportunity** 기회 **as a result** 결과적으로 **lead to** ~로 이어지다, ~을 초래 하다 **obesity** 비만 **violent** 폭력적인 **content** 내용, 내용물 **encourage** 조장하다 **aggressive** 공격적인 **behaviour** 행동 **little** 거의 없는 **credible** 믿을 만한 **evidence** 증거 **carry out** 수행하다, 실시하다(=conduct) **indicate that** ~임을 나타내다, 보여 주다 **physically fit** 신체적으로 건강한 **obese** 비만인 **be found to do** ~하는 것으로 밝혀지다 **socially engaged** 사회적으로 관련된 **civic-minded** 공공 의식을 지닌 **peer** 또래, 동료 **determine that** ~임을 밝혀내다 **game consoles** 게임기 **significantly** 상당히, 많이 **private** 개인의, 전용의 **access to** ~에 대한 접근, 이용 **beneficial** 유익한 **engage with** ~와 관계를 맺다, ~에 참여하다 **in person** 직접 (만나서) **promote** 조장하다, 촉진하다 **violence** 폭력 **increasingly** 점점 더 **prevalent** 만연한, 널리 퍼진 **decade** 10년 **significant** 상당한, 많은 **decline** 감소 **involve** ~와 관련되다, ~을 포함하다 **psychologist** 심리학자 **anger** 화, 분노 **experiment** 실험 **be presented with** ~을 제공받다 **mental** 심리의, 지적인 **be assessed for** ~에 대해 평가받다 **emotional state** 감정 상태 **It is found that** ~한 것으로 밝혀지다 **those who** ~하는 사람들 **frustrated** 좌절한, 낙담한 **attempt to do** ~하려 시도하다 **solve** 해결하다 **document** 기록하다 **positive** 긍정적인 **fast-paced** 빠른 속도의 **increase** 증가시키다 **visuospatial ability** 시공간 인지 능력 **standard** 표준의, 일반의 **achieve** 달성하다, 성취하다 **critical thinking** 비판적 사고 **mount** 늘어나다, 증가하다 **improve** 개선하다 **overall** 전반적인 **literacy skill** 읽고 쓰는 능력 **text-based** 문자 기반의 **cause A to do** A가 ~하게 만든다 **form friendships** 친구 관계를 형성하다

Weekly Review

Speaking

아래 질문에 대해 큰소리로 자신의 답변을 녹음하고 들어 보세요.

1. What's the most interesting part of your hometown?

_____
_____
_____
_____
_____
_____

2. What kind of house do you live in?

_____
_____
_____
_____
_____
_____

3. What are some of the advantages and disadvantages of living in your hometown?

_____
_____
_____
_____
_____
_____

Writing [Academic]

우리말 뜻에 맞게 빈칸을 채워서 문장을 완성하세요.

1. 이 지도들은 3개의 각각 다른 년도에 걸쳐서 AZ 컴퓨터스가 확장을 보여줍니다

   The maps illustrate the expansion of AZ Computers _____ three different years.

2. 1970년에 회사의 공장이 벨몬트 로드에 가까이, 그리고 극장 옆에 지어졌습니다.

   In 1970, the company's factory was built _____ Belmont Road and next to a cinema.

3. AZ 컴퓨터스는 공원이 있던 곳에 연수원을 지었습니다.

   AZ Computers built a training school _____ the public park used to be.

4. 대부분의 사람들이 직접 상점에 방문하여 제품을 사곤 했습니다.(지금은 그렇지 않음)

   Most people _____ purchase products by visiting shops in person.

5. 공장과 수리점을 수용하고 있는 본관은 변하지 않은 채로 남아 있었습니다.

   The main building _____ the factory and the repair shop remained unchanged.

6. 콜센터는 이전에 연수원에 점유된 공간의 일부를 차지했습니다.

   The call centre took up some of the space previously _____ by the training school.

7. 그 결과로, 연수원과 주차장 둘 다 규모 면에서 대략 50%만큼 축소되었습니다.

   _____, both the training school and the car park were reduced in size by
   approximately 50 per cent.

Writing [General Training]

우리말 뜻에 맞게 빈칸을 채워서 문장을 완성하세요.

1. 내 빠듯한 예산을 고려해 볼 때, 나는 파트타임 일자리를 찾아야만 할 거야.

_____ my tight budget, I will have to find a part-time job.

2. 일을 얻는 것은 내게 소중한 업무 경험을 주면서 돈을 버는 데 도움이 될 거야.

Getting a job will help me earn money _____ me valuable work experience.

3. 내가 호텔 프런트 데스크에서 일하는 것이 최선일 거야.

It would be best _____ at a hotel front desk.

4. 나는 호주에서 어떻게 직업들을 찾아야 하는지(직업들 찾는 방법을) 몰라.

I don't know _____ for jobs in Australia.

5. 나는 네가 나에게 조언을 줄 수 있는지 궁금해.

I was (just) _____ give me some advice.

6. 너는 파트타임 일자리를 포스팅하는 것에 전문화된 몇몇 유용한 웹사이트를 알고 있을지도 몰라.

You might know about some useful websites _____ posting part-time jobs.

7. 나는 내게 적합한 직업을 찾길 원해.

I would like to find a job _____ .

Listening

리스닝 학습에서는 딕테이션(dictation)과 쉐도잉(shadowing)이 중요합니다.
음원을 들으며 빈칸을 채우고, 다시 음원을 들으며 따라 읽어보세요.

▲ 음원 듣기

ANDY: Hi, Sally. Sorry I wasn't able to meet for lunch earlier. Our **1.** _____
wanted to talk to me to discuss the presentation I gave yesterday.

SALLY: Don't worry about it. So, Andy, my schedule is clear for the rest of today. How about we start
working on the **2.** _____ for Mr Samson's art class?

ANDY: Sounds good to me. I took some pictures this morning, but I wasn't happy with the way they
turned out. I was thinking of buying a more advanced **3.** _____ this weekend.

SALLY: Great! That would certainly help us to get some nice photos. Do you have any idea what kind you'll
get?

ANDY: Hmm… I'm not sure. I think I'll look online this afternoon and compare the **4.** _____ and
prices of some different models. We can start planning our pictures, too.

SALLY: Yes, I think it's a good idea that we get started. Even though the project doesn't need to be finished
until December 20th, we need to hand in our outline to Mr Samson for the project by
5. _____.

ANDY: I was thinking that it would be a good idea to focus on taking pictures of natural landscapes for
the project. There are some nice **6.** _____ not far from the city.

SALLY: Um, I considered that, but a lot of our classmates are already doing that. Let's try to stand out and
take some beautiful pictures of some of our **7.** _____.

ANDY: Oh, I like that idea. Well, let's go to the coffee shop and talk about it in more detail.

Reading

다음의 문구를 지문에서 스캐닝(scanning)하여 표시하세요.

> more physically fit
> more socially engaged
> four cities in the Netherlands

For many years, it was common to hear complaints that video games have a negative impact on children. In particular, it was often claimed that video games limit opportunities for outdoor activities and, as a result, lead to obesity and poor physical health. Another claim is that violent content in video games encourages aggressive behaviour in the children who play them. However, there is actually very little credible evidence to support such claims. In fact, several scientific studies have been carried out, and they indicate that children who play video games are often more physically fit and less likely to be obese than those who don't. Children who enjoy playing video games were also found to be more socially engaged and civic-minded than their non-gaming peers.

Researchers conducted a study on video gaming in four cities in the Netherlands and determined that kids who had a computer, games console, or television in their own bedroom were significantly more likely to play outside than kids who didn't have private access to games or TV. It was concluded that video games have a beneficial effect of connecting young people with their peers and helping them to engage with the rest of society. One reason is that children easily make friends with other child gamers, both in person and online. They discuss specific games with one another and often play together, either in the same room or online.

다음 문장을 해석하세요.

1. In particular, it was often claimed that video games limit opportunities for outdoor activities and, as a result, lead to obesity and poor physical health.
   `해석` _____

2. It was concluded that video games have a beneficial effect of connecting young people with their peers and helping them to engage with the rest of society.
   `해석` _____

3. In fact, although violence in video games has become increasingly prevalent over the past few decades, there has been a significant decline in real-world violence involving children.
   `해석` _____

Speaking

1.

Seoul has a long history as the capital city of Korea, which means it has many traditional sites to visit. There are some old royal palaces in Seoul, and Gyeongbokgung Palace is very popular among tourists.

서울은 한국의 수도로서 오랜 역사를 가지고 있는데, 그것은 방문할 전통적인 장소가 많이 있다는 의미입니다. 서울에는 고궁들이 있는데, 경복궁은 관광객들 사이에서 매우 인기가 있습니다.

2.

Like many people in Korea, I live in a typical flat. It has three bedrooms, two bathrooms, a living room and a kitchen. I think that my block of flats look boring because all the flats share similar layouts. But it is well managed by property managers, which means that I don't need to take care of the building.

한국의 많은 사람들처럼, 저는 전형적인 아파트에 살고 있습니다. 3개의 방, 2개의 욕실, 한 개의 거실, 그리고 한 개의 주방이 있습니다. 때로는 저의 아파트 건물이 비슷한 설계로 인해 지루하게 보입니다. 하지만 제 아파트 건물은 아파트 관리인들에 의해 잘 관리되는데, 이것은 제가 건물을 돌볼 필요가 없음을 의미합니다.

3.

Seoul is a very safe and convenient place to live in. According to various reports, Seoul is one of the safest cities in terms of crime rates. Also, it has great infrastructure, with good public transport systems, shopping malls and public schools. However, there are three main problems in Seoul: air pollution, high living costs and overpopulation.

서울은 살기에 매우 안전하고 편리한 곳입니다. 일부 보고서에 따르면 서울은 범죄율 측면에서 가장 안전한 도시 중 하나입니다. 또한, 좋은 대중교통 시스템, 쇼핑몰, 공립 학교 등 기반 시설은 꽤나 훌륭합니다. 그러나, 공기 오염, 높은 생활비, 인구 과잉의 3가지 주요 문제들이 있습니다.

Writing - Academic

1. over **2.** close to **3.** where **4.** used to **5.** housing **6.** occupied **7.** As a result

Writing - General Training

1. Considering **2.** while giving(=, giving) **3.** for me to work **4.** how to search **5.** wondering if you could **6.** specialised in **7.** that suits me

Listening

1. course leader **2.** photography project **3.** camera **4.** features **5.** December 12th **6.** spots
7. friends and family

Reading

For many years, it was common to hear complaints that video games have a negative impact on children. In particular, it was often claimed that video games limit opportunities for outdoor activities and, as a result, lead to obesity and poor physical health. Another claim is that violent content in video games encourages aggressive behaviour in the children who play them. However, there is actually very little credible evidence to support such claims. In fact, several scientific studies have been carried out, and they indicate that children who play video games are often more physically fit and less likely to be obese than those who don't. Children who enjoy playing video games were also found to be more socially engaged and civic-minded than their non-gaming peers.

Researchers conducted a study on video gaming in four cities in the Netherlands and determined that kids who had a computer, games console, or television in their own bedroom were significantly more likely to play outside than kids who didn't have private access to games or TV. It was concluded that video games have a beneficial effect of connecting young people with their peers and helping them to engage with the rest of society. One reason is that children easily make friends with other child gamers, both in person and online. They discuss specific games with one another and often play together, either in the same room or online.

1. 특히, 비디오 게임은 야외 활동을 위한 기회를 제한하고 그 결과 비만과 건강 악화로 이어진다고 종종 주장되었다.

2. 비디오 게임은 청소년들을 그들 또래와 연결시켜주고 그 밖의 사회 구성원과 관계를 맺도록 그들을 돕는 것에 대해 유익한 영향을 미친다고 결론이 내려졌다.

3. 사실, 비록 비디오 게임의 폭력성이 지난 몇 십 년간 점점 더 만연해지고 있지만 어린이들이 관련된 현실에서의 폭력이 현저히 감소해 왔다.

Week 08

Speaking
빈출 주제 공략 - 취미

오늘의 학습 목표

스피킹 시험에서 자주 나오는 '취미' 주제 관련 문제 연습

▲ 강의 보기

PART 1 문제 연습

Q1	**Do you have a hobby?** 당신은 취미가 있나요?

Vocabulary & Expressions ✦

collect 수집하다　make sure 확실히 하다, 꼭 ~하다　bring 가지고 오다　currency 통화

샘플 답변

Yes, of course. My hobby is collecting coins. Whenever I visit a foreign country, I make sure to bring home some coins from that nation's currency. I have been collecting coins for over 7 years.

예, 물론입니다. 제 취미는 동전을 수집하는 것입니다. 외국을 방문할 때마다, 저는 그 나라의 통화 동전을 몇 개 집에 가지고 오는 것을 확실히 합니다. 저는 7년 넘게 동전을 모으고 있습니다.

✍ 나만의 답변을 직접 적어보고 말해보세요.

_____

_____

_____

Q2

What do you usually do in your free time?

자유 시간에 보통 무엇을 하나요?

Vocabulary & Expressions ✦

it's a blast 정말 즐겁다 strategy 전략 complete 완수하다 way 방법 relax 휴식을 취하다

💬 샘플 답변

I like to play video games on my computer when I have free time. I play with my friends online, and it's a blast making strategies and completing missions together. It's a great way for me to relax after a stressful day.

저는 자유 시간이 있을 때 컴퓨터로 비디오 게임을 하는 것을 좋아합니다. 친구들과 온라인으로 게임을 하는데, 함께 전략을 짜고 미션을 완수하는 것이 정말 즐겁습니다. 스트레스가 많은 하루 후에 휴식을 취할 수 있는 좋은 방법입니다.

✍️ 나만의 답변을 직접 적어보고 말해보세요.

Q3

What types of leisure activities are popular in your country?

당신의 나라에서 어떤 종류의 여가 활동이 인기가 있나요?

Vocabulary & Expressions ✦

hiking 등산 sense of achievement 성취감 peak 정상 feel refreshed 상쾌함을 느끼다

💬 샘플 답변

One of the most popular hobbies among Koreans is hiking. Many people say they feel a sense of achievement when they reach the peak of a mountain. Hiking is also a great way to exercise and feel refreshed.

한국인들 사이에서 가장 인기 있는 취미 중 하나는 등산입니다. 많은 사람들이 산의 정상에 도달했을 때 성취감을 느낀다고 말합니다. 등산은 운동하고 상쾌함을 느낄 수 있는 좋은 방법이기도 합니다.

✍️ 나만의 답변을 직접 적어보고 말해보세요.

Describe something you usually do in your free time.

You should say:
> what you do
> where you do it
> who you do it with
> and explain why you like to spend your free time this way.

각 질문에 대한 답변 메모

당신이 보통 자유 시간에 하는 것을 설명하세요.	
① 무엇을 하는지	① 영화보기
② 어디서 하는지	② 집, 영화관
③ 누구와 하는지	③ 친한 친구 주영이와 함께, SF 영화, 영화제 요즘은 바쁨
④ 왜 자유 시간을 이런 식으로 보내는 것을 좋아하는지 설명해주세요.	④ 스트레스 풀고, 상대적으로 저렴함

Vocabulary & Expressions

spare 여가의, 여분의 film 영화(cf. 미국식 movie) cinema 영화, 영화관(cf. 미국식 movie theater) convenient 편리한 rewind 되감다 get together 모이다 plot 줄거리, 플롯 science fiction(=sci-fi) SF, 공상과학 used to ~하곤 했다 film festival 영화제 relieve stress 스트레스를 풀다 relatively 상대적으로 compared to ~에 비해 unlimited 무제한의

샘플 답변

① In my spare time, I usually enjoy watching films,

② whether it's at home or the cinema. Although I find watching films at home to be more convenient, since I can pause the film whenever I want and rewind parts that I didn't understand, I also enjoy going to the cinema because of the good sound quality and the big screen.

③ My best friend Juyoung also likes watching films, so we sometimes get together and spend the weekend marathoning our favourite film series and sharing our opinions about the plots. We both especially like science fiction films, so we have watched the Star Wars series several times. We used to go to film festivals together, but we are busy working these days.

④ I think watching films is the best way for me to relieve stress from work. After a long day at work, I can forget about my worries while enjoying a film. Also, watching films is relatively cheaper compared to other hobbies because I only have to pay a small amount to a streaming service for an unlimited number of films.

① 여가 시간에, 집에서든 영화관에서든 영화를 보는 것을 즐깁니다.

② 영화를 원할 때마다 일시정지하고 이해하지 못한 부분을 되감아 볼 수 있기 때문에 집에서 영화를 보는 것이 더 편리하다고 생각하지만, 좋은 음질과 큰 화면 때문에 영화관에 가는 것도 즐깁니다.

③ 저의 가장 친한 친구 주영이도 영화를 좋아하기 때문에, 종종 모여서 우리가 가장 좋아하는 영화 시리즈를 정주행(마라톤)하고 줄거리에 대한 의견을 나누며 주말을 보냅니다. 우리는 특히 SF 영화를 좋아하기 때문에, 스타워즈(Star Wars) 시리즈를 여러 번 봤습니다. 우리는 영화제에 같이 가곤 했지만, 요즘은 일하느라 바쁩니다.

④ 저는 영화를 보는 것이 업무로 인한 스트레스를 푸는 가장 좋은 방법이라고 생각합니다. 직장에서 긴 하루를 마친 후, 영화를 즐기며 걱정을 잊을 수 있습니다. 또한, 스트리밍 서비스에 적은 금액만 지불하면 무제한으로 영화를 볼 수 있기 때문에 다른 취미에 비해 상대적으로 저렴합니다.

✍️ 나만의 메모와 답변을 직접 적어보고 말해보세요.

Memo
①
②
③
④

Q1	**What are good hobbies, and what are bad hobbies?** 좋은 취미란 무엇이고 나쁜 취미는 무엇인가요?

Vocabulary & Expressions ✦

opportunity 기회 drawing 그림 lead 이끌다 addictive 중독성 있는 so ~ that ~ 너무 ~해서 ~이다 end up -ing 결국 ~하다
ignore 등한시하다, 무시하다

💬 샘플 답변

In my opinion, good hobbies are ones that give you the opportunity to learn new skills. For example, drawing can help you develop your creativity. On the other hand, bad hobbies may lead you to have bad habits. Hobbies like playing computer games can be so addictive that you might end up ignoring your studies.

제 의견으로는, 좋은 취미는 새로운 기술을 배울 기회를 주는 것들입니다. 예를 들어, 그림은 창의성을 개발하는 데 도움을 줄 수 있습니다. 반면에, 나쁜 취미는 나쁜 습관을 갖게 이끌 수도 있습니다. 컴퓨터 게임을 하는 것과 같은 취미들은 너무 중독성 있어서 결국 학습을 등한시하게 될 수도 있습니다.

✍️ 나만의 답변을 직접 적어보고 말해보세요.

_____

_____

_____

_____

_____

_____

_____

Why is it important to have a hobby?
취미를 갖는 것은 왜 중요한가요?

Vocabulary & Expressions ✦

interest 관심사 stressful 스트레스 많은 busy -ing ~하느라 바쁘다 rest 쉬다 spare time 여가 시간 socialise (사람들과) 어울리다
one's own benefit 자신의 이익

💬 샘플 답변

I think having an interest or a hobby is important because we live in such a stressful world these days. Modern people are very busy working and usually stay at home just resting in their spare time. Hobbies can help people feel refreshed and relieve stress. In addition, people with a hobby can socialise with others and even develop new skills for their own benefit.

요즘 우리는 스트레스가 많은 세상에 살고 있기 때문에 저는 관심이나 취미가 있는 것이 중요하다고 생각합니다. 현대인들은 일하느라 매우 바쁘고 보통 여가 시간에 단순히 집에서 쉽니다. 취미는 사람들이 상쾌함을 느끼고 스트레스를 풀어주는 데 도움이 됩니다. 또한, 취미를 가진 사람들은 다른 사람들과 어울릴 수 있으며 자신의 이익을 위해 새로운 기술을 발전시킬 수도 있습니다.

✍️ 나만의 답변을 직접 적어보고 말해보세요.

_____

_____

_____

_____

_____

_____

_____

1. it's a blast   정말 즐겁다

It's a blast **completing missions together.**
미션을 함께 끝내는 것은 정말 즐겁습니다.

2. sense of achievement   성취감

Many people say they feel a sense of achievement **when they reach the peak of a mountain.**
많은 사람들이 산의 정상에 도달했을 때 성취감을 느낀다고 말합니다.

3. go to the cinema   영화관에 가다(cf. 미국식 go to the movies)

I also enjoy going to the cinema **because of the good sound quality and the big screen.**
좋은 음질과 큰 화면 때문에 영화관에 가는 것도 즐깁니다.

4. share one's opinions   의견을 나누다

We spend the weekend sharing our opinions **about the plots.**
줄거리에 대한 의견을 나누며 주말을 보냅니다.

5. relieve stress   스트레스를 풀다

I think watching films is the best way for me to relieve stress **from work.**
저는 영화를 보는 것이 업무로 인한 스트레스를 푸는 가장 좋은 방법이라고 생각합니다.

6. end up -ing   결국 ~하게 되다, ~로 끝나다

You might end up ignoring **your studies.**
당신은 결국 학습을 등한시하게 될 수도 있습니다.

7. for one's own benefit   자신의 이익을 위해

People can develop new skills for their own benefit.
사람들은 자신의 이익을 위해 새로운 기술을 발전시킬 수도 있습니다.

Practice

아래 질문에 대해 큰소리로 자신의 답변을 녹음하고 들어 보세요.

1. Do you have a hobby?

_____

_____

_____

2. Describe something you usually do in your free time.
You should say:

      what you do

      where you do it

      who you do it with

and explain why you like to spend your free time this way.

_____

_____

_____

_____

_____

_____

_____

_____

_____

_____

3. What are good hobbies, and what are bad hobbies?

_____

_____

_____

_____

_____

오늘의 학습 목표

파트 2(아카데믹/제너럴 공통 문제 유형) 문제 파악 및 필수 표현 익히기 ▲ 강의 보기

미리보기

- 약 40분 동안 250단어 이상 작성
- 특정 주제(질문)에 대해 자신의 주장이나 의견을 논리적으로 진술하는 에세이 쓰기
- 파트 1보다 점수 배점과 난이도가 높으므로 더 많은 학습 필요
- 실제 시험에서도 파트 1은 20분 이내, 파트 2는 40분 이상의 시간을 배분

PART 2

You should spend about 40 minutes on this task. Write at least 250 words.

Write about the following topic:

> *Some people say that it is better to work for a large company than a small one. Others believe it is better to work for a small company.*
>
> *Discuss both these views and give your own opinion.*

Give reasons for your answer and include any relevant examples from your own knowledge or experience.

🔖 문제 풀이 순서

문제 분석	• 문제 내용 파악 • 자신의 의견 및 반대 의견에 대한 정리
▼	
내용 작성	• 전체 글의 구조(서론 - 본론 1 - 본론 2 - 결론)에 들어갈 내용에 맞게 각각의 문단 작성 • 각 문단은 주제문(topic sentence)으로 시작하는 두괄식 문단으로 작성
▼	
검토	• 다 쓴 글을 다시 읽으면서 잘못된 철자 및 문법, 내용 오류를 수정하여 0.5점 올리기

🔖 답안 전체 구성

• 서론-본론-결론의 유기적 구성
• 본론은 보통 2개로 나누어서 작성 (3개도 가능)
• 본론에서 자기가 선택한 주장의 타당성만 기술하지 말고 다른 주장의 타당성 또는 선택한 주장의 부족한 점도
  언급하여, 한쪽으로만 치우치지 않고 다른 의견도 존중하는 모습을 보여주도록 함

서론	Whether working in a small or large company is better can be a big subject of debate depending on who you ask. This essay will examine both views on the benefits of either type of company, and my opinion will be elaborated on.	문제 패러프레이징 및 자신의 주장 명시
본론1	In general, large companies tend to have more specific organisational structures and provide better employee packages. For instance, the organisational structures of large companies are usually straightforward, and employees would rarely have to do tasks outside of their assigned roles. In addition, they could offer better perks, including higher salaries, bigger end-of-year bonuses, and even employee discounts. Despite these benefits, upward advancement may not come easily in large organisations because it is hard to stand out when many employees are vying for the same role.	주장의 타당성에 대한 구체적 진술 (반대 의견 있으면 언급)
본론2	On the other hand, roles are usually more flexible in small companies. This allows workers to develop a skill set that might not be possible in a larger company. Furthermore, companies with fewer employees may have a more casual workplace atmosphere, and staff may feel more like family. The downside is a higher chance of strained relationships because working in close proximity with the same small group of people every day can be challenging.	주장의 타당성에 대한 구체적 진술 (반대 의견 있으면 언급)

결론	Based on the above, I would say that whether a small or large company is better depends on one's personal and professional goals. Overall, I believe that working at a small company has its merits because you have much more to learn and an opportunity to form close bonds, which may be more valuable than any sort of monetary payment.

전체 내용 요약 및 자신의 주장 강조

총 단어 수: 261

문제 해석

이 과제에 대해 약 40분을 사용하세요.

다음 주제에 대해 쓰세요:

어떤 사람들은 작은 회사보다 대기업에서 일하는 것이 더 낫다고 말합니다. 다른 사람들은 작은 회사에 일하는 것이 더 낫다고 믿습니다.

이러한 양자 의견에 대해 논의하고 자신만의 의견을 내세요.

당신의 답변에 대한 근거들을 들고 자신만의 지식 또는 경험으로부터 나온 관련 예들을 포함하세요.

최소 250 단어를 작성하세요.

답안 해석

작은 회사에서 일하는 것이 더 나은지 대기업에서 일하는 것이 더 나은지는 누구에게 물어보느냐에 따라 큰 논쟁의 대상이 될 수 있습니다. 이 글은 두 가지 유형의 회사에서 얻을 수 있는 이점에 대한 두 가지 견해를 살펴볼 것이고, 제 의견이 자세히 설명될 것입니다.

첫째, 대기업은 보다 구체화된 조직 구조를 가지고 있으며 더 나은 직원 복지를 제공하는 경향이 있습니다. 예를 들어, 대기업의 조직 구조는 일반적으로 직관적이며, 직원들은 주어진 직무 외의 업무를 수행할 필요가 거의 없습니다. 또한 더 높은 급여, 더 큰 연말 보너스, 직원 할인 등 더 나은 혜택을 제공할 수 있습니다. 이러한 이점에도 불구하고, 많은 직원이 같은 직무를 두고 경쟁할 때 두각을 드러내기가 어렵기 때문에 대규모 조직에서는 승진이 쉽지 않을 수 있습니다.

반면에 작은 회사에서는 일반적으로 역할이 더 탄력적입니다. 따라서 직원들은 대기업에서는 불가능할 수도 있는 역량 개발을 할 수 있습니다. 또한, 직원 수가 적은 회사에서는 직장 분위기가 더 자유로울 수 있으며 직원들이 더 가족처럼 느껴질 수 있습니다. 단점은 매일 동일한 소수의 사람들과 가까이에서 일해야 하기 때문에 관계가 긴장될 가능성이 높다는 것입니다.

위의 내용을 바탕으로, 소규모 회사와 대기업 중 어느 쪽이 더 나은지는 개인적, 직업적 목표에 따라 다르다고 말하고 싶습니다. 전반적으로, 작은 회사에서 일하면 훨씬 더 많은 것을 배울 수 있고 돈보다 더 가치 있는 친밀한 관계를 형성할 수 있는 기회가 있기 때문에 메리트가 있다고 생각합니다.

■ 서론 필수 표현

1. 주어진 문제를 패러프레이징해서 문제 상황을 설명할 때

- **Nowadays(=These days, Today)**   요즘에

- **In recent years**   최근에

- **For most people**   대부분의 사람들에게는

- **Most people would agree/disagree that절**
  대부분의 사람들은 that이하에 동의/반대할 것입니다

- **Some people argue(=maintain) that절**
  어떤 사람들은 that이하를 주장합니다

- **There are some advantages and disadvantages of + 명사**
  ~에 관해서는 약간의 장점 및 단점이 있습니다

2. 자신의 생각 및 의견을 표출하거나 에세이가 무엇에 대해 다룰지 진술할 때

- **I strongly believe that절**   나는 that이하를 강하게 믿고 있습니다

- **In my opinion**   제 생각에는

- **This essay examines both views**   이 글은 두 가지 견해를 모두 분석합니다

■ 본론 필수 표현

1. 주장을 나타낼 때

> **• 진주어-가주어(It is + 형용사 + to부정사/that절)** ~하는 것이 (형용사)입니다
>
> ※ 진주어-가주어 구문에 자주 사용되는 형용사
>
> important 중요한 essential 필수의 necessary 필요한 common 일반적인 natural 자연스러운
>
> vital 필수의 obvious 분명한 certain 확실한 clear 분명한

It is important to focus on studying English.
영어공부에 집중하는 것이 중요합니다.

2. 문제점 또는 해결책을 기술할 때

> **• One problem/solution is ~** 하나의 문제/해결책은 ~입니다

One solution is supporting employees more effectively.
하나의 해결책은 직원을 더 효과적으로 지원하는 것입니다.

> **• Another problem/solution is ~** 또 다른 문제/해결책은 ~입니다

Another problem is people's modern lifestyles.
또 다른 문제는 사람들의 현대 생활 방식입니다.

> **• One effective solution is ~** 한 가지 효과적인 해결책은 ~입니다

One effective solution is requiring countries to invest in environmentally friendly energy.
한 가지 효과적인 해결책은 국가들이 친환경적인 에너지에 투자하도록 하는 것입니다.

3. 장점 또는 단점을 기술할 때

> **• One of the advantages/disadvantages is** ~ 장점/ 단점 중 하나는 ~입니다

One of the disadvantages is that smartphones can be a distraction when working on tasks.
단점 중 하나는 스마트폰이 생산적인 업무에 산만함을 야기하는 것입니다.

> **• Another advantage/disadvantage is** ~ 또 다른 장점/단점은 ~입니다

Another advantage is that they may also contribute to your professional development.
또 다른 장점은 직원의 전문성 개발에 기여를 할 수 있습니다.

4. 추가 및 부연 설명, 또는 예를 들어 설명할 때

- **Furthermore(=Moreover, Additionally, In addition)**   더욱이, 게다가, 추가로

- **For example(=For instance)**   예를 들어

5. 구체적으로 대상을 언급하거나 전환할 때

- **When it comes to(=Regarding) + 명사**   ~에 관한 한

- **In particular(=Particularly)**   특별히

6. 역접을 나타낼 때

- **However**   그러나

- **Nevertheless**   그럼에도 불구하고

■ 결론 필수 표현

1. 문단 시작 문구

- **Consequently**   결과적으로

- **Overall**   전반적으로, 종합적으로

- **In summary(=To sum up)**   요약하면

- **As has been demonstrated**   설명한 것처럼

2. 주장 강조할 때

- **There is no doubt that절**   ~에 대한 의심의 여지가 없습니다

There is no doubt that smartphones can be beneficial for school children.
스마트폰이 학생들에게 도움이 될 수 있다는 것에 의심의 여지가 없습니다.

오늘의 라이팅 필수 표현

1. it is necessary to ~하는 것이 필요하다

It is necessary to try to reach a compromise.
타협에 도달하기 위해 노력하는 것이 필요합니다.

2. I strongly believe that절 나는 that이하를 강하게 믿는다

I strongly believe that we have to minimise animal testing.
저는 우리가 동물 실험을 최소화해야 한다고 강하게 믿습니다.

3. some people argue that절 어떤 사람들은 that이하를 주장한다

Some people argue that the price of fuel should be raised.
어떤 사람들은 연료 가격이 상승되어야 한다고 주장합니다.

4. when it comes to(=regarding) + 명사 ~에 관한 한, ~에 관하여

When it comes to social issues, education can be a powerful tool for change.
사회적 문제들에 관한 한, 교육이 변화를 위한 강력한 도구가 될 수 있습니다.

5. one of the disadvantages is ~ 단점 중 하나는 ~이다

One of the disadvantages is that smartphones can be a distraction when working on tasks.
단점 중 하나는 스마트폰이 생산적인 업무에 산만함을 야기하는 것입니다.

6. as has been demonstrated 설명한 것처럼

As has been demonstrated, having more than one job can increase financial security.
설명한 것처럼, 두 개 이상의 직업을 가지면 재정적 안정성을 높일 수 있습니다.

7. there is no doubt that절 ~에 대한 의심의 여지가 없다

There is no doubt that judging people too quickly can have negative consequences.
사람을 너무 빨리 판단하는 것이 부정적인 결과를 가져올 수 있다는 것에 대한 의심의 여지가 없습니다.

Practice

우리말 뜻에 맞게 빈칸을 채워서 문장을 완성하세요.

1. 타협에 도달하기 위해 노력하는 것이 필요합니다.

   _____ try to reach a compromise.

2. 저는 우리가 동물 실험을 최소화해야 한다고 강하게 믿습니다.

   _____ we have to minimise animal testing.

3. 어떤 사람들은 연료 가격이 상승되어야 한다고 주장합니다.

   _____ the price of fuel should be raised.

4. 사회적 문제들에 관한 한, 교육이 변화를 위한 강력한 도구가 될 수 있습니다.

   _____ social issues, education can be a powerful tool for change.

5. 단점 중 하나는 스마트폰이 생산적인 업무에 산만함을 야기하는 것입니다.

   _____ that smartphones can be a distraction when working on tasks.

6. 설명한 것처럼, 두 개 이상의 직업을 가지면 재정적 안정성을 높일 수 있습니다.

   _____, having more than one job can increase financial security.

7. 사람을 너무 빨리 판단하는 것이 부정적인 결과를 가져올 수 있다는 것에 대한 의심의 여지가 없습니다.

   _____ judging people too quickly can have negative consequences.

⏰ **Answers**

1. It is necessary to **2.** I strongly believe that **3.** Some people argue that **4.** When it comes to(=Regarding)
5. One of the disadvantages is **6.** As has been demonstrated **7.** There is no doubt that

오늘의 학습 목표

리스닝 파트 3 실전 문제 연습

▲ 강의 보기

실전 문제

▲ 음원듣기

Questions 21-26

Complete the flowchart below.

Choose **SIX** answers from the box and write the correct letter, **A-H**, next to Questions 21-26.

A locations	**B** problems	**C** questions	**D** samples
E business cards	**F** responses	**G** objectives	**H** incentives

STAGES IN CONDUCTING A SURVEY OF LOCAL RESIDENTS

PREPARING THE SURVEY

Identify **21** _____ of the survey before holding a group meeting

Make a shortlist of potential **22** _____, and then discuss the relevancy of each one

Find suitable **23** _____ for the survey based on number of shoppers

Have some **24** _____ printed and practice administering the survey

---

SURVEYING THE RESIDENTS

Offer **25** _____ to potential survey-takers to encourage participation

Try to survey a wide range of age groups in order to obtain accurate results

---

EVALUATING THE FINDINGS

Compile all **26** .... into a single report

Hold a group discussion to evaluate the findings

Questions 27-30

*Choose the correct letter, **A**, **B** or **C**.*

Elysium Shopping Mall

27 Greta and Chris agree one reason why so few local residents shop at Elysium Shopping Mall is that

    A   the prices are too high.

    B   the location is inconvenient.

    C   the selection of stores is poor.

28 Greta and Chris agree that the greatest problem with a food court could be

    A   promoting its restaurants to shoppers.

    B   finding a large enough space for it.

    C   attracting interest from food vendors.

29 What does Chris mention about the city of Augusta?

    A   There are several competing shopping malls.

    B   There are few employment opportunities.

    C   There are frequent closures of businesses.

30 According to Greta, one way to increase interest in the shopping mall would be to

    A   offer limited-time discounts.

    B   hold a special event.

    C   advertise more aggressively.

실전 문제 풀이 전략

■ 문제 사전 분석

문제 유형	순서도 완성하기(flowchart completion) / 선다형(multiple choice)
문제 주제	지역 주민 대상 쇼핑몰 설문 조사

1. 문제 및 지시문 파악

*Choose **SIX** answers from the box and write the correct letter, **A-H**, next to Questions 21-26.*

박스에서 6개의 답을 선택해서 11-16번 옆에 A-G 중 알맞은 문자를 적으세요.

→ 직접 단어를 쓰는 것이 아니라 보기에서 알맞은 기호 고르기

A locations 위치	**B** problems 문제	**C** questions 질문	**D** samples 견본
E business cards 명함	**F** responses 응답	**G** objectives 목적	**H** incentives 장려책

2. 키워드 표시하기

제목을 포함한 주어진 정보를 미리 읽고 중요 키워드에 표시하는데, 특히 빈칸 앞뒤 단어에 주의함

STAGES IN CONDUCTING A SURVEY OF LOCAL RESIDENTS 지역 주민 설문 조사 단계

PREPARING THE SURVEY 설문 조사 준비

Identify **21** ＿＿＿＿＿ of the survey before holding a group meeting
그룹 미팅을 주선하기 전에 설문 조사의 **21** ＿＿＿＿ 파악

Make a shortlist of potential **22** ＿＿＿＿＿, and then discuss the relevancy of each one
가능한 **22** ＿＿＿＿ 최종 목록을 작성한 다음 각각의 관련성에 대해 논의

Find suitable **23** ＿＿＿＿＿ for the survey based on the number of shoppers
쇼핑객의 수를 기준으로 설문 조사에 적합한 **23** ＿＿＿＿ 찾기

Have some **24** ＿＿＿＿＿ printed and practice administering the survey
일부 **24** ＿＿＿＿ 을 인쇄하고 설문 조사 집행 연습

SURVEYING THE RESIDENTS 주민 설문 조사

Offer **25** _____ to potential survey-takers to encourage participation
설문 조사 참여를 권장하기 위해 잠재 설문 조사 참여자들에게 25 _____ 제공

Try to survey a wide range of age groups **in order to** obtain accurate results
정확한 결과를 얻기 위해 다양한 연령대를 대상으로 설문 조사 실시

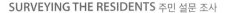

EVALUATING THE FINDINGS 결과 평가

Compile all **26** _____ into a single report
모든 **26** _____ 을 하나의 보고서로 작성

Hold a group discussion to evaluate the findings
조사 결과를 평가하기 위해 그룹 토의 개최

---

3. 두 번째 유형 문제 파악 및 키워드 표시

*Questions 27-30. Choose the correct letter, **A, B** or **C.***
27-30번. 보기 A, B, C 중 답안을 고르세요. → 각 문제에 하나의 정답을 고르면 되는 선다형(객관식) 문제

27 Greta and Chris agree **one reason why so** few local residents shop at Elysium Shopping Mall is that
그레타와 크리스는 소수의 지역 주민들만이 엘리시움 쇼핑몰에서 쇼핑하는지에 대한 이유 중 하나가 ~때문이라는 것에 동의합니다.

   A   the prices are too high. 가격이 매우 비싸기 때문에

   B   the location is inconvenient. 위치가 불편하기 때문에

   C   the selection of stores is poor. 상점 선택이 형편없기 때문에(선택 가능한 상점이 다양하지 않기에)

28 Greta and Chris agree **that the** greatest problem **with a** food court **could be**
그레타와 크리스는 푸드코트의 가장 큰 문제는 ~이라는 것에 동의합니다.

   A   promoting its restaurants to shoppers. 식당을 쇼핑객들에게 홍보하는 것

   B   finding a large enough space for it. 식당을 위한 충분한 공간을 찾는 것

   C   attracting interest from food vendors. 식료품 판매상들의 관심을 끄는 것

29 What **does** Chris mention **about** the city of Augusta?
크리스가 오거스타 시에 대해 언급한 것은 무엇인가요?

    A   There are **several** competing shopping malls. 경쟁을 벌이고 있는 몇몇 쇼핑몰이 있습니다.

    B   There are few employment opportunities. 취업 기회가 거의 없습니다.

    C   There are frequent closures of businesses. 기업체들이 빈번히 문을 닫습니다.

30 **According to** Greta, one way **to** increase interest **in the** shopping mall **would be to**
그레타에 따르면, 쇼핑몰에 대한 관심을 증가시키는 한 가지 방법은 ~하는 것입니다.

    A   **offer** limited-time discounts. 제한된 시간 동안의 할인을 제공하는 것

    B   **hold a** special event. 특별행사를 개최하는 것

    C   **advertise** more aggressively. 좀 더 적극적으로 광고하는 것

📖 실전 문제 스크립트

You will hear two marketing students, called Greta and Chris, talking about the case study they are doing. First, you have some time to look at questions 21 to 26.
당신은 그레타와 크리스라 불리는 두 명의 마케팅 학생이, 그들이 하고 있는 사례 연구에 대해 이야기하는 것을 듣게 됩니다. 먼저, 당신은 21-26번 문제를 볼 시간을 갖습니다.

Now listen carefully and answer questions 21 to 26.
이제 주의 깊게 듣고 21에서 26번 문제에 답하세요.

GRETA: Chris, I was thinking about the survey of local residents we're supposed to do for our marketing class. I'm not actually sure what we need to do.
크리스, 마케팅 수업에서 하기로 한 지역 주민 설문 조사에 대해 생각해 봤어. 사실 우리가 뭘 해야 할지 모르겠어.

CHRIS: Oh, it won't be too difficult. Actually, I'm really looking forward to hearing what local residents have to say about Elysium Shopping Mall.
오, 그렇게 어렵지 않을 거야. 사실, 나는 지역 주민들이 엘리시움 쇼핑몰에 대해 말하는 것을 정말 듣고 싶어.

GRETA: Me too. So, what should our first step be in order to get ready for the survey?
나도. 그렇다면 설문 조사 준비를 위해 우리가 밟아야 할 첫 번째 절차는 무엇일까?

CHRIS: ²¹First, before we arrange a group meeting and make questions, we need to be certain what the aims of the survey are.
우선, 우리가 그룹미팅을 준비하고 질문을 만들기 전에, 우리는 설문 조사의 취지가 무엇인지 확실히 할 필요가 있어.

GRETA: Right. It won't be as effective if we don't get the specific information we need.
맞아. 우리가 필요로 하는 구체적인 정보를 얻지 못하면 그만큼 효과적이지 않을 거야.

CHRIS: Exactly, and once we've established our aims, ²²we can consider some of the questions we could ask and then choose them or ignore them based on how relevant they are to our focus.
정확해. 일단 목표를 세우고 나면, 우리가 물어볼 수 있는 몇 가지 질문을 생각해 보고, 우리가 중점을 두는 것과 얼마나 연관 있는지에 기반을 두고 선택하거나 무시하면 될 거야.

GRETA: That sounds like a great idea. And next, where do you think we should carry out the survey?
좋은 생각이야. 다음으로, 우리가 그 설문 조사를 어디서 해야 한다고 생각하니?

CHRIS: [23]We should choose the right places that receive a large number of shoppers. That way, we can be sure that we'll be able to speak to a lot of people.

쇼핑객이 많은 적당한 장소를 골라야 해. 그래야, 많은 사람들과 대화를 나눌 수 있어.

GRETA: Oh, I know a lot of the busiest areas in our town. I think I can help with that.

아, 내가 이 동네의 많은 번화가들을 알고 있어. 그건 내가 도울 수 있을 것 같아.

CHRIS: Great! And before we get out there to survey residents, [24]we should print some rough drafts of the survey and practice administering it within our group.

좋아! 그리고 주민들을 조사하러 그곳으로 나가기 전에, 우리는 조사에 대한 대략적인 초안을 인쇄해서 우리 그룹 내에서 집행하는 것을 연습해야 해.

GRETA: Sure, that will help us to be fully prepared. OK then, let's move on to the next step and discuss how we have to assemble people for the survey. Do you think it will be hard to get members of the public to participate?

물론이지, 그렇게 하면 우리가 완벽하게 준비하는데 도움이 될 거야. 좋아 그럼, 다음 단계로 넘어가서 조사에 필요한 사람들을 모아야 하는 방법에 대해 논의해보자. 너는 대중들을 참여시키는 것이 어려울 것이라고 생각해?

CHRIS: No, not at all. [25]Let's give them some small gifts so that they'll stop and answer our questions.

아니, 전혀. 그들이 가던 길 멈추고 우리 질문에 답할 수 있도록 그들에게 작은 선물을 주도록 하자.

GRETA: OK, how about buying some chocolates or other cheap snacks?

그래, 약간의 초콜릿이나 저렴한 간식을 사는 게 어때?

CHRIS: Yeah, I think that could work. It will especially appeal to younger people, and we definitely need a wide range of ages so that we get fair results.

응, 효과 있을 것 같아. 특히 젊은 계층에게 통할 것 같아, 그리고 우린 공정한 결과를 얻기 위해서는 분명 다양한 연령대가 필요해.

GRETA: That's true. And what's our plan after we gather all our findings?

맞아. 모든 조사 결과가 취합되면 그 다음 계획은 뭐야?

CHRIS: Well, [26]we should compile all of the answers into one document and then take a look at the report together as a group. Then we can form our conclusions based on the results.

음, 모든 답변을 하나의 문서로 만들어서 그룹으로 함께 그 보고서를 살펴봐야 해. 그러면 우리는 그 결과를 토대로 결론을 내릴 수 있어.

GRETA: Sounds good. I'm looking forward to it.

좋아. 기대된다.

Before you hear the rest of the discussion, you have some time to look at questions 27 to 30.

대화의 나머지 부분을 듣기 전에, 당신은 27-30번 문제를 볼 시간이 있습니다.

Now listen and answer questions 27 to 30.

이제 듣고 27-30번 문제에 답하세요.

GRETA: So basically, the reason we are surveying local residents about Elysium Shopping Mall is that the number of people who shop there is steadily decreasing. It's strange, because it's in a really great location in the city centre. [27]My best guess is that it's due to the lack of diversity among the shops in the mall.

그래서 기본적으로, 우리가 엘리시움 쇼핑몰에 대해 지역주민들을 대상으로 설문조사를 하는 이유는 그곳을 쇼핑하는 사람들의 수가 꾸준히 줄어들고 있기 때문이야. 이상한 점은, 시내 중심부의 아주 좋은 곳에 위치해 있거든. 내 생각에는 쇼핑몰에 있는 상점들간의 다양성 부족 때문인 것 같아.

CHRIS: I agree. It has a lot of shops, but most of them seem to just sell mobile phones or clothing. There aren't any shops that sell things like household furnishings, food or books.

동의해. 많은 상점이 있음에도, 대부분의 상점이 휴대폰이나 옷을 판매 하는 것처럼 보여. 가정용 가구나, 음식, 또는 책을 판매하는 상점은 없는 거 같아.

GRETA: Yes. I heard that the owners of the mall are considering building a food court to attract more shoppers. [28]I don't see how they can fit one in, though.

응. 쇼핑몰 주인들이 더 많은 쇼핑객들을 끌어들이기 위해 푸드코트를 짓는 것을 고려 중이라고 들었어. 그렇지만 나는 그들이 어떻게 그것을 끼워 맞출 수 있을지 모르겠다.

CHRIS: Exactly. There's no room for a food court at the moment. I think they'll need to come up with another strategy. The other problem is that [29]there are too many shopping malls in the city of Augusta already. So, this rivalry must've had an effect on the number of shoppers at Elysium Shopping Mall.

맞아. 현재로서는 푸드코트가 들어설 자리가 없어. 나는 그들이 다른 전략을 고안해 내야 한다고 생각해. 또 다른 문제는 오거스타 시에 이미 너무 많은 쇼핑몰이 있다는 거야. 그래서, 이 경쟁은 분명 엘리시움 쇼핑몰의 쇼핑객 수에 영향을 주었을 거야.

GRETA: That would make sense. If I were in charge of the mall, [30]I'd try to organise a concert or some other kind of performance to try to entice shoppers back to the mall.

일리가 있어. 내가 쇼핑몰을 맡게 된다면, 쇼핑객들을 다시 쇼핑몰로 유도하기 위해 콘서트나 다른 종류의 공연을 개최하도록 노력할 것 같아.

CHRIS: That would probably be a good idea. Well, these are the types of things that we should consider when we make the survey questions.

그거 좋은 생각이다. 음, 우리가 설문조사 질문을 할 때 고려해야 할 점들이네.

GRETA: You're right. I feel like we're off to a good start already. Let's start writing down some potential questions. Just let me grab a pen and some paper.

맞아. 벌써 출발이 좋은 것 같아. 몇 가지 가능성 있는 질문들에 대해 적어보자. 펜과 종이를 줘봐.

You now have half a minute to check your answers.

당신은 이제 30초 동안 정답을 체크할 수 있습니다.

오늘의 리스닝 필수 어휘

▲ 음원 듣기

01	**shortlist**	최종 후보(자) 목록
02	**potential**	잠재적인
03	**relevancy**	연관성, 관련성
04	**suitable**	적합한, 적절한, 알맞은
05	**administer**	관리하다, 시행하다, 집행하다
06	**encourage**	권장하다, 장려하다
07	**a wide range of**	폭 넓은, 다양한
08	**accurate**	정확한
09	**evaluate**	평가하다
10	**findings**	연구 결과
11	**compile**	(여러 자료를) 엮다, 편찬하다
12	**arrange**	준비하다, 처리하다
13	**aim**	목적, 취지
14	**establish**	설립하다, 수립하다, 세우다
15	**ignore**	무시하다
16	**carry out**	수행하다
17	**rough draft**	초고, 초안
18	**appeal**	흥미를 일으키다, 호소하다
19	**selection**	선정, 선택
20	**compete**	경쟁하다
21	**frequent**	잦은
22	**closure**	폐쇄
23	**steadily**	꾸준히, 끊임없이
24	**diversity**	다양성
25	**household**	가정

Reading

빈출 문제 유형 - 관련 정보 고르기

오늘의 학습 목표

관련 정보 고르기(matching features)
문제 유형 파악 및 문제 풀이 전략 학습

▲ 강의 보기

기출 패턴

- 각각의 문제에서 서술된 정보에 대해, 주어진 리스트에서 이에 대응하는 보기를 선택하는 문제 유형
- 문제는 특정 정보를 설명하는 서술 부분과 그 특정 정보와 관련된 리스트 박스로 구성
- 리스트 박스는 주로 연도, 지명, 사람 이름, 회사명, 발명품, 기술 전문 용어 등과 같은 고유 명사로 구성
- 핵심어가 되는 리스트 박스 단어 대부분이 고유 명사이기 때문에 지문에서 쉽게 스캐닝(scanning) 가능

Questions 1-2

Look at the following statements (Questions 1-2) and the list of Antarctic expeditions below.

*Match each statement with the correct letter, **A**, **B**, **C**, **D** or **E**.*

*Write the correct letter, **A**, **B**, **C**, **D** or **E**, in boxes 1-2 on your answer sheet.*

NB *You may use any letter more than once.*

1 A geographical landmark was named after the leader of the expedition.

2 This marked the first time that Antarctica was seen during an expedition.

List of Antarctic Expeditions

A Scott Expedition

B Amundsen Expedition

C Shackleton Expedition

D Ross Expedition

E Bellinghausen Expedition

 **문제 풀이 전략**

1. 리스트 박스의 단어를 핵심어 삼아 관련 지문 내용 찾기

• 짧은 고유 명사로 명시되어 있는 리스트 박스의 단어들을 먼저 확인

• 이 단어들을 핵심어로 삼아 지문을 스캐닝하여 관련 지문 내용 위치 확인

2. 문제의 서술 부분 읽고 내용 대조

• 문제의 서술 부분이 지문에서 어떻게 다시 쓰였는지(paraphrasing)를 비교 대조

• 리스트 박스 내에서 정답 찾기

TIP Scanning 활용하기

지문에서 특정 핵심어를 찾기 위해 글을 훑어 읽는 독해의 한 방법으로 리스트에서 찾아낸 핵심어를 숨은 그림 찾기 하듯, 지문을 훑어서 위치를 찾아낼 때 사용합니다.

관련 정보 고르기 문제의 서술 부분에서 찾은 핵심어는 지문에서 관련 문장을 찾아 대조하여 정답을 파악할 때 중요한 역할을 하기 때문에 리스트 박스의 단어뿐만 아니라 문제 서술 부분의 핵심어도 중요합니다.

그리고 리스트 박스의 단어는 주로 고유명사가 나오는 편인데, 고유명사는 지문에서 패러프레이징되기 어려우므로 스캐닝하기 더욱 용이합니다.

01	**inventor**	발명가
02	**patent**	특허(권), 특허를 받다
03	**inspiration**	영감, 영감을 주는 사람
04	**be credited with**	~에 대해 인정받다, ~로 명성을 얻다
05	**secure**	확보하다, 얻다
06	**transmit**	전송하다
07	**recipient**	수신자
08	**enlist**	모집하다, (참여를) 요청하다
09	**assistant**	조수, 보조
10	**prototype**	원형, 시제품
11	**Antarctic**	남극의
12	**exploration**	탐험, 탐사
13	**continent**	대륙
14	**expedition**	탐험(대), 원정(대)
15	**dispute**	반박하다, 이의를 제기하다
16	**vessel**	배, 선박
17	**halt**	중단시키다, 멈추다
18	**barrier**	장벽, 방해물
19	**subsequently**	나중에, 그 이후에
20	**vicinity**	근처
21	**voyage**	항해, 여행
22	**precede**	앞서다, 선행하다
23	**perish**	죽다, 목숨을 잃다
24	**abandon**	포기하다, 그만두다
25	**supplies**	식량, 보급품

다음 문제를 풀어보세요.

Alexander Graham Bell

Alexander Graham Bell was a Scottish-born scientist and inventor who is most widely known for patenting the first practical telephone. Bell was an innovator throughout most of his adult life, and his main inspiration was his father, Melville Bell, who is credited with developing Visible Speech, a method used to assist deaf individuals in learning how to speak. When the younger Bell moved with the rest of his family to Boston, Massachusetts in the 1870s, he quickly secured a position as a teacher at the Pemberton Avenue School for the Deaf.

Around this time, Bell began focusing on techniques that could be used to transmit speech using wires. He was particularly interested in the telegraph invented by Samuel F.B. Morse. This revolutionary device made it possible for two individuals based at locations far apart from one another to communicate rapidly. The telegraph was still fairly inconvenient, however, as it necessitated that messages had to be delivered by hand between telegraph stations and the message recipients, and only a single message could be sent at a time. Bell identified a way to allow two people to communicate directly over significant distances. Bell enlisted Thomas A. Watson as his assistant and eventually created a prototype of his first telephone.

Questions 1-2

Look at the following statements (Questions 1-2) and the list of people below.

*Match each statement with the correct person, **A**, **B**, **C** or **D**.*

*Write the correct letter, **A**, **B**, **C** or **D**, in boxes 1-2 on your answer sheet.*

1 He invented a system called Visible Speech to assist people who had hearing disabilities.

2 Although his invention allowed people from remote areas to correspond with each other quickly, the number of messages transmitted was limited.

List of people
A Alexander Graham Bell
B Melville Bell
C Samuel F.B. Morse
D Thomas A. Watson

The History of Antarctic Exploration

Approximately one year before the first human being set foot on the continent of Antarctica, the land itself was spotted by a Russian naval officer named Admiral Fabian Gottlieb von Bellinghausen. His expedition to sail around the Antarctic region was undertaken in 1820, and he described the continent as nothing more than an icefield covered with small hills. The first actual landing on Antarctica is disputed by historians, but many leading scholars insist that an American sealer named Captain John Davis was the first to set foot on the land, during an expedition that took place in 1821.

In subsequent years, numerous expeditions were launched, originating from many different countries. In 1840, a scientist and British naval officer named James Clark Ross took two vessels to the region, but his progress was halted by a massive ice barrier situated roughly 80 miles from the coast of the continent. This was subsequently named the Ross Ice Shelf, and an active volcano discovered in the vicinity was named after one of the captain's ships, the Erebus. His voyage was also notable for the 145 new species of fish that were identified in the waters surrounding Antarctica.

In 1901, the first efforts to reach the South Pole of Antarctica on foot were undertaken by Captain Robert Falcon Scott, accompanied by Ernest Shackleton and Edward Wilson. The Scott expedition encountered several difficulties and was forced to turn back after two months, having reached a point 82 degrees south, as the members of the group were suffering from illness. In 1907, Ernest Shackleton led his own expedition in search of the South Pole. His team got to a point within 97 miles of the South Pole but was unable to continue after running out of food, water and medication. In 1911, Norwegian explorer Roald Amundsen led a five-man expedition that successfully reached the South Pole for the first time. Captain Robert Falcon Scott returned to Antarctica and reached the South Pole on 17th January 1912, only to learn that Amundsen's expedition had preceded them by five weeks. Tragically, all five of Scott's team who reached the pole, including Captain Scott, perished on the return journey, only 11 miles from their supply depot.

Questions 3-7

Look at the following statements (Questions 3-7) and the list of Antarctic expeditions below.

*Match each statement with the correct person, **A, B, C, D** or **E**.*

*Write the correct letter, **A, B, C, D** or **E**, in boxes 3-7 on your answer sheet.*

NB   *You may use any letter more than once.*

3   A geographical landmark was named after the leader of the expedition.

4   Antarctica was seen and depicted during the expedition.

5   The expedition successfully reached the South Pole in 1912.

6   The expedition was abandoned due to a lack of supplies.

7   Members of the expedition group became sick and could not proceed.

List of Antarctic Expeditions
A   Scott Expedition
B   Amundsen Expedition
C   Shackleton Expedition
D   Ross Expedition
E   Bellinghausen Expedition

1. B **2.** C **3.** D **4.** E **5.** A **6.** C **7.** A

알렉산더 그레이엄 벨

알렉산더 그레이엄 벨은 최초 실용 전화의 특허를 받은 것으로 가장 널리 알려져 있는 스코틀랜드 출신 과학자이자 발명가였다. 벨은 대부분 그의 성년기 삶 내내 혁신가였고, 영감을 주는 주된 사람은 아버지 [1]멜빌 벨이었는데, 그는 말하는 법을 배우는 것에 대해 청각 장애인들을 돕기 위해 사용되는 방법인, 보이는 음성(Visible Speech)을 개발한 것으로 인정받았다. 1870년 대에 아들 벨이 나머지 가족과 매사추세츠 주 보스턴으로 이사를 했을 때, 그는 팸버튼 에비뉴 청각장애 학교에서 교사직을 재빨리 얻었다.

이 시기에, 벨은 전선을 이용하여 음성 전달에 사용될 수 있는 기술에 집중하기 시작했다. 그는 특히 [2]사무엘 에프 비 모스에 의해 발명된 전신에 관심이 있었다. 이 혁신적인 장치는 멀리 떨어진 위치에 있는 두 사람이 서로 신속하게 의사소통하는 것을 가능하게 해주었다. 그러나 전신은 전신국과 메시지 수신자 간 메시지는 손으로 전달되는 것을 필요로 했고, 한 번에 하나의 메시지만 보내질 수 있었기에 여전히 매우 불편했다. 벨은 상당한 거리에서 두 사람이 직접 의사소통을 할 수 있도록 하는 한 가지 방법을 찾아냈다. 벨은 그의 조수로 토마스 에이 왓슨을 모집했고 결국에 그의 첫 번째 전화기 원형을 만들었다.

1 그는 청각 장애를 갖고 있는 사람들을 돕기 위해 보이는 음성(Visible Speech)이라고 불리는 시스템을 발명했다.
2 비록 그의 발명품이 멀리 떨어진 곳에 있는 사람들이 서로 빠르게 서신 할 수 있도록 해주었지만, 전송되는 메시지 수는 제한적이었다.

Vocabulary

inventor 발명가 patent 특허(권), 특허를 받다 practical 실제적인, 현실적인 innovator 혁신가 throughout 내내 inspiration 영감, 영감을 주는 사람 be credited with ~에 대해 인정받다, ~로 명성을 얻다 deaf 청각 장애가 있는 individual 개인 secure 확보하다, 얻다 position 일자리 transmit 전송하다 wire 전선 particularly 특히 telegraph 전신 revolutionary 혁신적인 device 기기, 장치 based at ~에 위치한, 주둔한 location 지점, 위치 fairly 꽤, 상당히 necessitate that ~하는 것을 필요하게 만들다 deliver 전달하다 recipient 수신자 identify 찾아내다, 확인하다 enlist 모집하다, (참여를) 요청하다 assistant 조수, 보조 eventually 결국에 prototype 원형, 시제품 disability 장애 remote 외진, 외딴

남극 탐험의 역사

[4]최초 인류가 남극 대륙에 발을 들여놓기 대략 일 년 전에, 그 땅은 파비안 고틀리프 폰 벨링스하우젠 제독이라는 러시아 해군 장교에 의해 관측되었다. 남극 지역 주변을 행해하기 위한 그의 탐험대는 1820년에 착수되었고, 그는 그 대륙을 작은 언덕들로 덮인 얼음 벌판에 지나지 않는 것으로 묘사했다. 남극 대륙으로의 최초의 실제 상륙은 역사가들에 의해 논쟁되어 지지만, 많은 주요 학자들은 미국인 바다표범 사냥꾼인 존 데이비스 대장이 1821년에 있었던 탐험 동안 그 대륙에 발을 디딘 첫 번째 사람이라고 주장한다.

뒤이은 수년간, 많은 다양한 나라에서 비롯된 수많은 탐험이 착수되었다. 1840년, 과학자이자 영국 해군 장교인 [3]제임스 클락 로스가 그 지역으로 두 척의 배를 가져왔지만, 남극 대륙 해안으로부터 대략 80마일 떨어진 곳에 위치한 거대한 얼음 장벽 때문에 그의 진도는 멈춰졌다. 이것은 나중에 로스 빙벽이라고 이름이 붙여졌고, 근처에서 발견된 활화산은 탐험 대장의 범선 중 하나인 에러버스의 이름을 따서 이름 붙여졌다. 또한 그의 여정은 남극 주변 바닷속에서 발견된 145개의 새로운 어종으로 유명해졌다.

1901년, 어니스트 쉐클톤과 에드워드 윌슨을 동반한 로버트 팔콘 스콧 대장에 의해, 걸어서 남극 대륙의 남극점에 도달하고자 하는 최초의 시도가 이루어졌다. [7]스콧 탐험대는 몇 가지 난관에 부딪혔고 두 달 후 남극 82도 지점에 다다랐을 때 탐험 대원들이 질환에 걸렸기 때문에 되돌아올 수 밖에 없었다. 1907년, [6]어니스트 쉐클톤이 남극점을 찾아서 그의 탐험대를 이끌었다. 그의 팀은 남극점의 97마일 이내로 도달했지만 식량과 물 그리고 의약품이 떨어진 후에 계속할 수 없었다. 1911년, 노르웨이 탐험가 로알 아문센이 최초로 성공적으로 남극점에 도달한 다섯 명으로 구성된 탐험대를 이끌었다. [5]1912년 1월 17일, 로버트 팔콘 스콧 대장은 남극 대륙으로 되돌아가 남극점에 도착했지만, 5주 차이로 아문센 원정대가 그들을 앞섰다는 것을 알게 되었을 뿐이었다. 비극적으로, 남극점에 도착했던 스콧 대장을 포함한 그의 다섯 명의 원정대 전원은 그들의 보급품 저장소로부터 겨우 11마일 떨어진 귀환 길에서 유명을 달리했다.

3 지리적 주요 지형물이 탐험 대장을 따서 이름 지어졌다.
4 탐험을 하는 동안 남극 대륙이 관찰되고 묘사되었다.
5 그 탐험은 1912년에 성공적으로 남극점에 도달했다.
6 그 탐험은 보급품 부족으로 중단되었다.
7 탐험 대원들이 아프게 되어서 계속 나아갈 수 없었다.

Vocabulary

Antarctic 남극의 exploration 탐험, 탐사 human being 인간 set foot on ~에 발을 들이다 continent 대륙 spot 관측하다, 발견하다 naval officer 해군 장교 admiral 제독 expedition 탐험(대), 원정(대) sail around ~ 주변을 항해하다 undertake 착수하다, 맡다 nothing more than ~에 불과한 actual 실제의, 사실상의 landing 상륙, 착륙 dispute 반박하다, 이의를 제기하다 historian 역사학자 leading 선도적인, 앞서 가는 scholar 학자 insist 주장하다 sealer 바다표범 사냥꾼 take place 발생하다, 일어나다 subsequent 뒤이은 launch 시작하다, 착수하다 originate from ~에서 비롯되다 vessel 배, 선박 progress 진척, 진행, 나아감 halt 중단시키다, 멈추다 massive 거대한, 엄청난 barrier 장벽, 방해물 situated 위치한 roughly 대략 subsequently 나중에, 그 이후에 volcano 화산 vicinity 근처 voyage 항해, 여행 be notable for ~로 유명하다 species (동식물) 종 surrounding 주변의 pole (지구의) 극 on foot 걸어서 accompanied by ~을 동반한, ~을 데리고 encounter 맞닥뜨리다, 마주치다 degree (경위도, 온도 등의) 도 suffer from ~로 고생하다 illness 질환, 병 run out of ~을 다 쓰다 medication 약 explorer 탐험가 precede 앞서다, 선행하다 tragically 비극적으로 perish 죽다, 목숨을 잃다 supply depot 보급 기지 geographical 지리적인 landmark 주요 지형물, 랜드마크 depict 묘사하다, 그리다 abandon 포기하다, 그만두다 supplies 식량, 보급품

Weekly Review

Speaking

아래 질문에 대해 큰소리로 자신의 답변을 녹음하고 들어 보세요.

1. What do you usually do in your free time?

_____

_____

_____

_____

_____

_____

2. What types of leisure activities are popular in your country?

_____

_____

_____

_____

_____

_____

_____

3. Why is it important to have a hobby?

_____

_____

_____

_____

_____

_____

_____

Writing

우리말 뜻에 맞게 빈칸을 채워서 문장을 완성하세요.

1. 타협에 도달하기 위해 노력하는 것이 필요합니다.

_____ try to reach a compromise.

2. 저는 우리가 동물 실험을 최소화해야 한다고 강하게 믿습니다.

_____ we have to minimise animal testing.

3. 어떤 사람들은 연료 가격이 상승되어야 한다고 주장합니다.

_____ the price of fuel should be raised.

4. 사회적 문제들에 관한 한, 교육이 변화를 위한 강력한 도구가 될 수 있습니다.

_____ social issues, education can be a powerful tool for change.

5. 단점 중 하나는 스마트폰이 생산적인 업무에 산만함을 야기하는 것입니다.

_____ that smartphones can be a distraction when working on tasks.

6. 설명한 것처럼, 두 개 이상의 직업을 가지면 재정적 안정성을 높일 수 있습니다.

_____, having more than one job can increase financial security.

7. 사람을 너무 빨리 판단하는 것이 부정적인 결과를 가져올 수 있다는 것에 대한 의심의 여지가 없습니다.

_____ judging people too quickly can have negative consequences.

Listening

리스닝 학습에서는 딕테이션(dictation)과 쉐도잉(shadowing)이 중요합니다.
음원을 들으며 빈칸을 채우고, 다시 음원을 들으며 따라 읽어보세요.

▲ 음원 듣기

GRETA: Chris, I was thinking about the survey of local **1.** _____ we're supposed to do for our marketing class. I'm not actually sure what we need to do.

CHRIS: Oh, it won't be too difficult. Actually, I'm really looking forward to hearing what local residents have to say about Elysium Shopping Mall.

GRETA: Me too. So what should our first step be in order to get ready for the survey?

CHRIS: First, before we arrange a group meeting and make questions, we need to be certain what the **2.** _____ of the survey are.

GRETA: Right. It won't be as effective if we don't get the specific **3.** _____ we need.

CHRIS: Exactly, and once we've established our aims, we can consider some of the questions we could ask and then choose them or ignore them based on how relevant they are to our focus.

GRETA: That sounds like a great idea. And next, where do you think we should carry out the survey?

CHRIS: We should choose the right places that receive a large number of **4.** _____ . That way, we can be sure that we'll be able to speak to a lot of people.

GRETA: Oh, I know a lot of the busiest areas in our town. I think I can help with that.

CHRIS: Great! And before we get out there to survey residents, we should print some **5.** _____ _____ of the survey and practice administering it within our group.

GRETA: Sure, that will help us to be fully prepared. OK then, let's move on to the next step and discuss how we have to assemble people for the survey. Do you think it will be hard to get members of the public to participate?

CHRIS: No, not at all. Let's give them some small **6.** _____ so that they'll stop and answer our questions.

GRETA: OK, how about buying some chocolates or other cheap snacks?

CHRIS: Yeah, I think that could work. It will especially appeal to younger people, and we definitely need a wide range of **7.** _____ so that we get fair results.

Reading

다음의 문구를 지문에서 스캐닝(scanning)하여 표시하세요.

Fabian Gottlieb von Bellinghausen
John Davis
James Clark Ross
Robert Falcon Scott

Approximately one year before the first human being set foot on the continent of Antarctica, the land itself was spotted by a Russian naval officer named Admiral Fabian Gottlieb von Bellinghausen. His expedition to sail around the Antarctic region was undertaken in 1820, and he described the continent as nothing more than an icefield covered with small hills. The first actual landing on Antarctica is disputed by historians, but many leading scholars insist that an American sealer named Captain John Davis was the first to set foot on the land, during an expedition that took place in 1821.

In subsequent years, numerous expeditions were launched, originating from many different countries. In 1840, a scientist and British naval officer named James Clark Ross took two vessels to the region, but his progress was halted by a massive ice barrier situated roughly 80 miles from the coast of the continent. This was subsequently named the Ross Ice Shelf, and an active volcano discovered in the vicinity was named after one of the captain's ships, the Erebus. His voyage was also notable for the 145 new species of fish that were identified in the waters surrounding Antarctica.

In 1901, the first efforts to reach the South Pole of Antarctica on foot were undertaken by Captain Robert Falcon Scott, accompanied by Ernest Shackleton and Edward Wilson. The Scott expedition encountered several difficulties and was forced to turn back after two months, having reached a point 82 degrees south, as the members of the group were suffering from illness.

다음 문장을 해석하세요.

1. Approximately one year before the first human being set foot on the continent of Antarctica, the land itself was spotted by a Russian naval officer named Admiral Fabian Gottlieb von Bellinghausen.

해석 _____

2. In subsequent years, numerous expeditions were launched, originating from many different countries.

해석 _____

3. In 1901, the first efforts to reach the South Pole of Antarctica on foot were undertaken by Captain Robert Falcon Scott, accompanied by Ernest Shackleton and Edward Wilson.

해석 _____

1.

I like to play video games on my computer when I have free time. I play with my friends online, and it's a blast making strategies and completing missions together. It's a great way for me to relax after a stressful day.

저는 자유 시간이 있을 때 컴퓨터로 비디오 게임을 하는 것을 좋아합니다. 친구들과 온라인으로 게임을 하는데, 함께 전략을 짜고 미션을 완수하는 것이 정말 즐겁습니다. 스트레스가 많은 하루 후에 휴식을 취할 수 있는 좋은 방법입니다.

2.

One of the most popular hobbies among Koreans is hiking. Many people say they feel a sense of achievement when they reach the peak of a mountain. Hiking is also a great way to exercise and feel refreshed.

한국인들 사이에서 가장 인기 있는 취미 중 하나는 등산입니다. 많은 사람들이 산의 정상에 도달했을 때 성취감을 느낀다고 말합니다. 등산은 운동하고 상쾌함을 느낄 수 있는 좋은 방법이기도 합니다.

3.

I think having an interest or a hobby is important because we live in such a stressful world these days. Modern people are very busy working and usually stay at home just resting in their spare time. Hobbies can help people feel refreshed and relieve stress. In addition, people with a hobby can socialise with others and even develop new skills for their own benefit.

요즘 우리는 스트레스가 많은 세상에 살고 있기 때문에 저는 관심이나 취미가 있는 것이 중요하다고 생각합니다. 현대인들은 일하느라 매우 바쁘고 보통 여가 시간에 단순히 집에서 쉽니다. 취미는 사람들이 상쾌함을 느끼고 스트레스를 풀어주는 데 도움이 됩니다. 또한, 취미를 가진 사람들은 다른 사람들과 어울릴 수 있으며 자신의 이익을 위해 새로운 기술을 발전시킬 수도 있습니다.

1. It is necessary to **2.** I strongly believe that **3.** Some people argue that **4.** When it comes to(=Regarding) **5.** One of the disadvantages is **6.** As has been demonstrated **7.** There is no doubt that

1. residents **2.** aims **3.** information **4.** shoppers **5.** rough drafts **6.** gifts **7.** ages

Approximately one year before the first human being set foot on the continent of Antarctica, the land itself was spotted by a Russian naval officer named Admiral Fabian Gottlieb von Bellinghausen. His expedition to sail around the Antarctic region was undertaken in 1820, and he described the continent as nothing more than an icefield covered with small hills. The first actual landing on Antarctica is disputed by historians, but many leading scholars insist that an American sealer named Captain John Davis was the first to set foot on the land, during an expedition that took place in 1821.

In subsequent years, numerous expeditions were launched, originating from many different countries.

In 1840, a scientist and British naval officer named James Clark Ross took two vessels to the region, but his progress was halted by a massive ice barrier situated roughly 80 miles from the coast of the continent. This was subsequently named the Ross Ice Shelf, and an active volcano discovered in the vicinity was named after one of the captain's ships, the Erebus. His voyage was also notable for the 145 new species of fish that were identified in the waters surrounding Antarctica.

In 1901, the first efforts to reach the South Pole of Antarctica on foot were undertaken by Captain Robert Falcon Scott, accompanied by Ernest Shackleton and Edward Wilson. The Scott expedition encountered several difficulties and was forced to turn back after two months, having reached a point 82 degrees south, as the members of the group were suffering from illness.

1. 최초 인류가 남극 대륙에 발을 들여놓기 대략 일 년 전에, 그 땅은 파비안 고틀리프 폰 벨링스하우젠 제독이라는 러시아 해군 장교에 의해 관측되었다.

2. 뒤이은 수년간, 많은 다양한 나라에서 비롯된 수많은 탐험이 착수되었다.

3. 1901년, 어니스트 쉐클톤과 에드워드 윌슨을 동반한 로버트 팔콘 스콧 대장에 의해, 걸어서 남극 대륙의 남극점에 도달하고자 하는 최초의 시도가 이루어졌다.

ielts.siwonschool.com

Week **09**

Speaking
빈출 주제 공략 - 축제와 행사

오늘의 학습 목표

스피킹 시험에서 자주 나오는 '명절' 주제 관련 문제 연습

▲ 강의 보기

PART 1 문제 연습

Q1
Are there many public holidays in your country?
당신의 나라에서 공휴일이 많은가요?

Vocabulary & Expressions ✦

at least 최소 public holiday 공휴일, 명절 Lunar New Year 설날, 구정 harvest 추수, 수확 festival 축제

샘플 답변

Yes, there is at least one public holiday every month. The two biggest ones are the Lunar New Year and Chuseok, which is the Korean harvest festival.

네, 매달 최소 한 번의 공휴일이 있습니다. 가장 큰 두 가지 명절은 설날과 한국의 추수 축제인 추석입니다.

✍ 나만의 답변을 직접 적어보고 말해보세요.

_____

_____

_____

What is your favourite public holiday? [Why?]
가장 좋아하는 공휴일은 무엇인가요? [왜 그런지?]

Vocabulary & Expressions ✦

come together 모이다 hometown 고향 celebrate 기념하다, 축하하다 activity 활동

💬 **샘플 답변**

Chuseok is my favourite public holiday. Much like Thanksgiving Day, families come together in their hometowns and celebrate the day with fun activities and delicious food.

추석은 제가 가장 좋아하는 명절입니다. 추수감사절과 마찬가지로, 가족들이 고향에 모여 재미있는 활동과 맛있는 음식으로 하루를 기념합니다.

✍ 나만의 답변을 직접 적어보고 말해보세요.

Q3
Is there any special food people eat when celebrating traditional holidays in your country?
당신 나라에서 사람들이 명절을 기념할 때 먹는 특별한 음식이 있나요?

Vocabulary & Expressions ✦

rice cake 떡 symbolise 상징하다 shape 모양 half-moon 반달 represent 나타내다

💬 **샘플 답변**

During the Lunar New Year, we eat rice cake soup, which symbolises growing one year older. For Chuseok, we eat rice cakes shaped like a half-moon, which represents making a wish to the moon.

설날에는, 우리는 떡국을 먹는데, 이는 나이를 1살 더 먹는다는 것을 상징합니다. 추석에는, 반달 모양의 떡(송편)을 먹는데, 이는 달에 소원 비는 것을 나타냅니다.

✍ 나만의 답변을 직접 적어보고 말해보세요.

Describe an important public holiday in your country.

You should say:
what the holiday is
what people do for the holiday
what you like or dislike about the holiday
and say why you think this public holiday is important.

⚙️ 각 질문에 대한 답변 메모

당신의 나라에서 중요한 공휴일을 설명하세요. ① 그 명절은 무엇인지 ② 사람들이 그 명절에서 무엇을 하는지 ③ 당신이 그 명절에서 좋아하거나 싫어하는 것이 무엇인지 ④ 왜 이 공휴일이 중요하다고 생각하는지 말하세요.	① 추석, 추수감사절, 9월 또는 10월 ② 친척들 모여 전통 게임, 같이 먹음 – 제사 – 보름달 보며 이야기 ③ 좋아하는 것: 가족들 만남, 공부 쉼 – 싫어하는 것: 요리 해야 함 ④ 떨어져 사는 사람들에게 중요, 소중한 추억 – 전통 문화 기념

Vocabulary & Expressions ◆

A is referred to as B A가 B라고 불리다 Thanksgiving 추수감사절 extended family 친척 traditional 전통의 rice cake 떡 rice wine 막걸리 memorial ceremony 기념 의식(제사) honour 기리다 ancestor 조상 spend time -ing ~하면서 시간을 보내다 view 보다 mixed feelings 복잡한 감정 cause 야기하다 severe 심한 congestion 체증 all over the country 전국적으로 far apart 멀리 떨어져서 get together 모이다

💬 샘플 답변

① I'm going to talk about an important traditional holiday in my country, Chuseok. It is a harvest festival, and it is often referred to as Korean Thanksgiving. The festival is usually held in September or October according to the lunar calendar. Chuseok is also the longest public holiday in Korea.

② During the holiday, extended families come together in their hometowns to play traditional Korean games and eat a lot of food, such as rice cakes and rice wine. Also, people have a memorial ceremony to honour their ancestors and wish for successful lives and good health. In the evening, everyone usually spends time together talking about their lives while viewing the full moon.

③ I have mixed feelings about Chuseok. On one hand, I like Chuseok because I can see my family members and take a break from studying. On the other hand, Chuseok causes severe traffic congestion all over the country. It is also stressful because I have to spend a lot of time cooking in a hot kitchen, which I do not enjoy.

④ Nevertheless, I think Chuseok is an important holiday to Korean families, especially those who live far apart. They can get together for a few days and make valuable memories. In addition, it celebrates our traditional culture.

① 저는 추석이라는 우리나라에서 중요한 축제에 대해서 이야기하겠습니다. 추석은 추수 축제이며, 종종 한국의 추수감사절이라고 불립니다. 이 축제는 음력 달력에 따라 보통 9월이나 10월에 열립니다. 추석은 또한 한국에서 가장 긴 공휴일입니다.

② 그 명절 동안, 친척들은 고향에 모여 한국 전통 게임을 하고 떡과 막걸리와 같은 음식을 많이 먹습니다. 또한, 사람들은 기념 의식(제사)을 지내 조상들을 기리고 성공적인 삶과 건강을 기원합니다. 저녁에는, 보통 사람들은 보름달을 보며 그들의 삶에 대해 이야기하며 시간을 함께 보냅니다.

③ 저는 추석에 대해 복잡한 감정을 갖고 있습니다. 가족들을 만나고 공부도 잠시 쉴 수 있어서 추석이 좋습니다. 반면에, 추석은 전국적으로 심한 교통 체증을 야기합니다. 또한 뜨거운 주방에서 오랜 시간 제가 좋아하지 않는 요리를 해야 하기 때문에 스트레스를 받습니다.

④ 그럼에도 불구하고, 추석은 한국인 가족들, 특히 멀리 떨어져 사는 사람들에게 중요하다고 생각합니다. 그들은 며칠 동안 모여 소중한 추억을 만들 수 있습니다. 또한, 우리의 전통 문화를 기념합니다.

🎵 나만의 메모와 답변을 직접 적어보고 말해보세요.

Memo
①
②
③
④

 **PART 3 문제 연습**

Q1	**Do you think public holidays are important for society?** 공휴일이 사회에 중요하다고 생각하나요?

Vocabulary & Expressions ◆

chance to ~할 기회 hectic 정신없이 바쁜 complicated 복잡한 loved one 사랑하는 사람 binding force 결속력, 구속력 bring about 야기하다, 초래하다

샘플 답변

Yes, I think so. Holidays offer us the chance to meet with family and friends and celebrate special occasions. Our daily lives tend to be hectic and complicated, so we all need some time to get together with our loved ones. Also, the celebrations that happen during holidays can be a binding force for a nation's society and culture because they bring about good fortune, wellness and happiness.

네, 그렇게 생각합니다. 명절은 우리에게 가족과 친구들을 만나고 특별한 때를 기념할 기회를 제공합니다. 우리의 일상 생활은 정신없이 바쁘고 복잡하기 때문에, 우리 모두는 사랑하는 사람들과 모일 시간이 필요합니다. 또한, 명절에 일어나는 축제 행사는 행운과 건강, 그리고 행복을 야기하기 때문에 축제는 우리 사회의 결속력이 될 수 있습니다.

나만의 답변을 직접 적어보고 말해보세요.

_____

_____

_____

_____

_____

_____

Q2

Is the role of public holidays changing in your country?
당신의 나라에서 사회 의식의 역할이 변화하고 있나요?

Vocabulary & Expressions

role 역할 personal 개인적인 interest 관심(사) significance 의미, 중요성 travel 여행하다 relax 휴식을 취하다 on one's own 혼자서

샘플 답변

I think the role of public holidays is changing in my country. People are becoming more focused on personal interests, and some holidays are losing their traditional significance. Instead of celebrating together, many individuals now choose to travel or relax on their own during these holidays.

나는 우리나라에서 공휴일의 역할이 변화하고 있다고 생각합니다. 사람들이 개인적인 관심사에 더 집중하면서 일부 명절은 전통적인 의미를 잃어가고 있습니다. 명절에 함께 모여 축하하는 대신, 이제 많은 사람들이 혼자 여행하거나 휴식을 취하는 것을 선택합니다.

나만의 답변을 직접 적어보고 말해보세요.

7

오늘의 스피킹 필수 표현

1. A is referred to as B   A가 B라고 불리다

Chuseok is referred to as Korean Thanksgiving.
추석은 한국의 추수감사절이라고 불립니다.

2. such as(=like)   ~와 같은

Extended families come together to eat a lot of food, such as japchae, bulgogi, jeon and rice wine.
친척들은 모여 잡채, 불고기, 전, 그리고 막걸리와 같은 음식을 많이 먹습니다.

3. spend time -ing   ~하면서 시간을 보내다

Everyone usually spends time together talking about their lives.
사람들은 보통 그들의 삶에 대해 이야기를 하며 시간을 함께 보냅니다.

4. mixed feelings   복잡한 감정

I have mixed feelings about Chuseok.
저는 추석에 대해 복잡한 감정을 갖고 있습니다.

5. chance to부정사   ~할 기회

Holidays offer us the chance to meet with family and friends and celebrate a special occasion.
명절은 우리에게 가족과 친구들을 만나고 특별한 날을 기념할 기회를 제공합니다.

6. those who   ~한 사람들

I think Chuseok is an important holiday to Korean families, especially those who live far apart.
추석은 한국인 가족들, 특히 멀리 떨어져 사는 사람들에게 중요하다고 생각합니다.

7. on one's own   혼자서

Many individuals now choose to travel or relax on their own.
많은 사람들이 혼자서 여행하거나 휴식을 취하는 것을 선택합니다.

Practice

아래 질문에 대해 큰소리로 자신의 답변을 녹음하고 들어 보세요.

1. What is the most important traditional holiday in your country?

2. Describe an important traditional festival in your country.
   You should say:
   > what the festival is
   > what people do for the festival
   > what you like or dislike about it
   and say why you think this festival is important.

3. Do you think festivals are important for society?

Writing

파트 2 빈출 질문 공략

오늘의 학습 목표

파트 2 빈출 질문 유형에 따라 답안 아웃라인 구분하여 작성

▲ 강의 보기

빈출 질문 유형

• 양자 의견(both views), 동의/반대(agree/disagree), 장점/단점(advantage/disadvantage), 2개의 질문(two questions), 원인과 해결책(cause[problem]/solution)의 질문 유형 위주로 출제

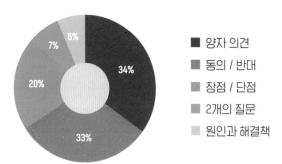

- ■ 양자 의견 34%
- ■ 동의 / 반대 33%
- ■ 장점 / 단점 20%
- ■ 2개의 질문 7%
- ■ 원인과 해결책 6%

TIP 좋은 답안의 공통점

질문 유형에 따라 답안 아웃라인도 조금씩 차이가 있지만, 좋은 답안의 공통점은 다음과 같습니다.

① 두괄식 서론

서론에서부터 자신의 입장이나 주장을 명확히 밝힙니다. 본론 각 문단 역시, 문단을 이끌 주제문(topic sentence)으로 시작하여, 문단의 전체적인 내용을 주제문만 보고도 이해할 수 있도록 씁니다.

② 풍성한 본론

IELTS Writing에서 가장 중요한 것은 본론입니다. 풍성한 본론으로 자신의 입장을 논리적으로 기술하면서 자신의 입장과 반대되는 견해의 타당성도 언급함으로써 자신의 폭넓은 사고를 보여주도록 합니다.

③ 극적 반전이 없는 결론

결론은 앞에서 기술한 내용의 요약 및 자신의 주장에 대해 다시 한번 확실히 밝히는 역할을 합니다. 절대 새로운 내용을 쓰거나, 서론이나 본론에서 제시했던 입장과 다른 내용을 추가하지 마세요. IELTS Writing 채점관들은 극적인 반전을 좋아하지 않습니다.

🏛 양자 의견(both views)

1. 문제 분석

- 어떠한 사안(예: 동물 실험)에 대해 상반된 의견을 모두 살펴보고(both views), 자신의 결론을 적는 유형
- 파트 2에서는, 상자 안에 있는 질문 부분만 문제마다 달라지는데, 질문에서 제시된 사안에 대해 답안 서론 첫 문장에서 패러프레이징해야 하며, 그 다음 나온 부분에서(Discuss both these views and give your own opinion.) 양자 의견과 자신의 의견을 적는 both views 질문 유형 확인 가능

You should spend about 40 minutes on this task. 이 과제에 대해 약 40분을 쓰도록 하세요.
Write about the following topic: 다음 주제에 대해 쓰세요:

Some people believe animal testing is wrong and unethical. However, other people believe it is a necessary part of human progress.

어떤 사람들은 동물 실험이 잘못되고 비윤리적이라고 믿습니다. 그러나, 다른 사람들은 인간 발전의 필요한 부분이라고 믿습니다.

→ 서론 첫 문장에서 패러프레이징해야 하는 부분

Discuss both these views and give your own opinion.

이러한 양자 의견에 대해 논의하고 자신만의 의견을 내세요.

→ 양자 의견과 자신의 의견을 적는 both views 질문 유형 확인 가능

Give reasons for your answer and include any relevant examples from your own knowledge or experience.
당신의 대답에 대한 이유들을 들고 자신만의 지식 또는 경험으로부터 나온 관련 예들을 포함하세요.

→ 나의 주장에 대한 타당한 근거들을 쓰고, 나만의 지식 또는 경험에서 나온 관련 예시들을 포함할 것

Write at least 250 words.
최소 250 단어를 쓰세요.

→ 반드시 250 단어 이상 쓸 것

2. 답안 구성

- 일반적으로 자신이 반대하는 의견을 먼저 본론 1에서 언급하고, 자신이 동의하는 의견을 본론 2부터 결론까지 이어서 강조하여 설명하는 구조가 보다 설득력 있고 논리적임
- 만일 두 의견 모두 동의 또는 부정한다면, 문제에 소개된 순서대로 제시된 의견을 각각의 문단에서 검토하고 본론 3에서 자신의 의견을 제시

서론	① 문제 패러프레이징(paraphrasing): 서론 첫 번째 또는 두 번째 문장에서 질문에서 제시된 사안을 패러프레이징(이때, 문제에서 나온 단어를 그대로 사용하면 감점) ② 대주제문(thesis statement): 에세이 전체에 대한 자신의 주장을 한 문장으로 진술하거나 어떠한 내용을 에세이에 작성하려 하는지 명시
본론 1	① 주제 문장(topic sentence): 양자 의견 중 내가 덜 지지하는 의견의 타당성 언급 ② 근거 문장(supporting sentence): 주제 문장에 대한 근거 제시 ③ 예 또는 부연 설명(examples, research, evidence): 근거를 뒷받침할 구체적인 예, 자료 언급 ④ 결론 문장(concluding sentence): 본론 1의 전체적인 내용을 정리하여 주제 문장 강조(결론 문장은 생략 가능)
본론 2	① 주제 문장(topic sentence): 내가 더 지지하는 의견의 타당성 설명(본론 1보다 자세하게) ② 근거 문장(supporting sentence): 주제 문장에 대한 근거 제시 ③ 예 또는 부연 설명(examples, research, evidence): 근거를 뒷받침할 구체적인 예, 자료 언급 ④ 결론 문장(concluding sentence): 본론 2의 전체적인 내용을 정리하여 주제 문장 강조(결론 문장은 생략 가능)
결론	① 요약(summary): 본론 내용 요약 ② 나의 의견 강조(restatement): 요약 내용을 바탕으로 자연스럽게 나의 의견을 강조(이때, 서론 또는 본론에서 사용했던 단어나 문구를 결론에서 그대로 쓰지 말고 패러프레이징)

🏛 동의/반대(agree/disagree)

1. 문제 분석

- 어떠한 사안(예: 유가 상승 정책)에 대해 동의 또는 반대하는지 자신의 입장을 진술하는 유형
- 단순히 동의 또는 반대를 묻는 질문도 있지만 어느 정도(to what extent) 동의 또는 반대하는지 묻는 질문이 다수 출제
- 어떤 의견을 제시하고 그에 대한 자신의 의견을 묻는 질문(What is your opinion about this?)도 agree/ disagree와 같은 유형이라 생각하고 풀면 됨

In many countries, an increasing number of vehicles are causing traffic congestion and pollution issues. It is therefore necessary for governments to increase the price of petrol to solve these problems.

많은 국가에서, 증가하는 차량은 교통 체증과 오염을 불러일으키고 있습니다. 따라서 정부가 이 문제를 해결하기 위해 휘발유 가격을 상승하는 것이 필요합니다.

→ 서론 첫 문장에서 패러프레이징해야 하는 부분

To what extent do you agree or disagree with this opinion?

어느 정도까지 당신은 이 의견에 대해서 동의 또는 반대합니까?

→ 내가 어느 정도 동의 또는 반대하는지를 답해야 함

---

2. 답안 구성

서론	① 문제 패러프레이징(paraphrasing): 서론 첫 번째 또는 두 번째 문장에서 질문에서 제시된 사안을 패러프레이징(이때, 문제에서 나온 단어를 그대로 사용하면 감점) ② 대주제문(thesis statement): 어느 정도(전적으로 또는 일부만) 동의 또는 반대하는지 자신의 입장을 밝힘
본론 1	① 주제 문장(topic sentence): 내가 지지하지 않는 입장의 타당성 언급 ② 근거 문장(supporting sentence): 주제 문장에 대한 근거 제시 ③ 예시 또는 부연 설명(examples, research, evidence): 근거를 뒷받침할 구체적인 예, 자료 언급 ④ 결론 문장(concluding sentence): 본론 1의 전체적인 내용을 정리하여 주제 문장 강조(결론 문장은 생략 가능)
본론 2	① 주제 문장(topic sentence): 내 입장의 타당성 설명(본론 1보다 자세하게) ② 근거 문장(supporting sentence): 주제 문장에 대한 근거 제시 ③ 예시 또는 부연 설명(examples, research, evidence): 근거를 뒷받침할 구체적인 예, 자료 언급 ④ 결론 문장(concluding sentence): 본론 2의 전체적인 내용을 정리하여 주제 문장 강조(결론 문장은 생략 가능)
결론	① 요약(summary): 본론 내용 요약 ② 나의 의견 강조(restatement): 요약 내용을 바탕으로 자연스럽게 나의 의견을 강조(이때, 서론 또는 본론에서 사용했던 단어나 문구를 결론에서 그대로 쓰지 말고 패러프레이징)

 ## 장점/단점(advantage/disadvantage)

1. 문제 분석

- 문제에 제시된 사안에 대해서 장점과 단점을 기술하는 문제
- advantage/disadvantage 대신 positive/negative로 묻는 질문이 나오기도 하는데, 같은 유형이라고 생각하고 풀면 됨

These days, many school-aged children own a smartphone.

요즘, 많은 학생들이 스마트폰을 소유하고 있습니다.

→ 서론 첫 문장에서 패러프레이징해야 하는 부분

Do you think the advantages of this development outweigh the disadvantages?

당신은 이러한 발달의 장점이 단점보다 더 크다고 생각합니까?

→ 장점과 단점을 분석하고 장점 또는 단점이 더 많은지 자신의 의견 기술

---

2. 답안 구성

서론	① 문제 패러프레이징(paraphrasing): 서론 첫 번째 또는 두 번째 문장에서 질문에서 제시된 사안을 패러프레이징(이때, 문제에서 나온 단어를 그대로 사용하면 감점) ② 대주제문(thesis statement): 장점과 단점이 모두 있는데 장점 또는 단점이 더 많다는 자신의 의견 명시
본론 1	① 주제 문장(topic sentence): 장점이 더 많다고 생각되면 단점을 본론 1에서 먼저 언급 ② 근거 문장(supporting sentence): 주제 문장에 대한 근거 제시 ③ 예시 또는 부연 설명(examples, research, evidence): 근거를 뒷받침할 구체적인 예, 자료 언급 ④ 결론 문장(concluding sentence): 본론 1의 전체적인 내용을 정리하여 주제 문장 강조(결론 문장은 생략 가능)
본론 2	① 주제 문장(topic sentence): 장점 기술(단점보다 구체적으로 기술 및 내용 전개) ② 근거 문장(supporting sentence): 주제 문장에 대한 근거 제시 ③ 예시 또는 부연 설명(examples, research, evidence): 근거를 뒷받침할 구체적인 예, 자료 언급 ④ 결론 문장(concluding sentence): 본론 2의 전체적인 내용을 정리하여 주제 문장 강조(결론 문장은 생략 가능)
결론	① 요약(summary): 본론 내용 요약 ② 나의 의견 강조(restatement): 요약 내용을 바탕으로 자연스럽게 나의 의견을 강조(이때, 서론 또는 본론에서 사용했던 단어나 문구를 결론에서 그대로 쓰지 말고 패러프레이징)

2개의 질문(two questions)

1. 문제 분석

- 특정 토픽과 관련하여 두개의 짧은 질문들에 대해 대답하는 문제 유형
- Academic 모듈보다는 General Training 모듈에서 더 자주 출제되는 질문 형태임
- 일정하게 정해진 형태의 질문들이 아니고 토픽에 따라 자유롭게 아래와 같은 질문들이 출제

Some people want things to stay the same and dislike changes in their own lives.

어떤 사람들은 모든 것이 그대로 있기를 원하고 그들 삶에 변화를 싫어합니다.

→ 서론 첫 문장에서 패러프레이징해야 하는 부분

Why do some people want things to stay the same?

왜 어떤 이들은 모든 것이 그대로 잇기를 원하는 가요?

→ 첫 번째 질문에 대한 답변을 본론 1에 기술

Why should change be regarded as something positive?

왜 변화가 긍정적인 것으로 간주되어야 하나요?

→ 두 번째 질문에 대한 답변을 본론 2에 기술

---

2. 답안 구성

서론	① 문제 패러프레이징(paraphrasing): 서론 첫 번째 또는 두 번째 문장에서 질문에서 제시된 사안을 패러프레이징(이때, 문제에서 나온 단어를 그대로 사용하면 감점) ② 대주제문(thesis statement): 앞으로 전개될 에세이 흐름 정리
본론 1	① 주제 문장(topic sentence): 첫 번째 질문에 대한 답변 ② 근거 문장(supporting sentence): 답변에 대한 근거 제시 ③ 예시 또는 부연 설명(examples, research, evidence): 근거를 뒷받침할 구체적인 예, 자료 언급 ④ 결론 문장(concluding sentence): 본론 1의 전체적인 내용을 정리하여 주제 문장 강조(결론 문장은 생략 가능)
본론 2	① 주제 문장(topic sentence): 두 번째 질문에 대한 답변 ② 근거 문장(supporting sentence): 답변에 대한 근거 제시 ③ 예시 또는 부연 설명(examples, research, evidence): 근거를 뒷받침할 구체적인 예, 자료 언급 ④ 결론 문장(concluding sentence): 본론 2의 전체적인 내용을 정리하여 주제 문장 강조(결론 문장은 생략 가능)
결론	① 요약(summary): 본론 내용 요약 ② 나의 의견 강조(restatement): 요약 내용을 바탕으로 자연스럽게 나의 의견을 강조(이때, 서론 또는 본론에서 사용했던 단어나 문구를 결론에서 그대로 쓰지 말고 패러프레이징)

원인과 해결책(cause[problem]/solution)

1. 문제 분석

- two questions 문제 유형 중에서 특히 원인과 해결책 관련 질문들이 많이 출제됨

2. 답안 구성

- cause(problem)/solution 답안은 two questions처럼 각각의 질문에 대한 대답을 본론 문단 하나씩 잡아서 작성하므로 전체적적 답안 구성이 동일함
- 질문에 따라서 해결책을 더 자세하게 또는 원인을 더 자세하게 적어야 되는 경우도 있는데, 그렇게 되면 본론 문단이 총 3개가 됨

오늘의 라이팅 필수 문법

접속사 vs 전치사 vs 접속부사

수험생들이 많이 틀리는 부분 중 하나로, 접속사를 써야 될 자리에 전치사나 접속부사를 넣는 경우가 있습니다. 문장에 알맞은 접속사, 전치사, 접속부사를 각각의 특징에 맞게 넣어서 사용하도록 합니다.

	접속사	전치사	접속부사
시간	while ~하는 동안 as soon as ~하자마자 before ~전에 after ~후에 by the time ~까지	during ~동안 upon(=on) -ing ~하자마자 before(=prior to) ~전에 after(=following) ~후에 by ~까지	then 그리고 나서
이유	because(=since, now that) ~때문에 so 그래서	because of(=due to, owing to) ~때문에	therefore(=thus) 그러므로
양보	although(=even though) 비록 ~이지만	despite(=in spite of) 비록 ~이지만	nevertheless(=nonetheless) 그럼에도 불구하고
조건	if 만일 ~이면 unless(=if not) 만일 ~아니면	in case of ~경우에, 만일 ~이면 without ~없이	otherwise 그렇지 않으면
역접	but 그러나 while(=whereas) 반면에	contrary to ~에 반해	however 그러나 on the other hand 한편, 반면에

- 접속사: 절(주어 + 동사)을 연결해 주는 연결사로 and, but 등의 등위접속사와 when, although, because 등의 부사절 접속사가 있음

  The policy on controlling oil prices has some serious drawbacks although it helps to save energy.

  석유 가격 조정 정책이 에너지를 절약하는데 도움이 되지만 몇몇 심각한 문제가 있다.

  → 절(it helps ~)을 연결하므로 접속사를 써야 됨

- 전치사: 명사 앞에 위치하여 명사를 문장에 연결해 줌(전치사 + 명사 구조),

  The policy has some serious drawbacks in spite of some advantages.

  몇몇 장점에도 불구하고, 그 정책은 몇몇 심각한 문제가 있다.

  → 명사(some advantages)를 연결하므로 전치사를 써야 됨

- 접속부사: 문법상 뒤에 절이나 명사를 연결해 주는 역할을 하지 않기에(의미상 연결시키는 역할만 있음) 생략해도 되며, 보통 접속부사 뒤에는 쉼표가 따라옴

  However, increasing oil prices can be a severe blow to national competitiveness.

  그러나, 유가 상승이 국가 경쟁력에 심각한 타격을 줄 수 있다.

Practice

빈칸에 알맞은 어휘를 선택하세요.

1. (On the other hand, / While / Despite) animal testing has played an important role in medical research, there is a movement to develop methods that do not involve animals.

2. This is one possible solution to the problem. (In spite of / However, / Whereas) there are others.

3. Many businesses are doing badly (because / due to / therefore,) the economic situation.

4. (In spite of / Nevertheless, / Although) its small size, the device can store thousands of hours of music.

5. (Contrary to / While / On the other hand,) popular belief, these exercises are not really beneficial for one's heath.

6. (Because of / Since / On the other hand,) the policy has so many merits, the local councils should consider implementing it.

7. (Nevertheless, / Even though / Despite) learning good communication skills requires an opportunity to practice them in person.

Answers

1. While 동물 실험은 의학 연구에서 중요한 역할을 해온 반면에, 동물을 사용하지 않는 방법을 개발하려는 움직임이 있습니다.

2. However, 이것은 그 문제에 대한 한 가지 가능한 해결책입니다. 하지만 다른 방법들도 있습니다.

3. due to 많은 사업체들이 경제 상황으로 인해 실적이 좋지 않습니다.

4. In spite of 작은 크기에도 불구하고, 그 장치는 수천 시간의 음악을 저장할 수 있습니다.

5. Contrary to 일반적인 믿음에 반해, 이러한 운동들이 건강에 실제로 도움이 되지 않습니다.

6. Since 그 정책은 많은 장점들이 있기에, 지자체들은 이를 시행하는 것을 고려해야 합니다.

7. Nevertheless, 그럼에도 불구하고 좋은 커뮤니케이션 기술을 배우려면 직접 연습할 기회가 필요합니다.

오늘의 학습 목표

리스닝 파트 4 문제 유형 및 문제 풀이 전략 학습

▲ 강의 보기

미리보기

- 문제 번호: 31번~40번
- 빈출 주제: 경영, 환경(도시 및 자연), 생물, 문화 인류학
- 난이도: 전문적인 학술 내용을 주로 다루고 있어서 난이도가 높음
- 화자 수: 1명의 화자가 전공 수업 강의 혹은 연구 발표

PART 4

Listen and answer questions **31-40**.

Complete the notes. Write **ONE WORD ONLY** for each answer.

The History of Cotton

Cotton in The Old World

- Ancient civilisations used cotton to produce [31] that had several uses.
- 5th BCE: Herodotus wrote that cotton was better than [32] in terms of both its appearance and feel.
- Alexander the Great's soldiers preferred [33] manufactured from cotton.

Cotton in the Middle Ages

- Cotton became popular throughout many parts of the world.
- 6th CE: Equipment used to produce cotton in India was introduced to other countries by [34].
- 16th CE: Dual-roller gins became commonplace and were sometimes powered by [35].

Cotton Spreads Throughout Europe

- Various conquests facilitated the spread of cotton production throughout Europe.
- 14th CE: The spinning wheel improved the European cotton industry due to its high [36].
- Cities such as Venice and Antwerp emerged as important [37] for cotton trading.
- As trade with India increased, secretive [38] of cotton processing were told to European traders.
- The European middle class turned to cotton when people became more interested in [39] and new fashion.

The American Cotton Industry

- 19th CE: The US had become the largest producer of cotton in the world.
- Consequently, increased demand for cotton led to a rise in [40], particularly in cotton-rich southern states.

■ **출제 경향**

■ 주제별 출제 비율

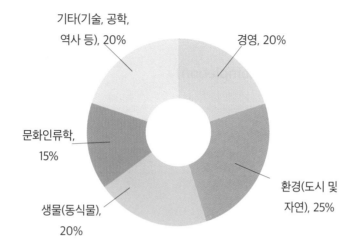

- 도시 및 자연환경(건축, 도시계획, 지구과학, 환경공학 전공), 동식물 생태(생물, 동물학, 식물학 전공), 경영(기업 문화, 경영 관리, 경영 가치, 리더십 등), 어떤 지역의 문화, 인종, 역사(문화인류학, 역사 전공)의 주제 위주로 출제
- 최근 3년간 출제 경향 변화: 2020년 이전 파트 4는 대학 수업 시간에 나오는 특정 주제에 대한 강의 또는 발표 내용으로, 이 중 교수 또는 강사의 강의가 80% 이상 출제되었지만, 2020년 이후 과제를 준비한 학생의 발표도 거의 50% 정도 출제되고 있음

■ 유형별 출제 비율

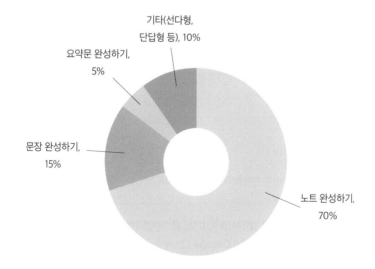

- 파트 4는 다른 파트와 다르게 보통 한 가지 문제 유형으로만 출제되는데, 수업 시간에 강의 또는 발표를 들으며 노트를 채우는 노트 완성하기(note completion)가 가장 많이 출제
- 특히 2020년 이후 거의 모든 파트 4 문제는 노트 완성하기 유형만 출제되고 있음

노트 완성하기(note completion) 유형은 Week 3에서 이미 학습하였으므로, 여기서는 노트 완성하기와
풀이 방법이 유사하지만 다른 유형인 문장 완성하기(sentence completion)와 요약문 완성하기(summary
completion) 유형에 대해 살펴봄

■ 문장 완성하기(sentence completion)

- 문장의 빈칸을 완성하는 유형
- 문제가 각각의 독립된 문장으로 구성되어 있고 다음 문제와 직접적인 연관이 없는 경우가 많기에 시각적으로 문제를
  이해하기 쉬움

PART 4   *Questions 31-40*

Complete the sentences below.

*Write **ONE WORD ONLY** for each answer.* → 주관식 문제로, 단어 수 확인

Wristwatches

31 The earliest wristwatches date back to the _____.

32 In the beginning, wristwatches were worn almost exclusively by _____.

33 One of the first wristwatches was presented to _____ as a gift.

■ 요약문 완성하기(summary completion)

- 방송 내용의 요약문 빈칸을 채우는 주관식 유형
- 질문이 긴 서술문으로 구성되어 있기에 빠른 독해력이 필요한데, 이는 방송 관련 정보가 문제에 많이 주어져 있음을
  뜻하므로 미리 문제를 잘 읽어 두면 강의 내용과 흐름을 이해하는 데 있어 훨씬 유리함

PART 4   *Questions 31-40*

Complete the summary below.

*Write **ONE WORD ONLY** for each answer.* → 주관식 문제로, 단어 수 확인

The 'groupthink' phenomenon

The term 'groupthink' originated in George Orwell's novel 1984. This psychological
phenomenon is seen in groups of people in which a desire for **31** _____ leads to
dysfunctional decision-making. It is characterized by a loss of creativity, uniqueness,
and independent **32** _____.

 **문제 풀이 전략**

1. 빈칸에 들어갈 품사 예측하기

• 관사(a, an, the), 형용사(long, sad, big 등), 소유격(their, its 등) 뒤 명사

> **예** The company received numerous _____ about the quality of their products.
> 회사는 제품 품질에 관한 수많은 _____ 를 받았습니다.
>
> **(A) complaints** 항의, 불만(명사)　　**(B) complains** 항의하다, 불만을 제기하다(동사)
>
> → 빈칸은 형용사 numerous 뒤 명사 자리이므로 정답은 (A)

• 타동사 뒤 명사: 타동사 뒤에는 '~을/를'에 해당하는 목적어가 오는데, 이때 명사가 목적어 역할을 함

> **예** The CEO accepted _____ for those defective products.
> 그 대표이사는 결함 있는 제품들에 대한 _____ 을 받아들였습니다.
>
> **(A) responsibility** 책임(명사)　　**(B) responsible** 책임의(형용사)
>
> → 빈칸은 타동사 accepted 뒤 목적어 자리이므로 정답은 (A)

• 명사 뒤 명사: 명사와 명사가 결합하는 복합 명사에서 첫 번째 명사는 두 번째 명사를 수식하는 형용사와 비슷한 역할을 하며 뒤에 명사가 핵심

> **예** A student orientation will be held tomorrow about facility _____ and guidelines for freshmen.
> 신입생을 위한 시설 _____ 및 지침들에 대한 학생 오리엔테이션이 내일 개최될 것입니다.
>
> **(A) regulated** 규제된(과거분사)　　**(B) regulations** 규정들(명사)
>
> → 빈칸 앞 facility(시설)가 관사도 없고 복수로도 쓰여 있지 않기에 형용사처럼 사용된 명사임을 파악할 수 있음. 따라서 뒤에 수식을 받는 명사가 와야 되므로 정답은 (B)

• to부정사: to 뒤에 빈칸이 있는 경우 명사가 될 수도 있지만 to부정사의 동사원형도 정답이 될 수 있음

> **예** Team A decided to _____ the paper.
> A팀은 논문을 _____ 결정했습니다.
>
> **(A) finishing** 끝마치는 것(동명사)　　**(B) finish** 끝마치다(동사)
>
> → 빈칸 앞 to가 명사를 필요로 하는 전치사 to가 아닌 to부정사의 to이므로 정답은 동사원형 (B)

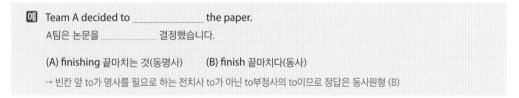

 주관식 답변 작성시 품사 및 문법 확인

IELTS Listening 시험에서 80% 이상 명사가 빈칸 정답으로 출제되며, 그 외 품사로 형용사, 동사, 부사 등도 정답으로 나옵니다. 자신이 작성한 정답이 빈칸 앞뒤와 문법적으로 오류가 없는지(주어-동사 수 일치 등) 반드시 확인하고 답안지에 올바르게 기입해야 합니다. 문법적으로 틀린 답안은 오답으로 처리되니 유의하세요.

2. 전치사 뒤 명사 유형

• 전치사 뒤 명사: 특히 아래 표와 같이 전치사를 통해 뒤에 나오는 명사가 장소인지, 시간인지 등 예측 가능

전치사	빈칸 정답 유형	예문
at ~에	+ 장소 명사	at the bus stop 버스정거장에 at work 직장에
	+ 시간 명사(숫자)	at midnight 자정에 at 1.20 1시 20분에
in ~에 ~에서	+ 장소 명사(고유명사)	in the city 도시에서 in China 중국에서
	+ 시간 명사(숫자)	in summer 여름에 in 5 minutes 5분 후에
	+ 명사(분야, 전공)	work in the field of engineering 공학 분야에서 일하다 major in psychology 심리학 분야를 전공하다
on ~위에 ~에 ~에 관한	+ 장소 명사	on the table 테이블 위에 on the street 길 위에
	+ 시간 명사(요일, 월)	on Tuesday 화요일에 on March 26 3월 26일에
	+ 명사(주제)	discussion on the project 프로젝트에 관한 논의 agenda on foreign policy 외교 정책에 관한 안건
over ~넘어서 ~동안	+ 장소 명사	over the hill 언덕 넘어 over the speed limit 속도 제한을 넘어
	+ 시간 명사(숫자)	over the last several years 지난 몇 년 동안 over two years 2년 동안
for ~동안 ~을 위해 ~로	+ 시간 명사(숫자)	for a decade 10년 동안 for 7 hours 7시간 동안
	+ 명사(대상이나 목적)	bought souvenirs for friends 친구들을 위해 기념품을 샀다 studied for her master's degree 석사를 위해 공부했다
	+ 가격 명사(숫자)	got a ticket for 100 dollars 100불로 티켓을 구했다 sold for 60 euros 60유로에 팔린

by **~로** **~에 의해** **~까지**	+ 명사(수단)	by bus 버스로 powered by solar energy 태양 에너지로 움직이는
	+ 명사(사람)	influenced by women 여성들에 의해 영향 받은 invited by her coworker 그녀의 직장동료에 의해 초대 받은
	+ 시간 명사(숫자)	get to the station by 6 o'clock 6시까지 역에 도착하다 hand in the paper by May 3 보고서를 5월 3일까지 제출하다

예 The machine runs by _____.

그 기계는 _____로 작동합니다.

(A) electrical 전기의(형용사)　　　**(B) electricity** 전기(명사)

→ 빈칸은 전치사 by 뒤 명사 자리이므로 정답은 (B).

TIP　Listening 주관식 답안 작성 유의 사항

① 숫자는 영어 철자보다는 아라비아 숫자로

숫자 2를 영어 철자 two라고 써도 숫자로 간주됩니다. 그러나 영어 철자를 쓰다가 스펠링이 틀리면 감점을 오답이 되기에, 될 수 있으면 숫자는 아라비아 숫자로 쓰고 영어 철자로 쓰지 않도록 합니다.

② 날짜는 서수보다는 기수로

1일은 1st, 2일은 2nd입니다. 즉 대부분의 날짜는 '-th'를 숫자 뒤에 붙이지만, 첫째 날과 둘째 날은 각각 '-st', '-nd'가 붙음에 유의합니다. 만일 이렇게 서수로 쓰는 것이 헷갈리면 기수로, 즉 뒤에 아무것도 붙이지 말고 간단하게 숫자만 적으세요.

(예) 7th March = 7 March

③ 대문자/소문자

아이엘츠 주관식 답안에서 대문자/소문자를 구분하지 않고 써도 정답이 됩니다. 즉, 대문자로만 써도, 소문자로만 써도, 또는 섞어서 써도 IELTS Listening 시험에서는 정답 처리가 됩니다. 하지만 대문자, 소문자를 구분하여서 쓰는 것은 영어의 기본이며, 특히 Writing 시험에서는 이러한 구분이 중요하므로, 될 수 있으면 대문자, 소문자를 구분하여 답안을 작성하도록 합니다.

(예) Wallander / WALLANDER / wallander

PART 4 빈출 어휘

▲ 음원 듣기

01	**climate**	기후
02	**carbon dioxide**	이산화탄소
03	**fuel**	연료
04	**global warming**	지구 온난화
05	**ecosystem**	생태계
06	**contamination**	오염
07	**toxic**	독성의
08	**waste**	폐기물
09	**emission**	(빛, 열, 가스 등의) 배출
10	**sustainable**	(환경 파괴 없이) 지속 가능한
11	**habitat**	서식지
12	**biodiversity**	생물의 다양성
13	**cultivation**	경작, 지배
14	**extinction**	멸종
15	**evolve**	진화하다, 발달하다
16	**output**	생산량, 산출량
17	**taxation**	조세
18	**coordination**	조직화, 합동
19	**folklore**	민속, 전통 문화
20	**relic**	유물, 유적
21	**artefact**	인공물, 유물
22	**rite**	의식, 의례
23	**excavation**	발굴
24	**civilisation**	문명
25	**nomadic**	유목의, 방랑의

Practice

음원을 들으며 문제를 풀어보세요.

▲ 음원 듣기

Questions 31-34

Complete the notes below.

*Write **ONE WORD ONLY** for each answer.*

Rising Rat Population

Recent figures

• The rat population has risen by **31** _____ per cent since 2015.

• The growth rate is about double the previous rate.

Reasons

• Rats are losing the fear of **32** _____ and spreading throughout the country.

• The main cause of the increase is the reduction in the frequency of waste **33** _____.

Problems

• Rats spread many **34** _____.

• They damage buildings.

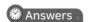

31. 19/nineteen   **32.** humans   **33.** collection   **34.** diseases

You will hear a professor discussing Britain's growing rat population in an urban development class. First, you have some time to look at questions 31 to 34.
여러분은 도시 개발 수업 시간에 영국의 증가하고 있는 쥐의 개체 수에 대해 논의하는 한 교수의 말을 듣게 됩니다. 먼저, 당신은 31-34번 문제를 볼 시간을 갖습니다.

Now listen carefully and answer questions 31 to 34.
이제 주의 깊게 듣고 31-34번 문제에 답하세요.

I'd like to continue our discussion on urban conditions in British cities.
영국 도시들의 도시환경에 관한 논의를 계속해 보겠습니다.

As I mentioned at the end of the previous lecture, one of the growing concerns in today's society is the rise in the number of rodents and the problems they cause to our health and infrastructure.
제가 이전 강의가 끝날 무렵에 언급했듯이, 오늘날 사회에서 증가하고 있는 우려 사항 중 하나는 설치류의 수 증가와 그것들이 우리의 건강 및 사회 기반 시설에 야기하는 문제들입니다.

In particular, I'd like to address the issue of the country's soaring rat population.
특히, 급증하는 쥐 개체 수에 대한 문제를 다루고 싶습니다.

I'll begin by giving you an idea of how quickly the number of rats is rising.
쥐의 개체 수가 얼마나 빨리 증가하고 있는지에 대해 알려드리는 것으로 시작하겠습니다.

31Based on recent figures released by the British Pest Control Association, Britain's rat population has grown by 19 per cent between 2015 and the present day.
영국 해충 관리 협회가 발표한 최근의 수치에 따르면, 영국의 쥐 개체 수는 2015년과 현재 사이에 19% 증가하였습니다.

This growth rate is almost double the rate recorded in previous studies.
이 성장률은 이전 연구에서 기록된 비율의 거의 두 배에 가까운 수치입니다.

32Experts have stated that rats are spreading all over the country at such an alarming rate because they are no longer afraid of humans.
전문가들은 쥐들이 더 이상 인간을 두려워하지 않기 때문에 이렇게 놀라운 속도로 전국에 퍼지고 있다고 지적했습니다.

So, they have become much braver and tend to travel greater distances in search of food.
그래서, 그들은 훨씬 더 용감해졌고, 음식을 찾아 더 먼 거리를 여행하는 경향이 있습니다.

The recent findings presented by the BPCA also indicate that excess trash is playing a role in the growth of the rat population.
BPCA에 의해 제시된 최근 조사결과 또한 과다한 쓰레기가 쥐의 개체 수 증가에 영향을 미치고 있다는 것을 나타냅니다.

33In many major cities, trash collection takes place less often than it used to. In some places, waste is collected on a weekly basis, whereas it used to be picked up and removed from an area every day, or at least every few days.
많은 주요 도시에서, 과거에 비해 쓰레기 수거 횟수가 덜 자주 일어납니다. 어떤 곳에선, 쓰레기가 일주일 단위로 수거되는데, 반면에 과거에는 매일 또는 적어도 며칠에 한 번씩 수거 및 제거됐습니다.

This is providing yet more food for the hungry rats, further sustaining the population growth.
이것은 굶주린 쥐들에게 더 많은 식량을 제공하며, 개체 수 증가를 더욱 지속시키고 있습니다.

So, how does this affect people living in Britain? Well, it poses several significant problems.
그렇다면, 이것이 영국 사람들에게 어떤 영향을 미칠까요? 자, 그것은 몇 가지 중요한 문제를 제기하고 있습니다.

First of all, as I'm sure you all know, 34rats carry and spread many infectious diseases such as leptospirosis and Lassa fever.
우선, 여러분 모두가 알고 있듯이, 쥐들은 렙토스피라증과 라사열같은 많은 전염병을 옮기고 퍼트립니다.

What many people don't realise is that they also cause major structural damage to buildings.

많은 사람들이 깨닫지 못하고 있는 것은 쥐들은 건물에 중대한 구조적 손상 또한 야기한다는 것입니다.

This is why it is important that the government find more effective measures for reducing the size of the rat population.

그렇기 때문에 정부가 쥐의 개체 수를 줄이기 위한 좀 더 효과적인 방안을 찾는 것이 중요합니다.

증가하는 쥐 개체수

영국 내의 쥐의 개체수가 2015년 이후 **31** _____ 퍼센트 늘어났다고 영국해충방제협회(BPCA)는 발표했다.

쥐들은 **32** _____ 에 대한 두려움을 잃고 전례 없는 속도로 나라 전역으로 퍼지고 있다.

BPCA는 최근 증가의 주요 원인은 대도시의 **33** _____ 빈도가 감소한 데 있다고 주장한다.

이는 지역 주민들에게 큰 위협이 되는데, 쥐들이 여러 전염병을 전염시킬 뿐만 아니라, **34** _____ 에도 피해를 주기 때문이다.

Reading

빈출 문제 유형 - 문단 제목 고르기

오늘의 학습 목표

문단 제목 고르기(matching headings)
문제 유형 파악 및 문제 풀이 전략 학습

▲ 강의 보기

기출 패턴

- 각 문단에 알맞은 제목(heading)을 주어진 리스트(list of headings)에서 고르는 문제 유형
- T/F/NG와 함께 IELTS Reading의 대표적인 문제 유형으로, 난이도는 높은 편
- 제목 리스트는 지문보다 먼저 제시되며 리스트에 나온 제목의 개수가 문단 개수와 같을 수도 있지만 더 많이 제시 되기도 함

Questions 1-4

Reading Passage 1 has four paragraphs, **A-D**.

Choose the correct heading for each paragraph from the list of headings below.

*Write the correct number, **i-vi**, in boxes 1-4 on your answer sheet.*

List of Headings

i	Selecting the best location for a building
ii	How to keep a room warm
iii	The relationship between colour and mood
iv	Design features that help to boost productivity
v	The influence of Eastern philosophies and concepts
vi	Choosing the right furniture for a space

1 Paragraph **A**

2 Paragraph **B**

3 Paragraph **C**

4 Paragraph **D**

문제 풀이 전략

1. 제목 리스트 먼저 읽기

- 핵심어 중심으로 주어진 제목들을 읽어 두기
- 지문보다 먼저, 제시되어 있는 제목 리스트를 읽는 것이 지문 독해에 보다 효율적임

2. 한 문단씩 읽으며 주제문 고르기

- 지문 전체를 읽고 문단별 제목을 한번에 고르는 것이 아닌, 문단 단위로 문제를 풀어야 함
- 한 문단을 읽을 때는 전체 내용을 스키밍(skimming)하여 문단의 주요 핵심 내용(gist)을 추려보도록 함

3. 문단의 핵심 내용(gist)을 제목 리스트와 비교 대조

- 문단의 핵심 내용과 리스트의 제목을 비교할 때는 함부로 추론하여 제목을 고르지 않도록 주의
- 지문과 똑같은 단어가 나왔다고 고르거나, 대충 흐름 또는 분위기를 파악하여 답을 고르지 않도록 주의
- 반드시 지문에 확실한 근거가 존재하기에 대충 해석하고 답을 고르면 오답을 고를 확률이 높음

4. 유의사항

- 각 요약문의 번호는 로마숫자(i, ii, iii, iv …)로 표기되며 답을 기입할 때에도 아라비아 숫자로 전환하지 않고 주어진 로마숫자로 기입해야 정답 처리가 됨
- 한번 쓰인 보기는 다시 쓰이지 않기 때문에 사용된 보기를 리스트에서 제외해두면, 다음 문제를 풀 때 선택된 보기를 또 읽지 않게 되어 시간을 낭비하지 않고 문제를 풀 수 있음

TIP **일반적 문단의 구조**

첫 문장	주제문
중간 문장	예시 문장(for example)
	부연 문장(in addition, moreover)
마지막 문장	요약문

제목을 찾기 위해 문단별로 스키밍(skimming)할 때 첫 문장과 마지막 문장은 꼭 확인하도록 합니다. 첫 문장은 주로 문단의 주제문(topic sentence), 마지막 문장은 요약(summary)문장인 경우가 흔하기 때문입니다. for example 또는 in addition으로 시작하는 예시 문장이나 부연 문장은 핵심 내용일 가능성이 낮은 반면, 전환어구인 however나 but 등으로 시작하는 전환 문장은 새로운 아이디어를 제시하여 논지를 전환하는 경우가 많기에 전환 문장 역시 필수로 읽어야 합니다.

오늘의 리딩 필수 어휘

01	contemporary	현대의, 당대의
02	aesthetic	심미적인, 미적인, 미학적인
03	hostile	적대적인
04	anxiety	불안, 염려
05	texture	질감
06	elicit	(반응 등)을 끌어내다
07	an abundance of	풍부한
08	culinary	요리의
09	coastal	해안의
10	immune system	면역 체계
11	nutritional component	영양 성분
12	organic compounds	유기 화합물
13	physiological	생리적인
14	thereby	그렇게 함으로써
15	sacrifice	희생시키다
16	protein-rich	단백질이 풍부한
17	clarity	명확성, 투명도
18	particle	입자, 티끌
19	sediment	침전물
20	reef	암초
21	filtration	여과, 정화
22	scatter	흩뿌리다, 흩어지게 하다
23	flourish	번성하다
24	sustenance	(생명 유지에 필요한) 자양물
25	shelter	피난처, 은신처, 피난하다

Practice

다음 문제를 풀어보세요.

Questions 1-4

Reading Passage 1 has four paragraphs, **A-D**.

Choose the correct heading for each paragraph from the list of headings below.

*Write the correct number, **i-vi**, in boxes 1-4 on your answer sheet.*

List of Headings
i   Selecting the best location for a building
ii   How to keep a room warm
iii   The relationship between colour and mood
iv   Design features that help to boost productivity
v   The influence of Eastern philosophies and concepts
vi   Choosing the right furniture for a space

1   Paragraph **A**

2   Paragraph **B**

3   Paragraph **C**

4   Paragraph **D**

The psychology of interior design

A The connection between interior design and human psychology has gained much attention in Europe and North America in recent years, but the concepts involved have actually existed for thousands of years in other countries. Our understanding of such ideas has been influenced by the Indian Vastu Shastra, a Hindu system of architecture, and the Chinese Feng Shui, a philosophical system that promotes harmony between individuals and their environments. Western scientists have conducted much research on these systems, and many of the core concepts are now utilised in contemporary interior design.

B Many aesthetic elements of interior design can have a significant impact on one's mood. When decorating a room, choosing shades like light green, yellow, or orange will help to encourage communication and social interaction, while dark hues such as deep blue or purple can have the opposite effect. However, certain colours can have differing effects depending on how and where they are used. For instance, red should be used sparingly when decorating a room. While a small amount of red can help to raise energy, environments that are predominantly red may seem hostile and increase anxiety.

C The textures and shapes of the chairs, tables and decorative features in a room can also elicit specific emotional responses. For example, the rich texture of a plush couch will create a feeling of happiness and comfort that is suitable for a home or a communal space such as a hospital waiting room. On the other hand, simple leather chairs will promote strength and independence and are well-suited to corporate environments. Additionally, it is recommended that the objects in a room be arranged in a way that does not create 'dead space', since this gives rise to negative energy.

D Some aspects of interior design are of particular interest to employers. Plentiful daylight has been shown to boost one's happiness, while dimly lit rooms can increase sadness, so a large number of large windows are almost always preferable in a workplace. Studies have concluded that salespersons working in environments that receive an abundance of daylight achieve more sales than those working in windowless rooms, supporting the idea that natural light improves human performance. Other studies have demonstrated that people are more creative and focused in rooms with higher ceilings and that the presence of plants can improve concentration and reduce stress.

다음 문제를 풀어보세요.

Questions 5-9

Reading Passage 2 has five paragraphs, **A-E**.

Choose the correct heading for each paragraph from the list of headings below.

*Write the correct number, **i-viii**, in boxes 5-9 on your answer sheet.*

List of Headings

i Popular culinary uses of oysters

ii Protecting coastal species from environmental risks

iii Harvesting of low-sodium oysters

iv Eating oysters to boost the immune system

v Endangered species of oysters

vi Improving the marine habitat

vii The nutritional components of oysters

viii A healthy food choice for weight loss

5 Paragraph **A**

6 Paragraph **B**

7 Paragraph **C**

8 Paragraph **D**

9 Paragraph **E**

The secret benefits of oysters

A It may surprise many people that oysters have several remarkable qualities in addition to their pleasing taste. For instance, the significantly high levels of minerals, vitamins and organic compounds they contain make them a premier food item in terms of nutritional supplementation. They are particularly noted for their high zinc content, and they also contain very high levels of protein, vitamin D, vitamin B12, iron, potassium and sodium. Furthermore, they are a natural source of beneficial cholesterol, antioxidants, omega-3 fatty acids and water, all of which can improve an individual's health and overall body function.

B To be more specific, one health benefit of eating oysters is the impact they have on our immune systems. Many of the vitamins and minerals they contain have antioxidant and anti-inflammatory properties, which means they can defend the body against free radicals that damage healthy cells and transform them into cancerous cells. Free radicals can be extremely dangerous and result in heart diseases and other physiological problems if allowed to build up in body tissue. Antioxidants from oysters can remove these free radicals from the tissue and bloodstream, thereby improving one's immunity to diseases.

C Also, oysters are one of the foods with the lowest calories per typical serving size. This means that oysters are an excellent choice for anyone who desires to lose weight without sacrificing recommended amounts of vitamins and minerals. In a typical serving, oysters have nearly half the calories of chicken breasts and are perfectly suited to be used in low-calorie, protein-rich meals. However, it should be noted that they do contain high levels of sodium, so those who prefer a low-sodium diet may wish to avoid them.

D The most startling benefits of oysters are not those that come from their nutritional value, but those that come from their impact on the natural environment. Oysters are able to improve water clarity by drawing in particles and sediment from the water and depositing them on the seafloor. A single oyster is capable of filtering more than 50 litres of water in a single day. A reef can contain millions of oysters, so they serve as a significantly powerful natural filtration system. At the same time, oysters scatter their own waste products across the seafloor, and this nutrient-rich layer encourages seagrass to grow and flourish, thereby providing sustenance for other sea creatures and supporting the entire underwater food chain.

E Oysters not only help underwater species but also those that live on the coast, such as snails and crabs. These animals must endure harsh weather during low tide and are easy prey for marine predators during high tide. The shells of oysters provide shelter for small invertebrates, protecting them from predators and potentially harmful temperature fluctuations.

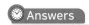

1. v **2.** iii **3.** vi **4.** iv **5.** vii **6.** iv **7.** viii **8.** vi **9.** ii

i	건물에 가장 적합한 위치 선택
ii	방을 따뜻하게 유지하는 방법
iii	색채와 기분의 상관관계
iv	생산성 향상에 도움이 되는 디자인의 특징
v	동양 철학과 개념의 영향
vi	공간에 맞는 가구 선택

실내 디자인의 심리학

A 실내 디자인과 인간 심리학 간의 연관성은 유럽과 북미에서 최근 많은 관심을 받고 있으나 그와 관련된 개념들은 수 천년 간 다른 나라에서 사실상 존재해 왔다. [1]그런 개념들에 대한 우리의 이해는 힌두 건축 양식인 인도의 바스투 샤스트라에 의해 그리고 개인과 환경 간의 조화를 장려하는 철학적 시스템인 중국의 풍수에 의해 영향을 받아왔다. 서양 과학자들은 이런 시스템에 대한 많은 연구를 시행해왔고, 핵심 개념 중 많은 것들이 현대 실내 디자인에 현재 사용되고 있다.

B 실내 디자인의 많은 미학적 요소들은 [2]사람의 기분에 큰 영향을 끼칠 수 있다. 방을 장식할 때, 밝은 녹색, 노랑, 혹은 주황 같은 색조를 고르는 것이 의사소통과 사회적 교류를 조장하는데 도움을 줄 수 있지만, 반면에 짙은 파랑이나 보라 같은 어두운 색깔은 반대 영향을 줄 수 있다. 하지만, 특정 색깔은 어떻게 그리고 어디에서 그 색깔이 사용되느냐에 따라 다른 영향을 줄 수 있다. 예를 들어, 방을 장식할 때 빨강색은 조금만 사용되어야 한다. 소량의 빨간색은 에너지를 상승시키는 데 도움이 될 수 있는 반면에, 빨강색이 대부분인 환경은 적대적으로 보일 수 있으며 불안감을 증가시킬 수 있다.

C [3]방 안의 의자, 탁자 그리고 장식물들의 질감이나 모양은 특정한 감정적 반응을 끌어낼 수도 있다. 예를 들면, 플러시 소파의 풍부한 질감은 가정 집이나 병원의 대기실과 같은 공용 공간에 적합한 행복감과 평안함을 만들어 낼 것이다. 반면에, 단순한 가죽 소파는 힘과 독립성을 장려할 것이고 기업 환경에 잘 어울린다. 또한, 한 방안에 물건이 '죽은 공간'을 만들지 않는 방식으로 배열되도록 추천되는데, 이(죽은 공간)는 부정적인 에너지를 야기시키기 때문이다.

D 실내 디자인의 몇몇 측면은 고용주들에게 있어서 특별한 관심이다. 풍부한 채광은 행복감을 향상시켜준다고 보여지는데, 반면에 침침한 물이 켜신 방은 슬픔을 승가시킬 수 있어서, 식상에서 큰 장분이 많이 있는 것이 거의 항상 선호뇌어신나. [4]연구들은 풍부한 채광을 받는 환경에서 일을 하는 영업사원은 창문이 없는 방에서 일하는 사람들보다 더 많은 판매를 달성한다 결론을 내고 있는데, 이는 자연광이 사람의 성취도를 향상시킨다는 의견을 지지한다. 다른 연구들은 천장이 높은 방 안에 사람들이 더 창의적이고 집중력이 높고 식물의 존재는 집중력을 향상시키고 스트레스를 줄일 수 있다고 설명한다.

Vocabulary

mood 기분 feature 특징 boost 촉진시키다, 도와주다 productivity 생산성 philosophy 철학 psychology 심리(학)
involved 관련된 exist 존재하다 architecture 건축, 건축 양식 philosophical system 철학 체계 promote 촉진하다
conduct 실시하다, 수행하다 core concept 핵심 개념 utilise 활용하다 contemporary 현대의, 당대의 aesthetic
심미적인 element 요소 decorate 장식하다 shade 색조 encourage 조장하다, 촉진하다 social interaction 사회적 교류
opposite 반대의 differing 다른 sparingly 드물게, 조금만 predominantly 대개, 대부분 hostile 적대적인 anxiety 불안,
염려 texture 질감 elicit (반응 등을) 끌어내다 emotional response 감정적 반응 rich 풍부한 plush 플러시 천 couch
소파 comfort 편안함 communal space 공용 공간 leather 가죽 corporate 기업의 object 물건, 물체 give rise to ~을

일으키다, 생기게 하다 **plentiful** 풍부한 **dimly** 어둑하게 **lit** 불이 켜진 **preferable** 선호되는 **an abundance of** 풍부한 **sales** 영업, 매출, 판매 **performance** 성과, 실적 **demonstrate** ~을 나타내다 **ceiling** 천장 **presence** 존재, 있음 **concentration** 집중

굴의 신비로운 혜택

A 굴이 즐길 수 있는 맛뿐만 아니라 주목할 만한 특징을 갖는다는 것이 많은 이들을 놀라게 할지 모른다. 예를 들면, [5]굴이 함유하는 상당히 많은 미네랄, 비타민 그리고 유기 화합물은 영양 보충 측면에서 굴을 최고의 식품으로 만든다. 굴은 특히 높은 아연 함유량으로 알려져 있고 또한 매우 높은 수준의 단백질, 비타민 D, 비타민 B12, 철분, 칼륨 그리고 나트륨을 함유한다. 더욱이, 굴은 이로운 콜레스테롤과, 항산화제, 오메가 3 지방산 그리고 수분의 천연 공급원으로, 이 모든 것들이 개인의 건강과 전반적인 신체 기능을 향상시킬 수 있다.

B 좀 더 구체적으로, [6]굴을 섭취하는 한 가지 건강 혜택은 굴이 우리의 면역 체계에 미치는 영향이다. 굴이 함유하는 많은 비타민과 미네랄은 항산화와 항염 성분을 가지고 있는데, 이는 건강한 세포를 훼손하고 암세포로 전환시키는 활성 산소에 대항해 굴이 몸을 방어한다는 것을 의미한다. 활성 산소는 신체 조직 안에 축적되면 극도로 위험할 수 있는데 심장병 및 다른 생리적인 문제를 유발할 수 있다. 굴에서 나온 항산화 성분은 신체 조직이나 혈류에서 나온 이런 활성 산소를 제거할 수 있고, 그 결과, 질병에 대한 우리의 면역성을 향상시킨다.

C 또한, [7]굴은 기본 제공량 당 가장 낮은 칼로리를 가진 음식 중 하나이다. 이는 비타민과 미네랄 권장량을 희생하지 않고 체중 감량을 원하는 누구에게나 굴이 훌륭한 선택이라는 것을 의미한다. 기본 제공량에 있어서, 굴은 닭 가슴살 칼로리의 거의 절반에 해당하기에, 저칼로리 고단백 식사에 이용되기에 완전히 적합하다. 하지만, 굴이 높은 양의 나트륨을 함유하는 것이 주의되어야 하므로, 저염분 식단을 선호하는 사람들은 굴을 피하고 싶을 수도 있다.

D 굴의 가장 놀라운 혜택들은 굴의 영양학적 가치로부터 나오는 것들이 아니라, [8]자연환경에서 굴의 영향으로부터 나오는 것들이다. 굴은 물속의 입자(티끌)들과 침전물을 빨아들이고 해저에 축적시킴으로 물의 투명도를 향상시킬 수 있다. 굴 하나는 하루 동안 50리터 이상의 물을 정화시킬 수 있다. 한 암초에는 수 백 만개의 굴이 서식하기에, 굴은 상당히 강력한 천연 여과기로써 역할을 한다. 동시에, 굴은 자신의 노폐물을 해저에 분산시키고, 이 영양분이 풍부한 층이 해초의 성장과 번성을 조장하여, 그 결과 다른 해양 생물들을 위한 자양물을 제공하고 해저 먹이 사슬 전체를 지탱한다.

E 굴은 수중 생물들만 도와주는 것이 아니라 [9]달팽이나 게 같이 해안가에 사는 생물들도 도와준다. 이러한 동물들은 간조 때에는 가혹한 날씨를 견뎌야 하고 만조 때에는 바다 포식자들에게 쉬운 사냥감이 된다. 굴 껍데기들은 작은 무척추동물들을 위한 피신처를 제공하여 포식자들과 잠재적으로 해로운 기온 변동으로부터 그것들을 보호한다. 번성을 조장하여, 그 결과 다른 해양 생물들을 위한 자양물을 제공하고 해저 먹이 사슬 전체를 지탱한다.

culinary 요리의 coastal 해안의 environmental risk 환경 위험 harvesting 수확, 거둬들이기 low-sodium 저염분의 immune system 면역 체계 endangered 멸종 위기에 처한 marine habitat 해양 서식지 nutritional component 영양 성분 remarkable 놀랄 만한, 주목할 만한 quality 특성, 성질 significantly 상당히, 많이 organic compounds 유기 화합물 contain 포함하다, 함유하다 premier 주요한 in terms of ~한 측면에서 supplementation 보충(물) be noted for ~로 잘 알려지다 zinc 아연 content 내용, 내용물 protein 단백질 potassium 칼륨 natural source 천연 공급원 beneficial 유익한, 이로운 antioxidant 산화 방지제 fatty acid 지방산 individual 사람, 개인 overall 전반적인 body function 신체 기능 have impact on ~에 영향을 미치다 anti-inflammatory 항염증의 property 특성 defend A against B A를 B로부터 보호하다 free radical 유리기(활성 산소 의미) cell 세포 transform A into B A를 B로 변화시키다 cancerous 암의 result in ~의 결과를 낳다, ~을 초래하다 disease 질병 physiological 생리적인 body tissue 신체 세포 조직 remove 제거하다 bloodstream 혈류, 혈액 순환 thereby 그렇게 함으로써 typical 일반적인 serving size 제공량, 1인분 sacrifice 희생시키다 protein-rich 단백질이 풍부한 note 주목하다, 주의하다 startling 아주 놀라운 clarity 명확성, 투명도 draw in ~을 빨아들이다, 끌어들이다 particle 입자, 티끌 sediment 침전물 deposit 놓다, 침전시키다 seafloor 해저 be capable of ~할 수 있다 reef 암초 serve as ~로서의 역할을 하다 filtration system 여과기, 정화 시스템 scatter 흩뿌리다, 흩어지게 하다 waste product 배설물, 폐기물 nutrient-rich 영양분이 풍부한 layer 층, 막 seagrass 해초, 해중 식물 flourish 번성하다 sustenance (생명 유지에 필요한) 자양물 sea creature 해양 생물 food chain 먹이 사슬 snail 달팽이 crab 게 endure 견디다, 이겨내다 harsh 가혹한 low tide 썰물, 간조 prey 먹이 predator 포식자 high tide 밀물, 만조 shell 껍데기 shelter 피신처 invertebrate 무척추동물 potentially 잠재적으로 harmful 해로운 fluctuation 변동, 오르내림

Weekly Review

Speaking

아래 질문에 대해 큰소리로 자신의 답변을 녹음하고 들어 보세요.

1. What is your favourite public holiday? [Why?]

_____

_____

_____

_____

_____

2. Is there any special food people eat when celebrating traditional holidays in your country?

_____

_____

_____

_____

_____

3. Is the role of public holidays changing in your country?

_____

_____

_____

_____

_____

Writing

우리말 뜻에 맞게 빈칸을 채워서 문장을 완성하세요.

1. 동물 실험이 의학 연구에서 중요한 역할을 해온 반면에, 동물을 사용하지 않는 방법을 개발하려는 움직임이 있습니다.

   _____ animal testing has played an important role in medical research, there is a movement to develop methods that do not involve animals.

2. 이것은 그 문제에 대한 한 가지 가능한 해결책입니다. 하지만 다른 방법들도 있습니다.

   This is one possible solution to the problem. _____ , there are others.

3. 많은 사업체들이 경제 상황으로 인해 실적이 좋지 않습니다.

   Many businesses are doing badly _____ the economic situation.

4. 작은 크기에도 불구하고, 그 장치는 수천 시간의 음악을 저장할 수 있습니다.

   _____ its small size, the device can store thousands of hours of music.

5. 일반적인 믿음에 반해, 이러한 운동들이 건강에 실제로 도움이 되지 않습니다.

   _____ popular belief, these exercises are not really beneficial for one's heath.

6. 그 정책은 많은 장점들이 있기에, 지자체들은 이를 시행하는 것을 고려해야 합니다.

   _____ the policy has so many merits, the local councils should consider implementing it.

7. 그럼에도 불구하고 좋은 커뮤니케이션 기술을 배우려면 직접 연습할 기회가 필요합니다.

   _____ , learning good communication skills requires an opportunity to practice them in person.

Listening

리스닝 학습에서는 딕테이션(dictation)과 쉐도잉(shadowing)이 중요합니다.
음원을 들으며 빈칸을 채우고, 다시 음원을 들으며 따라 읽어보세요.

▲ 음원 듣기

I'd like to continue our discussion on **1.** _____ in British cities.

As I mentioned at the end of the previous lecture, one of the growing concerns in today's society is the rise in the number of **2.** _____ and the problems they cause to our health and infrastructure.

In particular, I'd like to address the issue of the country's soaring rat population.

I'll begin by giving you an idea of how quickly the number of rats is rising.

Based on recent figures released by the British Pest Control Association, Britain's rat population has grown **3.** _____ per cent between 2015 and the present day.

This growth rate is almost double the rate recorded in previous studies.

Experts have stated that rats are spreading all over the country at such an alarming rate because they are no longer afraid of **4.** _____ .

So, they have become much braver and tend to travel greater distances in search of **5.** _____ .

The recent findings presented by the BPCA also indicate that excess trash is playing a role in the growth of the rat population.

In many major cities, trash collection takes place less often than it used to. In some places,
6. _____ is collected on a weekly basis, whereas it used to be picked up and removed from an area every day, or at least every few days.

This is providing yet more food for the hungry rats, further sustaining the population growth.

So, how does this affect people living in Britain? Well, it poses several significant problems.

First of all, as I'm sure you all know, rats carry and spread many infectious **7.** _____ such as leptospirosis and Lassa fever.

What many people don't realise is that they also cause major structural damage to buildings.

This is why it is important that the government find more effective measures for reducing the size of the rat population.

Reading

다음의 문구를 지문에서 스캐닝(scanning)하여 표시하세요.

> pleasing taste
>
> nutritional supplementation
>
> immune systems
>
> lowest calories
>
> high levels of sodium
>
> improve water clarity
>
> providing sustenance
>
> shelter for small invertebrates

It may surprise many people that oysters have several remarkable qualities in addition to their pleasing taste. For instance, the significantly high levels of minerals, vitamins and organic compounds they contain make them a premier food item in terms of nutritional supplementation. They are particularly noted for their high zinc content, and they also contain very high levels of protein, vitamin D, vitamin B12, iron, potassium and sodium. Furthermore, they are a natural source of beneficial cholesterol, antioxidants, omega-3 fatty acids and water, all of which can improve an individual's health and overall body function.

To be more specific, one health benefit of eating oysters is the impact they have on our immune systems. Many of the vitamins and minerals they contain have antioxidant and anti-inflammatory properties, which means they can defend the body against free radicals that damage healthy cells and transform them into cancerous cells. Free radicals can be extremely dangerous and result in heart diseases and other physiological problems if allowed to build up in body tissue. Antioxidants from oysters can remove these free radicals from the tissue and bloodstream, thereby improving one's immunity to diseases.

Also, oysters are one of the foods with the lowest calories per typical serving size. This means that oysters are an excellent choice for anyone who desires to lose weight without sacrificing recommended amounts of vitamins and minerals. In a typical serving, oysters have nearly half the calories of chicken breasts and are perfectly suited to be used in low-calorie, protein-rich meals. However, it should be noted that they do contain high levels of sodium, so those who prefer a low-sodium diet may wish to avoid them.

The most startling benefits of oysters are not those that come from their nutritional value, but those that come from their impact on the natural environment. Oysters are able to improve water clarity by drawing in particles and sediment from the water and depositing them on the seafloor. A single oyster is capable of filtering more than 50 litres of water in a single day. A reef can contain millions of oysters, so they serve as a significantly powerful natural filtration system. At the same time, oysters scatter their own waste products across the seafloor, and this nutrient-rich layer encourages seagrass to grow and flourish, thereby providing sustenance for other sea creatures and supporting the entire underwater food chain.

Oysters not only help underwater species but also those that live on the coast, such as snails and crabs. These animals must endure harsh weather during low tide and are easy prey for marine predators during high tide. The shells of oysters provide shelter for small invertebrates, protecting them from predators and potentially harmful temperature fluctuations.

다음 문장을 해석하세요.

1. It may surprise many people that oysters have several remarkable qualities in addition to their pleasing taste.
> 해석

2. They are particularly noted for their high zinc content, and they also contain very high levels of protein, vitamin D, vitamin B12, iron, potassium, and sodium.
> 해석

3. To be more specific, one health benefit of eating oysters is the impact they have on our immune systems.
> 해석

4. However, it should be noted that oysters do contain high levels of sodium, so those who prefer a low-sodium diet may wish to avoid them.
> 해석

5. The most startling benefits of oysters are not those that come from their nutritional value, but those that come from their impact on the natural environment.
> 해석

6. A reef can contain millions of oysters, so they serve as a significantly powerful natural filtration system.
> 해석

7. Oysters not only help underwater species but also those that live on the coast, such as snails and crabs.
> 해석

Answers

1.

Chuseok is my favourite public holiday. Much like Thanksgiving Day, families come together in their hometowns and celebrate the day with fun activities and delicious food.

추석은 제가 가장 좋아하는 명절입니다. 추수감사절과 마찬가지로, 가족들이 고향에 모여 재미있는 활동과 맛있는 음식으로 하루를 기념합니다.

2.

During the Lunar New Year, we eat rice cake soup, which symbolises growing one year older. For Chuseok, we eat rice cakes shaped like a half-moon, which represent making a wish to the moon.

설날에는, 우리는 떡국을 먹는데, 이는 나이를 1살 더 먹는다는 것을 상징합니다. 추석에는, 반달 모양의 떡(송편)을 먹는데, 이는 달에 소원 비는 것을 나타냅니다.

3.

I think the role of public holidays is changing in my country. People are becoming more focused on personal interests, and some holidays are losing their traditional significance. Instead of celebrating together, many individuals now choose to travel or relax on their own during these holidays.

나는 우리나라에서 공휴일의 역할이 변화하고 있다고 생각합니다. 사람들이 개인적인 관심사에 더 집중하면서 일부 명절은 전통적인 의미를 잃어가고 있습니다. 명절에 함께 모여 축하하는 대신, 이제 많은 사람들이 혼자 여행하거나 휴식을 취하는 것을 선택합니다.

Writing

1. While(=Whereas) **2.** However **3.** due to(=owing to, because of) **4.** In spite of(=Despite)
5. Contrary to **6.** Since(=Because, Now that) **7.** Nevertheless

Listening

1. urban conditions **2.** rodents **3.** by 19/nineteen **4.** humans **5.** food **6.** waste **7.** diseases

Reading

It may surprise many people that oysters have several remarkable qualities in addition to their pleasing taste. For instance, the significantly high levels of minerals, vitamins and organic compounds they contain make them a premier food item in terms of nutritional supplementation. They are particularly noted for their high zinc content, and they also contain very high levels of protein, vitamin D, vitamin B12, iron, potassium and sodium. Furthermore, they are a natural source of beneficial cholesterol, antioxidants, omega-3 fatty acids and water, all of which can improve an individual's health and overall body function.

To be more specific, one health benefit of eating oysters is the impact they have on our immune systems. Many of the vitamins and minerals they contain have antioxidant and anti-inflammatory properties, which means they can defend the body against free radicals that damage healthy cells and transform them into cancerous cells. Free radicals can be extremely dangerous and result in heart diseases and other physiological problems if allowed to build up in body tissue. Antioxidants from oysters can remove these free radicals from the tissue and bloodstream, thereby improving one's immunity to diseases.

Also, oysters are one of the foods with the lowest calories per typical serving size. This means that oysters are an excellent choice for anyone who desires to lose weight without sacrificing recommended amounts of vitamins and minerals. In a typical serving, oysters have nearly half the calories of chicken breasts and are perfectly suited to be used in low-calorie, protein-rich meals. However, it should be noted that they do contain high levels of sodium, so those who prefer a low-sodium diet may wish to avoid them.

The most startling benefits of oysters are not those that come from their nutritional value, but those that come from their impact on the natural environment. Oysters are able to improve water clarity by drawing in particles and sediment from the water and depositing them on the seafloor. A single oyster is capable of filtering more than 50 litres of water in a single day. A reef can contain millions of oysters, so they serve as a significantly powerful natural filtration system. At the same time, oysters scatter their own waste products across the seafloor, and this nutrient-rich layer encourages seagrass to grow and flourish, thereby providing sustenance for other sea creatures and supporting the entire underwater food chain.

Oysters not only help underwater species but also those that live on the coast, such as snails and crabs. These animals must endure harsh weather during low tide and are easy prey for marine predators during high tide. The shells of oysters provide shelter for small invertebrates, protecting them from predators and potentially harmful temperature fluctuations.

1. 굴이 즐길 수 있는 맛뿐만 아니라 주목할 만한 특징을 갖는다는 것이 많은 이들을 놀라게 할지 모른다.

2. 그것들은 특히 높은 아연 함유량으로 알려져 있고 또한 매우 높은 수준의 단백질, 비타민 D, 비타민 B12, 철분, 칼륨 그리고 나트륨을 함유한다

3. 좀 더 구체적으로, 굴을 섭취하는 한 가지 건강 혜택은 굴이 우리의 면역 체계에 미치는 영향이다.

4. 하지만, 굴이 높은 양의 나트륨을 함유하는 것이 주의되어야 하므로, 저염분 식단을 선호하는 사람들은 굴을 피하고 싶을 수도 있다.

5. 굴의 가장 놀라운 혜택들은 굴의 영양학적 가치로부터 나오는 것들이 아니라, 자연환경에서 굴의 영향으로부터 나오는 것들이다.

6. 한 암초에는 수 백 만개의 굴이 서식하기에, 굴은 상당히 강력한 천연 여과기로써 역할을 한다.

7. 굴은 수중 생물들만 도와주는 것이 아니라 달팽이나 게 같이 해안가에 사는 생물들도 도와준다.

Memo

ielts.siwonschool.com

Week 10

Speaking
빈출 주제 공략 - 쇼핑

오늘의 학습 목표

스피킹 시험에서 자주 나오는 '쇼핑' 주제 관련 문제 연습

▲ 강의 보기

PART 1 문제 연습

Q1

Do you like to go shopping? [Why/Why not?]
당신은 쇼핑 가는 것을 좋아하나요? [왜 그런지?/왜 그렇지 않은지?]

Vocabulary & Expressions ✦

time-consuming 시간 소모가 큰 crowded 붐비는 deal 거래, 특가 reduced 할인된, 감소된

샘플 답변

No, I think it is very time-consuming, and I don't like crowded places. I usually buy things on the internet because websites offer the best deals, and you can buy all kinds of things at reduced prices.

아니오. 저는 쇼핑이 시간 소모가 크다고 생각하며, 사람이 많은 곳을 좋아하지도 않습니다. 저는 보통 인터넷에서 물건을 구입하는데 웹사이트는 최고의 거래를 제공하고 할인된 가격으로 모든 종류의 물건을 구입할 수 있기 때문입니다.

🎵 나만의 답변을 직접 적어보고 말해보세요.

_____

_____

_____

Do you like to shop alone or with friends? [Why?]
당신은 혼자서 쇼핑하는 것 혹은 친구와 쇼핑하는 것 중 어느 것을 좋아하나요?
[왜 그런지?]

Vocabulary & Expressions ✦

rarely 거의 아닌 objective 객관적인 advice 조언 fashionable 멋스러운 trendy 유행에 민감한 recommendation 추천

💬 샘플 답변

I prefer shopping with friends and rarely go shopping alone. My friends give me objective advice on the products I want to buy. I'm neither fashionable nor trendy, so their recommendations are very helpful.

저는 친구들과 쇼핑하는 것을 선호하고 혼자는 거의 쇼핑하러 가지 않습니다. 제 친구들은 제가 사고 싶은 제품에 대해 객관적인 조언이나 평가를 해 줍니다. 제가 멋스럽거나 유행에 민감하지 않으므로, 친구들의 추천이 매우 도움이 됩니다.

✍ 나만의 답변을 직접 적어보고 말해보세요.

Q3

Do you prefer to shop at a big shopping centre or small shops? [Why?]
당신은 큰 쇼핑 센터 혹은 작은 상점에서 쇼핑하는 것 중 어느 것을 선호하나요?
[왜 그런지?]

Vocabulary & Expressions ✦

well-managed 잘 관리되는 get around 돌아다니다

💬 샘플 답변

I like to shop at big shopping centres because they offer a variety of well-managed products. In particular, big shopping centres are cleaner and more convenient to get around.

저는 대형 쇼핑 센터에서의 쇼핑을 좋아하는데, 잘 관리가 되는 다양한 제품을 제공하고 있기 때문입니다. 특히, 대형 쇼핑 센터는 더 깨끗하고 돌아다니기에 더 편리합니다.

✍ 나만의 답변을 직접 적어보고 말해보세요.

Describe a shopping centre or shop you often go to.

You should say:
  what the shop is
  what types of products it sells
  what special features the place has
and explain why you like the shop so much.

📝 각 질문에 대한 답변 메모

당신이 자주 가는 쇼핑 센터 또는 상점에 대해 설명하세요.	
① 어떤 가게인지	① 하남 몰
② 어떤 물건을 파는지	② 의류, 주방용품, 가구, 전자제품
③ 어떤 특별한 특징들이 있는지	③ 엔터테인먼트 시설, 식당과 카페, 대형 슈퍼마켓
④ 그리고 왜 당신이 그 가게를 좋아하는지 설명하세요.	④ 가족 나들이

Vocabulary & Expressions ✦

be famous for ~로 유명하다 be crowded with ~로 붐비다 a wide selection of 다양한 종류의 kitchenware 주방용품 electronic 전자의 goods 제품 amusement arcade 오락실 spa 스파, 찜질방 facility 시설 at low prices 저렴한 가격에 grocery 식료품 basement 지하 outing 나들이 quality time 소중한 시간

💬 샘플 답변

① Once a month, I usually go to Hanam Mall with my family. It is located in Hanam, which is a city to the east of Seoul. It is famous for being one of the biggest malls in Korea and always crowded with people of all ages.

② The stores there sell a wide selection of products, including clothing, kitchenware, furniture and electronic goods.

③ In addition, the mall also offers special features such as a cinema, amusement arcade, playground, swimming pool, spa and other entertainment facilities. There are also a lot of restaurants and cafes that serve delicious food at low prices. Moreover, people can do their grocery shopping at the huge supermarket in the basement.

④ What I like the most about the mall is that it is the perfect place for a family outing. Because everything is in one place, not only is it convenient, but also all members of the family can find at least one thing that they enjoy. Plus, it's a great opportunity for spending quality time and creating lasting memories.

① 한 달에 한 번, 저는 보통 가족들과 하남 몰에 갑니다. 그것은 하남에 위치하고 있는데, 그것은 서울의 동쪽에 위치한 도시입니다. 그곳은 한국에서 가장 큰 쇼핑몰 중 하나로 유명하고 항상 모든 연령대의 사람들로 붐빕니다.

② 매장에서는 의류, 주방용품, 가구, 전자제품 등 다양한 종류의 제품을 판매하고 있습니다.

③ 또한, 쇼핑몰에는 영화관, 오락실, 놀이터, 수영장, 스파 및 기타 엔터테인먼트 시설과 같은 특별한 특징들도 제공합니다. 저렴한 가격에 맛있는 음식을 제공하는 식당과 카페도 많이 있습니다. 게다가, 사람들은 지하에 있는 대형 슈퍼마켓에서 식료품 쇼핑을 할 수 있습니다.

④ 몰에서 가장 마음에 드는 점은 몰은 가족 나들이를 위한 완벽한 곳입니다. 모든 것이 한곳에 있기 때문에 편리할 뿐만 아니라 가족 구성원 모두가 좋아하는 것을 하나 이상 찾을 수 있습니다. 또한 소중한 시간을 보내고 오래도록 기억에 남을 추억을 만들 수 있는 좋은 기회이기도 합니다.

✎ 나만의 메모와 답변을 직접 적어보고 말해보세요.

Memo
①
②
③
④

Q1	**What are some advantages and disadvantages of online shopping?** 온라인 쇼핑의 장단점은 무엇인가요?

Vocabulary & Expressions ◆

in person 직접 compare 비교하다 have the opportunity to ~할 기회가 있다 be different from ~와 다르다

💬 샘플 답변

In my opinion, one advantage is that it is very convenient. As long as you have internet connection, you do not have to go to a store in person. Another advantage is that you can choose the cheapest items because you can compare the prices easily. However, you don't have the opportunity to touch and see the products. Sometimes, the product you actually receive could be different from what you saw on your computer screen.

제 의견으로, 한 가지 장점은 그것이 매우 편리하다는 것입니다. 인터넷 연결이 되어 있다면 직접 가게에 가지 않아도 됩니다. 또 다른 장점은 가격을 쉽게 비교할 수 있기 때문에 가장 싼 품목을 선택할 수 있다는 것입니다. 그러나, 제품을 만지고 볼 기회가 없습니다. 때로는 실제로 받은 제품이 컴퓨터 화면에서 본 것과 다를 수 있습니다.

✍️ 나만의 답변을 직접 적어보고 말해보세요.

_____

_____

_____

_____

_____

_____

_____

_____

Do you think young people feel the same about
shopping at markets as older people?

당신은 젊은이들도 시장에서 쇼핑하는 것에 대해 노년층과 똑같이 느낀다고 생각하나요?

Vocabulary & Expressions ✦

value 소중하게 여기다 traditional market 전통 시장 prioritise 우선시하다 convenience 편의 a wide variety of(=a wide selection of) 다양한 from the comfort of one's home 집에서 편안하게

💬 샘플 답변

While older people value shopping at traditional markets, I think younger people tend to prioritise convenience and having a wide variety of choices. Therefore, younger people prefer to shop online, since they can compare a wide selection of products from the comfort of their home.

노년층은 전통 시장에서 쇼핑하는 것을 중요하게 생각하지만, 젊은 층은 편리함과 다양한 선택권을 우선시하는 경향이 있다고 생각합니다. 따라서 젊은 층은 집에서 편안하게 다양한 제품을 비교할 수 있는 온라인 쇼핑을 선호합니다.

✍️ 나만의 답변을 직접 적어보고 말해보세요.

_____

_____

_____

_____

_____

_____

1. time-consuming 시간 소모가 큰

I think shopping is time-consuming.
저는 쇼핑이 시간 소모가 크다고 생각합니다.

2. get around 돌아다니다

Big shopping centres are clean and convenient to get around.
대형 쇼핑 센터는 깨끗하고 돌아다니기에 편리합니다.

3. be crowded with ~로 붐비다

It always is crowded with people of all ages.
그곳은 항상 모든 연령대의 사람들로 붐빕니다.

4. at low prices 저렴한 가격에

There are also a lot of restaurants and cafes that serve delicious food at low prices.
저렴한 가격에 맛있는 음식을 제공하는 식당과 카페도 많이 있습니다.

5. family outing 가족 나들이

The mall is the perfect place for a family outing.
몰은 가족 나들이를 위한 완벽한 곳입니다

6. have the opportunity to ~할 기회가 있다

You don't have the opportunity to touch and see the products when shopping online.
당신이 온라인 쇼핑을 할 때 제품을 만지고 볼 기회가 없습니다.

7. from the comfort of one's home 집에서 편안하게

People can compare a wide selection of products from the comfort of their home when shopping online.
사람들은 온라인 쇼핑을 할 때 집에서 편안하게 다양한 제품을 비교할 수 있습니다.

Practice

아래 질문에 대해 큰소리로 자신의 답변을 녹음하고 들어 보세요.

1. Do you like to go shopping? [Why/Why not?]

2. Describe a shopping centre or shop you often go to.
You should say:
      what the shop is
      what types of products it sells
      what special features the place has
and explain why you like the shop so much.

3. Do you think young people feel the same about shopping at markets as older people?

파트 2 양자 의견(both views)문제 파악 실전 문제 연습

▲ 강의 보기

📖 양자 의견 문제

You should spend about 40 minutes on this task.

Write about the following topic:

> *Nowadays, many people believe that parents should actively control the education of their teenage children rather than let them choose what they want to study. However, some people are worried that this kind of parental intervention may affect young students adversely.*
>
> *Discuss both these views and give your opinion.*

Give reasons for your answer and include any relevant examples from your own knowledge or experience.

Write at least 250 words.

이 문제에 대해서 약 40분을 쓰도록 하세요.

다음 주제에 대해 쓰세요:

> 요즘 많은 사람들은 부모들이 10대 자녀들이 공부하고 싶은 것을 선택하게 하기 보다는 그들의 교육을 적극적으로 통제해야 한다고 생각합니다. 하지만 어떤 사람들은 이런 부모의 개입이 어린 학생들에게 악영향을 끼칠 수 있다고 걱정합니다.
>
> 이러한 두 가지 의견에 대해 논의하고 자신만의 의견을 내세요.

당신의 대답에 대한 이유들을 들고 당신만의 지식 또는 경험으로부터 나온 관련 예들을 포함하세요.

최소 250 단어를 쓰세요.

🔖 문제 풀이 순서

1. 문제 분석

키워드 분석	· many: parents should actively control the education of their teenage children · some: parental intervention may affect young students adversely · discuss both these views + give your opinion

▼

각 의견 정리	· 자녀 교육에 개입 장점: 아이들은 미래에 대해 결정하기 어려움 　　　　　　　　　　　부모의 경험과 아이들 장점에 대한 이해로 아이들 지도 · 자녀 교육에 개입 단점: 부모와 자녀의 관계가 망가질 수 있음 　　　　　　　　　　　자녀들이 자기의 적성을 찾기 어려움

▼

나의 의견	· 절충형: 부모의 교육 개입이 필요하지만 지나친 지도는 성장 기회를 놓치게 함

2. 글쓰기 순서

서론	· 문제를 패러프레이징하여 어떠한 내용(부모의 자녀 교육 개입)에 대한 것인지 제시 · 본문에 두 가지 의견(자녀 교육 개입의 장단점)이 모두 논의되고 자신의 의견을 제시할 것을 예고

▼

본론 1	· 두 가지 의견 중 하나의 의견 (부모의 자녀 교육 개입 장점)을 진술 → 본론 1 주제 문장 · 근거, 예시 부연설명을 통해 본론 1의 주제 문장을 뒷받침

▼

본론 2	· 두 가지 의견 중 하나의 의견 (부모의 자녀 교육 개입 단점)을 진술 → 본론 2 주제 문장 · 근거, 예시 부연설명을 통해 본론 2의 주제 문장을 뒷받침

▼

결론	· 본론에서 언급된 두 가지 의견 요약 또는 양자 의견의 절충 필요성 기술 · 절충된 자신의 의견(자녀교육 개입에 대해 신중하게 고려)을 자연스럽게 연결

서론	① While some argue that children's success in education largely depends on their parents' attitude, others believe that excessive intervention would have negative effects on their children. ② In this essay, the benefits and risks associated with parental involvement in education will be discussed, and my opinion will be given.	① 문제 패러프레이징 ② 에세이에서 어떠한 내용이 다뤄질 것인지 언급 (대주제문)
본론 1	③ It is perfectly reasonable for parents to guide children through their education. ④ It may be difficult for children to make important decisions regarding their future because of their lack of experience and, at times, poor judgement. ⑤ For example, teenagers are likely to participate in the same school activities as their friends just to hang out with them. ⑥ If parents let them choose what they want to do, children may waste valuable time in their academic development. ⑦ However, with parents' prior experience and understanding of their children's strengths, they can guide their children to pursue subjects that they have the potential to excel in.	③ 부모가 자녀 교육 지도해야 함(주제 문장) ④ 주장에 대한 근거 ⑤ 관련 예시 ⑥ 부연설명 ⑦ 부모가 자녀 교육에 개입했을 때 장점
본론 2	⑧ Despite this, too much intervention may have negative effects on young students. ⑨ Parents do not always behave in the best interests of their children, and this can result in a lot of strife. ⑩ If this occurs frequently, their relationship can be damaged beyond repair. ⑪ In addition, excessive parental involvement may prevent children from recognising their aptitude. ⑫ Because their parents have chosen their educational track throughout their whole lives, they may be more likely to struggle with choosing a major in college.	⑧ 본론 1과 반대되는 입장: 부모의 개입 반대 (주제 문장) ⑨ 주장에 대한 근거 ⑩ 부연설명 ⑪ 두 번째 근거 ⑫ 부연설명
본론 3	⑬ To sum up, although active parental involvement in education has a place, I believe that excessive parental guidance will cause children to miss many chances to grow. ⑭ In this aspect, parents should carefully consider how much they should control their children's education.	⑬ 두 의견 절충이 필요함을 언급한 도입 문장 ⑭ 의견을 절충한 자신만의 의견으로 마무리

총 단어 수: 274

어떤 사람들은 아이들의 교육 성공이 부모의 태도에 크게 달려있다고 주장하는 반면, 다른 사람들은 과도한 개입이 아이들에게 부정적인 영향을 미칠 것이라고 믿습니다. 이 에세이에서는 부모의 교육 참여와 관련된 장점과 단점에 대해 논의되고 저의 의견이 제시될 것입니다.

부모가 자녀의 교육을 지도하는 것은 확실하게 합리적입니다. 자녀의 경험 부족과 때로는 판단력 부족으로 인해 자녀가 미래에 대한 중요한 결정을 내리기 어려울 수 있습니다. 예를 들어, 십대들은 단지 친구들과 어울리기 위해 친구들과 같은 학교 활동에 참여하기 쉽습니다. 만약 부모가 자녀들이 하고 싶은 것을 선택하게 한다면, 자녀들은 학업 발달에 있어 귀중한 시간을 낭비할 수 있습니다. 그러나 부모의 이전 경험과 자기 자녀의 장점에 대한 이해가 있다면, 그들은 자녀가 뛰어날 가능성이 있는 과목을 추구하도록 지도할 수 있습니다.

그럼에도 불구하고, 너무 많은 개입은 어린 학생들에게 부정적인 영향을 미칠 수 있습니다. 부모들은 항상 자녀들에게 가장 이익이 되도록 행동하는 것은 아니며, 이것은 많은 갈등을 초래할 수 있습니다. 만약 이것이 자주 일어나게 된다면, 그들의 관계는 회복할 수 없을 정도로 손상될 수 있습니다. 게다가, 과도한 부모의 개입은 자녀들이 자신의 적성을 깨닫는 것을 방해할 수 있습니다. 그들의 부모들은 자녀의 교육 방향을 인생 전반에 걸쳐 선택해 왔기 때문에, 그들은 대학에서 전공을 선택하는데 어려움을 겪을 수 있습니다.

정리하자면 부모의 적극적인 교육 참여가 필요하기는 하지만, 지나친 부모의 지도는 자녀들이 성장할 수 있는 많은 기회를 놓치도록 유발할 것이라고 생각합니다. 이런 측면에서 부모는 자녀의 교육을 얼마나 통제해야 하는지 신중하게 고려해야 합니다.

📖 샘플 답안 문장 분석

> 서론
> ① While some argue that children's success in education largely depends on their parents' attitude, others believe that excessive intervention would have negative effects on their children. ② In this essay, the benefits and risks associated with parental involvement in education will be discussed, and my opinion will be given.

① While some argue that children's success in education largely depends on their parents' attitude, others believe that excessive intervention would have negative effects on their children.

- while some ~, others ~ 몇몇 사람들은 ~하는 반면, 다른 사람들은 ~ (양쪽의 다른 의견이 존재함을 표현)
- depends on ~에 달려 있다
- have (negative) effects on ~에 (부정적인) 영향을 미치다

② In this essay, the benefits and risks associated with parental involvement in education will be discussed, and my opinion will be given.

- benefits and risks 장점과 단점 (advantages and disadvantages)
- associated with ~에 관련된
- will be discussed 논의될 것이다

Vocabulary & Expressions ✦

argue 주장하다 largely 대부분, 주로 attitude 태도, 의견 excessive 과도한, 지나친 intervention 개입, 간섭 parental 부모의 involvement 참여

본론 1	③ It is perfectly reasonable for parents to guide children through their education. ④ It may be difficult for children to make important decisions regarding their future because of their lack of experience and, at times, poor judgement. ⑤ For example, teenagers are likely to participate in the same school activities as their friends just to hang out with them. ⑥ If parents let them choose what they want to do, children may waste valuable time in their academic development. ⑦ However, with parents' prior experience and understanding of their children's strengths, they can guide their children to pursue subjects that they have the potential to excel in.

③ It is perfectly reasonable for parents to guide children through their education.

- it is perfectly reasonable for parents to   부모들이 ~하는 것은 확실하게 합리적이다 (가주어 it -의미상의 주어 for - 진주어 to부정사)

④ It may be difficult for children to make important decisions regarding their future because of their lack of experience and, at times, poor judgement.

- because of 명사(구)   ~때문에 (절이 아닌 명사나 명사구가 연결되어야 함)

⑤ For example, teenagers are likely to participate in the same school activities as their friends just to hang out with them.

- be likely to   ~하기 쉽다, ~할 가능성이 높다

⑥ If parents let them choose what they want to do, children may waste valuable time in their academic development.

- let them choose   그들이 고르도록 내버려두다 (5형식 사역동사 문장)
- what 절   ~하는 것 (선행사가 없을 때 that 이나 which 대신 사용)

⑦ However, with parents' prior experience and understanding of their children's strengths, they can guide their children to pursue subjects that they have the potential to excel in.

- with 명사   ~가 있다면 (with 가정법)

Vocabulary & Expressions ✦

perfectly 완벽하게, 확실하게 reasonable 합리적인, 타당한 guide 안내하다, 지도하다 regarding ~에 관련하여 poor judgement 부실한 판단 participate in ~에 참여하다 hang out with ~와 어울리다, 함께 시간을 보내다 prior 사전의, 미리의 understanding 이해, 이해력 excel in 빼어나다, 뛰어나다

본론 2

⑧ Despite this, too much intervention may have negative effects on young students.
⑨ Parents do not always behave in the best interests of their children, and this can result in a lot of strife. ⑩ If this occurs frequently, their relationship can be damaged beyond repair. ⑪ In addition, excessive parental involvement may prevent children from recognising their aptitude. ⑫ Because their parents have chosen their educational track throughout their whole lives, they may be more likely to struggle with choosing a major in college.

⑧ Despite this, too much intervention may have negative effects on young students.

- despite 명사구 ~에도 불구하고

---

⑨ Parents do not always behave in the best interests of their children, and this can result in a lot of strife.

- not always 항상 ~하는 것은 아니다 (부분 부정: 부정어 + every, all, always)
- result in ~의 결과를 초래한다

---

⑩ If this occurs frequently, their relationship can be damaged beyond repair.

- beyond repair 회복하기 어려운 수준으로

---

⑪ In addition, excessive parental involvement may prevent children from recognising their aptitude.

- prevent children from -ing 아이들이 ~하는 것을 방해하다

---

⑫ Because their parents have chosen their educational track throughout their whole lives, they may be more likely to struggle with choosing a major in college.

- throughout one's whole life ~의 인생 내내, ~의 인생 전반에 걸쳐
- struggle with -ing ~하는 데 고군분투하다, 어려움을 겪다

Vocabulary & Expressions ✦

behave 행동하다, 처신하다 interest 이익 strife 분쟁, 갈등 recognise 알아차리다, 인식하다 aptitude 재능, 적성, 소질
educational track 교육 경로(진로)

| 결론 | ⑬ To sum up, although active parental involvement in education has a place, I believe that excessive parental guidance will cause children to miss many chances to grow. ⑭ In this aspect, parents should carefully consider how much they should control their children's education. |

⑬ To sum up, although active parental involvement in education has a place, I believe that excessive parental guidance will cause children to miss many chances to grow.

- although S + V, S + V   비록 ~하지만 ~하다 (종속접속사 although는 절과 절을 연결)
- have a place   지위를 차지하다, 존재하다
- cause children to   자녀들이 ~하도록 유발하다 (cause 목적어 to부정사)

⑭ In this aspect, parents should carefully consider how much they should control their children's education.

- in this aspect   이러한 면(관점)에서
- how much   얼마나 많이 ~하는지

Vocabulary & Expressions ✦

sum up 요약하다 active 활발한 guidance 안내, 지도

1. while some ~, others ~   몇몇 사람들은 ~하는 반면, 다른 사람들은 ~

While some argue that children's success in education largely depends on their parents' attitude, others believe that excessive intervention would have negative effects on their children.

어떤 사람들은 아이들의 교육 성공이 부모의 태도에 크게 달려있다고 주장하는 반면, 다른 사람들은 과도한 개입이 아이들에게 부정적인 영향을 미칠 것이라고 믿습니다.

2. have (negative) effects on   ~에 (부정적인) 영향을 미치다

Despite this, too much intervention may have negative effects on young students.

그럼에도 불구하고, 너무 많은 개입은 어린 학생들에게 부정적인 영향을 미칠 수 있습니다.

3. it is perfectly reasonable for parents to   부모들이 ~하는 것은 확실하게 합리적이다

It is perfectly reasonable for parents to guide children through their education.

부모가 자녀의 교육을 지도하는 것은 확실하게 합리적입니다.

4. be likely to   ~하기 쉽다, ~할 가능성이 높다

For example, teenagers are likely to participate in the same school activities as their friends just to hang out with them.

예를 들어, 십대들은 단지 친구들과 어울리기 위해 친구들과 같은 학교 활동에 참여하기 쉽습니다.

5. prevent children from -ing   아이들이 ~하는 것을 방해하다

In addition, excessive parental involvement may prevent children from recognising their aptitude.

게다가, 과도한 부모의 개입은 자녀들이 자신의 적성을 깨닫는 것을 방해할 수 있습니다.

6. struggle with -ing   ~하는 데 고군분투하다, 어려움을 겪다

They may be more likely to struggle with choosing a major in college.

그들은 대학에서 전공을 선택하는데 어려움을 겪을 수 있습니다.

7. cause children to   자녀들이 ~하도록 유발하다 (cause 목적어 to부정사)

I believe that excessive parental guidance will cause children to miss many chances to grow.

지나친 부모의 지도는 자녀들이 성장할 수 있는 많은 기회를 놓치도록 유발할 것이라고 생각합니다.

Practice

우리말 뜻에 맞게 빈칸을 채워서 문장을 완성하세요.

1. 어떤 사람들은 아이들의 교육 성공이 부모의 태도에 크게 달려있다고 주장하는 반면, 다른 사람들은 과도한 개입이 아이들에게 부정적인 영향을 미칠 것이라고 믿습니다.

   _____ argue that children's success in education largely depends on their parents' attitude, _____ believe that excessive intervention would have negative effects on their children.

2. 그럼에도 불구하고, 너무 많은 개입은 어린 학생들에게 부정적인 영향을 미칠 수 있습니다.

   Despite this, too much intervention may _____ young students.

3. 부모가 자녀의 교육을 지도하는 것은 확실하게 합리적입니다.

   _____ perfectly _____ guide children through their education.

4. 예를 들어, 십대들은 단지 친구들과 어울리기 위해 친구들과 같은 학교 활동에 참여하기 쉽습니다.

   For example, teenagers _____ participate in the same school activities as their friends just to hang out with them.

5. 게다가, 과도한 부모의 개입은 자녀들이 자신의 적성을 깨닫는 것을 방해할 수 있습니다.

   In addition, excessive parental involvement may _____ their aptitude.

6. 그들은 대학에서 전공을 선택하는데 어려움을 겪을 수 있습니다.

   They may be more likely to _____ a major in college.

7. 지나친 부모의 지도는 자녀들이 성장할 수 있는 많은 기회를 놓치도록 유발할 것이라고 생각합니다.

   I believe that excessive parental guidance will _____ miss many chances to grow.

⏱ Answers

1. While some, others **2.** have negative effects on **3.** It is, reasonable for parents to **4.** are likely to **5.** prevent children from recognising **6.** struggle with choosing **7.** cause children to

오늘의 학습 목표

리스닝 파트 4 실전 문제 연습

▲ 강의 보기

 **실전 문제**

▲ 음원듣기

PART 4 *Questions 31-40*

Complete the notes below.

*Write **ONE WORD ONLY** for each answer.*

History of Tools

Stone Age

- Humans learnt how to use **31** _____ for survival and food preparation.
- Stone tool-making dates back 2.3 million years ago.
- The earliest evidence of tool usage was found in a **32** _____ in Ethiopia.
- In the Acheulian era, hand axes were developed to cut **33** _____ .
- In the Middle Palaeolithic period, supplementary tools were made from wood, **34** _____ and antlers.
- In the later Stone Age, valuable hard rocks were found through an early form of **35** _____ .
- Much knowledge of the tool usage comes from **36** _____ in caves.

Bronze Age

- The Bronze Age started in the 3rd millennium BC.
- The first region of the world to enter the Bronze Age was **37** _____ Asia.
- New bronze tools were created for use in **38** _____ .

Iron Age

- The earliest known iron artefacts were found in **39** _____ in 3200 BC.
- Iron became favoured over other metals because it was cheaper, stronger and **40** _____ .

---

31. rocks **32.** valley **33.** wood **34.** bone **35.** mining **36.** paintings **37.** Western **38.** agriculture **39.** Egypt
40. lighter

실전 문제 풀이 전략

■ 문제 사전 분석

문제 유형	노트 완성하기(note completion)
문제 주제	석기, 청동기, 철기 시대 도구 발달사

1. 문제 및 지시문 파악

Complete the notes below.

*Write **ONE WORD ONLY** for each answer.*

→ 2020년 이후 파트 4 문제는 노트 완성하기 문제 유형 및 한 단어만 적는 지시문으로 정형화되어가고 있음

2. 방송 시작 전 키워드 표시하기

제목을 포함한 주어진 정보를 미리 읽고 중요 키워드에 표시하는데, 특히 빈칸 앞뒤 단어에 주의하여 빈칸에 들어갈
품사도 유추함

History of Tools 도구의 역사

Stone Age 석기 시대

• Humans learnt **how to use** 31 ＿＿＿＿＿＿ for survival **and** food preparation.
  인류가 생존과 음식 준비를 위해 31 ＿＿＿＿＿ 을 어떻게 사용하는지 배웠다.
  → 타동사(use) 뒤 명사 예측

• Stone tool-making dates back 2.3 million years ago.
  석기 제작은 230만년 전까지 거슬러 올라간다.

• **The** earliest evidence **of** tool usage **was** found in a 32 ＿＿＿＿＿＿ in Ethiopia.
  에티오피아의 한 32 ＿＿＿＿＿ 에서 도구 사용 최초의 증거가 발견되었다.
  → 관사(a) 뒤, 그리고 해석상 장소 전치사(in) 뒤이므로 장소 명사 예측

• In the Acheulian era, hand axes **were** developed to cut 33 ＿＿＿＿＿＿ .
  아슐리안 시대, 주먹도끼가 33 ＿＿＿＿＿ 을 자르기 위해 개발되었다.
  → 타동사(cut) 뒤 명사 예측

21

- In the Middle Palaeolithic **period,** supplementary tools **were** made from wood, **34** _____ and antlers.

  중세 구석기 시대, 보조 도구들이 나무, **34** _____, 그리고 뿔로 만들어졌다.

  → 해석상 tools에 대한 재료 중 하나(명사) 예측

- In the later Stone Age, valuable hard rocks **were** found through an early form of **35** _____.

  석기 시대 후반, 귀중하고 단단한 암석들이 **35** _____의 초기 형태를 통해 발견되었다.

  → 전치사 of 뒤 명사 예측

- **Much** knowledge of the tool usage comes from **36** _____ in caves.

  도구 사용에 대한 많은 지식이 동굴 속 **36** _____로부터 나온다.

  → 전치사 from 뒤 명사 예측

Bronze Age 청동기 시대

- The Bronze Age started in the 3rd millennium BC.

  청동기 시대는 기원전 3천년에 시작되었다.

- The first region of the world to enter the Bronze Age was **37** _____ Asia.

  청동기 시대로 진입한 최초의 지역은 **37** _____ 아시아였다.

  → Asia를 수식해 주는 형용사 또는 명사(복합 명사 앞 부분) 예측

- New bronze tools **were** created for use in **38** _____.

  새로운 청동 도구가 **38** _____에서 사용을 위해 만들어졌다.

  → 전치사 in 뒤 명사 예측

Iron Age 철기 시대

- The earliest known iron artefacts were found in **39** _____ in 3200 BC.

  최초에 알려진 철제 유물이 **39** _____에서 기원전 3200년에 발견되었다.

  → 해석상 장소 전치사(in) 뒤이므로 장소 명사 예측

- Iron became **favoured over** other metals because it was cheaper, stronger and **40** _____.

  철은 다른 금속에 비해 더 싸고, 강하고 **40** _____ 때문에 다른 금속들에 비해 선호되었다.

  → 빈칸 앞 열거된 품사와 동일한 형용사(비교급) 예측

You will hear part of a lecture about the history of tools. First, you have some time to look at questions 31 to 40.
여러분은 도구의 역사에 대한 강의 일부를 듣게 됩니다. 먼저, 당신은 31-40번 문제를 볼 시간을 갖습니다.

Now listen carefully and answer questions 31 to 40.
이제 주의 깊게 듣고 31에서 40번 문제에 답하세요.

Good morning, everyone. Today I'm going to talk to you about the evolution of tools during the three-age system.
안녕하세요, 여러분. 오늘 저는 여러분들께 세 시대 동안에 진화한 도구들에 대해 말씀드리려고 합니다.

First, let me clarify what I mean by the three-age system.
우선, 세 시대 구분법에 대해 설명하겠습니다.

Generally speaking, this refers to the Stone Age, the Bronze Age and the Iron Age.
일반적으로, 이것은 석기 시대, 청동기 시대, 그리고 철기 시대를 의미합니다.

During this era, mankind developed and refined a wide variety of tools, weapons and tool-making techniques.
이 시대에 인류는 다양한 도구, 무기, 그리고 도구 제작 기술을 개발하고 발전시켰습니다.

Today, I'd like to focus specifically on the tools and techniques developed during each of the three ages.
오늘, 저는 특히 각각의 세 시대에 개발된 도구와 기술에 초점을 맞추고자 합니다.

So, let's start by travelling all the way back in time to the Palaeolithic era, a broad prehistoric period which lasted approximately 3.4 million years.
그럼, 구석기 시대로 거슬러 올라가, 약 340만 년 동안 계속된 긴 선사시대에 대해 이야기 시작해 보겠습니다.

Back then, [31]our human ancestors learnt how to utilise rocks for survival, hunting and food preparation.
그 당시에, 우리의 조상들은 생존, 사냥, 그리고 음식 대비를 위해 돌을 활용하는 방법을 배웠습니다.

The first stone tool-making is estimated to have occurred 2.3 million years ago, and this early stone tool-making is known as the Oldowan industry.
최초 석재 도구 제작은 230만 년 전에 일어난 것으로 추정되며, 이 초기 석기 제작은 올두바이 공작으로 알려져 있습니다.

[32]One of the earliest examples of tools being used was found by archaeologists in the Great Rift Valley of Ethiopia.
사용되고 있는 도구들의 가장 오래된 예들 중 하나가 에티오피아의 그레이트 리프트 밸리에서 고고학자들에 의해 발견되었습니다.

While the early stone tools of the Lower Palaeolithic period were basically handheld fractured rocks used for hammering and scraping, [33]the tools developed during the Acheulian era were deliberately shaped for specific uses, such as hand axes for chopping wood.
전기 구석기 시대의 초기 석재 도구는 망치질이나 긁어내는 용도로 사용된 기본적으로 손바닥 크기의 깨진 돌이었지만, 아슐리안 시대에 개발된 도구들은 특정한 용도를 위해 의도적으로 만들어졌는데, 이를테면 나무를 자르기 위한 주먹도끼 같은 형태로 개발되었습니다.

Further refinement of stone tools took place during the Middle Palaeolithic period, approximately 300,000 years ago.
약 30만 년 전, 중세 구석기 시대에는 석재 도구의 개선이 이루어졌습니다.

[34]During this time, supplementary tools were created from wood, bone and antlers for the purpose of manufacturing and improving stone tools and weaponry.
이 시기 동안, 석재 도구와 무기들을 만들고 개량하기 위해 나무, 뼈, 뿔로 보조 도구들이 만들어졌습니다.

In the late Stone Age, also known as the Neolithic period, polished stone tools were created from valuable hard rocks such as flint, jade and greenstone.
신석기 시대로도 알려진 후기 구석기 시대 말에, 간석기는 부싯돌, 옥, 녹암과 같은 귀중한 단단한 암석으로 만들어졌습니다.

[35]These useful rocks were obtained by tunnelling underground, which was essentially an early example of what we would call mining today.
이 유용한 암석들은 땅굴을 파서 얻은 것인데, 근본적으로 오늘날 우리가 광산이라고 부르는 것의 초기의 예가 되었습니다.

In addition to artefacts uncovered by archaeologists, [36]the study of ancient cave paintings has provided us with much valuable knowledge regarding the tools used during the Stone Age.
고고학자들이 발굴한 유물 외에도, 고대 동굴 벽화에 대한 연구는 석기 시대에 사용된 도구들에 관해 우리에게 많은 가치 있는 지식을 제공해 주었습니다.

- Break for 5 seconds - (5초간 쉼)

In the third millennium BC, the Stone Age gave way to the Bronze Age following the Neolithic Revolution, which was characterised by significant developments in crop cultivation and animal domestication.
기원전 3천 년에는, 석기 시대가 신석기 시대 혁명 이후로 청동기 시대로 접어들었는데, 작물 재배와 가축 사육에 있어 중요한 발전을 한 것이 특징입니다.

[37]The Bronze Age began at different times in different parts of the world, with Western Asia being the first region to enter the age and Eastern Asia being the last.
청동기 시대는 세계 여러 부분에서 서로 다른 시기에 시작되었는데, 서아시아는 최초로 청동기 시대에 진입한 지역이고 동아시아는 마지막 지역입니다.

As civilisations turned away from their nomadic lifestyles and established permanent settlements, they learnt how to smelt metal from ore, starting with copper and later focusing on bronze, an alloy of tin and copper.
문명은 유목민 생활 양식에서 벗어났고 정착생활을 시작했으며, 그들은 구리로 시작하여 나중에 주석과 구리의 합금인, 청동에 초점을 맞추어, 광석에서 금속을 제련하는 법을 배웠습니다.

Although polished stone tools remained in use during the Bronze Age, [38]new bronze tools were manufactured for the purpose of agriculture due to their strength and durability.
간석기는 청동기 시대에 계속 사용되었지만, 새로운 청동 도구들이 내구성과 지속성 때문에 농업적인 이유로 제작되었습니다.

The final age of the three-age system, the Iron Age, began in the second millennium BC in the region that we now call the Middle East.
세 시대의 마지막 시대인 철기 시대는, 현재 우리가 중동이라고 부르는 지역에서 기원전 2천 년에 시작되었습니다.

The term Iron Age refers to the period when mass production of iron tools and weapons that were superior to their bronze equivalents became possible.
'철의 시대'라는 용어는 청동기 시대보다 뛰어난 철제 도구와 무기를 대량으로 생산할 수 있게 된 시기를 가리킵니다.

However, early examples of iron artefacts have been discovered that predate the Iron Age, [39]the earliest of which are decorative beads discovered in Egypt that are thought to have been manufactured in the year 3200 BC.
그러나, 철기 시대를 앞서는 철 유물의 예가 발견되었는데, 그중 가장 오래된 것은 이집트에서 발견된 장식용 구슬이며 기원전 3200년경에 제조된 것으로 추정됩니다.

[40]Generally, civilisations moved from bronze and copper tools to iron tools because the process was cheaper and the metal was stronger and lighter.
일반적으로, 문명은 청동과 구리 도구에서 철 도구로 이동했는데 공정 비용이 더 저렴하고 금속은 더 강하고 가벼웠기 때문입니다.

As a result, iron implements gradually took the place of bronze implements permanently in most regions throughout the world.
그 결과, 점차적으로 전 세계 대부분의 지역에서 철제 도구들이 영구적으로 청동 도구들을 대체하게 되었습니다.

You now have half a minute to check your answers.
당신은 이제 30초 동안 정답을 체크할 수 있습니다.

오늘의 리스닝 필수 어휘

▲ 음원 듣기

01	**uncover**	(비밀 등을) 알아내다, 발굴하다
02	**Palaeolithic**	구석기 시대의
03	**antler**	(사슴의) 가지친 뿔
04	**clarify**	명확하게 하다, 분명히 말하다
05	**mankind**	인류
06	**refine**	정제하다, 개선하다
07	**prehistoric**	선사 시대의
08	**ancestor**	조상, 선조
09	**utilise**	활용하다
10	**estimate**	추정하다
11	**archaeologist**	고고학자
12	**handheld**	손바닥 크기의
13	**fracture**	균열, 갈리진 금, 파열되다
14	**hammer**	망치, 망치로 두드리다
15	**scrape**	(무엇을 떼어 내기 위해) 긁다, 긁어내다
16	**deliberately**	고의로, 의도적으로
17	**axe**	도끼
18	**chop**	자르다, 썰다
19	**refinement**	정제, 개선
20	**supplementary**	보충의, 추가의
21	**manufacture**	제조하다, 생산하다
22	**weaponry**	무기류
23	**Neolithic**	신석기 시대의
24	**flint**	부싯돌
25	**jade**	옥, 비취

26	artefact	인공물, 공예품(cf. 미국식 artifact)
27	cave	동굴
28	millennium	천년
29	crop	농작물
30	cultivation	경작, 재배
31	domestication	사육, 길들이기
32	civilisation	문명
33	turn away	돌아서다, 외면하다
34	nomadic	유목의, 방랑의
35	permanent	영구적인
36	settlement	정착
37	smelt	(광석을) 제련하다
38	metal	금속
39	ore	광석
40	copper	구리, 동
41	alloy	합금
42	polished	닦은, 연마한, 광택 있는(cf. polished stone tools 간석기)
43	agriculture	농업
44	durability	내구성
45	mass production	대량 생산
46	superior	우월한
47	equivalent	(가치·의미·중요도 등이) 동등한, 동등한 것
48	predate	앞서다
49	bead	구슬
50	implement	시행하다, 도구

영어권 국가 대학 수업 방식

IELTS Listening PART 3 & 4는 영어권 국가에서 대학교 학업 내용이 주로 출제가 되기에 이와 관련된 내용들을 이해하고 있으면 아이엘츠 Listening 문제 풀이에 많은 도움이 됩니다.

1. Lecture
렉처(강의)는 대학에서 진행되는 강의로 교수(professor), 강사(lecturer), 초대 연사(guest speaker) 등이 특정 과목이나 전문적인 주제에 대해서 설명하는 형태로 한국 학생들에게 가장 익숙한 주입식 수업 방식입니다. IELTS Listening의 PART 4는 대부분 lecture에서 문제가 나옵니다. 전문적인 내용을 한 사람이 쉬지 않고 내용을 전달하기에 수험생 입장에서는 가장 어려운 영역입니다.

2. Presentation
수업 시간에 학생이 자신이 조사한 내용을 발표하는 것으로, PART 4에서 점점 출제 비중이 높아져 지금은 거의 lecture 만큼 출제되고 있습니다. 수험생이 문제를 푸는 데 있어서 lecture와 presentation의 차이는 없습니다. 비록 학생이 발표를 하는 내용이지만, 특정 주제에 대해 전공 학생이 전문적으로 조사하여 발표하는 내용이기에, presentation도 lecture 만큼 어려운 주제를 다룹니다.

3. Group discussion
어떤 특정 과제 관련하여 학생들이 공동 작업을 하면서 나누는 내용인데, 한국 대학에서 흔히 이루어지는 조모임 또는 팀미팅이라고 생각하면 됩니다. 아이엘츠 Listening PART 3에서 가장 많이 출제되는 내용으로, 보통 2~4명의 학생들이 프로젝트 및 과제를 어떻게 수행해야 될지 함께 토론합니다. 2020년 이후 아이엘츠 PART 3는 주로 2명의 화자만 출제되고 있습니다.

4. Tutorial
튜토리얼은 국가, 학교, 코스마다 조금씩 다른데, 크게 다음의 두 가지 형태가 있습니다. 하나는 lecture 이후 진행되는 방식으로, 배웠던 강의 내용을 바탕으로 조교와 열 명 이상의 소그룹 학생들이 심화 토론 및 과제 수행을 합니다. 또 한 가지는 지도 교수와 1~3명의 학생이 수업 및 과제 관련하여 심화 학습을 하는 형태입니다. 튜토리얼을 진행하는 사람을 튜터(tutor)라고 부르며, 아이엘츠 Listening 시험에서 나오는 튜토리얼은 후자의 형태입니다. 한국 학생들에게는 익숙하지 않은 토론식 수업 내용이어서 많은 국내 아이엘츠 수험생들이 tutorial에 대해 생소해하는데, group discussion 다음으로 PART 3에서 자주 등장합니다.

빈출 문제 유형 - 정보가 포함된 문단 고르기

오늘의 학습 목표

정보가 포함된 문단 고르기(matching information)
문제 유형 파악 및 문제 풀이 전략 학습

▲ 강의 보기

기출 패턴

- 제시된 문제의 정보(information)를 포함하고 있는 문단(paragraph)을 찾는 문제 유형
- 상세한 독해 능력이 요구되며 문제의 순서가 순차적이지 않기 때문에 난이도가 높은 편
- 정답이 전 지문에 무작위로 배열되어 있기 때문에 답이 전혀 없는 문단도 있고 한 문단이 답으로 여러 번 쓰이는 경우도 있음
- 아래와 같이 NB(유의) 문구가 지시문에 제시되면 같은 문단이 정답으로 두 번 이상 쓰일 확률이 매우 높음

  NB *You may use any letter more than once.*

  유의 어떤 글자든 한 번 이상 써도 됩니다.

Questions 1-3

Reading Passage 1 has three paragraphs, **A-C**.

Which paragraph contains the following information?

*Write the correct letter, **A-C**, in boxes 1-3 on your answer sheet.*

NB *You may use any letter more than once.*

1 reference to an accusation

2 names of the places that Martine Bertereau travelled

3 mention of an investigation into mining methods

 **문제 풀이 전략**

1. 문제를 읽고 주어진 문장의 전체적인 내용 및 정보 유형 구분

- 각 문단 관련 특정한 정보를 파악해야 하는 문제이므로, 문단의 첫 부분보다는 중간 이후 부분에서 정답 관련 내용이 등장할 가능성 높음
- 문제에서 묻는 문장 내용이 예시인지, 대조나 비교인지, 인과 관계 혹은 묘사인지 등 정보의 유형을 구분해 두면 정답 관련 부분을 찾을 때 도움이 됨

2. 문제로 제시된 문장의 핵심어 찾기

- 문제로 제시된 문장의 핵심어를 찾고, 이 핵심어가 지문에서 어떻게 패러프레이징되어 나올지 예측
- 단순히 핵심어의 일차적인 한글 뜻보다는 '의미'를 생각하면서 지문을 한 문단씩 읽기

3. 핵심어 기준으로 scanning 후 관련 문단 skimming

- 답이 순차적으로 배열되지 않고 무작위로 등장하기 때문에 핵심어 중심으로 문단별 scanning함
- 핵심어가 나오는 문단들은 skimming하며 정답 문단 찾기

 정보가 포함된 문단 고르기 유형은 나중에 풀기

문제 자체가 일부 단락과 관련하여 출제되는 것이 아닌 전체 지문에 걸쳐 정답이 분포하기 때문에 다른 문제 유형보다 핵심어 scanning이 쉽지 않습니다. 따라서 아직 독해 실력이 부족한 수험생은 다른 유형의 문제들을 먼저 해결하는 편이 내용 파악 및 시간 관리에도 유리합니다.

오늘의 리딩 필수 어휘

01	**noble**	귀족(의)
02	**expert in**	~의 전문가
03	**be commissioned**	의뢰를 받다
04	**clergy**	성직자들(집합명사)
05	**priest**	(카톨릭) 신부
06	**charge**	비난, 기소
07	**reference**	언급, 참조
08	**mention**	언급(하다)
09	**investigation**	조사, 수사
10	**humid**	습한
11	**spoil**	부패하다
12	**refrigerator**	냉장고
13	**sealed**	밀봉된
14	**drawer**	서랍
15	**dairy product**	유제품
16	**contaminate**	오염시키다
17	**consume**	섭취하다, 소비하다
18	**associate with**	~와 관련 짓다
19	**ensure(=make sure)**	확실히 하다, 반드시 ~하게 하다
20	**thermometer**	온도계
21	**dehydration**	건조, 탈수
22	**accomplish**	달성하다, 이루다
23	**moisture**	수분, 습기
24	**preserve**	보존하다
25	**susceptible to**	~에 취약한, 걸리기 쉬운, 감염되기 쉬운

Practice

다음 문제를 풀어보세요.

A female mining engineer in the 17th century

A Coming from a noble family that was traditionally engaged in mining, Martine Bertereau was a 17th-century mining engineer and mineralogist who travelled extensively in Europe in search of mineral deposits. She surveyed the sites of hundreds of potential mines in the service of the French king.

B Bertereau later married Jean de Chastelet, a baron and expert in mining. With their backgrounds and knowledge, they were commissioned by the king to travel widely, visiting mines in South America, Hungary and Germany.

C In 1626, Bertereau and Chastelet were tasked by King Henry IV to survey France for possible mine locations that could help revive the French mining industry. Their activity aroused suspicions in the local clergy that their methods involved magic, and one priest searched their house looking for evidence to prove their witchcraft. No charges were made, but they were forced to leave France.

Questions 1-3

Reading Passage 1 has three paragraphs, **A-C**.

Which paragraph contains the following information?

*Write the correct letter, **A-C**, in boxes 1-3 on your answer sheet.*

NB   *You may use any letter more than once.*

1   reference to an accusation

2   names of the places that Martine Bertereau travelled

3   mention of an investigation into mining methods

Food Spoilage

A Food spoilage occurs when adequate preventative measures are not taken. One of the most common causes of spoilage is the improper storage of food. In an environment that is typically warm and humid, fruits and vegetables that are left in the open will quickly spoil. Storing them in a refrigerator with a temperature of 4°C or lower will significantly lower the risk of spoilage bacteria. Ideally, food items should be stored separately in sealed containers. Designate different shelves or drawers for meats, dairy products and fresh produce. If you notice that one food is beginning to spoil, remove it straight away to prevent the bacteria from spreading and contaminating other food.

B Spoilage bacteria are microscopic bacteria that consume unprotected foods and produce waste products. The waste excreted by such bacteria creates the foul smell and rotten appearance that we normally associate with spoilt food. However, rotten food will not necessarily cause health problems if consumed. It is a different type of bacteria called pathogenic bacteria that result in illnesses such as salmonella. Therefore, it is possible for food to appear fresh but still contain hazardous levels of pathogenic bacteria.

C Although refrigerators set below 4°C will prevent pathogenic bacteria from growing freely, they are not cold enough to stop all bacterial growth. In order to stop bacterial growth entirely, you should keep certain foods in a freezer. Ensure that the temperature of the freezer is set at or below -18°C for maximum effectiveness. If your electricity goes off, make sure that you keep the doors of your refrigerator and freezer closed. Most devices feature an external thermometer that will allow you to monitor the internal temperatures without opening the doors.

D Another way to slow or stop the growth of spoilage bacteria is to remove moisture from food by dehydration. To dehydrate food effectively, low humidity and a source of heat are required. This can be accomplished using a conventional oven set at a relatively low heat and with the door open, or a food dehydrator. The food should be heated to about 55°C, and circulation will draw moisture out of the food. This makes foods lighter and smaller, thereby making them easier to store and move around.

E Foods that are acidic by nature can be preserved using a process called canning. Vegetables, fruits and legumes can be canned safely and are often packaged this way all over the world. During the canning process, boiling water not only destroys spoilage bacteria, but also forms a vacuum seal around the lid of the can. It is crucial to boil the canned foods for a specific amount of time to ensure that all bacteria are killed. Canned goods that have been improperly processed are susceptible to deadly bacterial toxins such as botulism.

Reading Passage 2 has five paragraphs, **A-E**.

Which paragraph contains the following information?

*Write the correct letter, **A-E**, in boxes 4-7 on your answer sheet.*

4   advice to follow in the event of a power outage

5   a technique that makes food less heavy

6   a cause of bad smells in spoiled food

7   a tip for arranging stored foods

1. C **2.** B **3.** C **4.** C **5.** D **6.** B **7.** A

17세기의 여성 광산 기술자

A 전통적으로 광업에 종사하던 프랑스의 귀족 가문 출신 마르틴 베르테로는, 17세기 프랑스의 광산 기술자이자 광물학자로 광물 매장지를 찾아 유럽을 광범위하게 여행했습니다. 그녀는 프랑스 왕에게 고용되어 수백 개의 잠재적 광산 부지를 조사했습니다.

B 베르테로는 남작이자 광산 전문가인 장 드 샤스트렛과 결혼했습니다. 이러한 그들의 배경과 지식을 바탕으로, 두 사람은 국왕의 의뢰를 받아 [2]남미, 헝가리, 독일의 광산을 방문하는 등 광범위한 여행을 다녔습니다.

C 1626년 마르틴과 장은 헨리 4세로부터 프랑스 광산업 부흥에 도움이 될 만한 광산 위치를 조사해 달라는 명을 받았습니다. 이들의 활동은 지역 성직자들에게 [1]마법이 개입되어 있다는 의심을 불러일으켰고, 한 신부는 [3]마법을 증명할 증거를 찾기 위해 그들의 집을 수색했습니다. 기소되지는 않았지만 그들은 프랑스를 떠나야만 했습니다.

1 고발에 대한 언급
2 마르틴 베르테로가 여행한 장소의 이름들
3 채굴 방법에 대한 조사 언급

Vocabulary

female 여성(의) mining engineer 채광 기술자 noble 귀족의 traditionally 전통적으로 be engaged in ~에 종사하다 mineralogist 광물학자 travel 이동하다, 여행하다 extensively 널리, 광범위하게 in search of ~을 찾아서 mineral deposit 광물 매장지 survey 조사하다, 살피다 site 부지, 현장 mine 광산, 탄광 in the service of ~에 고용되어 있는, ~의 관할 하에 있는 baron 남작 expert in ~의 전문가 be commissioned 의뢰를 받다 revive 부활시키다, 회복시키다 arouse 불러일으키다 suspicion 의심 local 현지의, 지역의 clergy 성직자들(집합명사) method 방법, 이론 involve 포함하다, 포함시키다 magic 마술, 마법 priest 신부 search 찾다, 수색하다 witchcraft(=sorcery) 나쁜 마법, 마술 charge 비난, (경찰의) 기소 be forced to ~하도록 강요당하다 reference 언급, 참조 mention 언급(하다) investigation 조사, 수사

식품의 부패

A 식품의 부패는 알맞은 예방책이 취해지지 않으면 발생한다. 부패가 되는 가장 흔한 원인 중 하나는 부적절한 음식의 보관이다. 전형적으로 따뜻하고 습한 환경에서 밖에 내놓은 과일과 야채는 빨리 부패될 것이다. [7]섭씨 4도 이하로 과일과 야채를 냉장고에 보관하는 것은 부패 박테리아의 위험을 상당히 낮출 것이다. 이상적으로 음식물은 밀봉된 용기 안에 따로 보관되어야 한다. 육류, 유제품 그리고 신선 농산물을 위해 각각 다른 칸이나 선반을 지정하라. 한 음식물이 부패하기 시작했다는 것을 만약 발견하면, 박테리아가 퍼져서 다른 음식을 오염시키는 것으로부터 막기 위해 그 음식을 치워라.

B 부패 박테리아는 보호되지 않는 음식을 섭취하여 노폐물을 생산하는 미세 박테리아이다. [6]그런 박테리아에 의해 배설된 노폐물은 우리가 흔히 상한 음식물과 관련시키는 악취와 부패한 모습을 만들어 낸다. 하지만, 부패한 음식물이 섭취된다고 반드시 건강 문제를 일으키는 것은 아니다. 그것은 살모넬라 같이 질환을 유발하는 병원성 박테리아로 불리는 다른 류의 박테리아이다. 따라서, 음식이 신선해 보이지만 위험한 수준의 병원성 박테리아를 여전히 포함하는 것이 가능하다.

C 비록 섭씨 4도 이하로 설정된 냉장고는 병원성 박테리아가 자유롭게 자라는 것으로부터 막겠지만, 냉장고가 모든 박테리아의 성장을 중단시킬 만큼 충분히 온도가 낮지는 않다. 박테리아의 성장을 완전히 차단하기 위해, 여러분은 냉동실에 특정 음식물을 보관해야 한다. 최대 효과를 위해 영하 18도나 그 아래로 냉동실 온도가 설정되도록 확실히 해라. [4]만약 전기가 나가면, 여러분은 냉장고와 냉동실의 문이 닫힌 채로 있도록 확실히 해라. 대부분의 장비는 냉장고 문을 열지 않고도 여러분이 내부 온도를 확인할 수 있도록 하는 외부 온도계를 특별히 포함하고 있다.

D 부패 박테리아의 성장을 늦추거나 차단하는 또 다른 방법은 [5]건조를 통해 음식물로부터 습기를 제거하는 것이다. 음식물의 수분을 효과적으로 제거하기 위해, 낮은 습도와 열원이 요구된다. 이것은 상대적으로 낮은 온도로 일반 오븐기를 사용하고 문을 열어 두거나 음식 건조기를 통해 달성될 수 있다. 음식물은 약 섭씨 55도까지 가열되어야 하며, 공기의 순환은 음식물로부터 습기를 제거할 것이다. 이것이 음식물을 더 가볍고 더 작게 만들고, 그 결과 그것들을 더 쉽게 보관하고 운반하게 만든다.

E 자연적으로 산성인 음식물은 통조림화라고 불리는 제조 과정을 이용해서 보존될 수 있다. 채소, 과일, 그리고 콩류는 안전하게 통조림화 될 수 있고 전세계에서 이런 식으로 종종 포장된다. 통조림 제조 과정 동안, 끓는 물은 부패 박테리아를 파괴할 뿐만 아니라, 통조림 뚜껑 주변에 진공 밀봉을 형성한다. 모든 박테리아가 죽는 것을 확실히 하기 위해 특정 시간 동안 통조림된 음식을 끓이는 것이 중요하다. 제대로 처리되지 않은 통조림 제품은 보툴리눔과 같은 치명적인 세균성 독소에 감염되기 쉽다.

4 정전의 경우에 따르는 조언
5 음식을 덜 무겁게 하는 기술
6 상한 음식에서 나는 나쁜 냄새의 원인
7 저장된 음식물을 정리하는 팁

Vocabulary

spoilage (음식의) 부패 adequate 적절한 take preventative measures 예방 조치를 improper 부적절한 storage 보관, 저장 humid 습한 be left in ~에 놓여 있다, 남겨져 있다 spoil 부패하다 store 보관하다, 저장하다 refrigerator 냉장고 significantly 상당히, 많이 lower 낮추다, 내리다 sealed 밀봉된 container 용기, 그릇 designate 지정하다 drawer 서랍 dairy product 유제품 spread 퍼지다 contaminate 오염시키다 microscopic 미세한 consume 섭취하다, 소비하다 unprotected 무방비의 waste product 노폐물 excrete 배설하다, 분비하다 foul smell 고약한 냄새 rotten 썩은 appearance 겉모습, 외양 associate with ~와 관련 짓다 pathogenic 발병의, 병원성의 illnesses 병 salmonella 살모넬라 식중독 hazardous 위험한 set below ~ 미만으로 설정된 freezer 냉동실 ensure(=make sure) 확실히 하다, 반드시 ~하게 하다 electricity 전기 go off (전기 등) 꺼지다, 나가다 device 기기, 장치 feature 특징으로 하다 external 외부의 thermometer 온도기 monitor 관찰하다, 감시하다 dehydration 건조 dehydrate 건조시키다 humidity 습도, 습기 source 원천 required 필요한, 필수의 accomplish 달성하다, 이루다 conventional 재래식의, 전통적인 dehydrator 건조기 circulation 순환 draw A out of B B에서 A를 빼내다, 뽑아 내다 moisture 수분, 습기 thereby 그렇게 함으로써 acidic 산성의 by nature 특성상, 선천적으로 preserve 보존하다 process 과정 can 통조림으로 가공하다 legume 콩류 package 포장하다 vacuum seal 진공의 밀봉 부분 lid 뚜껑 susceptible to ~에 취약한, 걸리기 쉬운 deadly 치명적인 toxin 독소 botulism 보툴리눔 식중독 power outage 정전 arrange 정리하다

Weekly Review

Speaking

아래 질문에 대해 큰소리로 자신의 답변을 녹음하고 들어 보세요.

1. Do you like to shop alone or with friends? [Why?]

_____
_____
_____
_____
_____
_____

2. Do you prefer to shop at a big shopping centre or small shops? [Why?]

_____
_____
_____
_____
_____
_____

3. What are some advantages and disadvantages of online shopping?

_____
_____
_____
_____
_____
_____

Writing

우리말 뜻에 맞게 빈칸을 채워서 문장을 완성하세요.

1. 어떤 사람들은 아이들의 교육 성공이 부모의 태도에 크게 달려있다고 주장하는 반면, 다른 사람들은 과도한 개입이 아이들에게 부정적인 영향을 미칠 것이라고 믿습니다.

   _____ argue that children's success in education largely depends on their parents' attitude, _____ believe that excessive intervention would have negative effects on their children.

2. 그럼에도 불구하고, 너무 많은 개입은 어린 학생들에게 부정적인 영향을 미칠 수 있습니다.

   Despite this, too much intervention may _____ young students.

3. 부모가 자녀의 교육을 지도하는 것은 확실하게 합리적입니다.

   _____ perfectly _____ guide children through their education.

4. 예를 들어, 십대들은 단지 친구들과 어울리기 위해 친구들과 같은 학교 활동에 참여하기 쉽습니다.

   For example, teenagers _____ participate in the same school activities as their friends just to hang out with them.

5. 게다가, 과도한 부모의 개입은 자녀들이 자신의 적성을 깨닫는 것을 방해할 수 있습니다.

   In addition, excessive parental involvement may _____ their aptitude.

6. 그들은 대학에서 전공을 선택하는데 어려움을 겪을 수 있습니다.

   They may be more likely to _____ a major in college.

7. 지나친 부모의 지도는 자녀들이 성장할 수 있는 많은 기회를 놓치도록 유발할 것이라고 생각합니다.

   I believe that excessive parental guidance will _____ miss many chances to grow.

Listening

리스닝 학습에서는 딕테이션(dictation)과 쉐도잉(shadowing)이 중요합니다.
음원을 들으며 빈칸을 채우고, 다시 음원을 들으며 따라 읽어보세요.

▲ 음원 듣기

Good morning, everyone. Today I'm going to talk to you about the evolution of **1.** _____ during the three-age system.

First, let me clarify what I mean by the three-age system.

Generally speaking, this refers to the Stone Age, the Bronze Age and the Iron Age.

During this era, **2.** _____ developed and refined a wide variety of tools, weapons and tool-making techniques.

Today, I'd like to focus specifically on the tools and **3.** _____ developed during each of the three ages.

So, let's start by travelling all the way back in time to the Palaeolithic era, a broad prehistoric period which lasted approximately 3.4 million years.

Back then, our human ancestors learnt how to utilise rocks for **4.** _____, hunting and food preparation.

The first stone tool-making is estimated to have occurred **5.** _____ years ago, and this early stone tool-making is known as the Oldowan industry.

One of the earliest examples of tools being used was found by archaeologists in the Great Rift Valley of Ethiopia.

While the early stone tools of the Lower Palaeolithic period were basically handheld fractured rocks used for hammering and scraping, the tools developed during the Acheulian era were deliberately shaped for specific uses, such as **6.** _____ for chopping wood.

Further refinement of stone tools took place during the Middle Palaeolithic period, approximately 300,000 years ago.

During this time, supplementary tools were created from wood, bone and antlers for the purpose of **7.** _____ and improving stone tools and weaponry.

Reading

다음의 문구를 지문에서 스캐닝(scanning)하여 표시하세요.

mining engineer and mineralogist
commissioned by the king
suspicions in the local clergy
forced to leave France

Coming from a noble family that was traditionally engaged in mining, Martine Bertereau was a 17th-century mining engineer and mineralogist who travelled extensively in Europe in search of mineral deposits. She surveyed the sites of hundreds of potential mines in the service of the French king.

Bertereau later married Jean de Chastelet, a baron and expert in mining. With their backgrounds and knowledge, they were commissioned by the king to travel widely, visiting mines in South America, Hungary and Germany.

In 1626, Bertereau and Chastelet were tasked by King Henry IV to survey France for possible mine locations that could help revive the French mining industry. Their activity aroused suspicions in the local clergy that their methods involved magic, and one priest searched their house looking for evidence to prove their witchcraft. No charges were made, but they were forced to leave France.

다음 문장을 해석하세요.

1. She surveyed the sites of hundreds of potential mines in the service of the French king.

해석 _____

_____

2. With their backgrounds and knowledge, they were commissioned by the king to travel widely, visiting mines in South America, Hungary and Germany.

해석 _____

_____

3. Their activity aroused suspicions in the local clergy that their methods involved magic, and one priest searched their house looking for evidence to prove their witchcraft.

해석 _____

_____

Answers

Speaking

1. I prefer shopping with friends and rarely go shopping alone. My friends give me objective advice on the products I want to buy. I'm neither fashionable nor trendy, so their recommendations are very helpful.

저는 친구들과 쇼핑하는 것을 선호하고 혼자는 거의 쇼핑하러 가지 않습니다. 제 친구들은 제가 사고 싶은 제품에 대해 객관적인 조언이나 평가를 해 줍니다. 제가 멋스럽거나 유행에 민감하지 않으므로, 친구들의 추천이 매우 도움이 됩니다.

2. I like to shop at big shopping centres because they have a variety of products that are well-managed. In particular, big shopping centres are cleaner and more convenient to get around.

저는 대형 쇼핑 센터에서의 쇼핑을 좋아하는데, 제품 관리가 잘 된 다양한 제품을 판매하고 있기 때문입니다. 특히, 대형 쇼핑 센터는 더 깨끗하고 돌아다니기에 더 편리합니다.

3. In my opinion, one advantage is that it is very convenient. As long as you have internet connection, you do not have to go to a store in person. Another advantage is that you can choose the cheapest items because you can compare the prices easily. However, you don't have the opportunity to touch and see the products. Sometimes, the product you actually receive could be different from what you saw on your computer screen.

제 의견으로, 한 가지 장점은 그것이 매우 편리하다는 것입니다. 인터넷 연결이 되어 있다면 직접 가게에 가지 않아도 됩니다. 또 다른 장점은 가격을 쉽게 비교할 수 있기 때문에 가장 싼 품목을 선택할 수 있다는 것입니다. 그러나, 제품을 만지고 볼 기회가 없습니다. 때로는 실제로 받은 제품이 컴퓨터 화면에서 본 것과 다를 수 있습니다.

Writing

1. While some / others **2.** have negative effects on **3.** It is / reasonable for parents to **4.** are likely to
5. prevent children from recognising **6.** struggle with choosing **7.** cause children to

Listening

1. tools **2.** mankind **3.** techniques **4.** survival **5.** 2.3 million **6.** hand axes **7.** manufacturing

Reading

Coming from a noble family that was traditionally engaged in mining, Martine Bertereau was a 17th-century mining engineer and mineralogist who travelled extensively in Europe in search of mineral deposits. She surveyed the sites of hundreds of potential mines in the service of the French king.

Bertereau later married Jean de Chastelet, a baron and expert in mining. With their backgrounds and knowledge, they were commissioned by the king to travel widely, visiting mines in South America, Hungary and Germany.

In 1626, Bertereau and Chastelet were tasked by King Henry IV to survey France for possible mine locations that could help revive the French mining industry. Their activity aroused suspicions in the local clergy that their methods involved magic, and one priest searched their house looking for evidence to prove their witchcraft. No charges were made, but they were forced to leave France.

1. 그녀는 프랑스 왕에게 고용되어 수백 개의 잠재적 광산 부지를 조사했습니다.
2. 이러한 그들의 배경과 지식을 바탕으로, 그들은 국왕의 명을 받아 남미, 헝가리, 독일의 광산을 방문하는 등 광범위한 여행을 다녔습니다.
3. 그들의 활동은 지역 성직자들에게 마법이 개입되어 있다는 의심을 불러일으켰고, 한 신부는 마법을 증명할 증거를 찾기 위해 그들의 집을 수색했습니다.

Week **11**

Speaking

빈출 주제 공략 - 음식과 건강

오늘의 학습 목표

▲ 강의 보기

스피킹 시험에서 자주 나오는 '음식과 건강' 주제 관련 문제 연습

PART 1 문제 연습

Q1	**How often do you go to restaurants?** 당신은 얼마나 자주 식당에 가나요?

Vocabulary & Expressions

have enough time to ~할 충분한 시간이 있다 for myself 나 자신을 위해서

샘플 답변

I eat at a restaurant almost every day. I need to stay at my office until late in the evening, so I don't have enough time to cook for myself.

저는 거의 매일 식당에 식사합니다. 저는 저녁에 늦게까지 사무실에 있어야 하므로, 나 자신을 위해서 요리할 충분한 시간이 없습니다.

나만의 답변을 직접 적어보고 말해보세요.

_____

_____

_____

Do you prefer restaurant food or home cooking? [Why?]

식당 음식과 가정 요리 중 어떤 것을 선호하나요? [왜 그런지?]

Vocabulary & Expressions ✦

prefer A to B A를 B보다 선호하다 contain 함유하다 additive 첨가물 salt 소금 harmful 해로운

💬 샘플 답변

I prefer home cooking to restaurant food because restaurant food contains a lot of additives and salt, which are harmful to people's health.

식당 음식에는 사람들의 건강에 해로운 많은 첨가물과 소금이 들어 있기 때문에 저는 집에서 만든 음식을 선호합니다.

✍ 나만의 답변을 직접 적어보고 말해보세요.

_____

_____

_____

What is your favourite dish?

당신이 가장 좋아하는 요리는 무엇인가요?

Vocabulary & Expressions ✦

dish 요리 combination 거부할 수 없는 crispy 바삭한 juicy 육즙이 많은 comfort food 안정을 주는 음식, 컴포트 푸드

💬 샘플 답변

My favourite dish is fried chicken. While it may not be the healthiest choice, I love fried chicken because it's delicious. The combination of its crispy outside and juicy inside makes it my comfort food.

제가 가장 좋아하는 음식은 닭튀김입니다. 건강에 가장 좋은 것은 아니지만, 맛있기 때문에 저는 닭튀김을 좋아합니다. 바삭한 겉과 육즙이 풍부한 속의 조합이 치킨을 제 컴포트 푸드로 만듭니다.

✍ 나만의 답변을 직접 적어보고 말해보세요.

_____

_____

_____

Describe something you do to keep healthy.

You should say:
   what this activity is
   when you do it
   how often you perform it
and explain why you think it's a good way to look after your health.

📋 각 질문에 대한 답변 메모

당신이 건강을 유지하기 위해 하는 것에 대해 설명하세요.	
① 그 활동이 무엇인지	① 달리기, 30분 10바퀴
② 언제 그것을 하는지	② 매일 아침, 오전 6시와 8시 사이
③ 얼마나 자주 하는지	③ 매일 예외 없이, 이제 습관
④ 그리고 왜 그것이 당신의 건강을 유지하는 좋은 방법이라고 생각하는지 설명하세요.	④ 건강 유지, 체중 관리, 질병 위험 감소, 근육과 뼈 강화, 정신이 맑아짐

Vocabulary & Expressions ✦

going on a run 달리기 run laps around ~를 돌다 depending on ~에 따라 keep up 계속해서 하다 urge 충동 skip 건너뛰다 make it a point to부정사 ~을 하기로 정하다, 목표로 삼다(it 가목적어 - to부정사 진목적어) habit 습관 essential 필수의 daily routine 일상 maintain 유지하다 weight 체중 disease 질병 strengthen 강화하다 muscle 근육 bone 뼈 mental 정신의 tone 분위기

💬 샘플 답변

① One activity I do to maintain my health is going on a run. I go to my local park to run laps around the football field. I aim for 10 laps, which usually takes me around 30 minutes.

② I go running every morning, right after waking up. Depending on my schedule, I run at between 6 a.m. and 8 a.m.

③ When I first started running, it was difficult to keep it up every day. Sometimes, when I felt too sleepy or tired, I felt the urge to skip a day. However, I made it a point to exercise every day of the week without exception. Now, going on a morning run has become a habit and an essential part of my daily routine.

④ I think running is a great way to maintain your health. It is a well-known fact that running helps in weight management, reduces the risk of various diseases and strengthens muscles and bones. It even has a positive impact on mental health because it clears the mind and sets a positive tone for the rest of the day.

① 건강을 유지하기 위해 제가 하는 활동 중 하나는 달리기입니다. 저는 동네 공원에 가서 축구장 한 바퀴를 달립니다. 보통 30분 정도 걸리는 10바퀴를 목표로 합니다.

② 매일 아침 일어나자마자 달리기를 합니다. 제 스케줄에 따라, 저는 오전 6시와 8시 사이에 달리기를 합니다.

③ 처음 달리기를 시작했을 때는 매일 계속해서 달리기가 어려웠습니다. 가끔 너무 졸리거나 피곤할 때는 하루를 건너뛰고 싶은 충동을 느끼기도 했어요. 하지만 저는 예외 없이 매일 운동하는 것을 목표로 삼았습니다. 이제 아침 달리기는 습관이 되었고 제 일상의 필수적인 부분이 되었습니다.

④ 달리기는 건강을 유지하는 좋은 방법이라고 생각합니다. 달리기가 체중 관리에 도움이 되고, 각종 질병의 위험을 감소하며, 근육과 뼈를 강화한다는 것은 잘 알려진 사실입니다. 정신이 맑아지고 하루의 나머지 시간 동안 긍정적인 분위기를 조성하기 때문에 정신 건강에도 긍정적인 영향을 미칩니다.

✍ 나만의 메모와 답변을 직접 적어보고 말해보세요.

Memo

①

②

③

④

 **PART 3 문제 연습**

Q1 — What are the advantages and disadvantages of eating out?
외식을 하는 것의 장단점은 무엇인가요?

Vocabulary & Expressions

eating out 외식 convenient 편리한 variety of 다양한 cuisine 요리 socialise 사교 활동을 하다 costly 비용이 많이 드는
ingredient 재료

샘플 답변

Eating out is convenient since you do not need to cook or clean. Also, you can enjoy a variety of cuisines and socialise with friends. However, there are some disadvantages to eating out. It can be costly, and you may have limited control over the ingredients, which could affect your health especially if you have any allergies.

외식은 요리나 청소가 필요 없기 때문에 편리합니다. 또한, 다양한 요리를 즐기고 친구들과 사교 활동을 할 수 있습니다. 하지만, 외식에는 몇 가지 단점이 있습니다. 비용이 많이 들 수 있고, 재료에 대한 통제가 제한적이며, 특히 알레르기가 있는 경우 건강에 영향을 미칠 수 있습니다.

나만의 답변을 직접 적어보고 말해보세요.

Do you think young people are more or less fit than they were 50 years ago?

당신은 50년 전보다 젊은 사람들이 더 건강하다고 생각하나요?

Vocabulary & Expressions ✦

fit 건강한 compared to ~와 비교해서 consumption 섭취 fit in too well with 와 너무 잘 맞다 active 활동적인

💬 샘플 답변

I believe young people are less fit today compared to 50 years ago because of several lifestyle changes. Firstly, the consumption of unhealthy yet convenient food fits in too well with people's busy schedules. Additionally, younger people are less active, since they tend to spend more time indoors on computers and less time outside.

저는 젊은 사람들이 여러 생활 방식의 변화로 인해 50년 전과 비교해서 오늘날 덜 건강하다고 생각합니다. 첫째로, 건강에 해롭지만 편리한 음식의 섭취는 사람들의 바쁜 일정에 너무 잘 맞습니다. 또한, 실내에서 컴퓨터에 시간을 보내고 외부에서 더 적은 시간을 보내는 경향 때문에 젊은 사람들은 덜 활동적입니다.

✏️ 나만의 답변을 직접 적어보고 말해보세요.

_____

_____

_____

_____

_____

_____

_____

_____

1. have enough time to   ~할 충분한 시간이 있다

I don't have enough time to cook for myself.
나 자신을 위해서 요리할 충분한 시간이 없습니다.

2. prefer A to B   A를 B보다 선호하다

I prefer home cooking to restaurant food.
저는 식당 음식보다 집에서 만든 음식을 선호합니다.

3. going on a run   달리기

One activity I do to maintain my health is going on a run.
건강을 유지하기 위해 제가 하는 활동 중 하나는 달리기입니다.

4. depending on   ~에 따라

Depending on my schedule, I run at around 6 a.m. and 8 a.m.
제 스케줄에 따라, 저는 오전 6시와 8시 사이에 달리기를 합니다.

5. make it a point to부정사   ~을 하기로 정하다, 목표로 삼다(it 가목적어 - to부정사 진목적어)

I made it a point to exercise every day of the week without exception.
저는 예외 없이 매일 운동하는 것을 목표로 삼았습니다.

6. daily routine   일상

Going on a morning run has become a habit and an essential part of my daily routine.
아침 달리기는 습관이 되었고 제 일상의 필수적인 부분이 되었습니다.

7. fit in too well with   ~와 너무 잘 맞다

The consumption of unhealthy yet convenient food fits in too well with people's busy schedules.
건강에 해롭지만 편리한 음식의 섭취는 사람들의 바쁜 일정에 너무 잘 맞습니다.

Practice

아래 질문에 대해 큰소리로 자신의 답변을 녹음하고 들어 보세요.

1. What is your favourite dish?

2. Describe something you do to keep healthy.
You should say:
what this activity is
when you do it
how often you perform it
and explain why you think it's a good way to look after your health.

3. What are the advantages and disadvantages of eating out?

오늘의 학습 목표

파트 2 동의/반대(agree/disagree) 실전 문제 연습

▲ 강의 보기

동의/반대 문제

You should spend about 40 minutes on this task.

Write about the following topic:

> *In many countries, an increasing number of vehicles are causing congestion and pollution issues. It is therefore necessary for governments to increase the price of petrol to solve these problems.*
>
> *To what extent do you agree or disagree with this opinion?*

Give reasons for your answer and include any relevant examples from your own knowledge or experience.

Write at least 250 words.

이 문제에 대해서 약 40분을 쓰도록 하세요.

다음 주제에 대해 쓰세요:

> 많은 나라에서, 증가하는 많은 수의 차량이 체증과 오염 문제를 야기하고 있습니다. 그러므로 정부가 이 문제들을 해결하기 위해 휘발유 가격을 올려야 될 필요가 있습니다.
>
> 이러한 의견에 대해 당신은 어느 정도까지 동의 또는 동의하지 않습니까?

당신의 대답에 대한 이유들을 들고 당신만의 지식 또는 경험으로부터 나온 관련 예들을 포함하세요.

최소 250 단어를 쓰세요.

 **문제 풀이**

1. 문제 분석

문제 분석	an increasing number of vehicles ▶ causing congestion and pollution ▶ governments ▶ increase the price of petrol ▶ solve these problems ▶ what extent ▶ agree or disagree

▼

각 의견 정리	• 유가 상승 동의: 단기적으로만 효력 있음 • 유가 상승 반대: 다른 궁극적인 해결 수단 제시(대체 에너지, 대중 교통)

▼

나의 의견	• 유가 상승보다 대체 에너지 개발과 대중 교통 개선이 더 효과적임

2. 글쓰기 순서

서론	• 문제를 패러프레이징하여 어떠한 내용(교통 체증 및 환경 오염에 대한 유가 상승 정책의 찬반)에 대한 것인지 제시 • 두괄식으로 자신의 의견(유가 상승보다는 근본적으로 다른 해결책 필요)을 나타내는 대주제문 작성

▼

본론 1	• 두 가지 의견 중 자신의 의견과 배치되는 의견(유가 상승)을 진술 → 본론 1 주제 문장 • 근거, 예, 부연 설명을 통해 본론 1 주제 문장을 뒷받침함 • 본론 1에 대한 결론 문장(생략 가능)

▼

본론 2	• 두 가지 의견 중 자신이 동조하는 의견(유가 상승 정책에 반대)을 진술 → 본론 2 주제 문장 • 다른 해결방안 제시로 본론 2 주제 문장을 뒷받침함 • 제시한 해결방안의 유용성 설명

▼

결론	• 본론에서 살펴본 내용 요약 • 이러한 내용을 바탕으로 자신의 의견(유가 상승보다는 근본적으로 다른 해결책 필요)을 재강조

 **샘플 답안**

서론	① These days, due to a growing number of cars, traffic jams and air pollution have become serious problems all over the world. ② In order to address these issues, some people argue that the price of fuel should be raised. ③ However, I strongly believe that this measure is not an ultimate answer and that there are better and more effective solutions.	① 문제 첫 문장(자동차 증가로 인한 피해) 패러프레이징 ② 문제 두 번째 문장(유가 상승 필요성) 패러프레이징 ③ 동의하지 않는다는 나의 의견(대주제문)
본론 1	④ Raising the price of petrol could be effective, but only in the short term. ⑤ If the cost of petrol increases, people will try to minimise using their motor vehicles at first. ⑥ However, as time goes by, people will get used to paying the increased cost of fuel and just end up driving their cars again. ⑦ Therefore, the same issues of congestion and pollution will remain unsolved in the long term.	④ 유가 상승은 단기적으로만 효력 있다는 의견(주제 문장) ⑤ ⑥ 그러한 입장의 근거 ⑦ 결국 장기적 문제 해결책이 아님(결론 문장)
본론 2	⑧ Instead of controlling the cost of fuel, governments could introduce other measures. ⑨ One effective solution could be requiring countries to invest in environmentally-friendly energy to lessen the level of pollution. ⑩ In addition, upgrading or improving public transport could be an ideal solution to reduce traffic congestion and cut down on air pollutants. ⑪ For instance, well-connected train lines can encourage people to avoid driving their own cars, especially in a city centre where parking is difficult.	⑧ 다른 대책이 필요하다는 의견(주제 문장) ⑨ 근거(대안) 1: 친환경 에너지 투자 ⑩ 근거(대안) 2: 대중 교통 향상 ⑪ 근거 2의 예시
결론	⑫ As has been demonstrated, raising the price of petrol is not that effective for solving the problems of congestion and pollution. ⑬ In the long run, it would be better for governments to develop green energy to minimise harm to the environment and to improve public transport to reduce congestion.	⑫ 앞에서 살펴본 내용(본론 1) 요약 ⑬ 본론 2의 내용을 지지하며 자신의 의견을 재강조하며 마무리

총 단어 수: 255

요즘, 증가하는 수의 차들로 인해, 교통 체증과 공기 오염이 전 세계에 걸쳐 심각한 문제가 되고 있습니다. 이러한 문제를 해결하기 위해, 어떤 사람들은 연료 가격이 인상되어야 한다고 주장합니다. 그러나, 저는 이러한 대책은 궁극적인 해답이 아니고 더 좋고 효과적인 해결책이 있다고 강하게 믿습니다.

유가를 인상하는 것은 효과적일 수 있지만, 단지 단기적일 뿐입니다. 휘발유 비용이 상승한다면, 처음에 사람들은 그들의 자동차 사용하는 것을 최소화하려고 노력할 것입니다. 하지만, 시간이 갈수록 사람들은 상승된 연료 비용을 지불하는 것에 익숙해지면서 다시 자가용을 운전하게 될 것입니다. 그러므로, 교통 체증과 오염 같은 문제들은 장기적으로 해결되지 않은 채로 남아있을 것입니다.

연료 비용을 조정하는 것 대신에, 정부는 다른 대책들을 도입할 수 있습니다. 한 가지 효과적인 해결책은 오염 수준을 줄이기 위해 나라들에게 친환경적인 에너지에 투자하는 것을 요구하는 것입니다. 추가적으로, 대중교통 시스템을 업그레이드하거나 향상시키는 것은 교통 체증을 줄이고 공기 오염원을 줄이기 위한 이상적인 해결책이 될 것입니다. 예를 들어, 특히 주차가 어려운 도심에서, 잘 연결된 기차 노선은 사람들이 자가용을 운전하는 것을 피하게 하도록 장려할 수 있습니다.

살펴본 것처럼, 유가를 인상하는 것은 체증과 오염 문제를 해결하는 데 있어서 그렇게 효과적이지 않습니다. 장기적으로, 정부가 환경에 피해를 최소화하기 위해 친환경 에너지를 개발하고 교통체증을 줄이기 위해 대중교통을 개선하는 것이 더 나을 것입니다.

서론

① These days, due to a growing number of cars, traffic jams and air pollution have become serious problems all over the world. ② In order to address these issues, some people argue that the price of fuel should be raised. ③ However, I strongly believe that this measure is not an ultimate answer and that there are better and more effective solutions.

① These days, due to a growing number of cars, traffic jams and air pollution have become serious problems all over the world.

- due to 명사   ~때문에
- a growing number of 복수명사   증가하는 수의 (차, 사람 등)
- all over the world   전 세계에 걸쳐서

② In order to address these issues, some people argue that the price of fuel should be raised.

- address these issues   문제를 다루다, 처리하다 (=solve the problems)

③ However, I strongly believe that this measure is not an ultimate answer and that there are better and more effective solutions.

- I strongly believe that절 and that절   ~과 ~에 대해 강하게 믿는다 (확실하게 이렇게 생각한다)

Vocabulary & Expressions

growing 증가하는 traffic jam 교통 체증 air pollution 공기 오염 serious 심각한 address 다루다, 처리하다 price of fuel 연료 가격 raise 올리다, 인상하다 measure 대책, 조치 ultimate answer 궁극적인 해답 effective 효과적인 solution 해결책

④ Raising the price of petrol could be effective, but only in the short term. ⑤ If the cost of petrol increases, people will try to minimise using their motor vehicles at first. ⑥ However, as time goes by, people will get used to paying the increased cost of fuel and just end up driving their cars again. ⑦ Therefore, the same issues of congestion and pollution will remain unsolved in the long term.

④ Raising the price of petrol could be effective, but only in the short term.

- raising the price of petrol   휘발유 가격을 인상하는 것은 (동명사구)
- could   ~일 수도 있다 (can보다 가능성의 정도가 낮음)
- in the short term   단기적으로

⑤ If the cost of petrol increases, people will try to minimise using their motor vehicles at first.

- if절 현재 시제 + 주절 미래 시제   ~하면 ~일 것이다
- using their motor vehicles   자동차 사용하는 것 (동명사구)

⑥ However, as time goes by, people will get used to paying the increased cost of fuel and just end up driving their cars again.

- as time goes by   시간이 갈수록
- get used to -ing   ~하는 데 익숙해지다
- increased   증가된 (과거분사)
- end up -ing   결국 ~로 되다, ~로 끝이 나다

⑦ Therefore, the same issues of congestion and pollution will remain unsolved in the long term.

- remain + 형용사   ~한 채로 남아있다
- in the long term   장기적으로 (=in the long run)

Vocabulary & Expressions ✦

price 가격 petrol 휘발유 cost 비용 minimise 최소화하다(cf. 미국식 minimize) use 사용 motor vehicle 자동차 pay 지불하다 remain 남아있다, 여전히 ~이다 unsolved 미해결된

⑧ Instead of controlling the cost of fuel, governments could introduce other measures. ⑨ One effective solution could be requiring countries to invest in environmentally-friendly energy to lessen the level of pollution. ⑩ In addition, upgrading or improving public transport could be an ideal solution to reduce traffic congestion and cut down on air pollutants. ⑪ For instance, well-connected train lines can encourage people to avoid driving their own cars, especially in a city centre where parking is difficult.

본론 2

⑧ Instead of controlling the cost of fuel, governments could introduce other measures.

- controlling the cost of fuel 연료 비용을 조정하는 것 (instead of 뒤에 동명사구로 사용)

---

⑨ One effective solution could be requiring countries to invest in environmentally-friendly energy to lessen the level of pollution.

- require 목적어 to부정사 목적어가 ~하도록 요구하다
- be requiring be동사의 보어로 동명사 requiring이 사용됨

---

⑩ In addition, upgrading or improving public transport could be an ideal solution to reduce traffic congestion and cut down on air pollutants.

- upgrading or improving public transport 대중 교통 시스템을 업그레이드하거나 향상시키는 것은 (동명사구)
- to reduce traffic congestion and cut down and 앞의 reduce와 뒤의 cut down 모두 to부정사이나 뒤의 to는 반복 사용을 피하기 위해 생략 (동명사구)

---

⑪ For instance, well-connected train lines can encourage people to avoid driving their own cars, especially in a city centre where parking is difficult.

- encourage A to부정사 A가 ~하는 것을 장려하다
- avoid -ing ~하는 것을 피하다 (동명사를 목적어로 취하는 avoid 동사)
- city centre where절 ~한 도심 (앞에서 언급한 장소인 city centre를 수식하는 관계부사절)

Vocabulary & Expressions ◆

control 조정하다 introduce 도입하다 measure 조치, 대책 require 필요로 하다, 요구하다 invest in ~에 투자하다 environmentally-friendly 친환경적인 lessen 줄이다 the level of ~의 수준, 단계 in addition 추가로 public transport 대중 교통 시스템(미국에서는 transport 대신 transportation 사용) ideal 이상적인 reduce 줄이다 cut down on ~에 대해 삭감하다, 줄이다 pollutant 오염원 well-connected 잘 연결된 line 노선 especially 특히 centre 중심(cf. 미국식 center)

⑫ As has been demonstrated, raising the price of petrol is not that effective for solving the problems of congestion and pollution ⑬ In the long run, it would be better for governments to develop green energy to minimise harm to the environment and to improve public transport to reduce congestion.

⑫ As has been demonstrated, raising the price of petrol is not that effective for solving the problems of congestion and pollution.

- as has been demonstrated 살펴본 것처럼, 입증된 것처럼 (결론의 첫 문장으로 자주 사용)
- that 그렇게 (대명사가 아닌, 정도를 나타내는 부사)

⑬ In the long run, it would be better for governments to develop green energy to minimise harm to the environment and to improve public transport to reduce congestion.

- in the long run 장기적으로 (=in the long term)
- it would be better for governments to develop ~ and to improve ~ 정부가 ~을 개발하고 ~을 개선시키는 것이 더 좋다 (가주어 it - 의미상의 주어 for - 진주어 to부정사)
- to minimise 최소화하기 위해 (to부정사의 부사적 용법)
- harm to 명사 ~에 피해
- to improve 향상시키는 것 (앞의 it would be 구문과 이어지는 또다른 진주어)
- to reduce 줄이기 위해 (to부정사의 부사적 용법)

Vocabulary & Expressions ◆

demonstrate 입증하다, 설명하다, 논증하다 green energy 친환경 에너지 environment 환경 improve 향상시키다, 개선시키다

오늘의 라이팅 필수 문법

1. address the issue   문제를 다루다, 처리하다

In order to address these issues, some people argue that the price of fuel should be raised.

그 문제를 해결하기 위해, 어떤 사람들은 연료 가격이 상승되어야 한다고 주장합니다.

2. as time goes by   시간이 갈수록

As time goes by, people will get used to paying the increased cost of fuel.

시간이 갈수록 사람들은 상승된 연료 비용을 지불하는 것에 익숙해질 것입니다.

3. get used to -ing   ~하는 데 익숙해지다

People will get used to paying the increased cost of fuel and just end up driving their cars again.

사람들은 상승된 연료 비용을 지불하는 것에 익숙해지면서 다시 자가용을 운전하게 될 것입니다.

4. remain + 형용사   ~한 채로 남아있다

The issues of congestion and pollution will remain unsolved in the long term.

교통 체증과 오염 문제들은 장기적으로 해결되지 않은 채 남아있을 것입니다.

5. encourage A to부정사   A가 ~하는 것을 장려하다

Well-connected train lines can encourage people to avoid driving their own cars.

잘 연결된 기차 노선은 사람들이 자가용을 운전하는 것을 피하도록 장려할 수 있습니다.

6. As has been demonstrated   살펴본 것처럼, 입증된 것처럼

As has been demonstrated, raising the price of petrol is not that effective for solving the problems of congestion and pollution.

살펴본 것처럼, 유가를 인상하는 것은 체증과 오염 문제를 해결하는 데 있어서 그렇게 효과적이지 않습니다.

7. harm to + 명사   ~에 피해

It would be better for governments to minimise harm to the environment.

정부가 환경에 피해를 최소화하는 것이 나을 것입니다.

Practice

우리말 뜻에 맞게 빈칸을 채워서 문장을 완성하세요.

1. 그 문제를 해결하기 위해, 어떤 사람들은 연료 가격이 상승되어야 한다고 주장합니다.

   In order to _____ these issues, some people argue that the price of fuel should be raised.

2. 시간이 갈수록, 사람들은 상승된 연료 비용을 지불하는 것에 익숙해질 것입니다.

   _____, people will get used to paying the increased cost of fuel.

3. 사람들이 인상된 연료 비용을 지불하는 데 익숙해져서 다시 차를 운전하게 될 것입니다.

   People will _____ the increased cost of fuel and just end up driving their cars again.

4. 교통 체증과 오염 문제들은 장기적으로 해결되지 않은 채 남아있을 것입니다.

   The issues of congestion and pollution will _____ in the long term.

5. 잘 연결된 기차 노선은 사람들이 자가용을 운전하는 것을 피하도록 장려할 수 있습니다.

   Well-connected train lines can _____ their own cars.

6. 살펴본 것처럼, 유가를 인상하는 것은 제승과 오염 분제를 해결하는 데 있어서 그렇게 효과적이지 않습니다.

   _____, raising the price of petrol is not that effective for solving the problems of congestion and pollution.

7. 정부가 환경에 피해를 최소화하는 것이 나을 것입니다.

   It would be better for governments to minimise _____.

Answers

1. address(=solve) 2. As time goes by 3. get used to paying 4. remain unsolved 5. encourage people to avoid driving 6. As has been demonstrated 7. harm to the environment

Listening
주관식 문제 유형 공략

오늘의 학습 목표

아이엘츠 리스닝 시험에 나오는 주관식 문제 유형 총정리

▲ 강의 보기

📖 IELTS Listening 문제 유형

- IELTS Listening에는 총 10개의 문제 유형이 출제되며, 주관식과 객관식으로 크게 구분 가능
- 주관식 문제 유형은 총 6개로 노트/표/양식 완성하기(note/table/form completion), 문장/요약문 완성하기 (sentence/summary completion), 단답형(short answer)이 있음
- 평면도/지도/도해 표시(plan/map/diagram labelling) 및 순서도 완성하기(flowchart completion)는 상자에 있는 정보의 기호를 고르는 객관식 형태로 보통 출제되지만, 때때로 직접 빈칸의 단어를 받아적는 주관식으로도 출제됨
- 주관식 문제에서 지시문에 따라 답안 작성 단어 수를 정확하게 파악한 후, 답안 작성 해야 정답 처리됨
- 주관식 문제에서 철자를 틀리거나, 단·복수를 올바르게 작성하지 않을 경우 부분 점수 없이 오답 처리됨

1. 노트 완성하기(note completion)

2. 표 완성하기(table completion)

3. 양식 완성하기(form completion)

4. 문장 완성하기(sentence completion)   **주관식**

5. 요약문 완성하기(summary completion)

6. 단답형(short answer)

7. 선다형(multiple choice)   **객관식**

8. 정보 연결(matching)

9. 평면도/지도/도해 표시(plan/map/diagram labelling)   **주관식 or 객관식**

10. 순서도 완성하기(flowchart completion)

 **주관식 문제 유형**

1. 노트 완성하기(note completion)

• 방송 순서대로 큰 제목과 여러 개의 소제목으로 구성된 노트(메모)의 세부 내용 빈칸을 채우는 주관식 문제

예제 1

Complete the notes below.

*Write **ONE WORD ONLY** for each answer.*

▲ 음원 듣기

Cloverdale Conservation Foundation

Regular activities

Forest cleanup

• removing **1** ....

• **2** .... are allowed

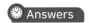

1. litter　**2.** children

아래 노트를 완성하세요.

각 답변에 대해 **한 단어로만** 작성하세요.

클로버데일 보존 재단

정기적인 활동들

숲 (환경)정화

- **1** _____ 없애기
- **2** _____ 은 환영됨

SUSIE: Hello?
여보세요?

PAUL: Hello. My name is Paul. Are you the right person to talk to about the Cloverdale Conservation Foundation?
안녕하세요. 제 이름은 폴입니다. 클로버데일 보존 재단에 대해 이야기할 수 있는 적임자이신가요?

SUSIE: Yes, I'm Susie, the secretary of this organisation.
네, 저는 이 단체의 총무인 수지입니다.

PAUL: Great! I've just moved to this area, and I'm quite interested in your work. Could you tell me something about your activities, please?
잘 됐네요! 이 지역으로 이사 온 지 얼마 되지 않았는데, 여러분의 활동에 관심이 많아요. 단체의 활동에 대해 말씀해 주시겠어요?

SUSIE: Sure. [1]We have regular activities, and one of them is trying to keep the forest free of litter. Unfortunately, there is so much of it to clear.
그럼요. 저희는 정기적인 활동들을 하고 있는데, 그 중 하나가 숲에 쓰레기가 없도록 노력하고 있는 것입니다. 안타깝게도, 치워야 할 쓰레기가 너무 많아요.

PAUL: Well, I'd be happy to help with that. Is it OK to take my [2]children?
네, 저도 기꺼이 돕고 싶네요. 아이들을 데리고 가도 되나요?

SUSIE: They are welcome. It would be good for their education.
아이들은 환영 받죠. 아이들 교육에도 좋을 거예요.

Vocabulary

conservation 보존, 보호　foundation 토대, 재단, 설립　secretary 비서, 총무　organisation 조직, 기구(cf. 미국식 organization)　litter 쓰레기

2. 표 완성하기(table completion)

- 표의 첫 열, 첫 행에 주어지는 정보를 토대로 빈칸을 채우는 주관식 문제

예제 2

Complete the table below.

*Write **ONE WORD ONLY** for each answer.*

▲ 음원 듣기

Town events

Date	Event	Venue	Task
31 Mar	Quiz	Community Centre	Providing **1** ....
30 Apr	Dance	Hilltop **2**	Checking tickets

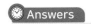 **Answers**

1. refreshments **2.** Hotel(=hotel)

아래 노트를 완성하세요.

각 답변에 대해 **한 단어로만** 작성하세요.

<table>
<tr><th colspan="4">마을 행사</th></tr>
<tr><th>날짜</th><th>행사</th><th>장소</th><th>업무</th></tr>
<tr><td>3월 31일</td><td>퀴즈</td><td>주민 센터</td><td>1 _____ 제공하기</td></tr>
<tr><td>4월 30일</td><td>댄스</td><td>힐탑 2 _____</td><td>표 검사하기</td></tr>
</table>

JOHN: Next month, on the 31st of March, we're holding a quiz in the community centre.
다음 달, 3월 31일에, 주민 센터에서 퀴즈 (대회)를 진행합니다.

SAM: That sounds fun. Do you need any help from me?
재미있겠네요. 제가 도와드릴까요?

JOHN: Yes, because of the number of people, we need plenty of ¹refreshments. So, if you could provide
any, that would be wonderful.
네, 사람이 많아서 다과가 많이 필요해요. 그래서, 다과를 준비해 주시면 좋을 것 같아요.

SAM: No problem at all. I'll think about what to bring, and let you know.
문제없어요. 뭘 가져올지 생각해보고 알려드릴게요.

JOHN: Thank you. ²Then on April the 30th, we will be holding a dance in the Hilltop Hotel.
고마워요. 그리고 4월 30일에 힐탑 호텔에서 댄스 (대회)를 열 예정입니다.

SAM: Well, I'd like to do something to help.
네, 저도 도움이 되고 싶어요.

JOHN: I am worried about a bottleneck if everyone arrives at once at the event, so having an extra
person to check their tickets at the door would be good.
행사장에 한꺼번에 많은 사람이 오면 병목 현상이 생길까 걱정돼서, 문 앞에서 티켓을 확인해 줄 사람이 한 명 더 있으면 좋을 것
같아요.

Vocabulary

venue 장소 task 업무 hold ~을 개최하다 refreshments 다과 bottleneck 병목(현상)

24

3. 양식 완성하기(form completion)

- 신청서에 이름이나 주소, 시간과 날짜 등의 빠진 개인 정보 내용을 채우는 주관식 문제

예제 3

Complete the form below.

*Write **ONE WORD ONLY** for each answer.*

▲ 음원 듣기

Customer Satisfaction Survey

Customer details

Name: Bill Smith

Occupation: **1** ....

Reason for travel today: **2** ....

---

1. accountant **2.** shopping

아래 양식을 완성하세요.

각 답변에 대해 **한 단어로만** 작성하세요.

고객 만족도 조사

고객 세부사항

이름: 빌 스미스

직업: **1** ....

오늘 여행 이유: **2** ....

WOMAN: Excuse me. Do you mind if I ask you some questions today? We are doing a customer satisfaction survey for our train passengers.
실례합니다. 오늘 몇 가지 질문해도 될까요? 열차 승객을 대상으로 고객 만족도 조사를 하고 있습니다.

MAN: Sure. I am OK with it.
그럼요. 괜찮습니다.

WOMAN: Thank you. So, first of all, would you mind telling me your name?
감사합니다. 먼저 성함이 어떻게 되시나요?

MAN: It's Bill Smith.
빌 스미스입니다.

WOMAN: Thank you. [1]And could you tell me what you do?
고맙습니다. 직업이 뭔지 말씀해 주시겠어요?

MAN: Well, I'm an accountant.
네, 회계사예요.

WOMAN: That is great. [2]So was work the reason for your travel today?
좋네요. 오늘 여행은 일 때문이신가요?

MAN: Actually, it's my day off. I am going to do some shopping.
사실, 오늘은 쉬는 날이에요. 쇼핑 좀 하려고요.

WOMAN: Oh, well, I hope you enjoy yourself.
오, 즐거운 시간 보내시길 빌어요.

Vocabulary

satisfaction 만족(도) travel 여행, 이동 passenger 승객 accountant 회계원, 회계사

4. 문장 완성하기(sentence completion)

• 각각의 독립된 문장의 빈칸을 완성하는 형태로, 빈칸 앞·뒤 주요 키워드를 듣고 단어를 받아 적는 주관식 문제

예제 4

Complete the sentences below.

*Write **ONE WORD ONLY** for each answer.*

▲ 음원 듣기

Victoria National Park

1 The national park is a good place for seeing ....

2 Visitors will be able to learn about ....

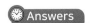

1. butterflies **2.** mushrooms

아래 문장들을 완성하세요.

각 답변에 대해 **한 단어로만** 작성하세요.

빅토리아 국립공원

1 국립공원은 _____를 보기에 좋은 곳입니다.

2 방문객들은 _____에 대해 배울 것입니다.

MAN: [1]I'd like to find out more about Victoria National Park. Is it a good place for spotting butterflies? My wife is particularly interested in them.
빅토리아 국립공원에 대해 더 자세히 알고 싶어요. 나비를 관찰하기에 좋은 곳인가요? 제 아내가 특히 나비에 관심이 많아요.

WOMAN: Yes. There are various flowers and trees, and they provide a very attractive habitat. Especially, in spring and summer, you can see them flying everywhere.
네. 다양한 꽃과 나무가 있어, 매우 매력적인 서식지를 제공하죠. 특히 봄과 여름에는 사방에서 날아다니는 나비를 볼 수 있어요.

MAN: That sounds wonderful.
멋지네요.

WOMAN: [2]And there is an interesting class about mushrooms at the visitor centre every two hours. You can study different varieties and go out to pick some after the class.
그리고 방문객 센터에서 두 시간마다 버섯에 대한 흥미로운 수업이 있어요. 다양한 종류를 배우고 수업이 끝나면 직접 버섯을 따러 갈 수 있어요.

Vocabulary

spot ~을 발견하다 particularly 특히 attractive 매력적인 habitat 서식지 especially 특히 variety 품종, 다양성

5. 요약문 완성하기(summary completion)

• 방송 내용의 요약문에 빈칸을 채우는 주관식 문제

예제 5

Complete the summary below.

*Write **ONE WORD ONLY** for each answer.*

▲ 음원 듣기

European honey bees

The number of bees has soared over 80 years although they came to Australia 190 years ago.

They live in alpine areas away from **1** _____ and can have a negative impact on the native animals.

There is not enough **2** _____ on their impact on Australian plants.

---

1. water **2.** research

아래 요약문을 완성하세요.

각 답변에 대해 **한 단어로만** 작성하세요.

유럽 꿀벌

그것들(유럽 꿀벌)은 190년 전에 호주에 들어왔지만 80년 동안 벌의 개체 수가 급증했습니다.

그것들(유럽 꿀벌)은 **1** _____에서 멀리 떨어진 고산 지역에 서식하며 토종 동물에 부정적인 영향을 미칠 수 있습니다.

호주 식물에 미치는 영향에 대한 **2** _____는 아직 충분하지 않습니다.

PROFESSOR: European honey bees have been present in Australia for about 190 years, but their population has significantly increased over the past 80 years.
유럽 꿀벌은 약 190년 동안 호주에 존재해 왔지만, 지난 80년 동안 개체 수가 크게 증가했습니다.

STUDENT: Can we see them anywhere? Even in our cities?
어디에서나 볼 수 있나요? 우리 도시에서도요?

PROFESSOR: [1]They are sparsely distributed in alpine regions, distant from water. These bees visit the native flowers and interact with many other animals. The spread of European honey bees can negatively impact the native animals.
물에서 멀리 떨어진 고산 지역에 드문드문 분포합니다. 이 꿀벌들은 토종 꽃을 방문하고 다른 많은 동물들과 상호 작용합니다. 유럽 꿀벌의 확산은 토종 동물들에게 부정적인 영향을 미칠 수 있습니다.

STUDENT: That sounds like a real problem.
정말 문제인 것 같네요.

PROFESSOR: Yes, [2]and there is insufficient research about interactions between European honey bees and Australian plants, so we don't fully understand the full extent of their impact.
네, 유럽 꿀벌과 호주 식물 간의 상호 작용에 대한 연구가 충분하지 않아서, 그 영향의 전체 범위를 완전히 이해하지 못하고 있습니다.

Vocabulary

soar 치솟다 alpine 고산의 sparsely 드문드문 distribute ~을 분포시키다 interact 상호 작용하다, 교류하다 spread 확산 insufficient 불충분한 extent 범위

6. 단답형(short answer)

· 주로 when/where/who/how 등 의문사를 사용한 질문의 답을 받아 적는 주관식 문제

예제 6

Answer the questions below.

*Write **NO MORE THAN TWO WORDS** for each answer.*

▲ 음원 듣기

What **TWO** factors can make creating social contact in a foreign country difficult?

· 1 _____

· 2 _____

1. customs **2.** language barriers

아래 질문에 답하세요.

각 답변에 대해 **두 단어 이하로** 작성하세요.

외국에서 사회적 접촉을 어렵게 만드는 **두 가지** 요인은 무엇인가요?

Good afternoon, and welcome to the British Council. My name is James Brown.
안녕하세요, 영국문화원에 오신 것을 환영합니다. 저는 제임스 브라운입니다.

I will talk about certain aspects of life in the UK before you actually go there.
여러분이 실제로 영국에 가기 전에 영국 생활의 특정 측면에 대해 이야기하겠습니다.

[1]When you are living in a foreign country, it could be difficult for you to make social contacts there.
외국에 살다 보면, 그곳에서 사회적 접촉을 만드는 것이 어려울 수 있습니다.

That is because of the customs, which may be very different from yours, and, of course, because of the [2]language barriers.
그것은 당신과 매우 다를 수 있는 관습, 그리고 물론, 언어 장벽 때문일 수 있습니다.

Vocabulary

certain 약간의, 어떤 aspect 측면, 양상 social 사회적인 contact 접촉 custom 관습, 풍습 barrier 장벽

오늘의 리스닝 필수 어휘

▲ 음원 듣기

01	conservation	보존, 보호
02	foundation	토대, 재단, 설립
03	secretary	비서, 총무
04	organisation	조직, 기구
05	litter	쓰레기
06	venue	장소
07	task	업무
08	hold	~을 개최하다
09	refreshments	다과
10	satisfaction	만족(도)
11	passenger	승객
12	accountant	회계원, 회계사
13	spot	~을 발견하다
14	attractive	매력적인
15	variety	품종, 다양성
16	soar	치솟다
17	alpine	고산의
18	sparsely	드문드문
19	distribute	~을 분포시키다
20	interact	상호 작용하다, 교류하다
21	spread	확산
22	insufficient	불충분한
23	aspect	측면, 양상
24	custom	관습, 풍습
25	barrier	장벽

Reading
빈출 주제 공략 (1)

IELTS Reading 빈출 주제

- IELTS Reading 시험에서 역사, 환경, 생물, 교육, 경영 등 다양한 인문, 자연 주제가 출제
- 특정 역사, 과학 이론, 철학, 심리학, 경영 관련 도서의 서문이 발췌되어 출제되기도 함
- 제너럴 트레이닝 파트 1(섹션 1)의 경우, 일상 생활과 관련된 생활 정보, 규정, 광고 등이, 파트 2(섹션 2)는 구인, 직장 규정 및 비즈니스 관련 주제 출제

인문 주제

- 인문 주제 관련해서, 역사가 가장 많이 출제
- 역사의 경우, 특정 발명품 또는 기술(조명, 추리물, 증기 기관, 인쇄술 등)의 발전 과정, 특정 시기(18세기 과학, 로마시대 건축 등), 특정 유물(피라미드, 스톤헨지 등), 특정 사건(산업 혁명, 고대 민족의 대이동, 호주 골드러시 등), 특정인 업적(벨의 전화, 퀴리 부인의 방사선 연구 등)관련하여 출제
- 교육의 경우, 영재 교육, 조기 교육, 교육 환경 등이 출제되는데, 특히 언어와 연관되어 언어 습득과 언어 발달, 두 개 언어 습득 등이 빈출됨
- 경영의 경우, 경영 정책 및 전략, 관광 산업, 효율적 마케팅, 인사 관리, 보상 시스템, 재택 근무 등이 출제

Practice

*You should spend 20 minutes on **Questions 1-13**, which are based on the reading passage on the following pages.*

Gutenberg's Printing Press

A Around 1040, the Chinese artisan and inventor Bi Sheng invented the earliest known movable type printing system, which used baked clay characters cut as thin as the edge of a coin. The first metal movable type printing system was not developed until two hundred years later during the Goryeo Dynasty in Korea. This invention resulted in the printing of the earliest movable metal type printed book, Jikji, an anthology of teachings by Buddhist priests. However, due to the considerable amount of labour required to produce the full Chinese character set, neither of the movable type systems was widely used, and block printing remained the most widely used printing method.

B Block-printed books with both text and images served as a cheap alternative to traditional handwritten manuscripts. These books typically included several large illustrations accompanied by brief descriptions, and each page had to be carved into a block of wood which was then pressed firmly onto the page. This process, albeit very labour-intensive, proved to be faster than writing and illustrating each page by hand. However, the finished books were very expensive and only affordable to affluent members of society. Also, despite the introduction of block books, handwritten manuscripts on parchment made from animal hide remained the preferred book type for the majority of artists and writers. Throughout Europe, paper was not widely used for books until the mid-15th century, around the same time that Johannes Gutenberg invented his form of movable type printing.

C Johannes Gutenberg was a German goldsmith who would eventually go on to pursue a career as a printer, publisher and inventor. It is generally acknowledged that his invention of mechanical movable type printing instigated the Printing Revolution in Europe, which was deemed a tremendously important event in terms of European development. Born in Mainz, Germany, Gutenberg was the youngest son of a wealthy family. His actual birth year is not clear but is believed to be between 1398 and 1400. Gutenberg grew up learning the goldsmith trade from his father, Friele Gensfleisch, who worked at a local mint. Historical records also show that he attended grammar school and later enrolled at the University of Erfurt, where he learnt Latin among various other subjects.

D Despite the existence of some documents chronicling Gutenberg's academic endeavours, relatively little is known about other aspects of his early life. It is known that there was a political uprising in Mainz and hundreds of families, including Gutenberg's, were forcibly expelled from the city. The next record of Gutenberg's life is a letter he sent in 1434, in which he indicates that he was living in Strasbourg and working as a goldsmith while enrolled in the Strasbourg militia. In 1440, when he was still working in Strasbourg, Gutenberg unveiled an innovative invention that would later evolve into his renowned printing press system. His early invention was named Aventur und Kunst, meaning Art and Enterprise. He returned to Mainz in 1448 to make further refinements to his system, and two years later, his unique printing press system was in operation.

E In order to create a practical system for mass book production, Gutenberg combined three elements: a process for mass-producing movable type, a wooden printing press and oil-based ink. His movable type consisted of mechanical reproductions of the beautiful calligraphy characters used in manuscripts around that time period. To create each individual letter, he engraved it into hard steel and then pressed it into a softer metal, thereby creating a mould which he could use to produce multiple copies of the letter. A metal casting alloy was poured into the mould to produce the individual letters, which were then mounted onto a wooden assembly to create the pages. In order to produce a high-quality print, Gutenberg's printing process required sticky, deep black ink. Gutenberg combined soot, resin and linseed oil to create his special ink, which was very different from the typical water-based ink used for woodblock printing.

F Once Gutenberg's print workshop was up and running, he borrowed 8000 guilders from a wealthy aristocrat, Johann Fust, and made him a partner in the business. Gutenberg's aim was to expand the range of texts he printed, and he decided to print Latin grammar, German poetry and specific texts requested by the church. One such request led to the beginning of Gutenberg's 'Bible Project', for which he sought an additional loan of 8000 guilders from Fust. Regarded as Gutenberg's greatest printed accomplishment, the two-volume Bible consisted of a total of 1,282 pages and was produced using a workforce of twenty people. Gutenberg needed to cast almost 300 different letters and symbols for the Bible. In 1455, Gutenberg announced that he had completed printing 180 copies of his Bible and that he intended to sell each copy for 30 florins, which was more money than an average worker would make in three years.

G Approximately one year after the launch of his Bible, Gutenberg got into a public feud with Fust, who accused Gutenberg of wasting funds and demanded the repayment of his loans. After winning the court case, Fust assumed ownership of Gutenberg's print workshop and fifty per cent of all printed Bibles. Gutenberg was virtually left bankrupt, but through hard work and perseverance, he managed to establish a new print workshop a few years later in Mainz and continue his work. In 1465, Gutenberg's remarkable achievements were finally acknowledged, and he was awarded an honorary title by the archbishop. His title also entitled him to receive money, clothing and food from the government until his death in 1468.

H Gutenberg did not become rich during his lifetime, but his printing system had a significant impact throughout Europe, playing a key role in the Renaissance, the Reformation, the Age of Enlightenment and the Scientific Revolution. The Gutenberg press with its movable type printing made books and other printed materials available to the masses for the first time due to the decreased cost and ease of mass production. His printing system continued to be the standard form of printing text until the 19th century, and it was still widely used throughout the first half of the 20th century when it was referred to by the name letterpress printing.

Questions 1-5

The passage has eight paragraphs, **A-H**.

Which paragraph contains the following information?

Write the correct letter in boxes 1-5 on your answer sheet.

1   the commencement of Gutenberg's most remarkable project

2   an outline of the mass printing process for books

3   the influence of Gutenberg's invention in later centuries

4   a description of a dispute between business partners

5   details about Gutenberg's academic background

Questions 6-13

*Complete each sentence with the correct ending, **A-L**, from the box below.*

*Write the correct letter, **A-L**, in boxes 6-13 on your answer sheet. There are more endings than sentences, so you won't use them all.*

6 The metal movable type printing system developed in Korea was not widely used

7 Block-printed books failed to be as popular as handwritten manuscripts

8 Gutenberg's family were forced to leave Mainz

9 Gutenberg moved from Strasbourg to Mainz

10 Gutenberg combined substances to create a special ink

11 Gutenberg lost almost all of his money

12 Gutenberg received assistance from the government

13 The Gutenberg press made books more easily accessible to people

---

A as it required a considerable amount of labour.

B because they did not contain illustrations.

C due to unrest within the political system.

D because he wanted to return to university.

E as he wished to continue working on his first invention.

F due to the poor sales of his first publication.

G because of its affordable method of mass production.

H because he wanted to achieve a high-quality print.

I due to a legal dispute with Johann Fust.

J because it was offered to those bearing a special title.

K on account of his knowledge of foreign languages.

L as only those who were wealthy could afford to purchase them.

1. F 2. E 3. H 4. G 5. C 6. A 7. L 8. C 9. E 10. H 11. I 12. J 13. G

구텐베르크의 인쇄기

A 1040년경 중국의 장인이자 발명가인 필승(비성)은 동전 가장자리만큼 얇게 자른 구운 점토 문자를 사용하는, 최초로 알려진 이동식 활자 인쇄 시스템을 발명했다. 최초의 이동식 금속 활자 인쇄 시스템은 200년 후인 [6]고려 시대에 이르러서야 한국에서 개발되었다. 이 발명으로 불교 사제들의 가르침 모음집인 직지가 최초의 이동식 금속활자 인쇄본으로 인쇄될 수 있었다. 그러나 전체 한자 세트를 제작하는 데 상당한 노동력이 필요했기 때문에 두 가지 이동식 활자 시스템 모두 널리 사용되지 않았고, 목판(블록) 인쇄가 가장 널리 사용되는 인쇄 방법으로 남아있었다.

B 본문과 삽화 둘 다 수록된 목판 인쇄본 도서는 전통적인 필사본 원고에 대한 저렴한 대안 역할을 했다. 이런 책에는 보통 짧은 설명이 달린 커다란 삽화가 몇 개 들어 있었고, 각 장은 목판에 새겨져야 했고 그 다음 그 목판을 해당하는 장에 세게 눌렀다. 비록 노동 집약적이기는 해도 그런 과정은 각 장마다 손으로 글을 쓰고 그림을 그리는 것보다 더 빠르다는 것이 증명되었다. [7]하지만 그 완성된 책은 대단히 고가라서 오직 사회의 부유한 계층만이 부담할 수 있었다. 또한 목판본이 도입되었음에도 불구하고, 동물 가죽으로 만들어진 양피지에 필사한 원고는 대부분의 예술가와 작가들에게 선호되는 종류의 책으로 남아있었다. 유럽 전역에서, 종이는 15세기 중반까지는 책을 위해 널리 사용되지 않았고, 비슷한 무렵에 요하네스 구텐베르크는 그의 방식대로 가동 활자 인쇄술을 발명했다.

C 요하네스 구텐베르크는 독일 금세공인으로, 결국에는 인쇄업자, 출판가 그리고 발명가로서 경력을 계속 추구하게 되었다. 일반적으로 기계로 작동되는 가동 활자 인쇄술에 대한 그의 발명은 유럽에서 인쇄 혁명을 선동했고, 그것은 유럽의 발전이라는 측면에서 엄청나게 중요한 사건으로 여겨진다. 독일 마인츠 출신인 구텐베르크는 부유한 가정의 막내 아들이었다. 그의 실제 출생 연도는 정확하지 않으나 1398년에서 1400년 사이라고 여겨진다. 구텐베르크는 지역 조폐국에 근무하던 아버지, 프릴레 겐스플라이슈로부터 금세공 매매를 배우면서 성장했다. [5]역사적 기록은 또한 그가 우등 중고등학교를 다녔으며 후에 에어푸르트 대학에 입학했는데 그 곳에서 구텐베르크는 다양한 학과목들과 같이 라틴어를 배웠다고 보여준다.

D 구텐베르크의 학술적인 노력들을 연대기 순으로 나타낸 자료가 존재함에도 불구하고, 상대적으로 그의 초기 삶에 대해서는 거의 알려지지 않았다. 알려진 것은 [8]마인츠에 정치적 폭동이 일어났고 구텐베르크 가를 포함한 수많은 가문들이 그 도시에서 강제로 추방당했다는 것이다. 구테베르크의 인생의 다음 기록은 1434년에 그가 보낸 편지인데, 그 편지에서 그는 스트라스부르크에 거주하고 있으며 스트라스부르크 민병대에 입대하면서 금세공 징인으로 일한다고 나타낸다. [9]1440년, 여전히 스트라스부르크에서 일하고 있을 때, 구텐베르크는 후에 그의 유명한 인쇄 시스템으로 발전될 혁신적인 발명품을 발표했다. 그의 초기 발명품은 예술과 사업이라는 의미의 Aventur und Kunst로 이름 지어졌다. 1448년 구텐베르크는 그의 시스템을 더욱 정교하게 다듬기 위해 마인츠로 되돌아갔고, 2년 후에 그의 독창적인 인쇄술 시스템이 운영되었다.

E [2]도서 대량 생산을 위한 실용적인 시스템을 구축하기 위해, 구텐베르크는 3가지 요소를 결합했는데 이동식 활자의 대량 생산 과정, 목재 인쇄술, 그리고 유성 잉크였다. 그의 이동식 활자는 그 무렵 필사본에 사용된 아름다운 손글씨를 기계를 사용하여 복제한 것으로 구성되어 있었다. 각 글자를 만들기 위해, 구텐베르크는 그 글자를 견고한 철강에 새긴 다음 더 무른 금속에 대고 찍어냈고, 그 결과, 글자의 여러 복사본을 만드는데 사용할 수 있는 틀이 생겼다. 금속 주조합금이 개별적인 글자를 만들기 위해 틀 안으로 부어졌고, 그런 다음 책 페이지를 구현해내기 위해 (그 활자를) 나무로 된 조립판 위에 끼워 넣었다. [10]양질의 인쇄를 하기 위해, 구텐베르크의 인쇄 과정은 끈적끈적하고 짙은 검은색의 잉크가 필요했다. 구텐베르크는 그만의 특별한 잉크를 만들기 위해 그을음, 송진 그리고 아마씨 기름을 섞었는데, 목판 인쇄술에 사용되는 물을 기본으로 하는 기존의 잉크와는 굉장히 다른 것이었다.

F 일단 구텐베르크의 인쇄소가 세워지고 운영되면서 그는 8000길더를 부유한 귀족인 요한 푸스트에게 빌렸고 그를 사업

동업자로 삼았다. 구텐베르크의 목적은 그가 인쇄하는 원고의 종류를 확대하는 것이었고 그는 라틴어 문법책, 독일 시, 그리고 교회에서 요청 받은 특정 원고들을 인쇄하기로 결정했다. [1]그런 요청 중 하나는 구텐베르크의 '성경 프로젝트'를 시작하게 하였는데 그는 그것을 위해 푸스트에게 추가적인 8000길더의 대출 요청을 하였다. 구텐베르크의 가장 훌륭한 인쇄 업적으로 여겨지는 두 권의 성경책은 총 1282장으로 구성되었고 직원 20명을 사용하여 만들어 졌다. 구텐베르크는 거의 300개의 다른 문자와 기호를 그 성경책을 위해 주조해야 했다. 1455년, 구텐베르크는 그 성경책의 사본 180권을 인쇄하는 것을 완성했음을 발표하였고 그는 한 권당 30프로린에 판매할 생각이었는데 이는 노동자의 평균 3년 연봉보다 더 큰 돈이었다.

G 그의 성경책이 출판된지 대략 일년 후, [4&11]구텐베르크는 푸스트와 공개적인 불화가 생겼는데, 푸스트는 구텐베르크가 자금을 낭비했다고 고발하고 대출 상환을 요구했다. 법정 소송에서 이긴 다음, 푸스트는 구텐베르크의 인쇄소와 인쇄된 모든 성경책 50%의 소유권을 갖게 되었다. 구텐베르크는 사실상 파산했지만, 많은 노력과 끈기로 그는 몇 년 후에 새로운 인쇄소를 마인츠에 세웠고 계속 작업을 했다. 1465년, [12]구텐베르크의 놀라운 업적은 마침내 인정을 받아 그는 대주교에 의해 영예로운 직함을 하사 받았다. 그의 직함은 또한 그가 자금, 의복, 그리고 식량을 1468년에 그가 죽을 때까지 정부로부터 지원받을 자격을 주었다.

H 구텐베르크는 평생 부자가 되지 못했으나, 그의 인쇄 시스템은 유럽 전역에 상당한 영향을 주었고 르네상스, 종교 개혁, 계몽주의 시대 그리고 과학 혁명의 시대에 중요한 역할을 하였다. [13]동식 활자 인쇄술을 가진 구텐베르크의 인쇄소는 비용 절감과 대량 생산이 수월해지면서 최초로 대중이 이용할 수 있는 책과 다른 인쇄물들을 만들었다. [3]그의 인쇄 시스템은 19세기까지 계속해서 인쇄 지문의 표준 양식이 되었고 여전히 20세기 전반에도 널리 사용되었는데, 그시기 그것은 활판 인쇄라고 불렸다.

1 구텐베르크의 가장 뛰어난 프로젝트의 개시
2 책의 대량 인쇄 과정의 개요
3 후 세기에 구텐베르크의 발명품이 끼친 영향
4 사업 파트너 사이의 불화에 대한 설명
5 구텐베르크의 학력에 관한 세부 사항

6 한국에서 개발된 가동 금속활자 인쇄 시스템은 널리 사용되지 않았다
7 목판으로 인쇄된 도서는 손으로 쓴 필사본만큼 대중화되지 못했다
8 구텐베르크 가족은 마인츠를 떠나도록 강요받았다
9 구텐베르크는 스트라스부르크에서 마인츠로 이사했다
10 구텐베르크는 특별한 잉크를 만들기 위해 물질을 결합했다
11 구텐베르크는 그의 자금의 대부분을 잃어버렸다
12 구텐베르크는 정부의 지원을 받았다
13 구텐베르크 인쇄판은 도서를 사람들이 더 손쉽게 접할 수 있게 했다

A 상당한 노동력을 필요로 했기 때문에.
B 그들은 삽화를 포함하고 있지 않았기 때문에.
C 정치적 시스템 안에서 불안정해서.
D 그는 대학으로 돌아가기 원했기 때문에.
E 그의 최초 발명품을 계속 개발하고 싶었기 때문에.
F 그의 첫번째 출판의 저조한 판매량 때문에.
G 대량 생산 비용을 감당할 수 있는 방법 덕분에.
H 그는 고품질의 인쇄를 달성하기 원했기 때문에.
I 요한 푸스트와의 법적 공방 때문에.

Vocabulary

printing press 인쇄기 artisan 장인 inventor 발명가 invent 발명하다 the earliest known 최초로 알려진 baked clay 구운 점토 character cut (인쇄용) 글자판 thin 얇은, 가느다란 edge 가장자리 not 동사 until A A나 되어야 ~하다 teaching 교리, 가르침 Buddhist priest 불교 성직자 labour 노동 required to do ~하는 데 필요한 neither 둘 다 아니다 block printing 목판 인쇄 remain ~로 남아 있다 method 방법 serve as ~의 역할을 하다 alternative to ~에 대한 대안 traditional 전통적인 manuscript 필사본, 원고 typically 일반적으로 illustration 삽화, 도해 accompanied by ~을 동반한 brief 간략한 description 설명 be carved into ~에 새겨지다 firmly 굳게, 확고히 process 과정 albeit 비록 ~일지라도 labour-intensive 노동 집약적인 prove to be ~한 것으로 입증되다 affordable to ~가 구입할 여유가 있는 affluent 부유한 parchment 양피지 animal hide 동물 가죽 preferred 선호되는 the majority of 대부분의 throughout (장소) ~ 전역에서, (기간) ~ 내내 eventually 결국 go on to do 계속해서 ~하다 pursue 추구하다 instigate 부추기다 be deemed A A로 여겨지다 tremendously 엄청나게, 대단히 goldsmith 금 세공인 trade 거래, 교역 mint 조폐소 attend 다니다, 참석하다 enrol at[in] ~에 등록하다 subject 과목 chronicle 연대순으로 기록하다 endeavour 노력, 시도 aspect 측면, 양상 political 정치적인 uprising 폭동, 봉기 forcibly 강제적으로 be expelled from ~에서 추방되다 indicate 나타내다, 가리키다 militia 민병대 unveil 공개하다 innovative 혁신적인 evolve into ~로 발전되다, 진화되다 renowned 유명한 in operation 가동되는, 작동되는 practical 현실적인, 실용적인 mass production 대량 생산 combine 통합하다, 합치다 element 요소 consist of ~로 구성되다 reproduction 재생산 calligraphy 서예 engrave A into B A를 B에 새겨 넣다 hard steel 경강, 단단한 강철 thereby 그렇게 함으로써 mould 주형, 거푸집 metal casting alloy 금속 주조 합금 be poured into ~에 부어지다 be mounted onto ~에 장착되다 assembly 조립, 조립품 sticky 끈한 soot 그을음 resin 수지, 진액 linseed oil 아마씨 기름 up and running 가동되는, 작동되는 borrow 빌리다 guilder 길더(과거 네덜란드 화폐 단위), 조합원 aristocrat 귀족 aim 목적 expand 확장하나, 확대하다 range 범위, 종류 lead to ~로 이어지다 seek 찾다, 구하다 loan 대출, 융자 regarded as ~로 여겨지는 accomplishment(=achievement) 업적 workforce 인력, 노동력 cast 보내다 announce that ~라고 발표하다 florin 플로린(동전 단위의 하나) make money 돈을 벌다 approximately 약, 대략 launch 출시, 공개 feud 불화 accuse A of B B에 대해 A를 고소하다 fund 자금 repayment 상환, 갚음 court case 법정 소송 assume ownership 소유권을 갖다 be left 형용사 ~한 상태가 되다, ~한 상태로 남다 virtually 사실상, 거의 bankrupt 파산한 perseverance 인내 manage to do (겨우) ~해내다 establish 설립하다 remarkable 뛰어난, 주목할 만한 acknowledge 인정하다 be awarded A A를 수여 받다 honorary title 명예로운 칭호, 명예 직함 archbishop 대주교 entitle A to do A에게 ~할 수 있는 자격을 주다 have an impact 영향을 미치다 play a key role in ~에서 중요한 역할을 하다 Reformation 종교 개혁 Age of Enlightenment 계몽주의 시대 material 자료, 물품 available to ~가 이용 가능한, 구입 가능한 the masses 일반 대중 decreased 감소된, 내린 ease 편리함, 쉬움 commencement 시작, 개시 outline 개요 influence 영향 dispute 논쟁 details 세부 사항, 상세 정보 substance 물질 assistance 도움 accessible to ~가 접근 가능한, 이용 가능한 unrest 불안 publication 출판(물) bear 지니고 있다, 갖고 있다 on account of ~ 때문에

Weekly Review

Speaking

아래 질문에 대해 큰소리로 자신의 답변을 녹음하고 들어 보세요.

1. How often do you go to restaurants?

_____

_____

_____

_____

_____

_____

2. Do you prefer restaurant food or home cooking? [Why?]

_____

_____

_____

_____

_____

_____

3. Do you think young people are more or less fit than they were 50 years ago?

_____

_____

_____

_____

_____

_____

Writing

우리말 뜻에 맞게 빈칸을 채워서 문장을 완성하세요.

1. 그 문제를 해결하기 위해, 어떤 사람들은 연료 가격이 상승되어야 한다고 주장합니다.

    In order to _____ these issues, some people argue that the price of fuel should be raised.

2. 시간이 갈수록, 사람들은 상승된 연료 비용을 지불하는 것에 익숙해질 것입니다.

    _____ , people will get used to paying the increased cost of fuel.

3. 사람들이 인상된 연료 비용을 지불하는 데 익숙해져서 다시 차를 운전하게 될 것입니다.

    People will _____ the increased cost of fuel and just end up

    driving their cars again.

4. 교통 체증과 오염 문제들은 장기적으로 해결되지 않은 채 남아있을 것입니다.

    The issues of congestion and pollution will _____ in the long term.

5. 잘 여결된 기차 노선은 사람들이 자가용을 운전하는 것을 피하도록 장려할 수 있습니다.

    Well-connected train lines can _____ their own cars.

6. 살펴본 것처럼, 유가를 인상하는 것은 체증과 오염 문제를 해결하는 데 있어서 그렇게 효과적이지 않습니다.

    _____ , raising the price of petrol is not that effective for solving the

    problems of congestion and pollution.

7. 정부는 환경에 피해를 최소화해야 합니다.

    Governments have to minimise _____ .

Listening

리스닝 학습에서는 딕테이션(dictation)과 쉐도잉(shadowing)이 중요합니다.
음원을 들으며 빈칸을 채우고, 다시 음원을 들으며 따라 읽어보세요.

▲ 음원 듣기

SUSIE: Hello?

PAUL: Hello. My name is Paul. Are you the right person to talk to about the Cloverdale Conservation Foundation?

SUSIE: Yes, I'm Susie, the **1.** _____ of this organisation.

PAUL: Great! I've just moved to this area, and I'm quite interested in your work. Could you tell me something about your **2.** _____ , please?

SUSIE: Sure. We have regular activities, and one of them is trying to keep the forest free of **3.** _____ . Unfortunately, there is so much of it to clear.

PAUL: Well, I'd be happy to help with that. Is it OK to take my **4.** _____ ?

SUSIE: They are welcome. It would be good for their **5.** _____ .

Reading

다음의 문구를 지문에서 스캐닝(scanning)하여 표시하세요.

> Johannes Gutenberg
> Printing Revolution in Europe
> political uprising in Mainz
> living in Strasbourg and working as a goldsmith
> returned to Mainz in 1448

Johannes Gutenberg was a German goldsmith who would eventually go on to pursue a career as a printer, publisher and inventor. It is generally acknowledged that his invention of mechanical movable type printing instigated the Printing Revolution in Europe, which was deemed a tremendously important event in terms of European development. Born in Mainz, Germany, Gutenberg was the youngest son of a wealthy family. His actual birth year is not clear but is believed to be between 1398 and 1400. Gutenberg grew up learning the goldsmith trade from his father, Friele Gensfleisch, who worked at a local mint. Historical records also show that he attended grammar school and later enrolled at the University of Erfurt, where he learnt Latin among various other subjects.

Despite the existence of some documents chronicling Gutenberg's academic endeavours, relatively little is known about other aspects of his early life. It is known that there was a political uprising in Mainz and hundreds of families, including Gutenberg's, were forcibly expelled from the city. The next record of Gutenberg's life is a letter he sent in 1434, in which he indicates that he was living in Strasbourg and working as a goldsmith while enrolled in the Strasbourg militia. In 1440, when he was still working in Strasbourg, Gutenberg unveiled an innovative invention that would later evolve into his renowned printing press system. His early invention was named Aventur und Kunst, meaning Art and Enterprise. He returned to Mainz in 1448 to make further refinements to his system, and two years later, his unique printing press system was in operation.

다음 문장을 해석하세요.

1. Born in Mainz, Germany, Gutenberg was the youngest son of a wealthy family.

해석 _____

2. It is known that there was a political uprising in Mainz and hundreds of families, including Gutenberg's, were forcibly expelled from the city.

해석 _____

3. He returned to Mainz in 1448 to make further refinements to his system, and two years later, his unique printing press system was in operation.

해석 _____

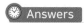

Speaking

1.

I eat at a restaurant almost every day. I need to stay at my office until late in the evening, so I don't have enough time to cook for myself.

저는 거의 매일 식당에 식사합니다. 저는 저녁에 늦게까지 사무실에 있어야 하므로, 나 자신을 위해서 요리할 충분한 시간이 없습니다.

2.

I prefer home cooking to restaurant food because restaurant food contains a lot of additives and salt, which are harmful to people's health.

식당 음식에는 사람들의 건강에 해로운 많은 첨가물과 소금이 들어 있기 때문에 저는 집에서 만든 음식을 선호합니다.

3.

I believe young people are less fit today compared to 50 years ago because of several lifestyle changes. Firstly, the consumption of unhealthy yet convenient food fits in too well with people's busy schedules. Additionally, younger people are less active, since they tend to spend more time indoors on computers and less time outside.

저는 젊은 사람들이 여러 생활 방식의 변화로 인해 50 년 전과 비교해서 오늘날 덜 건강하다고 생각합니다. 첫째로, 건강에 해롭지만 편리한 음식의 섭취는 사람들의 바쁜 일정에 너무 잘 맞습니다. 또한, 실내에서 컴퓨터에 시간을 보내고 외부에서 더 적은 시간을 보내는 경향 때문에 젊은 사람들은 덜 활동적입니다.

Writing

1. address(=solve) **2.** As time goes by **3.** get used to paying **4.** remain unsolved **5.** encourage people to avoid driving **6.** As has been demonstrated **7.** harm to the environment

Listening

1. secretary **2.** activities **3.** litter **4.** children **5.** education

Reading

Johannes Gutenberg was a German goldsmith who would eventually go on to pursue a career as a printer, publisher and inventor. It is generally acknowledged that his invention of mechanical movable type printing instigated the Printing Revolution in Europe, which was deemed a tremendously important event in terms of European development. Born in Mainz, Germany, Gutenberg was the youngest son of a wealthy family. His actual birth year is not clear but is believed to be between 1398 and 1400. Gutenberg grew up learning the goldsmith trade from his father, Friele Gensfleisch, who worked at a local mint. Historical records also show that he attended grammar school and later enrolled at the University of Erfurt, where he learnt Latin among various other subjects.

Despite the existence of some documents chronicling Gutenberg's academic endeavours, relatively little is known about other aspects of his early life. It is known that there was a political uprising in Mainz and hundreds of families, including Gutenberg's, were forcibly expelled from the city. The next record of Gutenberg's life is a letter he sent in 1434, in which he indicates that he was living in

Strasbourg and working as a goldsmith while enrolled in the Strasbourg militia. In 1440, when he was still working in Strasbourg, Gutenberg unveiled an innovative invention that would later evolve into his renowned printing press system. His early invention was named Aventur und Kunst, meaning Art and Enterprise. He returned to Mainz in 1448 to make further refinements to his system, and two years later, his unique printing press system was in operation.

1. 독일 마인츠 출신인 구텐베르크는 부유한 가정의 막내 아들이었다.

2. 알려진 것은 마인츠에 정치적 폭동이 일어났고 구텐베르크 가를 포함한 수많은 가문들이 그 도시에서 강제로 추방당했다는 것이다.

3. 1448년 구텐베르크는 그의 시스템을 더욱 정교하게 다듬기 위해 마인츠로 되돌아갔고, 2년 후에 그의 독창적인 인쇄술 시스템이 운영되었다.

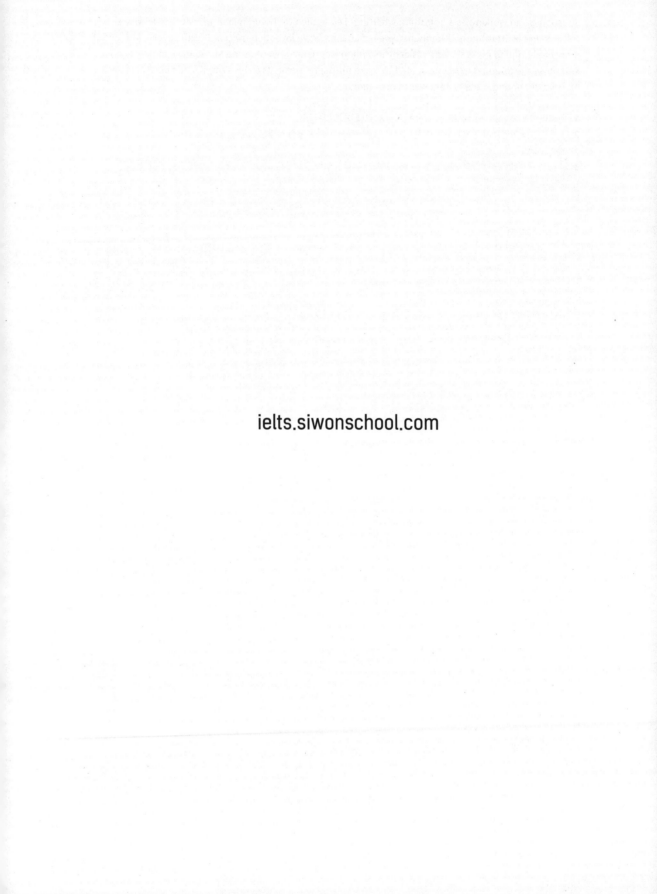

ielts.siwonschool.com

IELTS

Week 12

Day	Contents	Date	Check
01		월 일	☐
02		월 일	☐
03		월 일	☐
04		월 일	☐
05		월 일	☐

Speaking

빈출 주제 공략 - 이동 및 여행

오늘의 학습 목표

▲ 강의 보기

스피킹 시험에서 자주 나오는 '이동 및 여행' 주제 관련 문제 연습

PART 1 문제 연습

Q1 **Do you prefer public or private transport?**
당신은 대중 교통을 선호하나요 아니면 개인 교통 수단을 선호하나요?

Vocabulary & Expressions ✦

crowded 혼잡한 transport 운송하다 belongings 소지품 load 싣다

💬 샘플 답변

I prefer to drive myself to work because I think it's uncomfortable riding on a crowded bus or subway. Also, I can transport my personal belongings easily by simply loading them into my car.

저는 혼잡한 버스나 지하철을 타는 것이 불편하다고 생각하기 때문에 직접 운전하여 출근하는 것을 선호합니다. 또한, 제 차에 개인 소지품을 단순히 실음으로써 쉽게 운송할 수 있습니다.

✍️ 나만의 답변을 직접 적어보고 말해보세요.

_____

_____

_____

What kind of transport do most people in your city use?
당신 도시의 대부분의 사람들은 어떤 교통 수단을 사용하나요?

Vocabulary & Expressions ✦

reliable 믿을 만한 mode 수단 transport 교통 수단(cf. 미국식 transportation) get stuck in traffic 교통체증에 걸리다
frequently 자주 happen 일어나다

💬 샘플 답변

In Seoul, a lot of people use the subway. It's a reliable mode of transport because trains never get stuck in traffic, which happens frequently to buses.

서울에서, 많은 사람들이 지하철을 이용합니다. 지하철은 교통체증에 절대 걸리지 않기 때문에 믿을 만한 교통 수단인데, 이는 버스에서 자주 일어납니다.

✍ 나만의 답변을 직접 적어보고 말해보세요.

Is there a city that you would like to visit?
당신은 방문하고 싶은 도시가 있나요?

Vocabulary & Expressions ✦

capital 수도 rich 다채로운, 풍부한 historical 역사적인 site 장소, 위치

💬 샘플 답변

I have always wanted to visit Rome, the capital of Italy, because of its rich history and culture. I'm very keen on going to all the historical sites and famous museums that the city is known for.

제가 늘 방문하기를 원해왔던 도시는 이탈리아의 수도 로마인데, 다채로운 문화와 역사 때문입니다. 저는 그 도시의 유명한 모든 역사적인 장소와 유명한 박물관에 가는 것에 관심이 많습니다.

✍ 나만의 답변을 직접 적어보고 말해보세요.

Describe a place that you have visited that you enjoyed.

You should say:
    where the place is
    how you got there
    what you did there
and explain why you enjoyed the trip.

각 질문에 대한 답변 메모

당신이 건강을 유지하기 위해 하는 것에 대해 설명하세요. ① 어디인지 ② 어떻게 가게 되었는지 ③ 당신이 거기서 했던 일 ④ 그리고 왜 그 여행을 즐겼는지 설명하세요.	① 영국 ② 직항 - 친구들과 여행 ③ 따뜻한 날씨, 비 - 성, 궁궐, 정원, 산 - 패키지투어, 버스로 이동 - 각 지역이 독특함을 알게 됨 ④ 많은 다른 것들: 빌딩, 문화, 음식, 관습, 언어 - 한국 밖의 생활이 어떻게 다른지 알게 되어 기쁨

Vocabulary & Expressions ✦

direct flight 직항 journey 여정, 여행 got to ~에 대한 기회가 있었다(=had the opportunity to의 회화체 표현) so much of 아주 많은 castle 성 palace 궁전 package tour 패키지 여행 clay 진흙 tiled 타일로 된 majestic 웅장한 rare 드문 custom 풍습 completely 완전히

샘플 답변

① Several years ago, I travelled to the United Kingdom for the first time.

② I took a direct flight from Seoul to Heathrow Airport in London, which was a 12-hour journey. I went with a group of friends from college.

③ The trip happened over the summer holiday, so the weather was warm. We got to see so much of what the UK has to offer, such as castles, palaces, gardens and mountains. Transport was easy since we took a package tour. A bus took us around, so we were able to see how unique each region of the UK is.

④ There are many differences between the UK and my country. For one thing, buildings in the UK are made from stone and have clay-tiled roofs, making them look old and majestic. On the other hand, buildings in Korea generally look modern, so that sort of architecture is rare. And of course, British culture, food and customs are all completely different. It was great to see what life outside of Korea is like.

① 몇 년 전, 저는 영국으로 처음 여행했습니다.

② 저는 서울에서 런던의 히스로 공항까지 직항 항공편을 탔고, 여정은 총 12 시간이 걸렸습니다. 저는 모두 한국 밖을 여행하고 다른 문화를 경험하고 싶어 하는 한 무리의 친구들과 갔습니다.

③ 그 여행은 여름휴가가 동안 진행되었기 때문에, 온도는 따뜻했습니다. 우리는 성, 궁궐, 정원 및 산과 같이, 영국이 보유하여 제공하는 아주 많은 것을 볼 기회가 있었습니다. 우리가 패키지 투어를 했기 때문에 교통은 편했습니다. 우리는 버스로 이동했기 때문에 영국의 각 지역이 얼마나 독특한지 알 수 있었습니다.

④ 영국과 우리나라는 많은 차이가 있습니다. 한 가지 이유는, 영국의 건물들은 돌로 만들어졌고 진흙 타일로 된 지붕으로 되어있어 오래되고 웅장해 보이게 만들어줍니다. 한국의 건물은 대체로 현대적이기 때문에 이런 종류의 건축물은 드뭅니다. 그리고 물론, 영국 문화, 음식 및 풍습이 완전히 다릅니다. 한국 밖의 삶이 어떻게 다른지를 볼 수 있어서 좋았습니다.

나만의 메모와 답변을 직접 적어보고 말해보세요.

Memo

①

②

③

④

Q1

What do you think transport will be like in the future?
미래에 교통은 어떨 것 같다고 생각하시나요?

Vocabulary & Expressions ✦

predict 예상하다 auto 자동의 pilot 조종, 비행사 on-board 장착된, 탑재된 drunk driving 음주 운전 car accident 자동차 사고

샘플 답변

Well, I predict we might eventually have autopilot systems in our cars. We won't need to learn how to drive, and we'll be able to rest while the on-board driving system is working. We won't have to worry about drunk driving or car accidents. Driving would become a thing of the past.

음, 자동차에 자동 조종 장치가 있을 것을 예상합니다. 우리는 운전 방법을 배울 필요가 없으며 장착된 운전 시스템이 작동하는 동안 휴식을 취할 수 있을 것입니다. 음주 운전이나 자동차 사고에 대해서도 걱정할 필요가 없을 것입니다. 운전은 과거의 것이 될 것입니다.

✍ 나만의 답변을 직접 적어보고 말해보세요.

_____

_____

_____

_____

_____

_____

_____

_____

Do you think the tourism industry is good for local people in your country?
당신은 관광 산업이 당신 나라의 지역 주민들에게 좋은 것이라고 생각하나요?

Vocabulary & Expressions ✦

influence 영향 resident 주민 tourism-related 관광과 관련된 part-time 아르바이트, 파트타임 seasonal 계절적인
permanent 영구적인 tourism 관광, 관광업 employment opportunity 고용 기회 locals 지역 주민

💬 **샘플 답변**

I think tourism can have a positive influence on local residents. A lot of tourism-related jobs are part-time or seasonal, which can help young people in the country find employment. Tourism can also play a role in creating more permanent jobs, such as in hotels or airports. Some people could even start their own restaurants and other businesses.

관광은 지역 주민들에게 긍정적인 영향을 줄 수 있다고 생각합니다. 관광과 관련된 많은 일자리는 아르바이트이거나 계절에 따른 일인데, 그것은 젊은이들이 취업을 하는 데 도움이 될 수 있습니다. 또한 관광은 호텔이나 공항과 같은 더 영구적인 일자리를 만드는 데에 중요한 역할을 할 수 있습니다. 어떤 사람들은 심지어 자신의 식당이나 기타 사업을 시작할 수도 있습니다.

✍️ 나만의 답변을 직접 적어보고 말해보세요.

1. by simply -ing   단순히 ~함으로써

I can transport my personal belongings easily by simply loading them into my car.
제 차에 개인 소지품을 단순히 실음으로써 쉽게 운송할 수 있습니다.

2. happen frequently   자주 일어나다

Trains never get stuck in traffic, which happens frequently to buses.
지하철은 교통체증에 절대 걸리지 않는데, 이는 버스에서 자주 일어납니다.

3. keen on   ~에 관심이 많은

I'm very keen on going to all the historical sites and famous museums that the city is known for.
저는 그 도시의 유명한 모든 역사적인 장소와 유명한 박물관에 가는 것에 관심이 많습니다.

4. got to   ~에 대한 기회가 있다(=had the opportunity to의 회화체 표현)

We got to see so much of what the UK has to offer.
우리는 영국이 보유하여 제공하는 아주 많은 것을 볼 기회가 있었습니다.

5. for one thing   한 가지 이유는

For one thing, buildings in the UK are made from stone and have clay-tiled roofs.
한 가지 이유는, 영국의 건물들은 돌로 만들어졌고 진흙 타일로 된 지붕으로 되어있습니다.

6. a thing of the past   과거의 것

Driving would become a thing of the past.
운전은 과거의 것이 될 것입니다.

7. play a role in   중요한 역할을 하다

Tourism can also play a role in creating more permanent jobs.
또한 관광은 더 영구적인 일자리를 만드는 데에 중요한 역할을 할 수 있습니다.

Practice

아래 질문에 대해 큰소리로 자신의 답변을 녹음하고 들어 보세요.

1. Do you prefer public or private transport?

_____

_____

_____

_____

2. Describe a place that you have visited that you enjoyed.
   You should say:
       where the place is
       how you got there
       what you did there
   and explain why you enjoyed the trip.

_____

_____

_____

_____

_____

_____

_____

_____

_____

_____

_____

3. Do you think the tourism industry is good for local people in your country?

_____

_____

_____

_____

_____

파트 2 장점/단점 실전 연습

🏛 장점/단점 문제

You should spend about 40 minutes on this task.

Write about the following topic:

> *These days, many school-aged children own a smartphone.*
>
> *Do you think the advantages of this development outweigh the disadvantages?*

Give reasons for your answer and include any relevant examples from your own knowledge or experience.

Write at least 250 words.

이 문제에 대해서 약 40분을 쓰도록 하세요.
다음 주제에 대해 쓰세요:

> 요즘, 많은 학생들이 스마트폰을 소유하고 있습니다.
>
> 당신은 이러한 발달의 장점들이 단점들보다 더 크다고 생각하나요?

당신의 대답에 대한 이유들을 들고 당신만의 지식 또는 경험으로부터 나온 관련 예들을 포함하세요.
최소 250 단어를 쓰세요.

1. 문제 분석

문제 분석	many school-aged children ▶ own a smartphone ▶ advantages outweigh disadvantages?
▼	
각 의견 정리	• 장점: 공부 자료 찾기, 학부모와 연락 • 단점: 공부 방해, 사회적 활동 감소
▼	
나의 의견	• 장점과 단점이 있지만 단점이 더 큼

2. 글쓰기 순서

서론	• 문제를 패러프레이징하여 어떠한 내용(많은 아이들이 스마트폰을 가지고 다님)에 대한 것인지 제시 • 두괄식으로 자신의 의견(스마트폰 사용을 제한해야 함)을 나타내는 대주제문 작성
▼	
본론 1	• 두 가지 의견 중 자신의 의견과 보다 배치되는 의견(아이들의 스마트폰 휴대 장점)을 진술 → 본론 1 주제 문장 • 근거(공부 자료 찾기, 학부모와 연락)와 이에 대한 부연 설명을 통해 본론 1 주제문을 뒷받침함
▼	
본론 2	• 두 가지 의견 중 자신이 동조하는 의견(아이들의 스마트폰 휴대 단점)을 진술 → 본론 2 주제 문장 • 근거(공부 방해)와 이에 대한 부연 설명을 통해 본론 2 주제문을 뒷받침함
▼	
본론 3	• 본론 2를 지지하는 추가 근기(사회적 활동 감소) 제시 • 부연 설명을 통해 본론 3에 기술된 추가 근거 뒷받침
▼	
결론	• 본론 1에서 살펴본 대로 장점이 있음 • 하지만 본론 2 ~ 3 처럼 단점이 더 크기에 휴대폰 사용이 제한되어야 함

서론	① Nowadays, many children bring their smartphones to school. ② Even though this new trend is already prevalent among schoolchildren, I strongly believe that we should restrict school-aged children from having a smartphone.	① 문제에 제시된 첫 문장 패러프레이징 ② 장점보다 단점이 크다는 나의 의견을 대주제문으로 작성
본론 1	③ Without a doubt, smartphones give modern children some advantages. ④ Children can find useful information very easily anytime and anywhere by accessing the internet. ⑤ This helps students gain knowledge and satisfy their academic curiosity when they study. ⑥ In addition, this device allows children to stay in touch with their parents. ⑦ Considering safety and security, it is important for children to be able to contact their family whenever they need. ⑧ Of course, parents can also check on their children over the phone if they feel it necessary to communicate.	③ 스마트폰에 장점이 있음을 밝힘 (주제 문장) ④ 근거 1: 공부에 도움 ⑤ 근거 1에 대한 뒷받침 문장 ⑥ 근거 2: 부모와 연락 ⑦ 근거 2에 대한 뒷받침 문장 ⑧ 근거 2 부연 설명
본론 2	⑨ Nevertheless, there are several problems that have come up due to smartphones. ⑩ One problem is that they can cause a distractions from productive tasks. ⑪ Many students play games on their smartphones at times when they should be studying. ⑫ Students also take them into classrooms and forget to turn them off. ⑬ This means that the whole class can become distracted if one of these phones receives a message or a phone call.	⑨ 스마트폰에 단점이 있음을 밝힘 (주제 문장) ⑩ 근거 1: 학업 방해 ⑪ 근거 1 뒷받침 문장 1: 게임 ⑫ ⑬ 근거 1 뒷받침 문장 2: 수업 중 휴대폰 울림
본론 3	⑭ Furthermore, excessive use of smartphones can make students neglect important social activities. ⑮ School days are an important time for developing social skills and lifelong friendships. ⑯ However, if students spend too much time chatting on messenger apps, they may miss out on real-life experiences.	⑭ 스마트폰 단점 근거 2: 실생활 경시 ⑮ ⑯ 부연설명: 학창 시절 중요성과 휴대폰 사용에 따라 학창 시절의 경험을 놓침
결론	⑰ There is no doubt that smartphones can be beneficial for schoolchildren. ⑱ Nevertheless, children should be restricted from using these phones since they can become distracted from their studies or ignore real-life opportunities.	⑰ 장점이 있음을 언급 ⑱ 본론 2와 3의 내용에 따라 단점이더 크다는 자신의 의견을 다시 진술하며 마무리

총 단어 수: 278

요즘, 많은 아이들이 학교에 스마트폰을 가지고 옵니다. 비록 이러한 새로운 추세가 이미 취학 아동 간에 널리 퍼져 있을지라도, 저는 취학 아동이 스마트폰을 갖는 것을 제한해야 한다고 강력하게 믿습니다.

의심의 여지 없이, 스마트폰은 현대의 아이들에게 몇몇 이점을 줍니다. 아이들은 언제 어디서든 인터넷에 접속함으로써 유용한 정보를 매우 쉽게 찾을 수 있습니다. 이것은 학생들이 공부할 때 지식을 얻고 그들의 학구적인 호기심을 충족시키게 도와줍니다. 게다가, 이 기기는 아이들이 그들의 부모와 연락을 유지하도록 합니다. 안전과 보호를 고려할 때, 아이들이 그들이 필요할 때 언제든지 그들의 가족과 연락할 수 있도록 하는 것은 중요합니다. 물론, 연락이 필요하다고 느끼면 부모들도 그들의 자녀들을 전화로 확인할 수 있습니다.

그럼에도 불구하고, 스마트폰 때문에 나타난 여러 문제들이 있습니다. 한 가지 문제는 그것들이 생산적인 과업에 산만함을 불러일으키는 것입니다. 많은 학생들이 공부하고 있어야 할 시간에 그들의 휴대폰으로 게임을 합니다. 학생들은 또한 교실로 가지고 가서 그것들을 끄는 것을 잊습니다. 이것은 이러한 전화기 중 하나가 메시지나 전화를 받으면 전 교실이 산만해질 수 있음을 의미합니다. 이러한 일이 제 고등학교 경험 동안 여러 번 일어났습니다.

더욱이, 스마트폰의 과도한 사용은 학생들이 중요한 사회적 활동을 무시하게 만들 수 있습니다. 학창 시절은 사회적 기술과 평생 우정을 발달시키기 위한 중요한 시간입니다. 그러나, 만일 학생들이 너무 많은 시간을 메신저 앱으로 채팅하는데 소비한다면, 그들은 실생활 경험을 놓칠 것입니다.

스마트폰이 취학 아동에게 이로울 수 있음은 의심의 여지가 없습니다. 그럼에도 불구하고, 아이들이 공부하는 것에 방해가 될 수 있고 실제 삶의 기회를 무시할 수 있기에, 아이들은 이러한 전화를 사용하는 것으로부터 제한되어야 합니다.

📖 샘플 답안 문장 분석

서론	① Nowadays, many children bring their smartphones to school. ② Even though this new trend is already prevalent among schoolchildren, I strongly believe that we should restrict school-aged children from having a smartphone.

① Nowadays, many children bring their smartphones to school.

- bring A to B A를 B로 가져가다

---

② Even though this new trend is already prevalent among schoolchildren, I strongly believe that we should restrict school-aged children from having a smartphone.

- even though 주어 + 동사 비록 ~일지라도
- restrict A from -ing A가 ~하는 것을 제한하다

Vocabulary & Expressions ✦

trend 트렌드, 추세 prevalent 널리 퍼진, 유행하는 among ~사이에 schoolchildren(=school-aged children) 취학 아동 restrict 제한하다

③ Without a doubt, smartphones give modern children some advantages. ④ Children can find useful information very easily anytime and anywhere by accessing the internet. ⑤ This helps students gain knowledge and satisfy their academic curiosity when they study. ⑥ In addition, this device allows children to stay in touch with their parents. ⑦ Considering safety and security, it is important for children to be able to contact their family whenever they need. ⑧ Of course, parents can also check on their children over the phone if they feel it necessary to communicate.

③ Without a doubt, smartphones give modern children some advantages.

- give A B   A에게 B를 주다

---

④ Children can find useful information very easily anytime and anywhere by accessing the internet.

- by -ing   ~함으로써

---

⑤ This helps students gain knowledge and satisfy their academic curiosity when they study.

- help students gain ~ and satisfy ~   학생들이 ~을 얻고 ~을 만족시키는 것을 돕다

---

⑥ In addition, this device allows children to stay in touch with their parents.

- allow children to stay in touch   아이들이 연락을 유지하는 것을 가능하게 하다

---

⑦ Considering safety and security, it is important for children to be able to contact their family whenever they need.

- it is important for children to be able to contact   아이들이 연락하는 것이 중요하다 (가주어 it - 의미상의 주어 for -진주어 to부정사)

---

⑧ Of course, parents can also check on their children over the phone if they feel it necessary to communicate.

- if they feel it necessary to communicate   그들이 연락하는 것을 필요하다고 느끼면 (가목적어 it -진목적어 to부정사)

Vocabulary & Expressions ✦

without a doubt 의심의 여지 없이 access the internet 인터넷에 접속하다 gain knowledge 지식을 얻다 satisfy academic curiosity 학구적인 호기심을 충족시키다 stay in touch with ~와 연락을 유지하다 considering ~을 고려해 볼 때 safety 안전 security 보안, 보호 check on ~을 확인하다 over the phone 전화로 communicate 연락을 주고받다

⑨ Nevertheless, there are several problems that have come up due to smartphones. ⑩ One problem is that they can cause a distraction from productive tasks. ⑪ Many students play games on their smartphones at times when they should be studying. ⑫ Students also take them into classrooms and forget to turn them off. ⑬ This means that the whole class can become distracted if one of these phones receives a message or a phone call.

⑨ Nevertheless, there are several problems that have come up due to smartphones.

- problems that have come up 나타난 문제들 (주격 관계대명사 that)

⑩ One problem is that they can cause a distraction from productive tasks.

- is that절 ~것이다 (be동사의 보어로 사용된 that명사절)

⑪ Many students play games on their smartphones at times when they should be studying.

- at times when절 ~한 시간에 (앞에 나온 times를 수식하는 when관계부사절)

⑫ Students also take them into classrooms and forget to turn them off.

- take A into B A를 B 안으로 가져가다

⑬ This means that the whole class can become distracted if one of these phones receives a message or a phone call.

- this means that절 이것은 ~을 의미한다 (목적어로 사용된 that명사절)

Vocabulary & Expressions ✦

come up 나오다, 나타나다 distraction 산만 productive 생산적인 task 과제, 과업 turn off 끄다 whole 전체의 distract 산만하게 하다

본론 3	⑭ Furthermore, excessive use of smartphones can make students neglect important social activities. ⑮ School days are an important time for developing social skills and lifelong friendships. ⑯ However, if students spend too much time chatting on messenger apps, they may miss out on real-life experiences.

⑭ Furthermore, excessive use of smartphones can make students neglect important social activities.

- make students neglect ~ 학생들이 ~을 무시하도록 만든다 (make + 목적어 + 동사원형)

⑮ School days are an important time for developing social skills and lifelong friendships.

- time for ~하기 위한 시간

⑯ However, if students spend too much time chatting on messenger apps, they may miss out on real-life experiences.

- spend + 시간 + -ing ~하는 데 시간을 보내다

결론	⑰ There is no doubt that smartphones can be beneficial for schoolchildren. ⑱ Nevertheless, children should be restricted from using these phones since they can become distracted from their studies or ignore real-life opportunities.

⑯ There is no doubt that smartphones can be beneficial for schoolchildren.

- there is no doubt that절 ~에 대해 의심이 없다
- be beneficial for ~에게 이롭다

⑰ Nevertheless, children should be restricted from using these phones since they can become distracted from their studies or ignore real-life opportunities.

- be restricted from -ing ~하는 것으로부터 제한되다
- be distracted from ~로부터 산만해지다, ~에 방해가 되다

Vocabulary & Expressions ✦

excessive 과도한 neglect 무시하다 social activities 사회적 활동 school days 학창 시절 develop 개발하다 social skills 사회성 기술 lifelong 평생 가는 friendship 우정 chat 수다 떨다, 채팅하다 app 앱, 어플 miss out on ~을 놓치다 ignore 무시하다

1. restrict A from -ing　　A가 ~하는 것을 제한하다

I strongly believe that we should restrict school-aged children from having a smartphone.
저는 취학 아동이 스마트폰을 갖는 것을 제한해야 한다고 강력하게 믿습니다.

2. without a doubt　　의심의 여지 없이

Without a doubt, smartphones give modern children some advantages.
의심의 여지 없이, 스마트폰은 현대의 아이들에게 몇몇 이점을 줍니다.

3. by accessing the internet　　인터넷에 접속함으로써

Children can find useful information very easily anytime and anywhere by accessing the internet.
아이들은 언제 어디서든 인터넷에 접속함으로써 유용한 정보를 매우 쉽게 찾을 수 있습니다.

4. stay in touch with　　~와 연락을 유지하다

This device allows children to stay in touch with their parents.
이 기기는 아이들이 그들의 부모와 연락을 유지하도록 합니다.

5. over the phone　　전화로

Parents can also check on their children over the phone.
부모들은 그들의 자녀들을 전화로 확인할 수 있습니다.

6. be beneficial for　　~에게 이롭다

There is no doubt that smartphones can be beneficial for schoolchildren.
스마트폰이 취학 아동에게 이로울 수 있음은 의심의 여지가 없습니다.

7. be distracted from　　~로부터 산만해지다, ~에 방해가 되다

Children can become distracted from their studies
아이들이 공부로부터 산만해지게 될 수 있습니다.

Practice

우리말 뜻에 맞게 빈칸을 채워서 문장을 완성하세요.

1. 저는 취학 아동이 스마트폰을 갖는 것을 제한해야 한다고 강력하게 믿습니다.

I strongly believe that we should restrict school-aged children _____.

2. 의심의 여지 없이, 스마트폰은 현대의 아이들에게 몇몇 이점을 줍니다.

_____, smartphones give modern children some advantages.

3. 아이들은 언제 어디서든 인터넷에 접속함으로써 유용한 정보를 매우 쉽게 찾을 수 있습니다.

Children can find useful information very easily anytime and anywhere _____ _____.

4. 이 기기는 아이들이 그들의 부모와 연락을 유지하도록 합니다.

This device allows children to _____ their parents.

5. 부모들은 그들의 자녀들을 전화로 확인할 수 있습니다.

Parents can also check on their children _____.

6. 스마트폰이 취학 아동에게 이로울 수 있음은 의심의 여지가 없습니다.

There is no doubt that smartphones can _____ schoolchildren.

7. 아이들이 공부로부터 산만해지게 될 수 있습니다.

Children can become _____ their studies.

 Answers

1. from having a smartphone **2.** Without a doubt **3.** by accessing the internet **4.** stay in touch with **5.** over the phone **6.** be beneficial for **7.** distracted from

Listening
객관식 문제 유형 공략

오늘의 학습 목표

아이엘츠 리스닝 시험에 나오는 객관식 문제 유형 총정리

📖 IELTS Listening 문제 유형

- 객관식 문제 유형은 총 4개로 선다형(multiple choice), 정보 연결(matching), 평면도/지도/도해 표시(plan/map/diagram labelling), 순서도 완성하기(flowchart completion)가 있음
- 평면도/지도/도해 표시(plan/map/diagram labelling) 및 순서도 완성하기(flowchart completion)는 주관식과 객관식 문제 형태로 모두 출제 가능
- 객관식 문제에서는 보기 기호를 정답으로 써야 하고, 주관식처럼 직접 단어를 적으면 오답 처리됨
- 객관식 문제는 문제와 보기를 모두 읽고 이해한 상태에서 들어야 하기에 주관식 문제보다 난이도가 더 높음
- 객관식 문제에서 제시된 보기의 키워드가 패러프레이징(paraphrasing) 되어 방송에서 들릴 것을 미리 예측해야 함

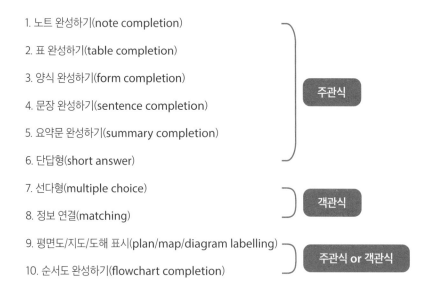

1. 노트 완성하기(note completion)

2. 표 완성하기(table completion)

3. 양식 완성하기(form completion)

4. 문장 완성하기(sentence completion) 　　주관식

5. 요약문 완성하기(summary completion)

6. 단답형(short answer)

7. 선다형(multiple choice) 　　객관식

8. 정보 연결(matching)

9. 평면도/지도/도해 표시(plan/map/diagram labelling) 　　주관식 or 객관식

10. 순서도 완성하기(flowchart completion)

1. 선다형(multiple choice)

- 주어진 선택지에서 질문에 알맞은 답을 택하거나 문장 뒷 부분에 들어갈 답을 찾는 객관식 문제
- 지시문에 따라 한 개의 답 또는 두 개의 답을 요구할 수 있고, 두 개의 답을 요구하는 경우는 한 문제가 아닌 두 문제이기에 각각의 답을 순서 상관없이 답안지에 각각 기입

예시 1

Choose the correct letter, A, B or C.

▲ 음원 듣기

1 Terry has chosen the ABC Park placement because

    A   it is popular.

    B   it is outdoors.

    C   it is related to children.

2 What could be the most important duty for the ABC Park placement?

    A   cleaning the park

    B   preventing children from being hurt

    C   ensuring children stay in the area

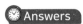Answers

1. B **2.** C

보기 **A**, **B**, **C** 중 답안을 고르세요.

1 테리가 ABC 공원 근무지를 선택한 이유는 다음과 같습니다.

A 그것은 인기가 있습니다.

B 그것은 야외에 있습니다.

C 그것은 어린이들과 관련이 있습니다.

2 ABC 공원 근무지에서 가장 중요한 임무는 무엇입니까?

A 공원 청소하는 것

B 어린이들이 다치는 것을 방지하는 것

C 어린이들이 그 구역에 머물도록 하는 것

CHELSEA: Hi, Terry. I know that you've been thinking about your work placement for a while. So, have you chosen where you want to work?
안녕, 테리. 네가 한동안 근무지에 대해 고민하고 있었다는 것을 알고 있어. 그래서 근무하고 싶은 곳은 선택했니?

TERRY: Yes, I decided to go for the ABC Park placement. I want to help set up the sports competition for children.
응, ABC 파크에서 일하기로 결정했어. 어린이를 위한 스포츠 대회를 준비하는 일을 돕고 싶어.

CHELSEA: Oh, I did that last year. That's always a popular placement, although it could be harder than you think working with children.
오, 내가 작년에 그 일을 했었어. 아이들과 함께 일하는 것이 생각보다 어려울 수 있지만, 항상 인기있는 실무 연수지.

TERRY: Yeah, I know, [1]but I really want to work in an open space. Working indoors never attracts me.
응, 나도 알아, 하지만 난 정말 열린 공간에서 일하고 싶어. 실내에서 일하는 건 전혀 매력적이지 않아.

CHELSEA: OK. I think you will need to remove obstacles in the area so that nobody gets hurt, [2]but your priority will be to keep everyone within the boundary during the competition.
알겠어. 내 생각에는 넌 아무도 다치지 않도록 해당 구역의 장애물들을 치워야겠지만, 대회 중에 모든 사람을 경계선 안에 두는 것이 우선순위가 될 거야.

TERRY: I guess so. I don't want to lose anyone.
그런 것 같네. 아무도 잃고 싶진 않아.

Vocabulary

prevent A from B A가 B하는 것을 막다 **ensure** 반드시 ~하게 하다, 보장하다 **work placement** 실무 연수, 근무지
competition 경쟁, 대회, 시합 **open space** 열린 공간, 탁 트인 야외 **obstacle** 장애(물) **priority** 우선순위 **boundary** 경계

2. 정보 연결(matching)

- 보기가 들어있는 박스 안에서 문제의 빈칸에 해당하는 답을 고르는 객관식 문제
- 박스 안의 보기가 문제 수보다 적은 경우, 같은 보기가 여러 문제의 정답이 될 수 있는 반면, 박스 안의 보기가 문제 수보다 많으면, 정답으로 사용되지 않는 보기가 있음

예시 2

What comment does the speaker make about each of the following serving points in the cafeteria?

▲ 음원 듣기

*Choose **TWO** answers from the box and write the correct letter, **A-C**, next to Questions 1-2.*

Comments
A side dishes only
B different menu every day
C various international food

Food available at serving points in the cafeteria

1 Fast Lane ....

2 Global Life ....

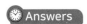 **Answers**

1. C **2.** B

화자는 구내식당에서 다음 서빙 포인트 각각에 대해 어떤 코멘트를 하나요?

박스에서 **두 개**의 답을 선택해서 **A-C** 중 알맞은 문자를 1-2번 옆에 적으세요.

코멘트

A 반찬만
B 매일 다른 메뉴
C 다양한 세계 각국의 음식

구내식당에서 서빙 포인트 가능한 음식

1 패스트 레인 ....

2 글로벌 라이프 ....

Our cafeteria has several serving points for your convenience.
저희 구내식당에는 여러분의 편의를 위해 여러 서빙 포인트가 있습니다.

[1]If you would like to have some fast food from different countries such as Thailand, Mexico, Italy and the USA, you need to go to the Fast Lane, one of our serving points.
태국, 멕시코, 이탈리아, 미국 등 다양한 국가의 패스트푸드를 드시고 싶으시다면, 서빙 포인트 중 하나인 패스트 레인을 이용하세요.

Here, we serve side dishes, desserts, and a few main courses, too.
이곳에서는 반찬, 디저트 및 몇 가지 메인 코스도 제공합니다.

[2]Another serving point, the Global Life, caters particularly to our international students.
또 다른 서빙 포인트인 글로벌 라이프는, 특히 국제 학생들에게 제공합니다.

Here, the menu changes each day, so they shouldn't get bored with the food.
이곳에서는 매일 메뉴가 바뀌기 때문에, 음식에 진력이 나지 않게 되죠.

Vocabulary

side dish 반찬, 주된 요리에 곁들이는 요리 **serving point** (음식) 제공 지점, 서빙 포인트 **cafeteria** 카페테리아, 구내식당 **cater** 음식을 제공하다 **particularly** 특별히 **get bored with** ~에 진력이 나다

3. 평면도/지도/도해 표시(plan/map/diagram labelling)

- 건물 내부의 평면도(plan), 건물과 거리 명칭 등의 정보가 포함된 지도(map), 구조물 또는 기계 등의 도표(diagram) 중 하나의 시각적 자료가 주어지고, 이 시각적 자료의 빈칸을 채우는 객관식 또는 주관식 문제
- 객관식은 박스 안의 보기에서 답을 고르거나, 시각자료에서 특정 대상의 위치나 명칭을 표시한 기호를 찾아 문제 빈칸에 옮겨 적는 형태로 출제
- 주관식은 방송에서 방향과 위치 관련한 표현을 듣고, 정답에 해당하는 단어를 빈칸에 직접 받아 적는 형태로 출제

예시 3

Label the plan below.

*Write the correct letter, **A-D**, next to Questions 1-2.*

▲ 음원 듣기

```
MAIN HALL          D

A        B     C        LOBBY
```

1 meeting room　......................................

2 canteen　......................................

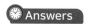

1. C **2.** D

아래 평면도에 명칭을 표시하세요.

1-2번 옆에 **A-D** 중 알맞은 문자를 적으세요.

1 회의실
2 구내매점

Hi, everyone. I will help you to orientate yourselves around the building.
안녕하세요, 여러분. 제가 건물 주변 안내를 도와드리겠습니다.

As you can see, ¹<u>we are in the lobby.</u>→ 현 위치/출발점
보시다시피, 우리는 로비에 있죠.

There is a corridor running left from here.
여기서 왼쪽으로 이어지는 복도가 나옵니다.

If you go along that, the first door on your left is the entrance to the meeting room.
그 복도를 따라 가면, 왼쪽 첫 번째 문이 회의실 입구입니다.

Somewhere you will be keen to find is the toilet, right?
여러분이 가장 찾고자 하는 곳이 화장실이죠?

It is next to the meeting room.
회의실 옆에 있습니다.

²Right next to the main hall is the canteen, which can be accessed from the lobby.
메인 홀 바로 옆에는 구내매점이 있는데, 로비에서 접근할 수 있습니다.

Vocabulary

orientate oneself 자기 위치를 알다 corridor 복도 run (도로 등이) 이어지다 go along 따라 가다 entrance 입구 be
keen to ~하는 것에 열심이다, 열망하다 canteen 구내매점, 구내식당

4. 순서도 완성하기(flowchart completion)

- 주제에 대한 특정 절차와 순서를 요약한 형태로, 위에서 아래 순서대로 빈칸을 채우는 주관식과 박스 안의 보기 중에서 답을 고르는 객관식 문제 모두 출제

예시 4

Complete the flowchart below.

*Choose **TWO** answers from the box and write the correct letter, **A-E**, next to Questions 1-2.*

▲ 음원 듣기

Assignment plan

Research question:

Is there a relationship between **1** .... of study and grades?

Methodology:

2 ....

A	psychology
B	hours
C	observation
D	self-reporting
E	e-mail

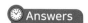

1. B   **2.** D

아래 순서도를 완성하세요.

박스에서 **두 개**의 답을 선택해서 **A-E** 중 알맞은 문자를 1-2번 옆에 적으세요.

연구질문:

공부 **1** _____ 과 성적 사이에 관계가 있는가?

⬇

방법론:

2 _____

A 심리학
B 시간
C 관찰
D 자기 보고
E 이메일

MARY: Hello, Tim. Shall we plan what we have to do for the assignment for our psychology class?
안녕, 팀. 심리학 수업 과제를 위해 무엇을 해야 할지 우리 계획해 볼까?

TIM: Sure. ¹Have you thought about our research question?
그래, 우리 연구질문에 대해 생각해 봤니?

MARY: Well, how about 'Is there a relationship between hours of study and grades?'
음, '공부 시간과 성적 사이에 관계가 있는가?'는 어때?

TIM: I love it. Now we have the research question. ²We need to think about our methodology. We can use observation, can't we?
좋은데. 이제 연구질문이 생겼네. 방법론에 대해 생각해 봐야겠어. 관찰을 이용할 수 있는데, 그렇지 않니?

MARY: Hmm… I think it needs to be self-reporting. We could ask students to answer questions via e-mail.
흠... 내 생각에는 자기 보고를 해야 할 것 같아. 학생들에게 이메일을 통해 질문에 답하도록 요청할 수 있을 거야.

TIM: OK.
좋아.

Vocabulary

assignment 과제 psychology 심리학 grade 성적 methodology 방법론 observation 관찰 self-reporting 자기 보고 via ~을 통해

오늘의 리스닝 필수 어휘

▲ 음원 듣기

01	**work placement**	실무 연수, 근무지
02	**competition**	경쟁, 대회, 시합
03	**open space**	열린 공간, 탁 트인 야외
04	**prevent A from B**	A가 B하는 것을 막다
05	**ensure**	반드시 ~하게 하다, 보장하다
06	**obstacle**	장애(물)
07	**priority**	우선순위
08	**boundary**	경계
09	**side dish**	반찬, 주된 요리에 곁들이는 요리
10	**serving point**	(음식) 제공 지점, 서빙 포인트
11	**cafeteria**	카페테리아, 구내식당
12	**cater**	음식을 제공하다
13	**particularly**	특별히
14	**get bored with**	~에 진력이 나다
15	**orientate oneself**	자기 위치를 알다
16	**corridor**	복두
17	**run**	(도로 등이) 이어지다
18	**be keen to**	~하는 것에 열심이다, 열망하다
19	**canteen**	구내매점, 구내식당
20	**assignment**	과제
21	**psychology**	심리학
22	**grade**	성적
23	**methodology**	방법론
24	**observation**	관찰
25	**via**	~을 통해

Reading
빈출 주제 공략 (2)

오늘의 학습 목표

IELTS Reading 시험에서 자주 등장하는 자연 주제 파악하기

▲ 강의 보기

자연 주제

- 자연 주제 관련해서, 2020년 이후 환경 관련 주제가 가장 많이 출제(이전에는 생물 주제가 가장 많이 출제되었음)
- 환경의 경우, 도시 환경(걷기 좋은 도시, 마천루, 도시 농업, 옥상 정원 등)과 기후 변화(인공 강우, 캘리포니아 물 부족) 등 인간과 환경의 상호 작용 내용이 주로 출제
- 생물의 경우, 특정 동식물(수달, 고래, 태즈매니아늑대, 유칼립투스 나무 등)은 물론, 다양한 동식물의 현상(좌초된 고래의 떼죽음, 동면, 곤충 화석 등), 인간의 신체와 심리(오감, 호르몬, 오른손/왼손잡이, 우뇌와 좌뇌, 하품, 다이어트, 애착 관계, 자아의식 등) 등 출제
- 기술의 경우, 유리 제작 또는 시계 제작, 조립식 고층 건물 구조 또는 다리의 건축 원리 등 출제
- 최근에(2023년 하반기) 전기차(electric vehicle), 재생에너지(renewable energy), 바이오미미크리(biomimicry-생체모방: 생물체의 특성, 구조, 및 원리를 산업 전반에 적용시키는 것)같은 신기술도 실제 시험에서 출제됨

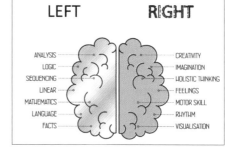

Practice

다음 문제를 풀어보세요.

You should spend 20 minutes on **Questions 1-13**, which are based on the reading passage on the following pages.

Questions 1-6

Choose the correct heading for each paragraph from the list of headings below.

Write the correct number, **i-ix**, in boxes 1-6 on your answer sheet.

List of Headings

i   The environmental problems caused by acid rain

ii   A brief outline of acid rain

iii   The potential benefits of acid rain

iv   The two types of acid deposition

v   Ways to limit and prevent acid rain formation

vi   Methods for protecting buildings from acid rain

vii   The various causes of acid rain

viii The first discovery of acid rain

---

1   Paragraph **A**

2   Paragraph **B**

3   Paragraph **C**

4   Paragraph **D**

5   Paragraph **E**

6   Paragraph **F**

Acid from the Sky

A Acid rain is a term applied to any mixture of deposited material originating from the atmosphere that contains excessive amounts of nitric and sulphuric acids. It can refer to rain, fog, sleet, snow or dust that has been made acidic by the presence of nitrogen oxide and sulphur dioxide which have been released into the air as a result of fossil fuel combustions. When the pH level of deposited material in the atmosphere falls below the normal pH range of 5.3-6.0, it is considered acid rain. These days, acid deposition occurs in significant amounts in southeastern Canada, northeastern USA and the majority of Europe. It is also seen in relatively low amounts in parts of South Asia, South Africa and Southern India.

B Acid rain, or acid deposition, can be broadly categorised as either wet deposition or dry deposition. When acidic chemicals enter the atmosphere in regions where the weather is wet, the acids fall from the sky in the form of rain, sleet, fog, snow or mist. This acid enters the soil and water sources, affecting a wide variety of plants, animals and aquatic life. The acidic water eventually flows into seawater, thereby affecting marine habitats. Dry deposition occurs when acidic chemicals enter the atmosphere in dry areas and the acidic pollutants are absorbed into dust or smoke and descend to the ground as dry particles. These acidic particles accumulate on the ground and on other surfaces such as vehicles and buildings. Of all acid rain to fall from the atmosphere, an equal amount of wet and dry deposition typically occurs throughout the world.

C The corrosive effect of acidic particles on stone was first documented by John Evelyn in the 17th century. At that time, levels of pollution were low, so Evelyn was unable to pinpoint the precise cause of the acid rain. The first person to identify the connection between acid rain and pollution was a Scottish chemist named Robert Angus Smith. He discovered this phenomenon in 1852, during the Industrial Revolution, while working in Manchester, England. At that time, Smith's work failed to have much impact on the scientific community, but his findings gained public attention much later in the 1960s. The actual term 'acid rain' was not used until 1972, when The New York Times published reports about the numerous damaging effects caused by the occurrence of acid rain in the Hubbard Brook Experimental Forest in New Hampshire.

D Although both natural and man-made sources give rise to the formation of acid rain, it is predominantly caused by fossil fuel combustion and its resulting emissions of sulphur dioxide (SO_2) and nitrogen oxides (NOx). Factories, power generation facilities and cars are all major contributors to acid rain, especially in highly industrialised areas and urban regions with large numbers of vehicles. Their emissions react with water and oxygen in the atmosphere to form acidic compounds such as sulphuric acid and nitric acid. These acidic compounds are carried by wind over large areas before falling back to the ground in the form of acid rain. When it comes to natural contributors to acid rain, the main cause is volcanic emissions. Volcanoes emit large volumes of gases that lead to highly concentrated acid rain that severely affects the vegetation in the vicinity. Wildfires and lightning strikes also generate gases that create acid rain. When lightning strikes the surface of the Earth, nitric oxides are released. These then react with water molecules via electrical activity to produce nitric acid, thereby creating acid rain.

E   Acid rain can have potentially catastrophic effects on natural ecosystems and infrastructure. When it falls directly on aquatic bodies such as rivers and lakes, acid accumulates over time and lower the overall pH of the water. If the pH level falls below 4.8, the conditions become harmful to the vast majority of aquatic organisms. At pH levels below 5, most fish eggs fail to hatch. Lower pH levels will lead to the deaths of adult fish. In extreme cases, this can result in a decrease in biodiversity in a given region as certain aquatic species are eradicated due to the high acidity of the water. In forested areas, acid rain damages the bark and leaves of trees, leaving them vulnerable to disease, extreme weather and insects, limiting their growth rate. Tree damage due to acid rain is a particularly serious issue in Eastern European countries such as Germany, Poland and Switzerland.

F   Several emission reduction strategies have been implemented around the world in an effort to reduce the formation of acid rain. One such technique known as scrubbing provides a technical solution to SO2 emissions. Scrubbing, also called flue-gas desulphurization (FGD), typically works by chemically eliminating up to 95 per cent of SO2 from the gases emitted by factories and power plants. In addition to the industrial use of emission reduction strategies, the general public can help to reduce emissions by turning off lights or electrical appliances when not using them, using public transport and driving hybrid or electric vehicles.

Questions 7-13

Choose the correct letter **A**, **B**, **C** or **D**.

Write the correct letter in boxes 7-13 on your answer sheet.

7   In Paragraph A, the writer suggests that acid rain is most problematic in

    A   South Asia and Canada.

    B   USA and Southern India.

    C   Europe, USA and Canada.

    D   South Asia, South Africa and Southern India.

8   The term 'dry deposition' refers to

    A   the spread of water molecules in dry regions.

    B   acidic rain that evaporates quickly.

    C   the removal of acidic compounds from the atmosphere.

    D   dust that contains acidic pollutants.

9   The Scottish chemist Robert Angus Smith is recognised for

    A   popularising the term 'acid rain'.

    B   studying the effects of acid rain on stone.

    C   identifying the link between acid rain and pollution.

    D   publishing a report on the effects of acid rain.

10   In the Paragraph D, the writer suggests that naturally-produced acid rain

    A   is produced in greater amounts than man-made acid rain.

    B   mainly results from the eruption of volcanoes.

    C   occasionally causes lighting storms to occur.

    D   is predominantly comprised of sulphur dioxide.

11   One of the potential environmental effects of acid rain mentioned by the writer is

    A   an increase in the temperature of river water.

    B   the failure of crops and low harvest yields.

    C   the contamination of foods eaten by humans.

    D   a loss of biodiversity in ecosystems.

12 The purpose of 'scrubbing' is to

    A   protect buildings against acid rain damage.

    B   modify vehicles to reduce nitrogen oxide emissions.

    C   remove sulphur dioxide from emitted gases.

    D   filter water sources to eliminate pollutants.

13 Regarding ways to reduce acid rain, the writer encourages readers to

    A   turn off devices when not in use.

    B   avoid using public transport.

    C   use alternative energy sources at home.

    D   support environmental organisations.

1. ii **2.** iv **3.** viii **4.** vii **5.** i **6.** v **7.** C **8.** D **9.** C **10.** B **11.** D **12.** C **13.** A

하늘에서 내리는 산

A [1]산성비란 과도한 양의 질산과 황산을 포함하는 대기에서 나온 침적된 물질로 이루어진 모든 혼합물에 적용되는 용어이다. 산성비는 화석 연료의 결과로 대기 중에 방출된 산화 질소와 이산화황으로 인해 산성화가 된 비, 안개, 진눈깨비, 눈 혹은 먼지를 나타낼 수도 있다. 대기 중에 축적된 물질의 산성도가 평균 산성도 범위인 5.3-6.0 아래로 떨어지면, 산성비로 간주된다. [7]요즘 상당한 양의 산성 침적물이 캐나다 남동부와 미국 북동부 그리고 유럽 대부분의 국가에 발생하고 있다. 또한 이 산성 침적물은 남아시아와 남아프리카, 남인도의 지역에서는 상대적으로 적은 양으로 나타나고 있다.

B [2]산성비 혹은 산성 침적물은 크게 습성 침적물이나 건성 침적물로 구분될 수 있다. 산성 화학물질이 날씨가 습한 지역의 대기에 진입할 때, 산성물이 하늘에서 비, 진눈깨비, 안개, 눈 혹은 물안개의 형태로 떨어진다. 이 산성물은 토양과 수원으로 침투해 광범위한 동식물 및 해양 생물에게 영향을 미친다. 이 산성수는 결국 바닷물로 흘러 들어가서, 해양 서식지에 영향을 준다. [8]건성 침적물은 건조한 지역에서 산성화학물질이 대기에 진입하거나 산성 오염이 먼지나 연기에 흡수되어 건조한 입자로 지면에 낙하할 때 생긴다. 이런 산성 입자들은 지면과 차량 및 빌딩 같은 그 밖에 다른 표면들에 쌓인다. 대기에서 내리는 모든 산성비에서, 전 세계적으로 같은 양의 습성 침전물과 건성 침적물은 일반적으로 생성된다.

C [3]산성 입자가 암석에 갖는 부식 효과는 17 세기에 존 에벌린에 의해 처음 기록되었다. 그 당시, 오염도는 낮았고, 그래서 에벌린은 산성비의 정확한 원인을 정확히 집어내지 못했다. [3&9]산성비와 오염 간의 연결 관계를 파악한 최초의 사람은 로버트 앵거스 스미스라는 이름의 스코틀랜드 화학자였다. 그는 산업 혁명 중인1852년에, 영국 맨체스터에서 일하면서 이 현상을 발견했다. 그 당시, 스미스의 연구는 과학계에 큰 영향을 주지 못했지만, 그의 연구 결과는 훨씬 뒤인 1960년대에 대중의 관심을 많이 받았다. '산성비'라는 실제 용어는 뉴욕 타임지가 뉴 햄프셔에 있는 허바드 브룩 실험림에서 산성비 발생으로 생긴 여러 가지 해로운 영향에 관한 보고서를 발표한 때인 1972년까지 사용되지 않았다.

D [4]비록 자연적인 원인과 인위적인 원인 둘 다 산성비 형성을 초래하지만, 산성비는 주로 화석 연료의 연소에 의해 그리고 연소로 생성된 아황산 가스와 산화 질소의 배출 때문에 생긴다. 특히 산업화가 심하게 된 지역과 차량이 많은 도심 지역에서 공장, 발전소 시설물, 그리고 자동차 이 모두가 산성비의 주된 원인 제공자이다. 이런 배기 가스는 대기 중 물과 산소에 반응해서 황산과 질산 같은 산성 화합물을 형성한다. 이런 산성 화합물은 산성비의 형태로 지면으로 떨어지기 전까지 바람에 의해 넓은 지역으로 퍼진다. [10]산성비 생성의 자연적인 요인 관련하여, 그 [4]주요 원인은 화산 활동으로 배출된 가스이다. 화산은 고농축 산성비를 유발하는 대량의 가스를 배출하는데 그 고농축 산성비는 인근에 있는 식물에게 심각하게 영향을 끼친다. 산불과 벼락 또한 산성비를 형성하는 가스를 생성한다. 벼락이 지구의 표면을 강타하면, 산화질소가 방출된다. 그러면 이 산화질소는 질산을 생성하기 위해 전기 활동을 통해 물 분자와 반응하는데, 그러면 산성비가 생기게 된다.

E [5]산성비는 자연상태의 생태계에 잠정적으로 엄청나게 해로운 영향을 끼칠 수 있다. 산성비가 직접 강이나 호수와 같은 수역에 내리면, 산성이 시간이 흐르면서 축적되고 그 물의 pH를 전반적으로 낮춘다. 만약 그 pH가 4.8 아래로 떨어지면, 그 환경은 대부분의 수중 생물에게 해로워진다. 5 미만의 pH에서 대부분의 어란은 부화되지 못한다. 더 낮은 pH는 성어를 사망에 이르게 할 것이다. 극단적인 경우에는, 이것이 특정 지역에서 [11]종 다양성의 쇠퇴를 가져올 수 있는데 물의 높은 산성도로 인해 수중 생물들이 박멸되기 때문이다. 산림 지대에서, 산성비는 [5]나무의 껍질과 잎에 손상을 입히며 나무를 질병, 극단적 기후, 병충해에 취약하게 만들고 나무의 성장률을 제한한다. 독일, 폴란드 그리고 스위스와 같은 동부 유럽 국가에서 산성비로 인한 산림의 피해는 특히나 심각한 문제이다.

F [6]산성비의 형성을 줄이려는 노력의 일환으로 전 세계에서 몇 가지 배출 축소 전략이 시행되고 있다. 스크러빙이라고 알려진 한 가지 기술은 아황산 가스 배출에 대한 기술적인 해결책을 제공한다. 배연탈황이라고도 불리는 [12]스크러빙은 일반적으로

공장과 발전소에서 배출된 가스로부터 화학적으로 최대 95%까지의 아황 산가스를 제거하는 방식으로 작용한다. **기업에서 배출 축소 전략을 사용하는 것과 함께,** [13]일반 대중은 사용 중이 아닐 때 전등이나 전기 제품을 꺼두고, [6]대중 교통 수단을 사용하고, 하이브리드나 전기 차량을 사용함으로써 배기가스를 줄이는데 도움이 될 수 있다.

1 문단 A

2 문단 B

3 문단 C

4 문단 D

5 문단 E

6 문단 F

7 A문단에서 저자는 산성비가 다음과 같은 나라에서 가장 문제가 된다고 시사한다.

  A 남아시아와 캐나다

  B 미국과 남인도

  C 유럽, 미국과 캐나다

  D 남아시아, 남아프리카와 남인도

8 '건성 침적물' 이라는 용어는 ~을(를) 의미한다.

  A 건조한 지역에 퍼져 있는 수분 분자

  B 빨리 증발하는 산성비

  C 대기에서 산성 혼합물을 제거하는 것

  D 산성 오염물이 포함된 먼지

9 스코틀랜드 화학자 로버트 앵거스 스미스는 ~으로 인정받는다.

  A 산성비'라는 용어를 대중화시킨 것으로

  B 산성비기 암석에 미치는 영향을 연구한 것으로

  C 산성비와 오염 간의 연결 관계를 파악한 것으로

  D 산성비의 영향에 관한 보고서를 출판한 것으로

10 D 문단에서, 저자는 자연적으로 생성된 산성비는 ~ 하다고 주장한다.

  A 인간이 만든 산성비보다 더 많은 양이 생긴다

  B 주로 화산 폭발로부터 생긴다

  C 때때로 벼락을 동반한 폭풍을 유발한다

  D 주로 아황산 가스로 구성되어 있다

11 저자에 의해 언급된 산성비가 환경에 미치는 잠정적인 원인 중 하나는 ~ 이다.

  A 강물의 수온 상승이다

  B 흉작과 낮은 수확량이다

  C 인간이 소비한 식량의 오염이다

  D 생태계 종 다양성의 상실이다

12 '스크러빙'의 목적은

  A 산성비의 피해로부터 건물을 보호하기 위함이다.

  B 산화질소의 배출량을 줄이기 위해 차량을 개조하기 위함이다.

  C 배출된 가스에서 아황산 가스를 제거하기 위함이다.

  D 오염 물질을 제거하기 위해 수원을 정수하기 위함이다.

13 산성비를 줄이는 방법에 관해 저자는 독자들에게 ~을 할 것을 당부한다.

    A 사용하지 않는 기계는 꺼둘 것을

    B 대중교통 수단의 사용을 피할 것을

    C 가정에서 대체 에너지원을 사용할 것을

    D 환경 단체들을 지원할 것을

Vocabulary

heading 제목 cause 야기하다, 초래하다, 원인 acid rain 산성비 brief 간략한 outline 개요 benefit 이점, 혜택 deposition 침적(물) limit 제한하다 prevent 예방하다, 방지하다 formation 형성 method 방법 discovery 발견 term 용어 applied to ~에 적용되는 deposited 쌓인, 침전된 material 물질 originate from ~에서 비롯되다 atmosphere 대기 excessive 과도한 nitric acid 질산 sulphuric acid 황산 refer to ~을 가리키다 sleet 진눈깨비 acidic 산성의 presence 존재, 있음 nitrogen oxide 산화 질소 sulphur dioxide 이산화황 be released into ~ 속으로 방출되다, 배출 되다 fossil fuel 화석 연료 combustion 연소 pH 수소 이온 농도(산성도) 지수 fall below ~ 미만으로 떨어지다 relatively 상대적으로, 비교적 broadly 대략, 폭넓게 be categorised as ~로 분류되다 chemical 화학 물질형 화학적인 mist 엷은 안개 soil 토양 affect ~에 영향을 미치다 a wide variety of 아주 다양한 aquatic life 수중 생물 eventually 결국, 마침내 flow into ~로 흘러 들어가다 thereby 그렇게 함으로써 habitat 서식지 pollutant 오염 물질 be absorbed into ~로 흡수되다 descend 하강하다, 떨어지다 particle 입자 accumulate 축적되다, 쌓이다 surface 표면 vehicle 차량 corrosive 부식시키는 document 기록하다, 문서로 입증하다 pinpoint 정확히 집어내다, 찾아내다 precise 정확한 chemist 화학자 phenomenon 현상 Industrial Revolution 산업 혁명 scientific community 과학계 findings 결과(물) damaging 손상을 입히는, 손해를 끼치는 give rise to ~을 일으키다, 생기게 하다 predominantly 대개, 대부분 emission 배기 가스, 배출, 배출물 facility 시설 contributor 원인, 원인 제공자 industrialised 산업화된 urban 도시의 react 반응하다 compound 화합물, 복합체 carry 옮기다 when it comes to ~에 관해서라면 volcanic 화산의 emit 내뿜다 lead to ~로 이어지다 highly concentrated 고농도의 severely 심하게 vegetation 식물 in the vicinity 근처에, 인근에 wildfire 들불, 산불 lightning strike 낙뢰, 번개 molecule 분자 via ~을 통해 electrical activity 전기적 활성 ecosystem 생태계 infrastructure 사회 기반 시설 aquatic body (강 등의) 수역 over time 시간이 지남에 따라 lower 낮추다, 내리다 harmful 해로운 organism 유기체, 생물 hatch 부화하다 extreme 극도의, 극심한 biodiversity 생물 다양성 species (동식물의) 종 eradicate 근절하다, 뿌리 뽑다 forested 숲으로 뒤덮인 damage 손상시키다 bark 나무 껍질 leave A 형용사 A를 ~한 상태로 두다 vulnerable to ~에 취약한 disease 질병 insect 해충 growth rate 성장률 particularly 특히 reduction 감소 strategy 전략 implement 시행하다 scrubbing 스크러빙, 세척, 문지르기 flue-gas desulphurisation 배연탈황 eliminate 제거하다 power plant 발전소 the general public 일반 대중 turn off 끄다 problematic 문제가 많은 spread 확산, 퍼짐 evaporate 증발하다 removal 제거, 없앰 be recognised for ~로 인정 받다 popularise 많은 사람에게 알리다 result from ~의 결과로 나타나다 eruption 분화, 분출 volcano 화산 occasionally 때때로 lighting storm 뇌우 be comprised of ~로 구성되다 crop 작물 harvest yield 수확량 contamination 오염 modify 개조하다 filter 거르다, 여과시키다 regarding ~와 관련해 alternative 대체의, 대안의

Weekly Review

Speaking

아래 질문에 대해 큰소리로 자신의 답변을 녹음하고 들어 보세요.

1. Is there a city that you would like to visit?

2. What kind of transport do most people in your city use?

3. What do you think transport will be like in the future?

Writing

우리말 뜻에 맞게 빈칸을 채워서 문장을 완성하세요.

1. 저는 취학 아동이 스마트폰을 갖는 것을 제한해야 한다고 강력하게 믿습니다.

   I strongly believe that we should restrict school-aged children _____.

2. 의심의 여지 없이, 스마트폰은 현대의 아이들에게 몇몇 이점을 줍니다.

   _____, smartphones give modern children some advantages.

3. 아이들은 언제 어디서든 인터넷에 접속함으로써 유용한 정보를 매우 쉽게 찾을 수 있습니다.

   Children can find useful information very easily anytime and anywhere _____

   _____.

4. 이 기기는 아이들이 그들의 부모와 연락을 유지하도록 합니다.

   This device allows children to _____ their parents.

5. 부모들은 그들의 자녀들을 전화로 확인할 수 있습니다.

   Parents can also check on their children _____.

6. 스마트폰이 취학 아동에게 이로울 수 있음은 의심의 여지가 없습니다.

   There is no doubt that smartphones can _____ schoolchildren.

7. 정부는 환경에 피해를 최소화해야 합니다.

   Children can become _____ their studies.

Listening

리스닝 학습에서는 딕테이션(dictation)과 쉐도잉(shadowing)이 중요합니다.
음원을 들으며 빈칸을 채우고, 다시 음원을 들으며 따라 읽어보세요.

▲ 음원 듣기

CHELSEA: Hi, Terry. I know that you've been thinking about your **1.** _____ for a while.
So, have you chosen where you want to work?

TERRY: Yes, I decided to go for the ABC Park placement. I want to help set up the sports
2. _____ for children.

CHELSEA: Oh, I did that last year. That's always a popular placement, although it could be
3. _____ than you think working with children.

TERRY: Yeah, I know, but I really want to work in an **4.** _____. Working indoors never attracts
me.

CHELSEA: OK. I think you will need to remove obstacles in the area so that nobody gets hurt, but your
priority will be to keep everyone within the **5.** _____ during the competition.

TERRY: I guess so. I don't want to lose anyone.

Reading

다음의 문구를 지문에서 스캐닝(scanning)하여 표시하세요.

acid rain

wet deposition

dry deposition

Acid rain is a term applied to any mixture of deposited material originating from the atmosphere that contains excessive amounts of nitric and sulphuric acids. It can refer to rain, fog, sleet, snow or dust that has been made acidic by the presence of nitrogen oxide and sulphur dioxide which have been released into the air as a result of fossil fuel combustions. When the pH level of deposited material in the atmosphere falls below the normal pH range of 5.3-6.0, it is considered acid rain. These days, acid deposition occurs in significant amounts in southeastern Canada, northeastern USA and the majority of Europe. It is also seen in relatively low amounts in parts of South Asia, South Africa and Southern India.

Acid rain, or acid deposition, can be broadly categorised as either wet deposition or dry deposition. When acidic chemicals enter the atmosphere in regions where the weather is wet, the acids fall from the sky in the form of rain, sleet, fog, snow or mist. This acid enters the soil and water sources, affecting a wide variety of plants, animals and aquatic life. The acidic water eventually flows into seawater, thereby affecting marine habitats. Dry deposition occurs when acidic chemicals enter the atmosphere in dry areas and the acidic pollutants are absorbed into dust or smoke and descend to the ground as dry particles. These acidic particles accumulate on the ground and on other surfaces such as vehicles and buildings. Of all acid rain to fall from the atmosphere, an equal amount of wet and dry deposition typically occurs throughout the world.

다음 문장을 해석하세요.

1. These days, acid deposition occurs in significant amounts in southeastern Canada, northeastern USA and the majority of Europe.

> 해석 _____

2. When acidic chemicals enter the atmosphere in regions where the weather is wet, the acids fall from the sky in the form of rain, sleet, fog, snow or mist.

> 해석 _____

3. These acidic particles accumulate on the ground and on other surfaces such as vehicles and buildings.

> 해석 _____

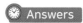 Answers

Speaking

1.

I have always wanted to visit Rome, the capital of Italy, because of its rich history and culture. I'm very keen on going to all the historical sites and famous museums that the city is known for.

제가 늘 방문하기를 원해왔던 도시는 이탈리아의 수도 로마인데, 다채로운 문화와 역사 때문입니다. 저는 그 도시의 모든 역사적인 장소와 유명한 박물관에 가보고 싶습니다.

2.

In Seoul, a lot of people use the subway. It's a reliable mode of transport because the trains never get stuck in traffic, which happens frequently to buses.

서울에서, 많은 사람들이 지하철을 이용합니다. 지하철은 교통체증에 걸리지 않기 때문에 믿을 만한 방식의 교통 수단인데, 이는 버스에서 자주 벌어집니다.

3.

Well, I guess we might eventually have autopilot systems in our cars. We won't need to learn how to drive, and we'll be able to rest while the on-board driving system is working. We won't have to worry about drunk driving or car accidents. Driving would become a thing of the past.

음, 자동차에 자동 조종 장치가 있을 것 같습니다. 사람들은 운전 방법을 배울 필요가 없으며 장착된 운전 시스템이 작동하는 동안 휴식을 취할 수 있습니다. 음주 운전이나 자동차 사고에 대해서도 걱정할 필요가 없을 것입니다. 운전은 과거의 것이 될 것입니다.

Writing

1. from having a smartphone **2.** Without a doubt **3.** by accessing the internet **4.** stay in touch with
5. over the phone **6.** be beneficial for **7.** distracted from

Listening

1. work placement **2.** competition **3.** harder **4.** open space **5.** boundary

Reading

Acid rain is a term applied to any mixture of deposited material originating from the atmosphere that contains excessive amounts of nitric and sulphuric acids. It can refer to rain, fog, sleet, snow or dust that has been made acidic by the presence of nitrogen oxide and sulphur dioxide which have been released into the air as a result of fossil fuel combustions. When the pH level of deposited material in the atmosphere falls below the normal pH range of 5.3-6.0, it is considered acid rain. These days, acid deposition occurs in significant amounts in southeastern Canada, northeastern USA and the majority of Europe. It is also seen in relatively low amounts in parts of South Asia, South Africa and Southern India.

Acid rain, or acid deposition, can be broadly categorised as either wet deposition or dry deposition. When acidic chemicals enter the atmosphere in regions where the weather is wet, the acids fall from the sky in the form of rain, sleet, fog, snow or mist. This acid enters the soil and water sources, affecting a wide variety of plants, animals and aquatic life. The acidic water eventually flows into seawater, thereby affecting marine habitats. Dry deposition occurs when acidic chemicals enter the atmosphere in dry areas and the acidic pollutants are absorbed into dust or smoke and descend to the ground as dry particles. These acidic particles accumulate on the ground and on other surfaces such as vehicles and buildings. Of all acid rain to fall from the atmosphere, an equal amount of wet and dry deposition typically occurs throughout the world.

1. 요즘 상당한 양의 산성 침적물이 캐나다 남동부와 미국 북동부 그리고 유럽 대부분의 국가에 발생하고 있다.
2. 산성 화학물질이 날씨가 습한 지역의 대기에 진입할 때, 산성물이 하늘에서 비, 진눈깨비, 안개, 눈 혹은 물안개의 형태로 떨어진다.
3. 이런 산성 입자들은 지면과 차량 및 빌딩 같은 그 밖에 다른 표면들에 쌓인다.

Memo

ielts.siwonschool.com